インクルーシブ教育システムを構築するために知っておきたい 27の教育法略

著　者　デビッド・ミッチェル
監訳者　落合　俊郎
翻訳者　秋元　雅仁、山口　清春

ブックウェイ

本書は，私もできたら書きたかった本であり，特別なニーズのある児童生徒に焦点を当てた多くの論文を総合して書かれたものです。確かな内容で，読みやすく，最も頼りになる資料です。すばらしい魅力的な一冊です。

ジョン・ハッティー教授（“*Visible Learning*” の著者：メルボルン大学）

本書は，インクルーシブ教育的アプローチを採り入れることを決断した人たちにとってタイムリーで役に立つ情報源であり，インクルーシブ教育を下支えするエビデンスにもとづいた方略の概要を提供してくれます。

ラニ・フローリアン教授（エジンバラ大学）

理論や研究や専門職の実践に大きな影響を及ぼす価値ある一冊です。本書は，学術的ではありますが実用的で活用しやすく，特別支援教育やインクルーシブ教育についての多くの話題に関する現代的な根拠について，私の理解を間違いなく磨いてくれます。児童生徒の利益のためにも，本書が多くの方々の手元に届くことを期待しています。

トニー・シャドック名誉教授（キャンベラ大学）

教師や大学生や教育学者のための優れた読み物であり参考書です。膨大な量の最新の研究結果の要約は，特別な教育的ニーズのある児童生徒の指導方法に対する最も効果的な実践の根拠を明らかにしています。興味深いことに，アプローチの多くは，指導と学びの質を向上させることが全ての児童生徒の利益につなげるインクルーシブな考えを思い出させるものであり，言わば全ての教師が活用可能です。

ハンヌ・サボライネン教授（東フィンランド大学）

エビデンスにもとづいた指導方法の系統だったレビューは，特別支援学級および通常学級教師のための優れた参考書です。

グンナー・スタングビク名誉教授（ノルウエー北極大学）

障害のある児童生徒はもとより全ての若者を成功に導くと立証された優れた方法や実践の要約を掲載している本書は，全ての教師が信頼することのできる教科書です。

ラグナー・ティゲーセン教授（ノルウエー：アグデル大学）

本書の広範な内容は，特別支援教育やインクルーシブ教育に何が本当に役立つのかについて，エビデンスにもとづいた実践面に着目しています。本書は，私どもの大学の学部生や大学院生のための様々な指導プログラムの中心教材の一つに含まれており，将来教師を目指すひとたちやその指導者たちにとって必読書であると断言できます。

フィリッツ・ポラ准教授（トルコ：バーチェシェヒル大学）

デビッド・ミッチェル氏は，新しい章を加えて，読みやすさを維持しながらもより総合的なものとして第２版を改訂されました。教師や学生はもとよりインクルーシブ教育や特別支援教育の分野に勤める他の者たちもまた，本書が教育的支援に必要な研究にもとづいた方略に関する貴重な情報源であることがわかるでしょう。

ギャリー・ホーンビー教授（ニュージーランド：カンタベリー大学）

本書は，優れたかつエビデンスにもとづいたアイデアや効果的な方略，総合的なプログラムなどを提供してくれます。それらは，特別な教育的ニーズのある児童生徒の学びを支え，様々な教育現場でインクルージョンの考えを広めている教師や教育学者や全ての専門家にとって，エビデンスにもとづいたで学術的で実践的でかつ有益な内容です。

ミン・ターク・フエ准教授（香港教育学会）

本書は，日本における特別な教育的ニーズのある児童生徒のための合理的配慮や関係機関と学校との連携の構築などに役立つ重要な示唆を与えてくれます。

落合俊郎教授（大和大学　広島大学名誉教授）

インクルーシブ教育システムを構築するために知っておきたい27の教育法略

インクルーシブ教育に挑戦している世界各国の教師は，教室での指導方法の質を高める効果的な方法を見つけなければなりません。本書は，教室ですぐに実行できるエビデンスにもとづいた広範な方略を呈示しています。

本書は，膨大な研究や理論にあたるだけの時間も意欲もないけれど，最新の指導方略や最も効果的で最良の実践を何とか知りたいと願う教育者のための極めて貴重な資料となるでしょう。27のそれぞれの方略は，相当な量の研究や多数の論理的根拠，実行のための明解なガイドラインを示すだけでなく，必要に応じて注意助言も与えるよう構成されています。

この第2版において，特別支援教育とインクルーシブ教育の第一人者であるデビッド・ミッチェルは，最新の研究分野から根拠にもとづいた方略を見直し改訂しながら，新たな領域を開拓することを続けています。学校で学んでいる全ての児童生徒の質の高い学びや社会的成果を促進させることを目的に，入手可能な無数の研究の中から，教師や学校の実践を向上させることを本当に可能にする研究だけを抽出しました。

本改訂版に含んだ内容

- 四つの新しい章：「取組みへの反応」「学習のユニバーサルデザイン」「機関間連携」「フィンランドの教育制度」を新しく設けました
- 350を超える新たな参考文献
- より広く公平に世界を見渡し，アジアから引用した根拠を含んでいます

- 脳神経科学の最近の動向を参照しています
- 参考文献や学術論文・ビデオ，対話型のクイズなどに関連する事例研究を伴った新たなガイド用ウエブサイト

本書は，教師教育の初期段階または学級担任の資格を得た者，教員研修指導員，教育心理学者，特別支援教育コーディネーター，コンサルタント，研究者ばかりでなく，教育関係者あるいはエビデンスにもとづいた特別な教育的ニーズ指導方略に関心を持っている学識経験者たちの必読書です。

デビッド・ミッチェルは，現在，ニュージーランド，クライストチャーチにあるカンタベリー大学教育学部の非常勤教授でありインクルーシブ教育コンサルタントです。

私の亡き母，アデレイド　マーガレット（アディー）ミッチェル（1918－2006）へ

監訳者のことば

デビッド・ミッチェル氏と最初に出会ったのは1991年10月神奈川県横須賀市にある現特別支援教育総合研究で開催された第11回APEIDセミナーでした。このセミナーは国連障がい者年のスタートをきっかけに共にアジアの特別支援教育の発展をめざすために日本を含め14カ国のアジア･オセアニア諸国の参加によって開始されました。その後アジア・太平洋特別支援教育国際セミナーと名称を換え30年の永きわたって，この地域の特別支援教育の発展に貢献しました。

インクルーシブ教育とデビッド・ミッチェル氏の関係について述べます。1993年7月にサラマンカ声明がユネスコを中心とした国際機関からだされました。それより4ヶ月早く1993年3月に現国立特別支援教育総合研究所が主催した平成5年度特殊教育シンポジウム「コミュニケーション障害への援助」でサラマンカ声明を主催した会議の組織委員長であったレナ･サレー女史から「世界の特殊教育の状況及び将来の展望」という題で講演をいただき，これから起こりうる新しい流れを知りました。1994年に同じく宮城県仙台市で開催された平成6年度特殊教育シンポジウム「コミュニケーション障害への援助」の外国人招聘特別講演でデビッド・ミッチェル氏から「21世紀の特殊教育に向けてー国際的な視野に立ってー」という題でお話があり，ニュージーランドでもインクルーシブ教育に向けて動きだしていることを知りました。これをきっかけに1995年から1997年まで行った科学研究費補助金(国際学術研究)「学習に困難を示す児童生徒の指導方法と援助システムの開発に関する共同研究」では研究対象国として欧米に加えてニュージーランド，オーストラリアが加わりました。そして，これらの国々のインクルーシブ教育の視察･研究が行われました。

日本の今後の特別支援教育を考えるとき，少なくとも二つの大きな山があると考えます。第一は国連障害者の権利条約批准後の国連障害者の権利条約委員会審査にむけての準備です。これは権利条約の批准後，特別支援教育との関連では，第24条の教育の項目で言及されているインクルーシブ教育をどのように進行しているかの審査が始まると思います。国連はインクルーシブ教育を基本とするone track方式を原則として審査するようですが，日本はmulti track方式といわれる制度ですので，どのような議論が起こるのか興味があるところです。第二の山は次の学習指導要領改訂のために設立された中央教育審議会初等中等教育分科会教育課程部会に向けて，第一の山の議論を次の学習指導要領にどう盛り込んでいくのかが課題だと思います。インテグレーション（統合教育）は，障害のある児童生徒と障害のない児童生徒の関係で論ぜられるのに対して，インクルージョンは障害のある児童生徒だけでなく困難を抱えるすべての児童生徒と社会との関係といわれますが，日本で現在議論されているインクルージョンの課題を共生社会の構築と共に議論し，特別支援教育だけの課題ではなく，それぞれの制度や組織が共生社会を構成するためにどのような役割を演ずるのか議論する時期になっています。そして，教育現場における合理的配慮をどのように構成していくのかもますます重要な大きな課題になっていきます。本書からのアイデアあるいは教育法略は非常に有意義であると考えます。

大和大学　教育学部　落合俊郎

— 目次 —

まえがき

ほとんどの国で，児童生徒は，一般的に「学校」とか「教室」と呼ばれている学習空間で10時間から15,000時間もの時間を過ごすことが求められています。発達の重要な時期に，児童生徒は，家族や多くの教師や仲間，そして膨大な量の学習教材と出会い，多くの異なった指導方略にさらされます。

効果的な学習を生み出すこのような経験のためにも，安全で魅力的で教育的な物理的・心理的環境の創造が不可欠です。そして，全ての児童生徒が学んで欲しい内容を実際に学ぶことができ，その学習が児童生徒の生活の質を高めることに役立ち，自立と相互依存のバランスをとり，市民として属する文化社会の一員として十分満足のいく人生を送れるための舵取りをしてやらなければなりません。このプロセスにおいて，児童生徒は利用可能なエビデンスにもとづいた指導方略を採用するよう教師に求める権利があるのです。

これらの課題は，抱えている様々な特別な教育的ニーズを配慮することが必要であり，学習面や発達面で重大な壁にぶつかっている児童生徒にとって重要であることは言うまでもありません。このような児童生徒は，学齢児のおそらく10～15%いるはずです。彼らの障害は，感覚的，身体的，知的，情緒的というような多様な要因で生じるものです。そのような障害は，教育課程上の学業面での進歩や，それぞれが生きる社会で必要とされる身体的・社会的な技能の獲得や，自尊感情の獲得などの困難さとして表面化します。彼らの障害は，深刻なものからそうでないものまで幅広く，生理学的または環境要因を反映しています。このような児童生徒が本書の対象ではありますが，多くの指導方略が普遍的

（全ての児童生徒）に活用であることに気がつかれるでしょう。

本書では，合計27の指導と関連する方略のエビデンスにもとづいた根拠と基本的な考え方を記述し呈示するつもりです。方略の一つのグループは，学習背景の調整（例えば，インクルーシブ教育，協同学習的な小集団指導，学級風土）に関係しています。二つめのグループでは，自己調整型学習や記憶方略，認知行動療法のような認知的方略に着目しています。三つめのグループでは，機能的行動アセスメントや直接的な指導など行動方略に焦点化しています。四つめのグループでは，全校的規模の取り組みや機関間連携に着目しています。同様に，形成的評価とフィードバックや支援技術，学習機会などについても考慮されています。多様な研究手法はもちろん，—教育，心理学，医療，科学技術—というような関連する多くの異なった分野にわたる研究も活用されています。

全ての方略について，私は，研究の根拠を徹底的に分析し（その多くは学級担任がすぐに活用できるものではない），それを教師らが使いやすいように説明しなおす試みをしてきました。私は多くの国々で，教師は児童生徒の学習成果ばかりでなく，目標を達成するためのエビデンスにもとづいた最も妥当な方法を活用する責任がますます求められることが，レベルや説明責任の原動力となっていると痛感しています。本書がこのような関心に応えることを期待しています。

本書はいくらかの情報源に依拠しています。一つめは，小学校や中学校レベルの特別な教育的ニーズのある児童生徒の指導に関する2,000以上の研究論文を活かしてきました。本書が国際的な視野に立っていることを保障するための努力として，米国・英国・ニュージーランド・オーストラリア・カナダ・フィンランド・スウェーデン・デンマーク・ドイツ・キプロス・イスラエル・香港・日本・シンガポール・スペイン・オランダなど，多様な国々の研究を参照してきました。二つめに，多くの国々の教師教育プログラムやインクルーシブ教育コンサルタントとしての私の経験について熟考しました。三つめに，私自身の研究と著書を参考にしました。

第1版を再考し膨大な参考文献を振り返った結果，改訂版は大幅に変更されています。「学習のユニバーサルデザイン」「取組みへの反応」「機関連携」「フィンランド教育制度」という四つの新たな章も加えています。また，それぞれの章は新しい研究を考慮に入れて大幅に拡張されています。さらに，この機会を利用して，第1版では取り扱わなかった2007年以降の研究も取り入れるなど，全体的に基本的根拠を拡大させています。以前の参考文献に補強し，350を超える参考文献を加えました。

本書におけるインクルージョンのための方略を選択するという課題に取り組む際，私は最初から「エビデンスにもとづいた根拠に従う」と決めていました。エビデンスにもとづいた指導に対するこの公約を除いては，私は根拠が導く先への仮説的な下心も先入観も持っていませんでした。例えば，教室内環境の質や拡大代替コミュニケーションのようなケースについては，最初のうちは全く精通していませんでした。一方，例えば，認知的方略指導や行動療法アプローチなどのケースは私の精通している分野でした。

本書の枠組みとして，第1番に指導方略を取り扱い，第2番めに特別な教育的ニーズを対象にするという決定はかなり前からできていました。この理由は序章で説明したいと思います。

本書の執筆にあたり，私の主たる目的は，特別支援学級や通常の学級に在籍する特別な教育的ニーズのある児童生徒への指導がより効果的なものとなるために，教育者（実践中の教師や教員養成中の学生，校長先生，補助教師／助手）や彼らに助言を与える専門家（例えば，学校心理士，特別支援教育コーディネーター，特別支援教育アドバイザー）を支援することです。

忙しい教育者である皆さんが，幅広い分野の研究論文を読み，それを自分の指導実践に活かしていくことは事実上不可能であることは認めます。本書が，研究と実践の間の差を埋める架け橋となって皆さんを幾らかでも助けることができることを願っています。また，世界中で実行されてきて，今なお実行され続けている効果的な指導実践の最先端の研究と出会っていただきたいと願っています。

最後に，私自身のことを紹介しておきます。私の名前はデビッド・ミッチェル，ニュージーランド人です。多くの国々でインクルーシブ教育と特別支援教育のコンサルタントとして働いてきました。私の教育歴は，優秀児のための特別クラスの小学校教師に始まり，そのことがきっかけで，特別な教育的ニーズのある児童生徒の教師を支援する教育心理学者になろうと考えました。次の段階では，主にニュージーランドの大学で教員研指導修員として働き，米国・カナダ・英国・日本・シンガポール・カザフスタン・南アフリカ・エチオピア・ウズベキスタンというような様々な国々で客員教授やUNESCOコンサルタントとして働きました。私は，特別支援教育とインクルーシブ教育に関する膨大な研究を行ってきました。また，教師や校長のためのインクルーシブ教育に関する職業開発プログラムの共同ディレクターも務めてきました。私の最も新しい著書（これもまたルートリッジ社からの出版です）には，「特別な教育的ニーズとインクルーシブ教育」(2004)，「インクルーシブ教育の背景—新旧国際的比較からの評価」(2005)，「特別支援教育とインクルーシブ教育に役立つ」第1版(2008)，ヴァレリー・カールとの共著「危機と葛藤と障害」の4巻シリーズがあります。などです。また，ニュージーランド教育省のために，本書の姉妹編である「適切な教育—特別な教育的ニーズのある児童生徒の教育における国際的動向の再考—」(2010)と「連携—複雑なニーズや家族(ワナウ)を抱える児童生徒の就労のための総合的生態学モデル—」(2012)[1]の2種類のレビューも用意しました。

学習の向上：私のマニフェストの紹介

小学校の教師として，教育心理学者として，大学の研究者として，父親としてそして祖父としての私の経験に基づいて，人間の学びに関する私が到達した一連の信条について皆さんと共有したいと思います。

生まれた瞬間から，人間は活発に回りの世界に働きかけ，経験する中で行動様式や意味を見いだそうとすると私は考えています。そのようにして，それぞれの文化の言語や適切な社会的ルールや役割を学ぶようになります。歩いたり走ったり家族や友人たちとの複雑なやりとりやゲームをするようになります。創造的になり，新しい物を作ったり問題解決のための新しい方法を導き出したりすることを学びます。要するに，人間は生まれながらに学習者なのです。

児童生徒の保護者や兄弟，友人，教師らがこの学習のいくらかの側面に関わっています。しかし，その大部分は自立し自己調整されたものです。学習の大部分が自発的なものであり，観察と思考と失敗を通して生じるものだと私は考えます。

学習意欲は共通しているにもかかわらず，何をどれだけ学習するかは個人によって相当異なっていると思われます。この多様性は生物学的構造や機能の相違を反映するものです。そして，そのうちの幾つかは，文化的経験や，例えば，戦争や葛藤，自然災害，不適切なダイエット，薬物依存，貧しい家庭環境などのトラウマにさらされるというような要因を反映しているのです。しかしながら，大部分の個人的な相違は，個々の学習スタイルや意欲や興味や経験などにおいて人類は固有であるという事実を反映していると私は考えます。全ての児童生徒は，彼らのニーズに適した質の高い教育を受ける権利があります。

そのような多様性に関係なく，全ての個人は学ぶ可能性がありますし現に学んでおり，学習を広げ，教育によって向上する能力を持っていると信じています。児童生徒の学習に対する自然な傾向を向上させるのが学校の役割だと信じています。このことは，教育者は，児童生徒を知識の積極的な建設者として，また，概して自分の学習を推進する能力のある者として尊重すべきであることを意味しています。教育者は，認知面の目標はもちろんのこと，創造性や情緒面の目標の達成も重要だと考える児童生徒主体の総合的な指導方法を導入するべきだと信じています。

そして，最後に教育者は全ての児童生徒の人生の質を高めるという目標を伴った，人間の多様性に対する責任と認識と尊重を第一義的に負う者の一人として見なされるべきだと私は信じています。

デビッド・ミッチェル
ペガサス，ニュージーランド

謝 辞

本書の第1版と第2版の執筆を完成させるために，相当な根気強さを発揮してくれただけでなく，原書の入手や相談役，編集にあたっての助言というような，極めて重要かつ批評家としての役割も果たしてくれた妻のジル・ミッチェル博士に感謝の意を表します。

特別支援教育実践者のカシー・ウイルソン氏，ピーター・ジリー氏，故グレニス・エリクソン氏も，第1版の初稿の推敲を助けてくれました。

また，2004年の秋，カナダ，モントリオールのマギル大学で客員教授として教えていた，私のクラスのEDPI-341からも，インクルーシブな学校での指導に関するアイデアを手に入れることができたことに感謝の意を表します。つい最近では，2012年の春に，ポーランドのワルシャワであった特別支援教育学会*Maria Grzegorzewska*大会で私の博士課程の院生から示唆をもらいました。(*Barbara Majewska*氏，*Daniel Makos*氏，*Beata Rybka*氏，*Joannna Smogorzewsaka*氏，*Arleta Suwalska*氏，*Renata Wojtowicz*氏)

この版の原稿に積極的に助言してくださった以下の評論家の方々にもまた感謝の意を表します。(*Ellyn Arwood*氏，*Noel Chia*氏，*Kathy Evans*氏，*Markku Jahnukainen*氏，*Julia Lindley-Baker*氏，*Linda Mason*氏，*Hue Ming-Tak*氏，*Jackie Scruton*氏，*Iva Strnadova*氏)

私のフィンランドの章にコメントを下さった*Hannu Savolainen*氏と，室内物理環境の質の章について助言して下さった*Roger Hornblow*氏にも感謝します。そして最後に，前の版を完成させこの版につなぐための優れた支援を提供してくれたルートリッジ社チームに対し，特に *Alison Foyle* 氏，*Mike Travers* 氏，*Emily Pickett* 氏に対して敬意を表したいと思います。第2版が完成に至るまでのフローレンスプロダクションの *Amy Wheeler* 氏の力添えにも感謝しています。

第１章　序章

特別な教育的ニーズのある児童生徒の教育がどこで行われるにしろ，保護者と同様教師も，彼らの良質な人生を保障する役割があります。本書の中心的な考え方は，教育担当者の力量を上げるために，指導の計画，実行，評価に最も役立つエビデンスにもとづいた根拠を彼らが利用できることであり，利用しなければならないことなのです。実際に，米国においては，「落ちこぼれ防止法(NCLB；No Child Left Behind Act)」によって，(1)理論に基づいている，(2)第三者機関により評価されている，(2)査読を受けた定期刊行物として出版されている，(4)持続可能である，(5)多様な設定をもった学校で再現できる，(6)有効的なエビデンスにもとづいた根拠を実証することができると示された研究によるプログラムの使用を教師に求めています。そのうえ，NCLB は，全ての児童生徒（障害のある児童生徒を含む）の「十分な年毎の進歩」，すなわち「継続的で十分な向上」の保障をそれぞれの州に求めています。[1]

最近，エビデンスにもとづいた教育の考えや実践の情報収集と発信を専門とするセンターが米国に設立され，増大するエビデンスにもとづいた教育へ積極的な関与について更なる支援を提供しています。[2]

なお，この動きは英国にも反映し，2010 年マイケル・ゴーブ教育相は次のように語りました。

> 私は，何がうまくいくのか，好結果を得られる指導技術に関するより明確な情報や成功につながる教育学に関するエビデンスにもとづいたしっかりとした研究，そして取組みの結果に沿った適切な独自の評価を示してくれる専門家によって記述された多くのデータを知りたい。我々は，エビデンスにもとづいた政策を必要としており，それを機能さ

せるためにもより多くのエビデンスにもとづいた根拠を必要としている。[3]

この考えを踏まえて,2012年英国政府は，全ての子どもや若者，そしてとりわけ，障害があるまたは特別な教育的ニーズを必要としていると確認された就学児の20%にあたる子どもたちの学力向上や幅広い成果の獲得に焦点化した学校改善のための全校的取組みとして,「*Achievement for All*(全ての子らの学力)」を導入しました。この計画の重要な特徴は，英語と数学の児童生徒の向上を正確に把握することであり，児童生徒が落ちこぼれた時に対応したり，児童生徒のことを一番よく知っている教師と保護者との間で学業成績について協議したりすることが含まれています。[4]

同様に，オーストラリアでは2005年，読み書きの指導に関する全国調査が，指導や学習，教育課程，評価は，個々の児童生徒の個別学習ニーズに対する明白な結果を含んだ効果的な実践を示唆するエビデンスにもとづいた研究成果としっかりと結びつくことが必要と断言されました。[5]

国の枠を超えた二つの新たな取組みにも関連しています。一つめは，2007年にOECDは教育の理論政策構築に役立つ情報を記録した「教育におけるエビデンス－研究と政策との結びつき－」を刊行しましたが，その中で，政策的ニーズに関連する正確な研究がなされてこなく，入手できる研究に矛盾があり，ただの一つも行動指針を提案できなかったので，政策立案のために入手できる情報はおおよそ不適切なものだと指摘しました。[6]出版物は，政策立案者と研究者を効果的につなぐ試みと評されました。二つめは，2010年以来，24カ国から34の協力機関，ヨーロッパ以外からも4つの関連機関が協力して,「ヨーロッパにおける教育のエビデンスにもとづいた政策の実施」プロジェクトを始めました。[7]

このプロジェクトの目的は，関連するヨーロッパの機関や国家レベルの資源から良い実践やデータ，エビデンスにもとづいた根拠などを交換し合うことと同様，一共通する参照手段や方法を用いるための知識を仲介することです。

多くの教育におけるエビデンスにもとづいた根拠は問題が無いわけではなく，詳細な調査も山積みのままではありますが，特別な教育的ニーズのある児童生徒への効果的な指導実践に関する役に立つ信頼のおける知識基盤を生みだしてきたと信じています。残念なことに，研究者の発見と，エビデンスにもとづいた実践を導入することにしばしば障壁があるとする多くの実践者間に重大な隔たりがあることは明らかです。[8] 例えば，米国では，特別支援教育の卓越性に関する大統領委員会が，研究にもとづいた方法を用いた積極的な取組みに重点が置かれていないことへの不満をもらしています。[10] 問題の一端は，実施内容のばらつきが，期待される結果の達成にばらつきを生じさせるという結果を招き，計画通りの取組みが滅多に実行されないという事実にあると思われます。[11] 研究と実践の間の隔たりの少なくとも一部は，多くの関連する研究がすぐに利用できる書式－本書が幾らか修正できると期待している状況，を児童生徒が利用できないと言う事実が原因なのです。

広範なエビデンスにもとづいた方略を上手に実行するためには，注意深い計画と十分な予算が必要です。そして，システムレベルの変化はもちろんのこと，実践者や管理者や行政者らの支援レベルの変容が必要です。ある実行枠組みは４つの段階を示しています。[12]

段階1　診断と選択：最も適切なプログラムを選択する
段階2　導　　入：新しいプログラムを忠実に実行する実践者を養成するためのシステムを導入する
段階3　初期実行：中間報告データを活用しながら，プログラムが個々のスタッフや学校にもたらす全ての難問に取組む
段階4　本格実施：プログラムの忠実な実行と結果をしっかりと観察し，結果に基づいて調整するこの枠組みに対して，他の著者は2つの段階を付け加えています。[13]
段階5　持続可能性：長期間の資金を確保し，新たなプログラムを促進する学校文化を確かなものにする
段階6　拡　　大：現場の数を増やすことにより，プログラムの効果的な拡大の有無や拡大の仕方を決定する

つまり，エビデンスにもとづいた指導方略とは，ある一定数の児童生徒に望まれる成果が効果的にもたらされるために，統制された研究によって証明されてきた明らかに特定の指導方法であると私は定義します。[14]

本書の目的は，教育者としての皆さんを手助けすることであり，児童生徒の効果的な学びを助けるのに最も役立つエビデンスにもとづいた根拠を用いることにより，皆さんの有効性を高めることです。最終的に，皆さんの指導の有効性は，以下のことによって評価されます。

- 児童生徒が蓄積している情報や概念，技能，価値観に新たに付加する価値
- 児童生徒が，現在そして将来において，学習を自己調整しながら行っていくことのできる自立の程度

● 児童生徒の幸福感の程度

教育者として皆さんは，児童生徒のこのような特性の発達を支援するという必要不可欠な役割を担うことになります。例えばある著者は，最近，児童生徒の発達に対する以下のような影響を推定しています。

個々の児童生徒－彼ら自身は成績結果の50％の根拠を占め，特別な教育的ニーズのある児童生徒の場合には，おそらくそれよりも大きくなる。

教師－成績結果の30％の根拠を占める。したがって，本書が示すような，根拠の確かな指導方略の活用が重要である。[15]

学校－成績結果のおよそ5～10％の根拠を占める。これは主に学校長を通してもたらされる。

仲間－成績結果の5～10％の根拠を占める。

家庭－成績結果の5～10％の根拠を占め，特に保護者の期待と励ましによる。[16]

本書に示された方略を実施する場合，特別な教育的ニーズのある児童生徒－あるいは他の児童生徒に対し用いるべきただ一つの方略あるいは青写真について議論するつもりは毛頭ないことを最初に強調しておきます。実際に彼らのニーズはとても多様であり（特有の障害カテゴリー内においてさえ），一つの方法を全てに適用することは難しいでしょう。むしろ，最も効果的なプログラムというのは，種々の最良の実践を組み込んだようなプログラムです。皆さん自身の考え方や性格，職業知識，思慮深い実践，専門的知見，そして何よりも児童生徒の特徴やニーズに関する知識，地域事情に関する知識の中に隠れている方略のレパートリーを増やしていくことを強く助言したいと思います。あるいは，英国の作家は，「教育において最良の実践を確立することは，研究成果をただ単に利用し，批判的に評価を行い，実行すればそれでよいというような問題では済まない」と述べています。それは，専門的な判断や経験を伴ったような知識を組み合わせていくことも必要だということです。[17]

皆さんが考えやすいように個々に分けて方略を示していますが，現実的には，数多くの方略を同時に活用することが，教師にとって全く普通のことであることは認識しています。それぞれの調査研究では，児童生徒の学業成績と社会的行動に対する２個またはそれ以上の指導方略の影響についてプログラム名をつけずに調査しました。方略の多くは，認知方略指導（**方略６**）と，直接的な指導（**方略 14**）や情報通信技術（**方略 16**），音韻練習（**方略 18**），協同的小集団指導（**方略１**）などを含む別々の種類の取組みとを組み合わせています。あるカナダの研究は，協同的小集団指導（**方略１**）と教師の協働（**方略４**），保護者の関与（**方略５**）という３つの方略の組み合わせに目を向けていました。さらに，最近の英国のエビデンスにもとづいた根拠は，恵まれない生活環境の児童生徒に効果的な指導をする教師は，多くの方略の中にある技能を実際に使いこなしていることを明らかにしています。例えば彼らは，

● 優れた構成力を持つ

教師は，授業に対する明確な指導方針を持つとともに，児童生徒の理解を確認します。また，環境をしっかり整え，明確で確立した落ち着きのある学級の日課を用意しています。

● 肯定的な学級風土を構築する

教師は，児童生徒と肯定的な関係を持ち，互いに尊敬し合い結果に対する前向きな期待の持てる幸せな学級を造ります。

● 指導を自分流にアレンジする

教師は，児童生徒のニーズや興味に敏感であり，個々の児童生徒に応じた様々な支援を提供します。

● 対話型の指導と学習を進める

児童生徒は，共同作業を通して教師（または同僚）からフィードバックを受け，学習により多くの時間を費やします。

● 頻繁に全体討論を活用する

教師は，自分の考えを述べより進んだ議論となるよう，学級全体を対象にした手法

を用います。

● 表現用語およびその他の事項

本書で使用する専門用語を決定するために，私は，3つの決定をしなければなりませんでした。一つめは，「生徒」「子ども」「学習者」のいずれを用いるべきかということでした。本書が対象としているのは子どもと青年であり，「生徒」では学問的学習という狭小な捉え方になってしまう恐れもあることから，一般的な「学

習者」を選択することにしました。

二つめは，「障害」「特別な教育的ニーズ」「学習の壁」のいずれを用いるべきかということでした。主な対象は，障害のある児童生徒（例えば，優れた才能のある児童生徒は彼らが障害を持っている場合を除いて省いた）です。ここ数年，次第に障害の社会モデルが選択されるようになってきました。例えば，このことは，障害は進化する概念であり，障害のある人と他の者との平等な完全で効果的な社会参加を阻む精神的・環境的障壁との間の相互作用の結果であると認めている，2006年の国連「障害者の権利に関する条約」に反映されています。[24] とりわけ，開発途上国の場合，障害者の80％が存在し，学校に通えている障害児はわずかに2～3％です。[25] 障害に重点を置きながらも，本書では社会的不利のような他の特別なニーズについても紹介しています。「学習と発達に障壁のある児童生徒」という考え方にはとても興味をひかれたのですが，参考にしやすいよう「特別な教育的ニーズ」と言う用語を選択しました。しかしながら，国際的にはこの用語は異なって解釈されており，イングランドやウェールズでは「特別な教育的ニーズ」と「障害」が置き換えられています。（様々な方略のエビデンスにもとづいた根拠をまとめる際，仮に私の「ピープル・ファースト」の考えに反したとしても，原著で用いられている専門用語を使用していることに注意して欲しい）また、著者は「学習者」としていますが，日本における教師の子どもに対する役割は学習だけでなく生徒指導，家庭に対する様々な業務も仕事としているので，著者の言う幅広い教育の対象者として，あえて「児童生徒」としました。また日本においてなじみやすい表現でもあります。

三つめは，「教師」と「教育者」のいずれかを選ばなければなりませんでした。私は注意の大部分を教師に向けているのですが，学校心理士や実習助手，指導補助員，保護者，教員研修員のような教育的役割を持っている人々も含めたいと考え，「教育者」という用語を選択しました。混乱するかもしれませんが，それ以外の点では，普遍的な専門用語などないという立場をとっています。例えば，「学習障害」という用語は，英国では異なった意味を表しておりとても一般的に使用されています。一方，米国では，通常，特別な教育的ニーズのある特定の児童生徒グループのことを言います。他に事情が無い限り，大部分は米国の意味に従うつもりです。

伝統的な学問にどっぷりと浸っている方にとっては，やや普通ではない言い回しの１人称を用いて書いていることにそろそろ気がつかれたことでしょう。理由は簡単です。読者である皆さんと，可能な範囲で活字を通して個人的につながりたいからです。

● どのようにして役立つことを知るのか？

特別な教育的ニーズのある児童生徒を指導する者として，皆さんは多くの指導方略と出会ってきたにもかかわらず，それらがどのように効果的であるのか確信を持てないままでいたのではないでしょうか。また，流行や思いつきだけで生み出されたアイデアのためにイライラしてみたり，あれこれのアイデアが役立つというエビデンスにもとづいた根拠はあるのかとしばしば自問自答したりしてきたのではないでしょうか。教育者として，皆さんは，増加の一途をたどっている取組みオプションのリストから，選択をするという状況に直面しています。本書が，皆さんの大切な児童生徒に使用できる方略を上手に選択するための手助けになることを期待しています。

理想を言えば，個々の方略に含まれるエビデンスにもとづいた根拠は，以下の基準に見合うように注意深く計画された調査研究に基づくべきでしょう。[26]

取組みの忠実性

取組み方略は，マニュアル（仮に研究論文として出版されていなくても手にれることができる）できちんと説明されており，この方略がしっかりと定着しているというエビデンスにもとづいた根拠があります。これは，時に「治療の忠実性」と呼ばれています。二つの関連する論争が起こっています。一つめは，個々の方略の有効性に関してエビデンスにもとづいた根拠を積み重ねようとする時，それらがどの研究においても一貫しているかどうかを問わなければならないということです。二つめは，それらがただ一つの方略なのか，あるいは他の方略と合わさっているのかということです。（二つめの点に関しては，ただ一つの方略の様式を開発するべきだと言っている訳ではありません。もっともなことではありますが，混合された形の取組みを必要としている児童生徒もいるでしょう。そのような場合には，正確な混合について注意深く説明されなければなりません。）

行動面での成果

研究には，行動面の成果に関して信頼性の高い根拠がしっかりとしている評価基準が含まれていなければなりません。結局は，個々の方略が変容させたい行動に対し，積極的な効果を持っているかどうかを確かめなければなりません。ここで，私は二つの技術的な問題に言及しておかなければなりません。

一つめは，「本当に役立つ」指導方略を選択するにあたって，これまで実行されてきた様々なメタ分析を大きく頼りにするつもりです。簡単に言えば，メタ分析とは，個々の取組みの平均的効果を測定するための，様々な類似した研究から見出された結果を総合することです。[27] その提唱者は，「分析のための分析」と表現しています。[28]

二つめに，メタ分析は，通常「効果の程度」(*ES*) と呼ばれる数的尺度を生み出します。これは方略の効果の大きさを示しており，[29]「効果の程度」が大きくなるほど方略の効果が大きくなります。「効果の程度」は，いくらかの予備調査の差を調整した後，統制群の標準偏差をもとに分けた実験群と統制群の平均値の差に基づいています。[30]

本書で示されている様々な方略への星の割り振りについて，以下で評価方法の概略について説明をしたいと思います。格付けに値しないと判断した一つ星と二つ星の方略は除外して，三つ星と四つ星の方略に限定しました。本書では，格付けの配分として，四つ星を 16 方略，三つ星半を 6 方略，三つ星を 5 方略掲載しました。[31]

★★★★　信じられる，もしくは強い有効性のあるエビデンスにもとづいた根拠。例えば，効果の程度は0.7もしくはそれ以上であり，特別な教育的ニーズのある児童生徒が，方略から間違いなく利益を得ることを示しています。このような効果の程度のものは，50%の児童生徒の成績が少なくとも76%は向上することを示しています。

★★★　良い，もしくは優れた有効性のあるエビデンスにもとづいた根拠。例えば，効果の程度は0.31～0.69であり，特別な教育的ニーズのある児童生徒が，方略から高い確率で利益を得ることを示しています。このような効果の程度は，方略が，得点で言えば50％から62～75％の幅で向上するという結果が出ることを示しています。

（注）効果の程度のデータを手に入れることができない部分については，研究の価値を判断するために，別の方法，特にこの章の残りで概説する基準を用いました。

児童生徒の特徴

研究には，児童生徒の年齢，発達レベル，彼らの抱える障害の程度や性質に関する明確な記述が必要です。民族性のような彼らの家族の特徴もまた報告されていることが望ましいです。理想を言えば，調査研究は可能な限り同質の児童生徒に焦点化するべきでしょう。見本とできる研究が多様になればなる程，どの児童生徒が方略から成果を得たのかを見定めることが難しくなってしまいます。

変数の制御

結果は取組みによる産物であり，単純な時間経過またはプラシーボ効果のような人を混乱させるような変数によるものでないことを保証する方法で調査は計画されるべきです。また，結果が，研究対象の児童生徒に対する付加的な注目による効果や，テストの繰り返しによる効果の産物ではないことも確認しておきたいものです。このことは，様々な方法で達成することができますが，ここではそのうちの二つについて言及しておきます。

一つめは，児童生徒を，取組みを受ける実験群と取組みを受けない統制群（他のすべての重要な方法については実験群と同様）とに無作為に振り分ける，代表的な「無作為抽出の比較実験（*RCT's：Randomized controlled trial*）」です。ここでは，２つのグループが，開始前，すなわち取組みが始まる前にベースラインが同等であることが重要です。また，取組み前と取組み後の段階に満足のいく減少水準があることも重要です。

二つめは，異なった状況で長時間一人の児童生徒を繰り返し測定するような「単一事例研究」です。ここでは，方略が標的行動の変容を達成できるために，安定したベースラインもまた確立しておかなければなりません。単一事例研究には主に二つの方法があります。

「ABAB デザイン」の最初の課題は，安定したベースラインを確立することです（A時間）。これは，新たな取組みを行なわなくても変動しなくなるまで，標的行動の観察を繰り返すことが含まれます。次に新たな取組みを導入し，この段階の間中，標的行動の新たな測定を行います（B時間）。その後，取組みを減らし，取組み前の状態に戻す過程を繰り返します（第２A時間）。この時点で，皆さんは以前の改善の後退や横ばい状態に出会うことが予測されます。そうすると再び取組みを導入することで，再びの改善と出会うことが期待できるようになります（第２B時間）。

一方，「多様ベースラインデザイン」では，変数は状況間，行動間，参加者間などの多様な基準を含んでいます。例えば，一つの課題に対して二つの行動が研究のために選択され，そのうちの一つの行動に取組みが加えられます。取組みのなされなかった行動が，方略の効果を判断するための基準となります。このような方法は，ABAB デザインのようにするには手順が好ましくないかもしれませんが，標的行動を元の基準に戻す必要がありません。

悪影響の除去

研究の結果に及ぼす「悪影響」をなくすか，もしくは最小にしなければなりません。言い換えれば，実験グループか統制グループか，いずれか片方の結果に影響を及ぼすようなことは，取組み以外では起こらないことが重要なのです。もちろん，実験グループと統制グループの両方に影響を及ぼすような出来事が生じるのであればそれは構いません。

副作用の容認

起こり得る副作用は考慮されるべきですが，それらは，肯定的であるかまたは少なくとも否定的であってはなりません。例えば，児童生徒の特定の行動を抑制するために威圧的な手段が用いられるとすれば，それらが不安もしくは恐怖感さえ高める原因となる可能性があり，それらは，言うまでもなく非道徳的なものであり，考えようによれば違法なものでもあります。

理論に基づく

方略の根底にある心理学的仕組みや学習過程が明確に解説され，他の場面にも般化できるようにしなければなりません。私はエビデンスにもとづいたに行われた研究を優先していますが，強い理論的基盤（もちろん最初の段階での徹底的な検査を基礎としたもの）のある方略の有効性や価値も認めます。ただ，これらは正当に評価されてこなかったかもしれません。[32]

フォローアップ

行動の成果が長期間維持されているかどうかを確かめるために，おおよそ6ヶ月後できればそれよりも長い期間後に，適切なフォローアップがなされるべきです。

研究条件　対　自然条件

理想を言えば，研究は，研究条件下だけでなく毎日の指導環境においても行われるべきです。これは多分，研究条件が教育者として皆さんが働いている実際の条件とは劇的に異なっているからです。しかしながら，現実の条件下で行われてきた研究（通常「有効な研究」と表現される）は，通常，教育者に対し高い信頼性を与えるのですが，本書では統制された条件下で行われてきた研究も見逃してはいません。[33]

査　読

研究は，厳しい査読を経た後，信頼のできる専門誌に発表されるべきです。概して研究は，重要な効果が証明されているものの方が，効果が見いだされていないものよりも発表されやすい傾向にあることは言うまでもありません。言い換えれば，肯定的な結果を発表する傾向があるという先入観があり，特定の方略を支援しない研究の結果について知ることは決してありません。[34]

私は査読された学術論文を重視しますが，例えば，実践家のための雑誌や児童生徒用の雑誌，報告文献，そして最近増えつつあるインターネット公開など，教育分野における他にも合理的な情報源があることも認めます。

反　復

研究には，方略に対する肯定的な効果を示す，少なくとも２つの高品質なグループ研究，または満足のいく質の４つのグループ研究，[35]もしくは最低５つの単一課題調査研究[36]が含まれる必要があります。できれば，独自の研究を行っている者が研究を反復することです。さらに，先述したメタ分析に示した通り方略の幅広い支持基盤があれば，言うことはありません。

費用対効果

明らかなことですが，取組み策が採用される際には，決して高価すぎてはなりません。例えば，長期にわたる個別対応への依存は，特に途上国々において費用対効果が高いとは考えられません。

実際的意義

取組みの実際の効果が実践では意味をなさず，児童生徒の成績に大きな効果のある方略をもとめている教育者への魅力が十分でなかったとしても，統計的に有意な結果をもたらす研究はあり得ます。[37]

利用のしやすさ

最後に，教育者が研究にもとづいた指導方略をすぐに利用できることが重要です。このことが本書を著すことにおける私の主たる責任があると考えています。

残念ながら，相対的にわずかな研究しか，先述したようなあらゆる要素に従っているとは言えません。[38] 私は，これらの基準に慎重に注意を払いながら，それら全ての基準を満たしてはいないものの，信頼できる確かなエビデンスにもとづいた根拠を提供している研究もまた含むつもりです。[39] それが，特別な教育的ニーズのある児童生徒（実際には全ての児童生徒）のための効果的な指導の構成要素となる研究手法の最新の風潮なのです。

● エビデンスにもとづいた実践への批判

エビデンスにもとづいた実践は，論争からは逃れられません。[4] 著者の中には，一般的に量的研究または実証的研究への重視や，特に取組みの結果を試す無作為に抽出した比較実験（RCTs）の重視を批判する人もいます。例えば，米国の名高い実践研究センターは，最近では十分とは見なされない単一課題実験計画と質的研究手法を用いることで，RCTsを用いた研究に対して最も高く賞賛することを抑制しています。RCTsへの依存は，少なくとも4つの視点から避難されてきました。一つめは，場面によっては質的研究の方が適切であると提案している人々は，知識獲得への限定的なアプローチとして拒否してきました。二つめは，認知面や行動面へのアプローチに対してRCTsの課題が他の方略より非常に多いことから，一部の方略に不当な優位性が与えられていることです。[41] 三つめに，RCTsは，教育に取組むとき，とりわけ，発生率の低い障害のある児童生徒に取組むようなとき，難しく同様に非倫理的であると一般的に考えられています。そして四つめに，単一課題実験計画は教育に有用であるという証拠が増えてきたことです。[42] これは，結果変数が取組みの有無という異なった条件下で及び条件間で，繰り返し測定される研究手法として定義されてきました。[43]

私は，RCTsの価値を認識しながらも，単一課題実験計画や質的研究にもとづいた研究にも注意を向けるつもりです。また，類似した研究も含むつもりです。これらは，多くの形態をとってはいますが，RCTの基本的な構成要素を欠いたものと定義づけられるのがベストだろうと思います。RCTには⑴事前事後の実験計画，⑵取組み群と統制群，⑶研究参加者の無作為割り振り，などが含まれていますが，類似した研究はこれら三つの計画要素の1つまたはそれ以上を欠いています。[44]

エビデンスにもとづいた実践の考えは，哲学的にも批判されてきており，ある著者は，考え方についての民主的な論議を明らかに犠牲にして，有効性の疑問に対する教育的意思決定の範囲を制限していると異論を唱えています。彼は，「何が有効かに焦点化することは，もしも有効でないなら一体何に対して有効であるのか，また誰が有効でないと決することができるのかを難しくする」と主張しています。[45] 私は両方の視点を考慮することは可能であり－価値のあることだ－と信じています。

● 特別な教育的ニーズのある児童生徒は個別の指導方略を求めているのか？

この質問の答えは，「YES」でもあり，条件付きの「NO」でもあります。

「YES」の場合：ある児童生徒－特に高いニーズもしくはとても高いニーズを有している児童生徒－は，通常の学級で教育者が一般的に用いる方略とは大いに異なった指導方略を必要としています。

例えば，

- 視覚障害のある児童生徒は，学習をするために触覚と聴覚に頼っており，点字や歩行トレーニングのような特別技術を必要としています。

- 聴覚障害のある児童生徒は，トータル・コミュニケーション（手話・口話・筆談・補聴器などを含む）やＦＭ聴取システム，補聴器調整補助者のような特定の補助器具などを必要としています。

- 言語障害のある児童生徒は，彼らの話し言葉の置換や歪み，脱落のような誤りに対応する専門的な言語療法を必要としています。

- 知的障害のある児童生徒は，課題をとても小さなステップに分けることが必要ですし，自立課題への支援も必要としています。

- 肢体不自由の児童生徒は，理学療法士や作業療法士のような専門家から通常提供される姿勢や運動の補助，あるいは身の回りの世話に対する補助を必要としています。

大抵の場合，専門教師や専門のセラピストはこのような専門的な指導方略に取組んでおり，本書においては，これらについてそれ以上の議論をするつもりはありません。

「NO」の場合： 大抵の場合，特別な教育的ニーズのある児童生徒は，良い指導をとても必要としています。ある著者が論じているように，障害概念にもとづいた特有の指導方略を支持するエビデンスにもとづいた根拠はほとんどなく，たとえ，認知や情緒，社会性などの違いを考慮した対応がなされなければならないにしても，全ての児童生徒は，むしろ共通設定の方略から利益を得ます。[46] 必要とされているのは，幅広い効果的な指導方略の，教室の中での組織的でわかりやすい集中的な利用（1日ごと，あるいは1分ごと）です。

特別な教育的ニーズのある児童生徒の成功する教育者の一人として，本書のために私が選択した方略を読むことで明らかになることですが，皆さんが自由に使える全ての児童生徒に適した多くの方略を手に入れることでしょう。

● 本書はどのように構成されているのか？

私は，皆さんのために考慮した27の方略を選択しました。そのうちの5つにはより広い方略が組み込まれています。その際，前に述べた基準を考慮に入れ，可能な限り多くの基準を満たす方略を探し続けました。そして，小学校と中学校レベルの特別な教育的ニーズのある児童生徒に利用されてきた方略に注目しました。薬物治療（例えば，コンサータや抗うつ剤）や食事療法，あるいは理学療法や点字のような高度で専門的な取組みは含みませんでした。就学前教育あるいは学校教育から卒業後教育への移行，就職など，たとえ重要な話題であっても言及はしませんでした。

次章では，全体的な学習と指導モデルに適合するおおかたの指導方略を示したいと思います。このことは，児童生徒の生物学的機能や，意欲，認知，記憶などの間に関係のあることを示しているとともに，このような要因に対応する学習環境をいかに創造することができるのかについて示唆しています。

簡単に参照できるよう，以下のように，方略の説明を一定の様式で構成してみました。

	方略：	方略の定義付付けです。
	基本的な考え：	方略の理論的原理と簡単な歴史です。
	実践：	事例を伴った方略の概略とその応用。（注）：エビデンスにもとづいた根拠に関する次節でも，統制された条件で用いられた方略の事例を含んでいるという情報。
	エビデンスにもとづいた根拠：	賛否両論や，異なった種類の特別な教育的ニーズのある児童生徒への適用についての議論を伴う方略の研究に関する簡単な見直し。本書に示した大多数の方略は幅広い文献で成り立っているので，ここでは典型的な事例だけを概説することにします。主に，特別な教育的ニーズのある児童生徒に関連した方略だけを選びました。
	留意点：	方略を実行する際にありがちな倫理問題やタブーを含む諸問題を指摘しています。
	結論：	方法の実用的な価値についての簡潔な要約です。
	補足文献：	ウエブサイトを含む文献の勧めであり，それらは記述内容を補う物です。

主要参考文献：本文に注釈がつけられている参考文献です。

● 方略の影響を受けるのはどのような行動なのか？

27の方略それぞれに対し，その方略を支持するエビデンスにもとづいた根拠の代表的な例を選びました。紙面に限りがあることから，1方略あたり10～15の研究だけを選択することにしました。

エビデンスにもとづいた根拠の各項目には，研究デザインの対象となった児童生徒の年齢や彼らの特別な教育的ニーズ，用いられた取組み策の特質，影響を受けた行動などを記述します。

● 背景の重要性

本書が多くの国々の教育者のための役立つ情報源になることを期待していますが，異なった背景の重要性もよく認識しています。特に重要なことは，言及している膨大な研究のほとんどが，先進国，特に米国や英国においてなされてきたものであるということです。したがって，文化や風習が違い，情報資源が違い，教師研修のレベルが違い，そのうえ障害モデルさえも違いのある開発途上国に，すぐに転用することは難しいかもしれません。大人数の教室，極度の貧困，文化的・言語的多様性，HIV/AIDSの影響力，脆弱な建物，十分とは言えない教員研修，ほんのわずかもしくは全くない支援というような要因は，エビデンスにもとづいた指導の理解を制限するかもしれません。可能なら，そのような背景のある所で私は方略の実行に挑戦してみたいのですが，様々な国々特に開発途上国において，エビデンスにもとづいた指導を学校制度にどのように組み込んでいくのかについては研究されるべき課題が山積みのままであることも認識しています。

どの国の状況にも合う特別な教育的ニーズのある児童生徒に提供できるモデルなど一つもないことから，海外の特別なモデルを導入する際には注意しなければなりません。全ての国々は他国の経験に学ぶことができると同時に学ぶべきでもありますが，各国は自身の社会的，経済的，政治的，文化的，歴史的独自性を考慮しておくことが重要です。その挑戦は，皆さんの国に根付いている哲学や思想や風習がどの程度奨励され，挑戦を受け，ひっくり返されるのか，あるいは外部から入ってきた者と融合されるかを見極めることです。この過程においては，新しい教育的植民地主義に陥らないよう配慮しなければなりません。[48] エビデンスにもとづいた指導を実行するには，児童生徒とその家族の文化的背景にも考慮しなければなりません。とりわけ，異なった世界観や，そこから生まれる信条，価値観，考え方（障害の原因や特性，コミュニケーションややり取りの方法，言語，文化的な異なりの程度などについての信念）に注意が払われるべきです。[49]

● 本書の利用方法

例えば本書のような書籍を使用するために，皆さんは独自の方略をお持ちになるだろうと思いますが，ここでは私の考えを示しておきます。この序論を読んだ後，様々な指導方略の関係を示している次章の「学習と指導モデル」を読むことを強くお勧めします。本書で概略が記されている方略の多くを概観するのであれば，特に質の高い指導法を紹介した第29章を参照することができます。その後，皆さんが直面している課題に最も関連していると思われる方略を探されるのがよいでしょう。もし，皆さんの出発点が，特定の特別なニーズのある児童生徒の指導方法を知りたいということであれば，索引が幾つかの入り口を教えてくれるでしょう。しかしながら，幾らか例外はあるにせよ，障害特有の指導方略などないという私の最初の忠告をどうか忘れないでください。本書で紹介しているほとんどの方略は，特別な教育的ニーズのある全ての児童生徒と，それどころか全ての児童生徒と関連しています。

● 最終ポイント：研究者になろう

私は，本書が，特別な教育的ニーズのある児童生徒に対する皆さんの指導を向上させるのに，どのような研究が妥当なのかを調整してくれるものであると期待しています。私は，皆さん自身の指導や全ての学級での指導成果に意図的に反映させるとともに，自己批判を喜んで受け入れて実践を修正する方法を，継続的に探していかなければならないと考えています。このことは，単に研究の「消費者」になることを意味するのではなく，むしろ「生産者」になることを意味しているのです。ですから，すばらしい指導実践のエビデンスにもとづいた根拠・基盤を促進させるためにも，皆さんに専門的研究者との共同研究の機会を見出してもらいたいと願っています。[50] 少なくとも，理にかなったエビデンスにもとづいた革新的プログラムを計画し，成果を注意深く評価し，有効性が証明されるまで何度も見直し，同僚の間に成果を普及させるなどの皆さんの指導に，エビデンスにもとづいたアプローチをもたらすことを期待しています。言い換えれば，皆さんはデータ主導の専門家なのです。

第2章　学習と指導モデル

この章では，本書で取り上げた指導方略の背景となる「学習と指導モデル」について説明したいと思います。[1]鍵となる２つの問いがあります。

1　課題を遂行するために，児童生徒は，情報をどのように獲得し，処理し，蓄積し，修正し，関連づけ，使用するのでしょうか？

2　学習に困難さを抱える児童生徒が，効率よく効果的に問題解決を行えるためには，どのような助けが必要なのでしょうか？

「学習と指導モデル」は，様々な課題に必要な条件と児童生徒の遂行能力との関係を大まかに示しています。この関係には幾つかの要因が影響を及ぼしています。仮に，これらの要因が最大限発揮されないとすれば，児童生徒の課題遂行の質は低いものとなります。幅のある言い方をすれば，これらの要因は，児童生徒の

- 生物学的構造と機能
- 動機
- 認知方略
- 記憶

から構成されます。これらの全ての要素には，エビデンスにもとづいた根拠に基づく反応を引き起こす環境が必要であり，そのような環境は，教育者である皆さんが創り出せるものなので。

モデルの概観

要するに，図 2.1 で示したように，「学習と指導モデル」には，おおよそ次に述べるような幾つかの特徴があります。

1）児童生徒は，課題が求めている内容あるいは解決に向けた問

題と直面しています。これは，外部から生じる場合もありますし，児童生徒自身の内面的な思考過程から生じる場合もあります。

2）外界からの情報は感覚受容器を通して取捨選択されます。しかし，その効率の度合いは生物学的に異なっているので，児童生徒一人一人違っています。

3）課題の幾らかの要素は，過去の経験との結びつきを誘発することができます。初期記憶として知られるこの自動的な記憶は，より重要な活動を行うために，認知処理の情報源を使えるようにします。

4）ほぼこの時点で，児童生徒の「意欲の司令領域」は，彼または彼女がその問題に本当に取組みたいのかどうかを決定します。この決定は，児童生徒の目標（「自分はこれがしたいのか？」）や，感情（「これをすることについて自分はどのように感じるのか？」），自己信念（「自分はスキルを持っているのか？」「頼りになる環境はあるのか？」）などを反映するものと思われます。

5）児童生徒が課題に取り組もうとする場合には，効果の度合いは異なりますが，実行機能が働き始めます。この機能は，主として児童生徒の行動を管理し規制します。つまり，実行機能は行動の自己監視や自己調節を担っているのです。

6）課題を成功に導くために不可欠なものは，児童生徒の方略のレパートリー（一般的に方略の必要性に気づいていることと，個別課題に適した特定の方略の両方）です。

7）課題の幾らかの成分や問題解決に必要な情報は，より高度な処理を可能にするため短期記憶に蓄積されます。短期記憶の収容能力は児童生徒によって異なります。

8）中度から高度に複雑な課題に対して，児童生徒は適切な情報を呼び出すために，自分の長期記憶を検索する必要があります。換言すれば，児童生徒が重要と考える新たな情報は，無意識のうちに長期記憶の中に収納されるようになっているのです。

9）これまで記述してきた全ての重要な成分が最高水準で作動するまで，児童生徒は，記憶から適切な反応もしくは創造的に組み合わされた反応要素を呼び出します。

10）この反応は，外面（つまり観察可能な行動）か内面（つまり思考）かのいずれかの活動の中に符号として記されます。

11）外部からの要求の場合，児童生徒の反応の適否はすぐに評価され，外的な反応（つまり強化，応答，あるいは罰）がなされます。もしも，この反応が否定的なものなら，上記の全体のサイクルがすぐに繰り返されます。

12）内面的な欲求の場合，児童生徒は解決策（つまり内面的反応）が効果的かどうか，あるいは満足のいくものかどうかを判断します。うまくいかなければ，その時に上記のサイクルが繰り返されるのです。

モデルは，固定的な線状形式で描かれていますが，それを動的な反復と見ていくことが重要です。このことは，一人の児童生徒が問題解決を試みている間，モデルを構成する大多数の要素が再検討されるように，1個以上の要素を活用していることからもわかります。

● 学習と指導モデルの詳述

モデルについてより詳しく説明したいと思います。その際，児童生徒への作文指導の課題を参考に，構成要素ごとに説明したいと思います。また，後ほど本書で示す様々な方略についても言及したいと思います（これらは太字で強調しています）。

背　景

入力は，常に，文化的背景，家族（**方略5**），仲間集団（**方略3**），学級構成（**方略25**），学級での小集団配置（**方略1**），教育計画に責任を負う多様な教育者たち（**方略4**），教室環境（**方略19と22**），学校環境（**方略23,24, 25**），教育制度（**方略26**）というような社会的文脈の中で起こります。

例えば，能力混合でグループ編成をした9歳の児童生徒たちのインクルーシブ学級を指導していると想定してみましょう。また，その学級の中のグループの一つに，学習障害（米国の定義）またはディスレクシアのあるジョセフという男の子がいると想定してみましょう。

課題要求〔1Aと1B〕

課題要求は，外因（モデルの1B）または内因（1A）に由来します。外因の場合，視覚，聴覚，嗅覚，触覚，運動感覚などの異なった感覚様式や，それらの様々な組み合わせとつながりを経由して入力されます。

作文を例にとってみると，課題は，「今日は，動物園に行ったことを作文にしてみましょう。学校を出てから帰ってくるまでの間について考えてみましょう。」というように，聴覚様式で表現され

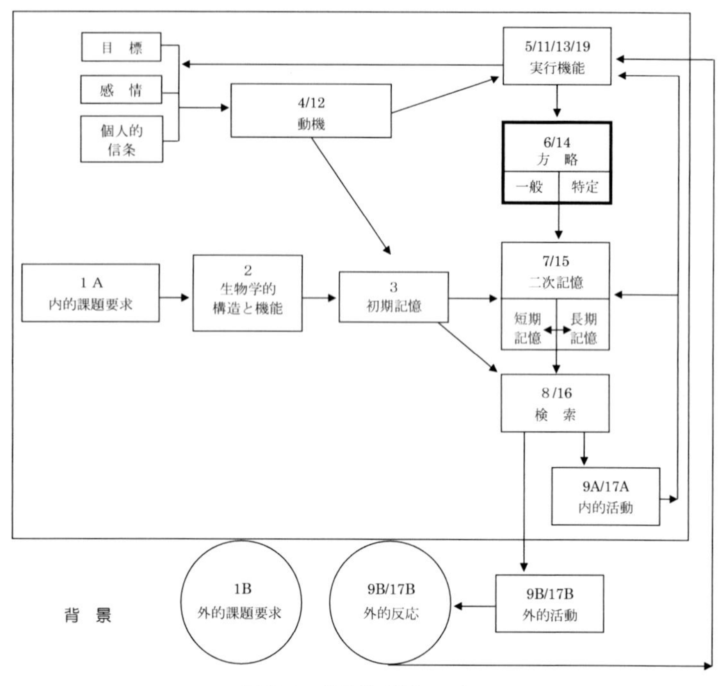

図2.1　学習と指導モデル

ます。続いて，例えば図表またはコンピューターの画面に表示された訪問時の写真など，幾つかの視覚的補助を用いて討議されることになるでしょう。

課題は，問題に取り組むための基礎となる知識と方略とを必要としているということです。先程の例で言うと，必要な基礎的知識には，私たちの見た動物や，動物園での体験，どのようにして動物園に行って帰ってきたのかというような情報が含まれ，方略には説明文を書くための方法が必要となります。

本書の方略のうち，特に**方略 11**，**方略 12**，**方略 14** において，外的課題要求の性質に言及しています。

生物学的構造と機能〔２〕

児童生徒が課題要求に対応するためには，もちろん他のことを無視して，課題の特徴に(a)注意を払い，(b)気づき，(c)理解できなければなりません。これは，人の経験（感覚一時保持[2]または感覚記銘[3]と呼ばれる触覚，視覚，聴覚などの記銘）と関係しています。

これは，無意識で自動的な過程か，または実行機能（後で示す）で制御された活動的で意識的な過程か，あるいはその両方かもしれません。感覚記銘に蓄積された情報は，児童生徒が積極的に注意を向けない限り長くは続きません。（わずか２～３秒です）。

先ほどの動物園の例で言いますと，教師は，例えば，落ちていた羽に触れさせることで児童生徒の経験に注意を向けさせられるかもしれません。刺激に対し選択的に注意を向けることができる効果は，児童生徒によって異なります。児童生徒の中には，聴覚や，視覚や，あるいは課題の理解力に影響を及ぼす深刻な器質性障害の有る者がいます。中には，注意欠陥障害の医学的診断の有る者もいます。急成長する大いに有望な神経科学分野は，簡単であってもここで触れておかなければならないですし，神経生物学のより詳細な説明については，役立つ参考文献を幾つか紹介します。[4]

この分野は，時に「精神と脳そして教育の活動」と言われており，研究で教育の十分な根拠を生み出すために，生物学や認知科学，発達，教育などの分野を結びつけることを目標としています。[5] 1000億もの神経細胞を持つ脳は，精神的能力の中枢であり，身体機能を調整するとともに，言語，推論，記憶というような高次機能を実行させます。[6]

私たちには，脳の構造やその様々な構成要素の機能についてどこまで分かっているでしょう？　図2.2でこれらのことを簡単に説明したいと思います。

- 後脳は，脊髄上部と脳幹，時に小さな脳とも呼ばれる小脳から成ります。小脳は，動作の円滑な調整が必要な技能である，ピアノを弾いたりボールを打ったりするような繰り返して覚える動作をつかさどっています。
- 後脳の上には，反射作用を制御し随意運動につなぐ責任を負っている中脳があります。

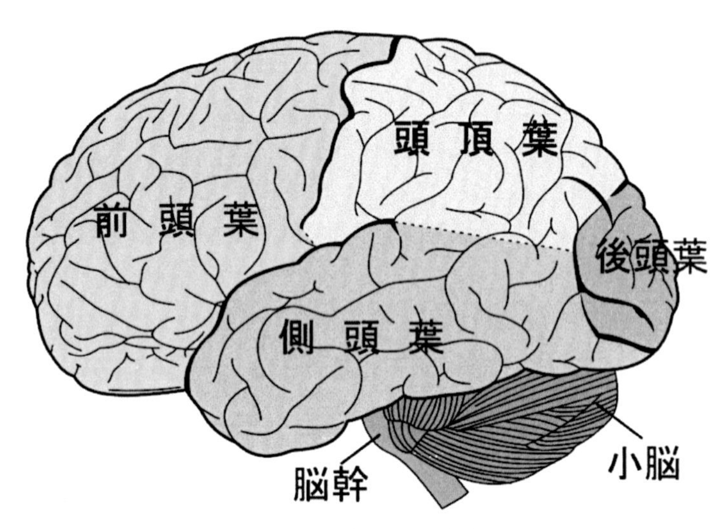

図2.2　大脳皮質の主要区分

出典：OECD (2007),「脳の理解」—学習化学の誕生—，パリ，OECD出版。
http://dx.doi.org/10.1787/9789264029132-en

- 前脳または前頭葉は，脳の最大かつ最高度に発達した部位であり，記憶や実行機能（下記を参照のこと），想像力，推論，思考というような私たちの知的活動の母体である大脳の主要部位です（**方略6**と**方略7**を参照）。思考を，会話や言語に変換するのに重要なブローカー野はこの部位にあります。大脳は二つの半球に分かれており，それらは結びつきそれぞれつながってはいますが，異なった機能を持っています。左脳は言語構成をつかさどっています。一方，右脳は空間分析，感情の受容と表出，非言語コミュニケーションなどの他，多くの論理的推論の統制をつかさどっています。しかしながら，このような相違は絶対的なものではなく，しかも，女性は著しく特化した半球を持っている場合が少なく，二つの半球のつながりはもっと強いことに留意しておかなければなりません。

- 前頭葉の後部は，随意運動の制御を助ける運動野です。
- 頭頂葉は，感覚情報の統合や言語記憶の結合，空間感覚と方向指示の決定などをつかさどっています。この部位の前方部は感覚野を含んでおり，温度や味覚，触覚，身体の他の部位の動きなどに関する情報を受け取っています。
- 後頭葉は視覚情報を処理し，記憶に蓄積された情報とつなぎます。
- 側頭葉は頭頂葉と前頭葉の下に位置し，様々な機能を持っています。上部は聴覚情報を処理し，下部は記憶の形成と検索に関して重要な役割を果たしています。さらに他の部位は，記憶と触覚や視覚，聴覚，嗅覚，味覚などの知覚を統合しています。
- 辺縁系は，小脳のちょうど下にある視床の両側にのしかかるような複雑な構造をしています。それは，視床下部や海馬，扁桃体を含んでいます。辺縁系は，私たちの生活の感情的側面に主に関与しているとともに，記憶形成のための多くの役割を果たしています。

例えば海馬は，長期保存と必要な時の引き出しのために，大脳半球の一部に記憶をしきりに届けています（**方略８**を参照）。

- 大脳基底核は運動の起動と統合をつかさどっています。

もしも，何らかの理由で脳のある部分がうまく機能していないなら，それは明らかに人の学習能力に影響を及ぼすでしょう。このようなことは遺伝もしくは環境に原因があると考えられます。根本的な原因を解明する研究が増えてきており，児童生徒個々の強みや弱みを明らかにすることでそれらの予防や改善の方法を示唆してくれます。神経科学は，将来的に，明らかに改善された状態につないでいくための有意義な手がかりを与えてくれます。幸いにも脳の発達は，脳の隣接しつながっている領域が，一部もしくは多くの機能損傷または機能不全の部位の肩代わりをする（その人の年齢や損傷の程度によります）ことができるように，驚くほど柔軟で順応性が高いことがわかっています。これは，脳のシナプス間の極めて弱い既存のつながりを強化したり，残存している構造を新たに結合したり，取り除くことで他の結合を弱めたり除去したりして行われます。「共に発射され共に網目状にワイヤー化していくニューロン」と「使わなければ失われる」という，脳の発達原理に関係する２つのことがよく言われています。一つは，もしも頻繁につながるようであれば２個のニューロン間のシナプスは強化されるということです。二つめは，ニューロンの主たる機能が，他のニューロンと至近距離であっても遠距離であってもつながるということです。ただし機能しなければ除去されてしまいます。[7]このような原理は，**方略9**「復習と練習」に反映されています。最後に，ある種の学習が最適である時が敏感期であることもわかっています。例えば，会話音声のような感覚刺激やいくらかの情緒的で言語的な経験に対して，比較的短めの敏感期があります。それ故，初期取組みが重要なのです。[8]

教育者として，皆さんは，感覚的，身体的，知的な学習障壁をできる限り減少させていかなければなりません。そのためにも，それらを考慮した指導を提供しなければならないのです。神経科学が，特に特別な教育的ニーズのある児童生徒の指導において，皆さんの意思決定を導くことができるかという点で発達を見守りましょう。

先程の例で言いますと，ジョセフが普通に聞こえ，普通に見え，平均的な知能であることは，おそらく最初からわかっていたでしょう。しかしながら，彼には，教科書を理解するために必要な文字と音とのつなぎを困難にしている言語音声化の基本的弱点から，ディスレクシア（読字障害）が考えられます。これは，書字や書き言葉と音を一致させることを左右する左側前頭側頭葉の，および／または，全体の言葉と素早くつながることに関係する左側後頭側頭骨の不十分な機能から生起していることを示しています。[9]

初期記憶（連想）（3）

私たちが課題に直面する時，通常，関連付けを行います。私たちの自動的な記憶は活動ときっちりつながっています。例えば，「塩と－？」というような質問を聞けば，ほとんどの方が「こしょう」と考えるでしょう。同じように，「7 × 7 = ？」と尋ねられた時，何も考えずに（そうであることを期待しています）「49」と考えるでしょう。この自動記憶は，児童生徒の処理能力をより重要な活動のために開放してくれるので極めて重要です。したがって，必要なときに利用できる事実や関連した内容を蓄積しておくことは良いことです。例えば，音韻／アルファベット記号を自動的に処理することで，児童生徒が読書をする際に，音を文字に置き換えたり言葉を音に置き換えたりすることを手助けしています[10]（**方略 18**）。このことは，そのような蓄積を増やしていくために，反復と練習を伴った十二分の実践が児童生徒に与えられるべきであることを意味しています。しかしながら，あらゆる教室での学習に反復と暗記学習が必要だと言っている訳ではないことは強調しておきます。影響はあるでしょうが，度を超してはいけません。この点に関する詳細は**方略 9** を参照してください。

先ほどの例で言うと，「動物園」という言葉を聞いた時に思いつく全てについて，意見を出し合い発表させることで，初期記憶を確認することができます。児童生徒は，「おり（檻）」や「臭い」や様々な動物の名前を思い付くことでしょう。ジョセフは，この課題はおそらく難しくないでしょうが，動物とその生息地を結び付けることは難しいかもしれません。

意欲の状態と個人の気質（4 と 12）[11]

意欲の研究者によれば，児童生徒が課題に取り組む時の「意欲中枢」の程度は，以下の要素に影響されるそうです。

ⓐ 個人目標との関連性（例えば，ジョセフは考えをまとめたり文字を書いたりすることに困難があるため，作文課題に取組みたくないのかもしれません。）

ⓑ 感情の状態（例えば，ジョセフは作文課題に取り組む時，仲間の前で恥をかくのではないかととても不安なのかもしれませ

ん。）

ⓒ　そのような疑問に対処する自分の能力への自己肯定感（例えば，ジョセフは長らく自分自身に「作文が苦手」というレッテルを貼っていたのかもしれません。）

ⓓ　環境に対する信頼（困難があるにも関わらず，ジョセフはクラスの中で安心感を持ち，自分の先生として皆さんを信頼していることを期待しています。）

ⓔ　自己概念（ジョセフは，おそらく，作文だけでなく学習に関しても，同様に人としても自己イメージが低いのでしょう。）

（意欲の議論については**方略22**を参照）

もう少し詳細に意欲の考えを検討してみましょう。モデルからもわかるように，意欲は以下の公式で示されます。

意欲＝目標×感情×自己肯定感

目　標

私たちの行動の多くは，私たちの目標（つまり，期待する〈肯定的な〉または期待しない〈否定的な〉将来の結果）に支配されています。[12] これらの目標は，意識的か無意識か，あいまいか明白か，一般的か特定的か，短期的か長期的なものです（**方略 23** 参照）。

児童生徒がいずれを好む傾向にあるかによって，課題に合わせた目標なのか，それとも能力に合わせた目標なのかという大きな違いが生まれます。[13]

目標を課題に合わせた場合，児童生徒は，課題の習得や能力の向上，本質的な道理の学習，進歩，努力，そして困難な課題への挑戦などに取組みます。彼らは，能力は努力によって開発されると信じています。したがって，彼らには次のような傾向が見られます。

ⓐ　新しく学習した事項と既知の知識をどのように結びつけるかを考えるというような，深い認知処理を行います。

ⓑ　より適応しやすい支援方略を求めます。

ⓒ　より高度な創造力を発揮します。

ⓓ　挑戦を求めます。

ⓔ　障害に直面しても粘り強さを示します。

目標を能力に合わせた場合，児童生徒は，能力発揮，他者の凌駕，能力の良い評価の獲得，あるいは失敗の回避などに着目します。彼らは，一般的に能力は遺伝的なものであり固定的なものであると信じており，特に，思春期にそのような傾向が見られます。したがって，彼らには次のような傾向が見られます。

ⓐ　丸暗記のような表面的な方略を用います。

ⓑ　失敗を恐れて挑戦することを避けます。

ⓒ　障害に直面すると消極性を示します。

明らかに，教育者である皆さんの目標は，課題に合わせた目標で児童生徒を支援することです。おそらくジョセフは，少なくとも作文課題に関して，目標を課題に合わせるのではなく能力に合わせようとしがちなのでしょう。

学業不振に対し，６つの一般的な意欲に関する理由のあることを最近の研究は示唆して

います。

ⓐ　弱い熱意

ⓑ　失敗への不安

ⓒ　弱い好奇心

ⓓ　まとまりのない行動
ⓔ　無責任な姿勢
ⓕ　戦闘的

それぞれの理由は，異なった取組みを必要としています。しかしながら，意欲（もしくはその欠如）は児童生徒の文化的背景を考慮しなければならないことを，私は強調しておきます。多様な児童生徒に対する日本の学校の配慮に関する研究で，児童生徒の意欲に影響を及ぼす幾らかの要素を見つけました。一つは，日本社会では，成功は人の生まれながらの能力によっては決まらず，努力によって決まるということです。ですから，日本の教師や保護者は「一生懸命頑張るなら，成功するかしないかは問題ではない。」としばしば言います。[16] 二つめに，児童生徒の教育や意欲を重んじる支援的な家族環境では，学業への努力を教え込むことを重要なことと捉えているということです。三つめに，日本文化は人間関係や集団生活に重きを置いているということです。このことは，家族に始まり，学校および最終的にはより広い地域社会へとつながっています。日本人にとって最も高い価値は，人間らしい人を作ることであり，集団や社会の調和を維持できることなのです。[17]

感　情

感情とは，情報処理や行動調整を可能にする全ての脳機能のことです。幾人かの著者によれば，感情の神経科学における最近の進展は，学習理解に革命をもたらす可能性のある認知と感情のつながりに光を当てているのだそうです。彼らは，私たちが他者と一緒の世界で幸せな暮らしを送るために，脳が身体や心を操作する独自の目的を果たしているという根拠があると主張しています。それ故，感情は行動調整を助け，現状または問題に関係する知識を論理的に考えるよう導きます。感情は私たちの学習に重要な役割を果たしているのです。[18]

私たちは感情と一緒に蓄積された出来事をよく覚えており，感情的になりすぎると，訳が分からず無分別になることに異論はないでしょう。私はまた，感情の快・不快に関わらず，感覚保存領域を通して受容した情報が肯定的であるか脅威であるかに関わらず，全ての指導は児童生徒の感情的反応を生じさせると考えています。最適量の挑戦が活発な学習には必要です。これは感情喚起の過程と認知制御の間のバランスであると述べている著者もいます。[19]

教育者として，皆さんの課題は，児童生徒が日々学校に来たときの感情の状態を考慮し，皆さんが提供する学習経験を，満足，楽しみ，喜び，興奮，好奇心，興味，愛着というような肯定的な感情を確実に生じさせるものにすることに大きな重点を置くことです。(**方略 22** 参照)

ジョセフの場合，作文課題は，落胆，苛立たしさ，怒り，不安，困惑，恥ずかしさというような否定的な感情を生じさせる可能性があります。皆さんが授業を計画する場合，これらの否定的な感情を回避し，それらをより肯定的な感情に置き換えることに重点を置くべきでしょう。

自己肯定感

「能力への信頼」(自分は課題要求と向き合うのに必要なスキルを持っているか？)と，「背景への信頼」(先生は課題を遂行するのを助けてくれるだろうか？)という２種類の信頼があります。

これら２種類の信頼は，表2.1に示しているように，それぞれ互いに影響し合っています。

表2.1　背景への信頼と能力への信頼の関係

背景への信頼	能力への信頼		
	強　い	普　通	弱　い
肯定的	頑　強	謙　虚	元気がない
中　立	粘り強い	傷つきやすい	自信喪失
否定的	受容または対立	落　胆	絶望的

明らかに，教育者である皆さんの目標は，児童生徒が能力への強い信頼と背景への肯定的な信頼を持ち，たくましい児童生徒になるよう助けることです。例えば，ジョセフはおらく能力への信頼が弱いのでしょう。もしこれらの弱さが，皆さんが自分の学級で生じさせているような肯定的な背景への信頼と結び付けられると，ジョセフは「元気がない」と見なされてしまうでしょう。したがって，皆さんの役割は，より強い能力への信頼を生み出させるよう彼を勇気づけることであり，それが彼を成功に導くための鍵となるのです。

実行機能（5，11，13，19）

モデルが示しているように，実行機能は，問題解決に向け重要な役割を果たします。それは目的がはっきりとしており，我々の行動を随意に操作し，修正し，計画し，管理し，監視します。一言で言えば，実行機能は私たちのメタ認知をつかさどっているのです。生物学的構造の項でも述べたように，このような実行機能は脳の左前頭葉と前頭前野にあります。実行機能は多数の構成要素から成っており，通常，(a)実行する前に解決策を練る，(b)外的刺激に対応するよう行動を変化させる，(c)活動を抑制する，(d)すぐに活用ができるように記憶の中に現状に関係する情報を保持し，巧みに操作する，(e)新たな状況に対応する解決策を自然に生み出す，(f)自分自身の行動を分析し，現状への対応を修正する能力として認識されています。[20]

実行機能は，私たちの意欲中枢からのメッセージを受け取ることにより，その機能を実行します（**4と12**）。その結果，実行機能は私たちの意欲を活性化させることができます。それはまた，例えば教育者というような外因からもたらされるフィードバック（**10と18**）によって，また，自分の行動を自己評価する（**9Aと17A**）ことで情報を受け取ります。おそらく最も重要な機能は方略選択を監視することです（**6と14**）。また，我々の注意も監視し調節します（初期記憶の部分で述べましたが：モデルの3）。このうちの幾つかは，意識的に操作すると言うよりもむしろ自動的になされています。実行機能は，発達が進むにつれその重要性を増していきます。実行機能が行動の自己観察や自己調整をどのようにつかさどっているのかは**方略7**を参照してください。

例えば，英語[21]と中国語[22]の実行機能技術と読み書き能力との間に，積極的な関係のあることが様々な研究で示されています。アジアの児童生徒，なかでも韓国や中国の子どもたちの少なくとも就学前における実行機能は，西欧の児童生徒のそれよりも優れているという科学的根拠も幾つかあります。[23]

方略（6と14）

方略6を見ると，大多数の児童生徒は，学習方法を指導される経験がほとんどなくても，生活経験を通して効率的で効果的な認知技能を発達させます。しかし，一部の児童生徒は，彼らの学習を助けるための適切な技術や方略が使えていないように思われます。彼らは，どの方略を使えばよいのかを知らないのか，間違った方略を使っているのか，もしくは自然と方略を全く使っていないのかのいずれかです。[24] これらの欠陥は，他の障害を生み出すかもしれませんし，それ自身が障害となる可能性もあります。

基本的に，児童生徒の学習方略は，次の二つのことに起因しています。

- 例えば，短期記憶の限界やどれくらいの量の実践が必要なのか，どれくらいの数の方略が活用できるのかなど，自分自身の認知能力に関する知識を発揮します。
- 方略を計画し，確かめ，観察し，テストし，修正するというような自己調整方略を用いることによる，意識的な認知の調整能力を発揮します。このような方略は課題によって異なります。（**方略7**を参照）

ジョセフのような学習障害のある児童生徒は，その認知方略が非効率的であるとするエビデンスにもとづいた根拠は相当数あり，学び方を学習するための支援が必要でしょう。

方略は，一般と特別という二つの主たるカテゴリーに分けられます。

一般方略

一般的方略は，児童生徒に方略的になることの必要性を認識させるのに役立ちます。皆さんは，衝動性を抑制し，内省を促し，以前の知識を活性化させ系統化し，効果的で効率的な方法で課題に取組み，主要な認知段階をより具体的に構築し，彼らがこのような一連の過程を自己調整できるようにするなどの肯定的な意識習慣を生みだすことによって，方略の必要性を認識させることができるのです（**方略７**）。

特別方略

特別方略は，個々の教科または課題に応じた方略を使うことです。そのような取組みの詳しい説明は，**方略６**，**方略７**（特に，マイケンバウムの６段階過程の項），**方略８**，**方略９**，**方略 13** などを参照してください。

ジョセフの場合，主たる困難がどこにあるのかと言えば，作文課題に取組む際に，不適切な方略を自ら用いているものと思われます。**方略６**で示しているように，彼を指導するために，皆さんは物語作文方略を用いることができます。[25]

二次記憶（7と 15）

児童生徒が問題と向き合う時，解決策を見出すために，それを手助けする記憶を活性化させなければなりません。記憶は人に備わった最大の能力であり，全ての児童生徒に育まれなければならないものです。

方略８で明らかなように，短期記憶と長期記憶という二種類の主たる二次記憶があります。

短期記憶

情報が過去の感覚記録と結びつくとき，その情報は一時的に

「ワーキング・メモリー」と呼ばれる短期記憶に移動します。その役割は，一部の情報が使われている間一時的に蓄えておくことです。情報は，聴覚様式か視覚様式かのどちらかで，あるいは言語様式か非言語様式かのどちらかで蓄えられます。それは，すぐに使えるよう情報を処理し，繰り返し，保持することで，短期記憶の情報が長期記憶（下記参照）の情報と相互に作用し合う，「ワークスペース」と呼ばれています。[26] ワーキング・メモリーに一度に保持できる量や時間には限りがあります。専門家によれば，一般的にはおよそ20秒間の保持，最大7個（例えば，電話をする時の電話番号の記憶）が限界と言われています。いくらかの特別な教育的ニーズのある児童生徒にとって，これらの限界は一層深刻です。例えば，特有の言語障害を有する児童生徒は，短期記憶の欠陥，特に視空間短期記憶の欠陥が見られるという証拠があります。[27] 私たちの短期記憶の情報は，何らかの方法で繰り返されたり系統化されたりしなければ，すぐに失われてしまいます。

ジョセフは，彼の短期記憶に大きな制約があることから，それを伸ばすトレーニングが必要です。例えば，彼は，動物園に行ったことについて書くという指導者の指示を忘れてしまい，自分の見た動物について考えることを制限してしまうのかもしれません。彼には必要なことを思い出すためのきっかけが必要でしょう。

長期記憶

しばらく経っても使うことができるように，知識は長期記憶に蓄積されます。これは，時に「恒久記憶」として表現され，その能力は一見すると無限です。それは，そこに蓄積された様々な情報間の神経連絡網によって安定した，変化に耐え得るいう特徴を持っています。この情報網の大きさと複雑さは個々によって変化します。情報は，視覚映像あるいは言語群，またはその両方のいずれかによって長期記憶に蓄積されます。意味は，長期記憶にとって極めて重要です。脳内では，短期記憶から長期記憶へと情報を移動させるのに間脳と海馬が主要な役割を果たしています。[29]

認知心理学者によって，長期記憶は，(a)事実と一般的な情報や概念，原理，規則，問題解決方略などが含まれる「***意味記憶***」，(b)人生の特定の出来事を想起する時に生じ，例えば，9月11日（9/11）と聞いた時の正確な時間と場所を想起することができるように，でいる出来事の一部としてしばしば強い感情で結びついている「***エピソード記憶***」，(c)例えば，自転車に乗らなくなって何年か後に再び自転車に乗るというような，身体活動など何かのやり方を想起する能力である「***手続記憶***」[30]という三つの区分が確認されています。ここでもまた，初期記憶と同様，復習と練習（**方略9**）が長期記憶に重要な役割を果たします。**方略8**に記されているように，長期記憶の貯蔵を促進する他の重要な方法は，意味のある心的表象様式に変換することです。このような表象は，例えば，会話を正確に覚えるかその要点を覚えるかの違いのように，通例，元々の入力とはかなり異なっています。[31]

学習障害のある児童生徒は記憶に問題を抱えており，そのために記憶の蓄積の量および／または質に大きな制約があることを示す研究が多数あります。[32]このように思われる主な理由は，彼らが思い出しやすい方法で情報を処理していないからです。想起の仕方（どの方略を使えばよいのか）について，彼らが知っているようには思われません。しかも，彼らは，想起の際，思い出すことと最初にそれを学習した背景とが結びついてしまうように思われます。

言い換えれば，彼らは他の子どもたちのように，時間や題材，場面，人を自動的に一般化できないように思われます。[33] このような全てのことが密接に関連し合って，児童生徒の実行機能は，長期記憶から引き出された情報を課題要求と対応させられなくしてしまっているのかもしれません。

ジョセフは，おそらく動物園に関連する事実の長期記憶に限界があるのでしょう。例えば，彼は動物を様々なグループに分類する方法を知らないのかもしれませんし，仮にこの情報を持っていたとしても，作文課題に取り組む際にその情報を活かす技能を持っていないのかもしれません。したがって，彼は異なった動物グループに気づき，作文内容に情報が反映されるよう求められる必要があるでしょう。

検索（8と16）と実行（9A／17Aと9B／17B）

この時点までは全てがうまくいっていたとすれば，それが算数課題に対する解答であっても，社会科での質問に対する返答であっても，ダンスのステップや体操のような体育であっても，私たちが検討している動物園の遠足の話題であっても，次に児童生徒は適切な応答を検索しなければなりません。この処理は，長期記憶に蓄積された事実の情報網からワーキング・メモリーまで，児童生徒が情報検索をすることと大きく関連しています。個々の事実の想起と関連する一方，解答を見いだすための創造的な方法で事実を結びつけていくことを必要としています。特別な教育的ニーズのある多くの児童生徒の場合，このような処理が非効率的で遅いようです。彼らは，事実の蓄積量が比較的少ないか，あるいは系統的蓄積が乏しいことにより，制約を受けているのだろうと思われます。また，彼らは，当て推量や他の衝動的な行動に代わる長期記憶の探索方略に欠けているのかもしれません。あるいは，処理速度が極めて遅いのかもしれません。

動物に関する事実の蓄積の制約を考えると，ジョセフの動物園に関する話には，情報の単一制約と主題構成の欠落が考えられるでしょう。

外的反応（10 と 18）

もしも，最初の課題要求が教師のような外因からのものであれば，児童生徒は自分たちの活動を確認するために，フィードバック（**方略 15**）または強化（**方略 10**）を期待するでしょう。

ジョセフの場合，制約が極めて大きいことから，教師は彼にどのようにフィードバックすればよいのか難しいでしょう。仮に，フィードバックがあまりにも否定的なものであれば，彼の自信を一層失わせることになります。逆に，あまりにも肯定的なものであれば，改善の基盤を失わせてしまうことになります。おそらく答えはその中間にあり，次に，長期記憶の蓄積を増やす手助けをすること同様に，関連する事実を長期記憶からより効果的に探し出すことを手助けすることが必要であることに気がつくことです。

内的反応（5，11，13，19）

課題が外的なものであるか内的なものであるかに関わらず，児童生徒は自己評価基準（**方略 7**）に照らして自分の反応を自己監視することが理想的でしょう。これは実行機能レベルで生じます。

● 折衷的考え

行動主義にもとづいた特別な理論や，構成主義的または認知的方法を推奨した理論，学習の社会的状況を強調する理論など，包括的な学習理論に注目する最近の議論を尊重する私の立場に，皆さんは驚かれるかもしれません。[34] 簡単に言えば，折衷主義的立場を本書に導入し，基本的な考え方である，特別な児童生徒に対する特別な場所や特別な時間における最も効果的な方略の提供という理論的立場をとっています。

皆さんもご存じのように，行動主義は主として学習過程の主たる結果である児童生徒の目に見える行動の変容に注目しています。それは，外部刺激，特に強化の重要な役割，知識伝達という教師の役割などを強調しています。**方略９**（復習と練習），**方略 11**（行動療法アプローチ），**方略 12**（機能的行動アセスメント），**方略 14**（直接的な指導），**方略 15**（形成的評価とフィードバック），**方略 23.2**（全校での肯定的行動支援）というような章では，特別な教育的ニーズのある児童生徒の指導における行動主義の役割について説明しています。

構成主義的方法または認知的方法は神経科学をますます発展させるとともに，児童生徒の理解力を積極的に構築するための彼らの役割について強調しています。教育者が可能な限りこの理解力を促進させることができるように，脳が，実生活では「パターン化する」あるいは「意味づけをする」などの働きをしていることを，脳研究は示唆しています。

この理論的観点を最も多く含んでいる章は，**方略６**（認知方略指導），**方略７**（自己管理型学習），**方略８**（記憶方略），**方略 10**（相互指導）です。

学習に対する社会的アプローチは，学習の社会的背景の重要性を強調しています。児童生徒は，家族，教室，学校，地域，文化，社会というような様々に異なる社会的集団に組み込まれています。彼らの学習の多くは，保護者，仲間，教師，その他大勢というような他者との交渉で成り立っています。この考えは，構成主義，中でも，ロシアの心理学者ヴィゴツキーの「発達の最近接領域」と「足場」に拠っています。[35] 社会的背景の重要性を特に強く主張しているのは，**方略 1**（協同的グループ指導），**方略 2**（仲間同士の指導），**方略 3**（ソーシャル・スキル・トレーニング），**方略 4**（協力的指導），**方略 5**（保護者の関与と支援），**方略 22**（学級風土），**方略 23.1**（学校文化）です。

結　論

この章で概説した「学習と指導モデル」は，彼らの持つ以下のような幅広い個々の違いに注意を払う必要があります。

- 生物学的構造
- 初期記憶
- 学習目標
- 児童生徒としての自信
- 環境への信頼
- 実行機能
- 短期作動記憶に事柄を保持する能力
- 長期記憶に保持した知識
- 長期記憶を利用するための方略
- 長期記憶に事柄を位置づけるための方略
- 組み込まれてきた背景

幸いにも，このような全ての学習要素は，効果的な指導やすぐに反応が返ってくるような学習環境を通して修正可能となります。それは皆さんの挑戦であり，私の挑戦でもあるのです！

第３章

方略１：協同的グループ指導

―学び合いによる学習支援―

格付け　★★★★

方　略

力のある教師は，一斉活動や小集団活動，個別活動などを組み合わせて活用しています。しばしば「協同学習」と呼ばれる協同的グループ指導とは，児童生徒が小集団で共に学び，互いに助け合いながら個別課題や集団課題を遂行する方法です。特に，能力別でない集団は特別な教育的ニーズのある児童生徒にとってとても効果的な方略です。

大多数の児童生徒が，皆さんの絶え間ない指示や支援を必要とせずに学習するのであれば，皆さんはもっと多くの時間を小集団指導や個別指導にあてることができます。しかし，これは児童生徒のやりたいことを全く自由にさせるということではありません。また，児童生徒を集団としてまとめて個別学習をさせようというものでもありません。むしろ，児童生徒たちが共に学んでいる間ずっと，彼らを指導したり監督したりしなければなりません。協同的グループ指導では，児童生徒たちは単なる***集団の一員***ではなく，***集団として***学習することが求められるのです。

言うまでもなく，協同的な集団による指導法は最も費用対効果の高い方略の一つです。もしも，多くの発展途上国のように学級の規模が大きければ，この方法は児童生徒の学びを助けるための主たる方略となるでしょう。協同的グループ指導を用いるということは，大規模なクラスから抜け出して小さめのクラスを作るようなものであり，一人の教師に代えて多くの教師を作るようなものです。

この方略は第２章で述べた「学習と指導モデル」の背景要素と関連しています。また，第２章で概説した学習のための社会的アプローチとも一致しています。

基本的な考え

協同学習の指導者によれば，この方略には４つの基本的な構成要素があるようです。

- **相互依存**：全ての成員が集団の目標達成のために努め，また，互いの目標達成を助けるために努めます。
- **個人責任**：個々の成員はそれぞれ自分の学習に責任を持っており，そのことが集団の目標達成に貢献しているのです。
- **協　力**：児童生徒たちは問題解決に向け話し合い，互いに協力します。
- **評　価**：集団の成員はどのように協力したのかを振り返り評価をし，必要な変更を行います。[1]

協同的グループ指導は，学習に関する２つの主たる考え方に基づいています。一つは，児童生徒が協力もしくは協働する際には相乗効果があるということです。言い換えれば，協力することによって，個人の努力や能力の合計よりもはるかに大きな結果をしばしば生み出すことができるということです。二つめは，私たちの知識の多くが社会的に構築されているということです。つまり，私たちは，家族や友だち集団，職場というような，周囲の環境にいる他者から学んでいるということです。このように，協同的グループ指導は指導と学習のための「自然」な方法なのです。関連する点としては，同世代の児童生徒たちは，ヴィゴツキー[2]の言う互いの「発達の最近接領域」内で作用している可能性が高いということです。

さらに，この指導法は，助け合いや思いやりの価値を育成することにより，学級や学校あるいは学級風土の価値観に影響を与えます（**方略 22** と**方略 23.1**）。最終的には，団結力が強く多様性を尊重するコミュニティーの形成に寄与するのです。[3]

この方略は，1980 年代以降教育に広まるようになりましたが，決して現代思想というわけはありません。西洋においては，少なくともジョセフ・ランカスターがイングランドで教師をしていた 1700 年代末にまで遡ります。（詳細は，協同的グループ指導に深く関りのある「方略２：仲間同士の指導」を参照してください）。

実　践

多くの国々でよく見られるグループ学習の極めて一般的な形式は，***相互支援グループ***と呼ばれているものです。この実践は，基本的には，計画的なものであろうと自然発生的なものであろうと，グループの中でできる者ができない者に対して支援や支援をするというものです。グループ内の他の成員に支援を求めたり与えたりする個々の児童生徒たちは，共通の課題であるとかグループの一員であるという意識を全く持っていなくても，完成に向けた役割が与えられています。この方法にはある正当性があり，今からそのことについて解説しますので，皆さんは一層促進させて戴きたいと思います。

本当の協同的グループ指導とはやや違います。ジグソーパズルの例えを用いて解説しましょう。全てのメンバーがパズルを完成させるのに必要な異なったピースを１枚持っています。言い換えれば，全てのグループメンバーがグループ目標を達成するために，参加しなければならないということです。持ちつ持たれつの関係が必要ということであり，それには，いくらかの形態があります。

- **目標の相互依存**：グループは単一の目標を持っています。（例えば，パズルの完成）。
- **報酬の相互依存**：グループ全体が目標達成に対する謝意を得ます。（これは，パズルが完成したというような内因性のもの，そして／または，パズルの完成に対する賞賛のような外因性のものがあります）。
- **資源の相互依存**：それぞれのグループメンバーは，知識や教材というような課題達成のために組み合わされる異なった資源を持っています。（例えば，パズル全体を完成させるために，どのメンバーも他のメンバーのピースと一致するピースを１つ持っています）。
- **役割の相互依存**：個々のグループメンバーは，例えば，リーダー，書記係，計時係というような異なった役割が与えられます。[4]

他の例で言うと，皆さんがクルーガー公園の一塊の動物たちについて指導するとします。ここで，皆さんは，教室の壁に展示する１枚の壁画を完成させる課題を幾つかのグループに与えました。特別な教育的ニーズのある者を含むそれぞれの児童生徒は，動物や風景の配置について集団で協議しながら，それぞれの描く動物が割り当てられます。

要約すると，協同的なグループ学習というのは，特別な教育的ニーズのある者を含む全ての児童生徒が，何らかの独自の貢献をすることが前提であり，グループの成否は全てのグループメンバー個々の貢献にかかっているのです。

典型的な協同的グループ指導は，6～8人の児童生徒のグループで行います。皆さんが自分のクラスのグループ構成を考える場合には，能力別グループ編成にするのか，能力混成グループにするのかを選ばなくてはなりません。後の章でも述べますが，大抵の場合能力混成型グループが用いられる場合が多いようですが，私は両方を組み合わせることが望ましいと思います。もしも能力別グループが過剰に利用されるようであれば，インクルーシブ教育を否定してしまう危険性があります。グループ編成の手続きに関する議論については，**方略3**も参照して下さい。

協同的グループ学習をうまく進めるために，4つの主たる論点に注意を払わなければなりません。

協同的グループ指導における教師の役割

① ***協同的グループ学習を活用する最適の時を決める。*** ある著者によれば，協同学習は，学習者が仲間と議論をしたり学習したりするための知識を十分に身につけた後，最も効果的になるのだそうです。[5]

② ***最適のグループ課題を開発する。*** グループの全てのメンバー，特に特別な教育的ニーズのある児童生徒に適した活動を計画することが重要です（方略25のカリキュラムで述べている私の考えを参照してください）。相互支援グループの場合は，障害のある児童生徒を支援する仲間たちが信頼に足りるようになるまで，皆さんはどのような支援をするべきかをグループに説明しなければなりません。簡単なコーチング・カードがここでは役に立つでしょう。ジグソー学習の場合は，グ

ループ全員の能力に見合った活動を選ばなければなりません。

③ ***集団形成スキルを指導する。***これらのスキルには，「話を聞き取る」「アイコンタクトをとる」「わかりやすくやりとりする」「質問する」「リーダーシップを発揮する」「信頼を構築する」「決定する」「対立を解決する」「励ます」「貢献を認める」「他の児童生徒の視点を理解する」，そして特に重要な「個々の違いの尊重」などが含まれます。ここでは，グループスキルを開発するためにロールプレイが重要な役割を果たし，児童生徒に様々な行動のシナリオを提供します。

④ ***問題が起きても効果的に対処する。***おそらくグループ内で生じる最もやっかいな問題は，攻撃的または破壊的な児童生徒や消極的な児童生徒のような「孤独を好む者」や「支配的な者」に対する対応です。このような行動に対して皆さんが教室で普通に行っている対処法は，他の児童生徒たちへのモデル機能を果たしています。そのような行動に焦点化したロールプレイのシナリオは，グループ内で個別の児童生徒と一緒に活動する相棒を指名する際に役立ちます。また，挑戦的な行動をとる児童生徒に配慮するため，教師はグループメンバーの選択に特に気を付けなければなりません。行動的困難を呈しているグループを注意深く監視し，適切な行動に対して評価や肯定的強化を図ることが基本です。ソーシャル・スキルの系統だったトレーニングもまた必要でしょう（**方略３**）。

能力別グループ VS 能力混成グループ

児童生徒を能力別グループに編成する２つの側面があります。(a)「能力別編成（米）」とか「能力別クラス編成（英）」と呼ばれることのあるクラス間能力別グループ編成と，(b)クラス内能力別グループ編成です（後者の違いは，ある課題に対しては能力別グループを，その他は能力混成グループをというように，「設定」と呼ばれる準備をするのです）。エビデンスにもとづいた根拠の項でも述べるように，能力別グループ編成の依存は，極めて成績のよい児童生徒を除いて，いずれにせよ特別な教育的ニーズを持つ児童生徒には一般的にお勧めできません。このようなエビデンスにもとづいた根拠があるにもかかわらず，英国では能力別クラス編成が未だに広く採用されています。特にウエールズにおいては，19.5％の子供たちが７歳から能力別学級に振り分けられています。イングランドでは17％です。[7]

同様に，米国では，近年「非能力別編成」や「異種グループ」への賛同者が増えてきてはいますが，多様な形式の能力別編成が前世紀より公立学校での組織的実践として普及しています。[8] 本書は，能力別グループ編成が成績の良くない児童生徒にとって何故有害なのかに関する様々な議論を提供します。

- 低学力グループに配属させられることで，児童生徒の自己達成への期待を低めることにつながります。
- 能力別グループは往々にして社会階級や民族と似ていることから，階級や民族ごとの分割を拡大してしまいます。
- 学級間能力別グループ編成は，児童生徒たちがグループ間を移動する機会を減少させます。
- 成績の良くない児童生徒は，能力混成グループに配属された時よりも能力別グループに配属された時の方が，指導量が減少する傾向にあります。

- 成績の良くない児童生徒で構成された能力別グループは，刺激的な学習環境が提供できず，よい手本となる人がいなくなります。[9]

同様の流れで言えば，能力の低い学級は能力の高い学級に比べて，より低いレベルの知識や技能を取り扱った授業内容になる傾向が強いというエビデンスにもとづいた根拠があると，米国の他の研究は指摘しています。[10] さらに，英国の研究者は，３月生まれの子供は秋生まれの子供に比べて，最も能力の低いグループに配属される傾向がはるかに多いことを最近見出しました。[11] 能力別グループと能力混成グループの小学校段階と中学校段階の児童生徒たちの学習に与える影響を観察した２つのメタ分析の結果報告において，研究者は見出した内容を以下のように要約しています。

- 多くの内容領域で能力混成グループを活用している。
- 多様性の受容を促進させるため，能力混成グループを用いて児童生徒の同一感を後押ししている。
- 指導の有効性を高めたり特別なスキルの指導に多くの時間を提供したりする時にのみ，能力別グループを活用している。[12]

日本は能力混成グループを好みます。そのようなグループ（班）は，何週間もの間一緒にいる４人の児童生徒で構成され，児童生徒たちに家庭のような基盤をもたらすという主要な目的を持っています。「班」は，小グループで学習の遅れている者と進んでいる者とがペアを組むことによって，前者は他者の学習の仕方を観察することによって，後者は自分の考えを説明することによって，両方に恩恵がもたらされることを示しています。関連する点として，そのようなグループは，教育学的に有益な誤りと問題解決の刺激的な様々な方法を自然と提供していることです。能力混成グループを好む道徳論的証明もあります。[13]

 エビデンスにもとづいた根拠

特別な教育的ニーズのある児童生徒を含んだ学級はもとより，通常教育における学業成績や社会的相互作用に及ぼす協同学習の効果に関する膨大な量の文献があります。以下の研究選択では後の方の研究を強調しています。

エビデンスにもとづいた根拠は，(a)協同学習，(b)能力別グループ編成 VS 能力混成グループ編成，(c)一斉指導 VS グループ指導の３つの項に分けられます。

◆ 協同学習

以下のエビデンスにもとづいた根拠の箇条書きは，メタ分析と６つの個別研究の一体で構成されています。前者は，協同学習について包括的に報告しており，後者は，知的障害，学習障害，難聴，深刻な認知障害など様々な特別な教育的ニーズのある児童生徒たちを含んだインクルーシブ教育の文脈に焦点化しています。仲間との関係，読解力，計算などに肯定的な結果が報告されています。

＊ 単に特別な教育的ニーズのある児童生徒だけでなく全ての児童生徒を対象として，ハッティーは，(a)個人学習への協力を比

較したメタ分析（効果サイズ＝0.59）と，(b)競争学習での協同学習を比較したメタ分析（効果サイズ＝0.54）という協同学習に関連する２種類のメタ分析を確認しました。彼は，この結果は学習過程における仲間の力を指摘していると主張しています。[14]

* **教育可能な知的障害児童生徒**[15]に関する幅広い初期研究から，よりよい結果をもたらす要因の一つは協同学習方法の活用でした。この方略が，このような児童生徒の仲間との関係を促進させることが見出されました。[16]
* ある包括的研究は，**学習障害**のある小学校高学年児童の読解力に対する協同学習の効果を調査しました。学習障害のある児童生徒を含む３・４年生450人，計22クラスで調査が行われました。９クラスの教師が，読解力とメタ認知方略を育成するための「協同による読解と作文」（CIRC；*Cooperative Integrated Reading and Composition*）と呼ばれる方法を活用しました。他の13クラスはそのような方法を用いない統制群を形成しました。CIRCを活用したクラスの児童生徒は，共同読みや内容構成の分析，新しい語彙の学習，内容の改作などの活動を，異質な者の集まったグループの中で行いました。読み書き標準テストにおいてCIRCを活用した児童生徒の方が得点が高かったという重大な結果が報告されました。[17]
* **聴覚障害と難聴の児童生徒**を対象としたいくつかの研究から，上手に構成された統合活動は，肯定的な社会関係を増大させることが見出されました。[18]

例えば，小学校３年生の**聴覚障害**と難聴の児童生徒30人ずつを対象とした米国の研究では，協同的な教育方略と競争的な教育方略が比較されました。その結果，協同方略は両方のグループの児童生徒それぞれの相互関係やより大きな対人魅力の増大に関係していることが明らかになりました。[19]

* 米国の研究は，小学校の教室で児童の計算力向上のために用いられている協同学習グループの，小学校２年生の深刻な認知障害のある児童生徒の影響を調べました。１つのグループには特別な教育的ニーズのある児童生徒がいるという点に関してのみ異なった２つのグループの予備テストと事後テストが比較されました。その結果，両グループ共に，計算の成績が著しく向上したことが示されました。言い換えれば，一つのグループに特別な教育的ニーズのある児童生徒が存在していても，他の児童生徒の成績にとっては重要なことではないということを示しています。[20]
* 興味ある多様性として，**学習障害**のある児童生徒がいるクラスといないクラスで，計算指導におけるコンピューター利用の効果が調査されました。学習障害児25人を含む合計118人の小学校３年生の児童生徒たちが調査に参加しました。協力的な措置として，商用ソフトウェアー・パッケージが用いられ，児童生徒たちはペアもしくはチームでコンピューターを使った学習を行いました。一斉指導での児童生徒の成果とコンピューターによる個人学習の成果とが比較されました。その結果，学習障害の児童生徒を含む協同学習グループの児童生徒は，一斉指導の児童生徒よりも計算の得点が高いことが示されました。結果は，効果サイズ0.34（良いが，ほどほどの得点）でした。[21]
* オーストラリアの研究は，社会科の授業での構造化されたグループ活動と構造化されていないグループ活動に参加した，**学習困難**のある小学校３年生22名の学習成績を調査しまし

た。構造化されたグループの児童生徒たちは，グループでの協力を促進させる少人数での対人行動が教えられました。資源や情報の共有化と同様に，一式の活動がそれぞれの児童生徒が責任を持って達成できる細かなパーツに細分化されました。構造化されていないグループの児童生徒はこのようなトレーニングは受けませんでした。その結果，構造化されたグループでは，構造化されていないグループに比べて，より多くの説明を提供して他のグループメンバーを助けたり，読解力の著しく高い成績を獲得したりしました。

この方法は，学習困難のある児童生徒にもない児童生徒にも当てはまりました。[22]

◆ 能力別グループ編成 vs 能力混成グループ編成

様々な能力レベルの児童生徒の成績と意欲に関する能力別グループと能力混成グループの効果の比較についてはよく研究されています。以下で報告した研究は，１つのメタ分析と２つのメタ分析，２つのレビュー，３つの個別研究の一体で構成されています。明確な主要議題は能力別グループが成績の格差を拡大するということであり，能力の低いグループに配属された児童生徒たちは，消極的な態度を引き起こし，自己概念を低くし，学習への関与を減少させるということです。

* 能力別グループに関する最近の英国でのレビューは，多くの活用できる方略は，児童の成績に対する能力別グループ編成の効果は限定的であると断定しています。しかしながら，能力混成グループ編成に比して，能力別グループ編成の実行が高い能力別学級に位置づいている児童生徒の成績の格差を拡大

させる一方，**低い能力別グループ**にいる児童生徒は，学校に対する姿勢や意欲や成績などに悪影響が出るというエビデンスにもとづいた根拠があります。これらの著者は，少なくとも英国の状況において，能力別グループ編成の別の欠点は，児童生徒たちの集団移動の重要性が強調されているにもかかわらず，実際には児童生徒が誤って配属されたことに教師が気づくまで動きが全くないということにも気が付きました。[23]

* ドイツの文献レビューでは，成績の良い児童生徒と**成績の悪い児童生徒**を区別しています。[24] それは，研究の平均的結果は能力混成グループより能力別グループにおいてより高い成果のあることを示していますが，これは主として，成績の悪い児童生徒よりも成績の良い児童生徒の方がより大きな利益を得ているという事実に起因していると結論づけています。著者は，成績の悪い児童生徒は能力混成グループよりクラス間能力別グループで成績がより悪くなるという幾つかの研究を引用しています。[25]
* 別のレビューでは，児童生徒たちが能力に応じて別々のクラスに分けられ，しかも同質のカリキュラムが与えられるような時，成績への目立った効果はなかったと指摘しています。しかしながら，カリキュラムが能力に応じて調整されるような場合には，特に高い能力の児童生徒の成績が上昇しました。[26]
* 米国の研究は，低い能力別編成クラスでは，高い能力別編成クラスに比して，低いレベルの知識を扱った授業を受ける可能性が一層高かったことを見出しました。[27]
* 能力別グループ編成は全く融通が利かないというような考えではなく，「設定」というように，ある課題には能力別グループを他は能力混成グループを活用するということができます。

英国の研究は，中等学校生徒の学業成績の自己概念ついて，英語と数学と科学での設定の効果を調査しました。その結果，生徒たちの自己概念は，わずかな程度の設定をした学校でより高くなりました。それはまた，数学と科学での設定の程度は学業成績の自己概念に効果をもたらさしませんでしたが，英語での設定では、成績の良い生徒の自己概念を下げ，**成績の悪い生徒**の自己概念を高める傾向があったことを見出しました。[28]

* ハッティーは能力別グループ編成に関する14のメタ分析の結果，効果サイズ0.12という低い効果が生み出されたと報告しています。[29]研究の多くは，クラス内で児童生徒たちを能力別に編成しているか能力に応じたグループ編成をしているクラスに関連するものでした。彼は，能力別編成は学習成果に対しほとんど効果をしめさないばかりか，低い能力グループの児童生徒が一層仲間外れにされたり，知的課題と出会うことがほとんどなくなったり，学習をますますしなくなったりするなどの計り知れない消極的な影響をもたらすと結論付けています（p90）。
* ６つの調査に関する1993年のメタ分析は，クラス内の能力別編成とクラス間能力別編成とにおける児童生徒の成績に与える影響について報告しました。結果は，全体の効果サイズ0.10以下，分散幅は0.03～0.22と取るに足らないものでした。言い換えれば，能力別グループ編成は，児童生徒の成績に重要な影響は与えないということです。残念なことに，特別な教育的ニーズのある児童生徒を対象とした独立した結果は報告されませんでした。[30]
* 同様の結果が，クラス内グループ編成を研究した米国の19のメタ分析で報告されました。クラス内グループ編成を支持す

る全体の効果サイズは0.17と極めて小さいものでしたが，成績の良い児童生徒たちは**成績の悪い児童生徒**よりも大きな効果を得ていました（それぞれ0.29と0.21）。[31]

* マクロレベルの研究では，児童生徒の成績に対する異なった種類の教育制度の影響について調査しました。先進国と呼ばれている国では，(a)能力ごとに異なったカリキュラムを持つ学校の階層構造を設けるために能力別グループ編成を活用する制度，と(b)大規模な能力混成クラスと一般的カリキュラムを持つ通常の中等学校の制度が比較されました。前者のグループとしては，オーストリア，ハンガリー，イタリア，ドイツ，オランダなどの国が，後者のグループとしてはスウェーデンが選ばれ対比されました。この研究は，(a)能力が高く成績の良いクラスメートや校友は成績が向上し，(b)カリキュラムの異なった能力別グループでは成績の差が広がると結論付けました。しかしながら，この種の研究には数々の方法論的問題点が残されており，それ故，異なった国の制度と児童生徒の成績との関係を解釈するには注意を払う必要があるという示唆のあることに言及しています。[32]

◆ 一斉指導 vs グループ指導

* 小集団指導に関する上記の方略の対比において，最近の米国のレビューでは，成績の悪い児童生徒たちの達成意欲と学習レベルへの一斉指導の影響について調査しました。もちろん一斉指導は，能力別クラス編成や設定を導入している場合を除いて，能力混成グループ編成と同様の意味です。著者たちは，一斉指導と成績の悪い児童生徒たちの脱落との間の関連

性について決定的なエビデンスにもとづいた根拠はなかったと結論付けています。彼らは，一斉指導の場合であっても，学習促進に向けて適切に順応することができると主張しています。比較を重視する代わりに，一斉指導は，児童生徒たちの考えを深める手助けや学習にとっての間違いの価値を明らかにするというような，様々な考えを尊重することに活用できます。[33]最近の英国の研究でも，意見を言いさらなる議論を促す「全体会議」の頻繁な使用の推奨というような**資質に恵まれない児童生徒**の指導における一斉指導の価値が強調されています。[34]これらのメッセージは，能力混成グループ指導の運営にとっても関わりがあります。

留意点

特別な教育的ニーズのある児童生徒が主題である限り，協同的グループ指導には「①グループの中で彼らが無視される」「②あからさまに拒否される」「③支援されすぎる」という三つの主たるリスクがあります。これらのリスクに対応するため，以下の点を考慮しておかなければなりません。

① 特別な教育的ニーズのある児童生徒が所属するグループのメンバーは慎重に選ばれなければなりません（このポイントは**方略２**でも触れます）。情緒障害や行為障害，特に自閉スペクトラム症のある児童生徒が協同的グループ学習の場面に参加しているような場合は特に注意を払わなければなりません。現段階では，そのような児童生徒への協同的グループ学習の効果は不明確です。この方略を活用しても十分な効果は得られないと多くの教師が報告しているという幾つかのエビデン

スにもとづいた根拠があります。[35]

② グループ内の全ての児童生徒たちが，互いに尊重し合ったり，協同的活動に全面的に参加したりすることを期待することはできません。したがって，特に，学習の初期段階や特別な教育的ニーズのある児童生徒がいるような場合には，集団形成スキルを指導し，児童生徒がスキルを使用するのをしっかりと監視することが重要です（上記参照）。しかし，児童生徒たちは互いに助け合うことが期待されているという考えを否定しすぎるような干渉はしないように気を付けなければなりません。もしも皆さんが協同的グループ学習に新たに取り組むのであれば，簡単な課題から入り，協同学習における集団開発スキルのようなより複雑な課題へと徐々に移行させていくべきだと考えます。方略は，それが展開される最初の頃はうまくいかないかもしれませんし，皆さんと児童生徒たち双方に適応するための時間が必要となるかもしれません。

③ 更なるリスクは，他の指導方略の利用を犠牲にしてまで，協同的グループ学習に依存しすぎる可能性があるということです。それがたとえ重要なものであったとしても，皆さんが活用する幾らかの方略の１つにすぎません。最近のメタ分析は，学習障害のある児童生徒に効果的な３つの方略が，全ての科目で児童生徒の学習に最大の効果を生み出したことに言及することでこの点を支持しています。３つの方略とは「課題の困難調整」「質問への直接的反応」「対話型小グループの活用」です。[36]

④ 最後に皆さんは，教育に対し，教師が教室の前から全ての学習を操作し，児童生徒は静かに自分で学習するというような受動的活動が求められているようなコミュニティーに住んでおられるかもしれません。幾らかの学校では，協同的グループ学

習は教育方法の大きな転換を意味します。このような場合，教育者である皆さんは不安を和らげ支援を取り付けるために，教科主任や児童生徒の保護者と基本的な考えを協議しなければなりません。もちろん，児童生徒たちとも協議しなければなりません。

結　論

例外もありますが，研究のエビデンスにもとづいた根拠は，協同的グループ学習の活用が特別な教育ニーズのある児童生徒のみならず全ての児童生徒の学業成績や社会性を向上させることを明確に支持しています。それは，教育者としての皆さんの仕事が，教室にいる全ての児童生徒の技能や興味関心によって補われていることを意味しています。

第４章

方略２：仲間同士による指導（ピア・チュータリング）とその影響

―個々の指導と支援ための仲間の活用―

格付け　★★★★

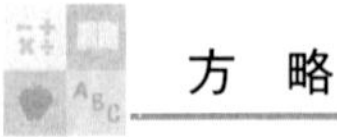

方　略

それぞれへの支援と指導において，仲間が多面的な役割を果たします。それは，皆さんが活かすことのできる自然な社会的関係です。この章の焦点は，「仲間同士による指導（ピア・チュータリング）」です。すなわち，一人の児童生徒（チューター）が皆さんの指示の下，別の児童生徒（チューティー）に学習経験を提供するような状況です。それは，「仲間による間接指導」「仲間による学習補助方略（*PALS*）」「クラス全体での仲間指導」「ペア読書」「仲間によるアドバイス（ピア・メンタリング）」などと表現されることがあります。この方略は，**方略 1**（協同的グループ指導）と密接に関係しています。

この方略は，第２章で述べた「学習と指導モデル」の構成要素と関連しています。また，第２章で概説した学習の社会的アプローチとも合致しています。それはまた，「日常的な交流を通して何かをする時の関心や情熱を共有し，より上手なやり方を学ぶ人たちのグループ」として定義される「実践の場」の考えと関係しています。[1]

仲間同士の指導は，インクルーシブな教室での指導の全般的な効果を高める強力な方法です。これは，読みだけでなく数学，科学，社会，体育など教科の垣根を越えて，ひいては全ての教科・領域に用いることができます。

ピア・チュータリングは，スキルや知識の初期指導の方法としてではなく，むしろ実践あるいはスキルや知識の見直しを通して円滑に行えるよう活用されます。言い換えれば，それを他の方法を補うものとして使うのです。

それは，年齢や能力に応じた異なる組み合わせのペアを構成するなど、多くの形態をとることができます。一般的な形態は，1人のよくできる児童生徒が，ほぼ同年齢のあまり成績の良くない1人の児童生徒を指導するものです。関連する形態として，「異年齢チュータリング」と呼ばれている，1人の年長の児童生徒が1人の年少の児童生徒を指導する場合もあります。他には，クラスの全ての児童生徒が2人組のペアになりそれぞれチューターとチューティーの役割を果たすというもので，「クラス全体でのピア・チュータリング」と呼ばれています。チュータリングの構成の仕方によって異なります。

ピア・チュータリングと密接に関連して，最近「仲間による相談助言（ピア・カウンセリング）」とか「仲間の配置（バディー・スキームズ）」と呼ばれる「仲間によるアドバイス」が開発されています。最近のレビューに従えば，「仲間によるアドバイス」は，10年前かそこらの英国で大きく伸展しました。全ての学校の1/3以上（27％の特別支援学校を含む）で実施されました。多くの学校はいじめをなくすことに焦点化していましたが，成績や行動，福祉の向上に焦点化する学校も増えてきています。[2]

特別な教育的ニーズのある児童生徒（大抵は軽度の障害者）がチューターとして，特に年少者のチューターとして役割を果たすことによって，学業成績や自尊心を高めることができることにも言及しておきます。

基本的な考え

ピア・チュータリングは，児童生徒たちは互いに多くのことを学ぶという考え方に基づいています。こうしたことは，しばしば，学校や地域，家庭内で無意識のうちに生じています。人間の活動の多くは，持ちつ持たれつの互恵関係で成り立っています。そのことを皆さんもまた教育者として，そしておそらく保護者としての自らの経験から知っていますし，指導を通して学んでいることでしょう。

ピア・チュータリングは，決して最近の考え方ではありません。例えば，1700 年代後半，ジョセフ・ランカスターは，英国サウスウオーク州の学校で，およそ 350 人の児童生徒を 1 人で指導するという課題に直面した際に，この方法を用いました。彼の教え子の多くは授業料を払う余裕もない貧しい家庭の出身だったため，彼は「学級委員」システムを導入し，年長者の選抜されたグループを 1 人の教師が指導し，残りの児童生徒を学級委員が教えるようにしました。アンドリュー・ベルはそれ以前からこの制度を推進していました。彼はクラスの半分の児童生徒を残りの児童生徒のチューターとして活用することを考え，合わせてそのシステムがうまく稼働するよう教師と補助教員が責任を持つようにしました。

1960 年代になって米国において再び見られるようになってきた現代版ピア・チュータリングは，成績の思わしくない児童生徒への個別の配慮が提供できる効率的な方法として，教育者たちから評価されていました。最も広く研究された方法の一つに「クラス全体のピア・チュータリング」があり，米国カンザス州のジュニパー公園児童生徒プロジェクトで始まりました。[3]

ピア・チュータリングは，筆者がこの章で説明する全ての理由により開発されたものでした。それは，大人数のクラスを抱える国々で用いることができますし，また用いられるべきだと思います。適切に扱われれば，ピア・チュータリングは以下のような効果を発揮します。

- *チューティー*は，より多くの個別の配慮により，指導レベルや，繰り返し練習，素早いフィードバック，仲間による支援，課題に費やす延長時間などの適切な調節が可能となります。
- *チューター*は，自分自身の技術を強化し広げると同時に，自信を持ち他人への思いやりを深めることにより進歩していきます。
- *教育者*（皆さん）は，クラスでの協同のレベルを高めることにより，他の児童生徒に費やす時間を増やすことができるようになります。
- *教育制度*は，費用対効果が望めます。[4]

実　践

ピア・チュータリングは，学習のできる児童生徒に，「どうかジョニーの読みを手伝ってあげて。」とただ頼むこと以上に，遙かに多くのことを意味しています。うまく成功させるためには，慎重に計画を練りきめ細かく管理しなければなりません。

ピア・チュータリングを実施する

読み障害のある児童生徒に対して，ピア・チュータリングを実施するにあたって幾つかの提案があります。

- 明確な目標と体系的で段階的な手法を採り入れた構造化された授業形態を用います。

- チューティーが理解できる範囲内の読み教材を慎重に選びます。
- 見本の提示（モデリング），正解への導き，間違いの指摘，建設的な意見（**方略15**）などを用いた手法について，チューター（あるいは複数のチューター）をトレーニングします。チューターに対してこのようなスキルの模範を示すとともに，理解して欲しい手法を要約したカードを彼らに提示することを私はお勧めします。**方略27**で概説する指導方略，「中断」「手がかり」「賞賛」もまた，とても役に立ちます。この方法では，チューターはチューティーの読む連続した文の一節を聞きます。チューティーが読み間違いをしたら，自己修正を促すために５秒間「中断」します。もしも自己修正が難しいような場合には，適切に誘導したうえでプロンプトを与え，チューティーの正しい反応を賞賛します。[5]
- 時間制限を設けてチューターへの指導を行って下さい。例えば，１回10分の指導を１週間あたり３回，２週間行います。
- チュータリング（個別指導）を積極的に監督します。
- 定期的にチューティーの進歩を評価し，個別指導を終了する際に修了証を発行して認証します。
- チューターの支援も認め，活動を終了する際にできれば同様の修了証を発行します。

学級全体のピア・チュータリングに対するアイデア

学級全体のピア・チュータリングにおいて，以下のようなアイデアを試すことができます。

- 児童生徒を無作為にペアにし，チューターとチューティーの役を交互に行うようにします。毎週ペアの相手を変えます。

- 15分から20分の指導を１週あたり３回から５回，２週間行うように調整します。
- ドリル学習や練習で用いているような自己修正に役立つ解答付きの教材（例えば，フラッシュカード）を選びます（**方略9**）。
- チューターとチューティーとしての役割を演じられるよう，児童生徒（特に始めて間もない段階にある児童生徒）をトレーニングし慎重に指導します。これには以下のようなトレーニングが必要です。
  - □ 質問をする。
  - □ 手がかりを示す。
  - □ 肯定的なフィードバックを与える。
  - □ 間違いを修正する。
  - □ チュータリング・セッションの記録をとる。

  注：皆さんはそれぞれのペアに観察者を加え，３人で役割をローテーションさせることができます。観察者は，パートナーが互いに役割を演じられるよう，いずれかのパートナーをどちらも支援します。
- 児童生徒の進歩を監視します。「クラス全体のピア・チュータリング」には，ペアが互いに競争し，日々のポイントを獲得し，みんなの前で実演する方法もあります（もしもこの方法を用いるのであれば，全ての児童生徒が勝利チームになれるよう配慮しなければなりません）。

ピア・チュータリングはどうして役に立つのか

どうしてピア・チュータリングが効果的なのか，幾つかの理由をあげることができます。

- ピア・チュータリングの場面は１対１であり，チュータリングは個別化されているので，児童生徒はより多くの応答の機会が与えられます。
- 互いのパートナーを意欲的にすることができます。
- 児童生徒は，多くの考え方，異なった指導形態や個性に触れます。
- 児童生徒は，より多くの評価や間違いを修正する情報が得られます。
- 児童生徒のコミュニケーション・スキルを広げます。
- 児童生徒の自立と自己決定を促します。
- 友好関係を築き拡大します。
- 大事なことを忘れていました。インクルーシブ教育を促します。

エビデンスにもとづいた根拠

エビデンスにもとづいた根拠を以下のように２種類の分野に分類しました。

- ピア・チュータリング
- 仲間からの影響

◆ピア・チュータリング

数カ国のエビデンスにもとづいた根拠が，特定の方法を用いることによって，ピア・チュータリングは様々な利益をもたらすと指摘しています。参考文献からは，「クラス全体のピア・チュータリング」と「異年齢チュータリング」という２種類の方法の効果が見られるでしょう。

研究には，知的障害，学力不振，自閉症，学習障害，行為障害というような広範囲な特別なニーズのある児童生徒らが含まれていました。書字スキル，読解力，授業中の取組，学習に向かう態度，社会的な関わり合いというような要素への肯定的な効果について特に言及されています。研究は３つのレビューと２つのメタ分析と 12 の個別研究で成り立って

います。

* ハッティーは，全部で767の研究が盛り込まれたピア・チュータリングの14のメタ分析をレビューし，効果サイズ0.55を見いだしました。[7]彼は**障害のある児童生徒**に焦点を当てた幾つかの研究に言及しました。一つめは，障害のある児童生徒を障害のある他の児童生徒のチューターとして活用した研究で，チューターの効果サイズ0.53，チューティーの効果サイズ0.58，と双方に利益のあることが示されました。[8] ２つめの研究は，ピア・チュータリングの効果の大きさは，読み間違いの危険性を抱える児童生徒が，チューターとして活動しようがチューティーとして活動しようが，それに応じて変化することはないことを見いだしました。[9]
* 30年以上前に行われた主要なレビューが今日でも適用できます。ピア・チュータリングに関する52の適切に構成された研

究（必ずしも障害のある児童生徒を含んでいるとは限りません）を調査した後，ピア・チュータリングはチューティーの学業成績にそこそこの有益な効果があり，課題と向き合う彼らの態度にもわずかですが有効な効果があると結論づけました。チューターにとっては，ピア・チュータリングは，学業成績や自己概念，課題に向き合う態度などにわずかながら有効な効果がありました。[10]

* 19の研究を含むメタ分析は，0.56という良好な効果サイズを獲得しました。[11]一方、11の研究のメタ分析からは，読みに関して，幾分低いですが確かな効果サイズ0.36が見いだされました。[12]しかしながら，後の研究者は，ピア・チュータリングがマンツーマン指導や教師主導の小集団指導，直接的な指導というような他の教師主導の取組みと比べると，あまり効果はないということを指摘しようと苦心しました。（注：この章で要約したこれも他の事項も，上記のハッティーの分析に含まれていたかもしれません。）
* 他の81研究のメタ分析は，ピア・チュータリング全般で，効果サイズ0.33を報告しました。
* ベルギーの研究では，「異年齢チュータリング」もまた効果のあることを見出しました。この研究には，事前テストや事後テストなど準実験的に計画された研究手法の下，5年生の22人の教師と454人の児童生徒が関与しました。(a)教師主導によるクラス全体方略，(b)同年齢のピア・チュータリング，(c)異年齢のピア・チュータリングというグループに統制された児童生徒の，読解力への影響を比較しました。結果は，(a)と(c)が有利であることが示されました。**学び方の異なる**児童生徒はさておき，特別な教育的ニーズを有する児童生徒に関するデータ

はありませんでした。[14]

* 米国の22の小中学校で実施された，児童生徒の読みの成績に及ぼす「仲間による学習補助方略（*PALS*）」の効果に関する研究では，20人の教師が15週にわたって計画を実行し，20人の統制群の教師は実行しませんでした。その結果，*PALS*を用いることで，「障害のある成績の低い者」「障害はないが成績の低い者」「平均的な者」という3グループ全てに，読みの向上が見出されました。[15]
* 高等学校でのピア・チュータリングと障害のある仲間プログラムには，**重度知的障害**，**中度知的障害**，**自閉症**，**聴覚障害**，**視覚障害**などのある生徒が関与しました。プログラムに参加した障害のない生徒は，プログラムに参加しなかった生徒と比べて，障害のある生徒との社会的なやりとりが増えました。[16]
* 「クラス全体でのピア・チュータリング」を支持するかなり多くの研究があります。[17] 例えば，この指導を受けた**落ちこぼれる恐れのある児童生徒と**受けなかった児童生徒を比較した12年間に渡る長期的な実証研究の結果から，(a)1年生から3年生の学習がより活発になった，(b)2年生，3年生，4年生，6年生の学業成績が向上した，(c)7年生の時点で特別な教育サービスの要求数が減った，(d)11年生終了時点で学校からの中退者が減った，などの成果が見いだされました。[18]
* 小学校の通常の学級で実施された「クラス全体での仲間同士の指導」では，**自閉症**のある児童と彼らのチューターに，読みの流暢さと読解力の向上が見られました。同様に，双方に自由時間での社会的交流が増加したことも示されました。[19]
* 別の「クラス全体でのピア・チュータリング」プログラムで

は，**学習障害**，**行為障害**，**中度の知的障害**などの児童生徒がいる39の通常の学級で*PALS*が実行され，プログラムに参加しなかった児童生徒と比べて，社会的技能（ソーシャル・スキル）の向上が確認されました。[20]同じ研究者たちのグループが実施した他の2つの研究では，無作為に統制した実験の結果，*PALS*は読みの流暢さと読解力にはっきりとした効果を示すことが見出されました。[21]しかし，**学習障害**のある児童生徒の数学に効果は認められませんでした。[22]

* 別の研究は，**中度または重度の障害**のある生徒が，中学校の通常の学級でどのような支援を受けたかについて報告しました。「クラス全体でのピア・チュータリング」が，多様な要素からなるカリキュラムや，例えば課題の難易度を下げるような「変更調整」と組み合わされていました。その結果，障害のある生徒も障害のない生徒もともに学業成績が向上し，競争行動の減少が見られました。[23]
* ニュージーランドの小学校での「異年齢チュータリング」では，10歳～11歳の7人の児童生徒が，書字の支援を必要とする6歳の児童生徒7人に対して，10週間に亘ってピア・チュータリングを行いました。指導にあたっては，1回あたり20分強の指導が週に4回行われました。チューターは一定不変の支援を繰り返すのではなく，チューティーに対して即座にフィードバックし，問題解決のための手法を用いました。その結果，チューティー，チューターの両方ともに，書字速度，正確さ，書字への視聴率に向上が見られました。[24]
* スコットランドにある87の学校での，読みに関するピア・チュータリングの最近の研究では，8歳～10歳の児童生徒に注目し，「異年齢チュータリング」と「同年齢チュータリング」

を比較しました。結果は，「異年齢チュータリング」での読みの成績において，事前から事後にかけて有意に向上し，統制群に比べてチュータリングの形態に前進が見られました。**読み能力の低い**児童生徒は他の児童生徒よりも向上しました。チューターとチューティーの両方に効果がありました。[25]

* 障害のある児童生徒もまたチューターとして効果的に活動することができます。例えば，**学習障害**のある小学校の児童生徒は，書字指導にかかる時間遅延手順を用いて仲間を指導する練習がなされました。この方法では，チューターは「①説明し，②見本を示し，③実践を指導し，④意見を返す」という連続的手法(シーケンス)を用いました。チューターは，チューティーに語を綴るように求め，もしもチューティーが3秒以内に反応しなければ手がかりを与えます(**方略27**を参照)。児童生徒はチューターとしてまたチューティーとして交互に活動しました。その結果，チューターは時間遅延手順を確実に実行することができ，しかもこの手順は，書字指導にとって効果的であることが示されました。[26]

◆ 仲間からの影響

チュータリングだけでなく，仲間は，社会的なやりとりを促進させ，支援し，心の支えとなり，仲間同士の支援者として活動するためのプログラムなど，無数の方法で他の学者に影響を与えます。攻撃的行動，自閉スペクトラム症，社会的困難，情緒障害，行為障害，重度の認知障害などを含む多様な特別な教育的ニーズのある児童生徒にとって，また同様にそのような障害のない児童生徒にとっても，学習や相互交流，根気強さなどに効果がもたらされると報告しています。

* ハッティーは，自分と同僚とによって実行したメタ分析に注目しました。これは12の研究が関与しており，効果サイズ0.53を生み出しました。彼は，仲間たちが，助け，指導し（上述），友情を生み出し，意見を与え，心の支えとなり，認知を再構成するというような方法を通して学習に影響を及ぼしていることを，これらの研究が示唆したと言及しています。[27]
* ハッティーはまた，仲間同士の学習が最大限に活用されているような時，コンピューターを使用すればより効果的であることを示す研究をレビューしました。例えば，2人組のペアで学習している児童生徒を個人的に学習している児童生徒と比較したある研究からは，肯定的な仲間同士の相互交流（効果サイズ0.35）の高い影響が見出され，より妥当な方略を活用し（効果サイズ0.50），課題へ一層努力するようになり（効果サイズ0.48），成功率が高まりました（効果サイズ0.28）。[28]
* 何種類かのトレーニング・プログラムが取組時に仲間同士に用いられました。例えば，「仲間対応スキル」トレーニング・プログラムは，向社会対応スキルを修正して6歳～9歳のチームで実行されました。攻撃的な児童生徒と攻撃的でない児童生徒の両方を含んだこの22週間プログラムは，教師の評価基準に基づいて攻撃性を大幅に減少させ，向社会対応スキルを向上させました。[29]
* 45に及ぶ被験者一人の事例研究のメタ分析では，**自閉スペクトラム症**（*ASD*）のある8歳の児童生徒たち同士の社会的交流を促進させる仲間同士の間接的取組みの影響が調査されました。研究者は，そのような取組みは，特に取組者が兄である（*ASD*の男児の場合）ような場合で，取組みが家庭で行われ，

しかも維持と般化に配慮されているような時，社会交流を促すのに高い効果があると結論付けています。[30]

* 仲間同士の肯定的な態度の報告から児童生徒が受ける報いに関して，肯定的な仲間同士の報告は，積極的な仲間同士の相互交流と，**社会的困難，情緒障害，行為障害**のある児童生徒の仲間としての受容を増やしました。[31]
* 米国の研究は，重度の認知障害のある高等学校の児童生徒の社会的交流における「仲間同士の支援」の影響を報告しました。仲間の支援者は，毎日１回あたり50分間，障害のある児童生徒とやり取りし，他の時間も交流することが奨励されました。彼らは交流方法に関する情報と助言を受けました。結果，障害のある児童生徒と障害のない児童生徒との社会的交流が大幅に増加することが示されました。[32]

留意点

以下の５点について述べておきたいと思います。

① チューティーは必要以上にチューターに頼るようになる危険性があります。皆さんは，例えば，質問に答えるのと同様に尋ねる機会でもあるというような互恵的な相互交流を増やしていくことに重点を置きながら，特別な教育的ニーズのある仲間同士による指導にチューターをトレーニングすることによって回避することができます。彼らは慎重に指導されるとともに，その働きが称賛されなければなりません。しかし，仲間同士が互いに助け合うためには互いに信頼し合うという考えが大切にされなければなりません。

② また，ピア・チュータリングでの成功が間違いないあるいは

成功する可能性のある児童生徒たちは，彼ら自身の進歩が目に見えるようになるまで，とてつもなく大量の指導を受けさせられる危険性もあります。例えば，1セット6週間というような時間制限を設けて指導したりクラスの広範な児童生徒たちの役割を交替させたりするなどで，この危険性に備えることができます。

③ 全ての児童生徒が，ピア・チュータリングの責任を引き受けるのにふさわしいわけではないということもまた認識しておかなければなりません。例えば，特別な教育的ニーズのある児童生徒とのピア・チュータリングを行うことを嫌だと言う児童生徒や，役割のモデルとしてふさわしくない児童生徒もいるでしょう。また，能力の低い児童生徒の行動を操るための力関係を生み出す絶好の機会ととらえる児童生徒もいるでしょう。このためには，役割を果たす児童生徒の行動に対する感受性や判断力のトレーニングが皆さんには必要です。パートナー同士の相性が合うように気を付けておかなければなりません。

④ ピア・チュータリングは，特にチューターの発するある種の反応など，慎重に運営していかなければなりません。ニュージーランドの研究者は，教師ではなく仲間同士から発せられた80％の言語的反応の大半が間違っていることを見出しました。[33]仲間同士の反応を改善する方法に関する議論は，ハッティー[34]とガン[35]を参照してください。

⑤ 最後に，ピア・チュータリングは良質な指導の代用ではなく補足であることを強調しておきたいと思います。それは，ランカスターやベルの時代のような教師のための安物の代用品としてみなされるのではなく，むしろ，児童生徒の学習を深める

方法としてみなされるべきです。

結　論

慎重に計画され，高感度に観察されたピア・チュータリングは，それに関わる全ての者に多くの成果をもたらします。それは，障害のある児童生徒と障害のない児童生徒の，学業成績や社会的相互交流を向上させる効果的な方略であることが判明しました。それは，復習を行う場合の一つの代替方法としてはとても適切ですが，新たな内容を導入する方法としては適切ではありません。

第５章

方略３：ソーシャル・スキル・トレーニング

―他者との上手な付き合い方を指導する―

格付け　★★★★

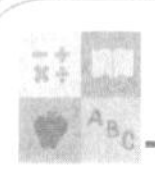

方　略

ソーシャル・スキル・トレーニング（SST）は，児童生徒が他者との積極的な交流関係を築き維持できるよう支援することを目的とした一連の方略です。それは，第２章で示した「学習と指導モデル」の「背景」と「意欲」などの要素に関係しています。それはまた，第２章で概説した学習のための社会的アプローチとも一致しています。

SST では，皆さんの指導の中身焦点があてられます。方法または方略の観点から，皆さんが児童生徒の社会的技能を高めるにあたっては，本書で概説している，協同的グループ指導（**方略 1**），仲間同士の指導（**方略 2**），行動療法アプローチ（**方略 11**），機能的行動アセスメント（**方略 12**），直接的な指導（**方略 14**），学級風土（**方略 22**），学校全体での肯定的行動支援（**方略 23.2**）など多くの方略が活用させる必要があります。

基本的な考え

● ソーシャル・スキル（社会的技能）は何を意図しているのか？

社会的に有能な人たちは，社会状況を理解し効果的に反応することによって，社会環境を使いこなす能力があります。[1] 彼らには以下のような特徴があります。[2]

- ***社会的感受性***：社会的出来事の意味を正確に理解する。つまり，社会的手がかりを読み取り，友好関係や社会的相互関係のような社会的な慣習や動きを理解します。

- *役割の引き受け*：人々の心情を読み取り，彼らがどのような世界を経験しているのかを理解します。
- *社会的見識*：社会的状況を正確に読み取り，社会的集合体で何が起こったのかを知るとともに，他者の人格特性や気持ちなどを理解します。
- *道徳的判断*：道徳的規範や倫理原則に照らし合わせて社会的状況を見極めます。
- *社会的コミュニケーション*：他者の行動への効果的な取組み方法や影響を理解すること，つまり自己観察や，人が考えていることや感じていることを他者に正確に伝えるスキルがあることです。
- *社会的問題解決*：対立を解決し，目標を達成するための他者の行動への影響を理解します。

ソーシャル・スキル・トレーニング（SST）はどうして必要なのですか？

ほとんどの児童生徒たちは，いとも簡単に自分たちの文化に適合したソーシャル・スキルを獲得しますが，それができずに，ソーシャル・スキルをはっきりと教えられなければならない者がいます。社会認識が不得手なためにソーシャル・スキルが不足している者がいます。このことは，自閉症や情緒障害，行動障害のある児童生徒たちに特にあてはまります。[3] また、その多くが適正な友好関係をうまく築けない重度の障害のある児童生徒にもあてはまります。[4]

一方，ソーシャル・スキルは全ての年齢層で重要ですが，特に青年期で重要となります。

不適切なソーシャル・スキルは，仲間内での社会的地位を低め，悪い成績や落ちこぼれ，虐待，暴力などのような数多くの良くない結果の原因となります。[5]

● ソーシャル・スキル・トレーニング（SST）の肯定的な目標とは何ですか？

SST の目標は，児童生徒たちが，様々な社会的文脈の中で適切な行動を選択することができるよう，幅広い行動を創り出していくことです。

SST プログラムが，常にクラス全員の親密な友好関係を導くと期待することは非現実的なことです。そのような関係は，互いの興味や，相性，周りとのつながり，家族関係など，多くの他の要素に基づいているからです。この観点は，SST の目標が現実的なものであり起こり得る関係を築くものだと気づかせることを意図しています。

実　践

ソーシャル・スキル・トレーニングの段階とはどのようなものですか？

一般的に，SST とは，以下のような内容を児童生徒に指導することです。

- 社会的相互作用のための目標をたてる。
- 社会的文脈における最も重要な手がかりを解読または解釈する。
- その状況で社会的目標を達成するために最良の行動を決定す

る。
- 行動を実行する。
- 目標達成においてとった行動が有効であったかどうかを評価する。[6]

SST はまた，ソーシャル・スキルの般化と持続を促進させ，多くの問題行動を除去又は減少させることでもあります。[7]

どんなソーシャル・スキルが教えられるべきですか？

社会的能力と最も幅広く結びついたスキルとは，
- ***会話スキル***（雑談を含む）：挨拶をする，「どうぞ」または「ありがとう」と言う，名前を覚えて用いる，適当な話題を選ぶ，会話を続ける，アイ・コンタクトをとり持続する（ただし文化の違いには注意する），適切な表情をする，適切な口調で話す，他者と関われる適切な位置に立つ，衝動的な行動を抑制する，積極的に聞く。
- ***対立に対処する***：「No」と言う，攻撃的な人たちと対応する，からかいに応酬する，謝る，注目を集める，助けを求める，問題解決スキル，批判に対応する，交渉する，説得する，助力を得る，他者のニーズに応える，個々の違いを尊重する。
- ***友好スキル***：友達を作る，感謝したりされたりする，ユーモアを言ったり応えたりする，交替する，好ましい身繕いをしたり衛生的であったりする，仲間集団の文化に合わせる（例えば，ファッション，音楽，映画，ＴＶなどについて知っている），日常生活でのルールを正しく理解する。
- ***集団スキル***：方略１で強調しているように，集団化過程のス

キルを教えることが重要である。起こりうる問題と解決を可能にするためのスキルとは[8]

- □ **一人または一人以上の集団構成員が支配する**：兼任はできないが，関係性のある役割を与える（例えば，観察係，記録係），一人一人が何度も話すことができる集団のルールを設ける，威張った態度をとっていないことを個別に賞賛する。
- □ **不参加**：参加のルールを決める（例えば，誰もが最低1回は話さなければならない，人が話している間は妨げてはいけない），（例えば，タイムキーパーなど）威嚇的でない役割を与え，参加方法の見本を示す。
- □ **対立**：例えば，「妥協」の仕方や「WIN-WIN」（双方ともに得をする）の方略のような，対立を解決するスキルを教える。さらに，最後の手段として皆さんが仲裁に入ることを成員に知らせる。
- □ **継続する不適切な行動**：懲罰的な方法を用いずに一時的に個人を集団から離し，簡単な行動の約束事を決める（**方略11**）。

例えば，先生に挨拶をするというよう社会的行動は，多くのソーシャル・スキルと関連しています。目を合わせる，笑顔で「こんにちは」と言うこともその一つです。それぞれのスキルを順序立てて教えることも必要かもしれませんが，一般的には，一連の行動に注目する方がよいようです。

上記のスキルの中には，「誰かを紹介する」というようなスキルを用いる機会が比較的限られているものがあり，児童生徒が社会的関係からスキルを獲得するということはほとんどありません。その一方で，クラスメートに挨拶するというような幅広い場面でよく使われるスキルもあり，それらに着目することがより有益だと思われます。

何はともあれ，ある場面で用いたスキルを別の場面で応用できるよう，児童生徒たちを支援する方法を探して下さい。ソーシャル・スキルを般化するための練習をしておかないと，別の場面で活用することは難しくなるでしょう。SST は，初期の指導過程が十分であればよいというように考えるべきではありません。むしろ，指導や助言を提供し続けなければなりません。このようなスキル（もしくはその不足）は，観察や保護者と教師への面接，チェックリストの使用というような方法によって評価することができます。[9]

ソーシャル・スキルはどのように教えられますか？

ソーシャル・スキルは，以下のような方法で教えることができます。

- ソーシャル・スキルの構成内容の分析を児童生徒に促す。
- ソーシャル・スキルについて直接的な指導をする。
- ソーシャル・スキルの技能を説明し見本を示す：例えば，以下の方法によって実演することができる。
  - □ 実際の生活モデルを用いる
  - □ ロール・プレイングをする
  - □ パントマイムをする
  - □ ビデオを用いる（例えば，地方テレビ局の連続ドラマ），重要な場面でビデオを止め，行動と適切な反応について協議

する

- □ よくない行動を取り除くことだけに注目するのではなく，適切な行動を強化する。
- □ ある文脈におけるある行動の妥当性について児童生徒の考えを促す（「ジョン，誰かが君に試合をしないかと尋ねたら，君は何て答える？」）。
- □ 実生活での社会的場面やソーシャル・スキルに関わる問題を扱った文献を用いる。
- □ 児童生徒間の信頼や容認，共有，相互支援などを増やし，多様な知識やスキルの　価値を高めるための学級課題を計画する。[10]
- □ スキルの各ステップを口頭で練習するよう児童生徒を促す。
- □ はっきりとしたフィードバックを与える（**方略 14**）。スキルのどのステップが上手く実践されていたか，そして一層の改善に必要なことは何かを示す（例えば、「いいぞ，ロジャー，今回はうまくグループで取り組めた。上手に協力できていたよ。次回はグループの中の二人と話すことに挑戦してみよう」）。

一連のソーシャル・スキルを指導するための，効果的な手順は以下のようです。

- スキルがなぜ重要であり，他者とうまくやっていくためにそれらのスキルがどのように役立つのかを児童生徒が理解するために，児童生徒と一連のスキルについて話し合います。
- まとまりを構成している一つ一つのスキルを確認し，児童生徒が扱いやすいように，それぞれのスキルを構成要素ごとに分類します。児童生徒のスキル習得状況を見極めるために，それぞれの部分を実演させてみたり，あるいは模倣させたりします。必要な時には合図やきっかけを与えます。行動への具体的なフィードバックを行うことにより，既に習得したもしくは一層注意が必要なスキルの具体的部分に，児童生徒の注意を集中させます。

- スキルで最大の成功を得るために，構造化した場面で児童生徒に試させてみます。そうして再び行動に対する具体的なフィードバックを与えます。
- スキルを実践する機会が与えられ，説明を加えながら賞賛が与えられます。
- 児童生徒が皆さんの促しなしにスキルを実行する時には注意してくい。クラスメートがスキルを積極的に強化できるようするために，頻繁な賞賛はあまり与えないようにします。
- 特別な教育的ニーズのある児童生徒とクラスメートとの社会的やりとりを促すことにおいて，支援スタッフが果たす役割の重要性を認識します。[11]

同様に，お薦めする取組みの一連の構成要素については，以下のようなものがあります。

- **理由づけ**：ソーシャル・スキルを対象とした学習がどうして有益なのか話し合う。
- **モデリング（見本）**：例えば，仲間の注意の引き方というようなソーシャル・スキルを用いる時に児童生徒がすべきことについて，教師は説明し見本を示します。
- **手引練習**：教師は，おそらく役割練習を用いて，児童生徒がソーシャル・スキルの練習をするのを支援します。

- **自立練習**：児童生徒は，スキルを組み合わせることが求められる構造化された活動に取り組みます。
- **一般化**：児童生徒は，一日の中で選択したスキルを用いた時間と，その結果の成否を記録します。

「心の理論」という言葉

最近，特に，自閉スペクトラム症の児童生徒へのソーシャル・スキルの指導に関して，また聴覚障害の児童生徒に関して，「心の理論（*theory of mind*）」（「心の失明（*mind blindness*）」と表現することもあります）の考えに関する記述が増えてきています。簡単に言えば，心の理論とは，他者の持っている自分とは異なった知識や信念，感性，欲望，意思を理解する能力のことであり，これらについて仮説を立てる能力のことです。[13] もしも，他者が自分とは異なった考えを持っていることを児童生徒が理解できないとすれば，他者との関係やコミュニケーションに問題を抱えてしまいます。言い換えれば，精神年齢に対して社会認識や共感性に欠陥があると言えます。[14] このことは，心の理論課題のある児童生徒に，「心を読む」（つまり，感情や他者の視点を認識する）ことを支援する取組みプログラムの開発へとつながりました。[15] しかしながら，心の理論に批判が無い訳ではないことを，最近のレビューは示唆しています。[16] 後のエビデンスにもとづいた根拠の項でも言及しましたが，その理論に基づく取組みの有効性は限られているのです。

皆さん自身の反応の理解

皆さんが解決の糸口どころか問題の引き金にならないように，行動障害のある児童生徒に対する皆さん自身の個人的反応の仕方について理解し学んでおくことはとても重要です。明らかに，多くの教育者はソーシャル・スキル不足に大きな嫌悪感を示します。彼らと向き合う時には，恐怖や怒り，不安，自己卑下，欲求不満，絶望，さらには悲しみさえ経験することがよくあります。児童生徒の行動には皆さんに対する個人的嫌悪感が反映しているのではなく，それは多くの先行事象の最終結果なのかもしれないということを覚えておくことは大切です。「どうして自分はこんな風に感じるのだろう？自分がこんな風に感じるのだったら－このような行動特性を扱うのが私の仕事なのだが－他の人はどんな風に感じているのだろう？」と自分自身に問いかけてみることもまた大切です。

エビデンスにもとづいた根拠

この項では，メタ分析の２種類のレビュー，３種類のレビュー，２種類のメタ分析，４種類の個別研究から見出されたことを説明したいと思います。それらは，情緒障害や行動障害，自閉スペクトラム症，他に「深刻な問題」と表現されるような児童生徒に向けられた直接的なソーシャル・スキル・トレーニングを取り扱っています。成果測定では，ソーシャル・スキルの向上はもとより，仲間関係や成績の向上にも注目しました。全般的な効果的なサイズは，控えめと表現するのが最も妥当でした。そのような訳で，この方略に対する私の格付けは「ほどほど」にしました。

* ハッティーの方略のレビューで，彼は8種類のメタ分析を確認し，平均的効果サイズ0.40を生み出しました。その内訳は，SSTに強い影響力を持つ仲間関係の強化が0.80～0.90，社会的成果は0.50～0.60，成績の向上は最も低く0.10～0.20でした。（ハッティーの分析に含まれたいくつかの研究は，この後でその概要を説明します。）
* SSTに関係する幾らかのメタ分析のレビューでは，効果サイズが0.2（前段を参照）～0.87と分散しており，平均は0.44でした。この分散のより低い数値の少なくとも一部は，**特別な教育的ニーズ**のある児童生徒のグループに見られる「取組みへの抵抗」によるものでした。[17]
* 情緒障害や行為障害のある児童生徒へのSSTのメタ分析では，35の研究がレビューされました。効果サイズ0.2が生み出されました。これは，平均的な児童生徒がSSTプログラムに参加した後，わずか8％だけに向上が見られることを意味しています。若干，一般的な取組みと比べて，協同または社会問題解決というような特別なソーシャル・スキルに注目した取組みに，やや大きめの効果サイズが見いだされました。[18]しかし，これらはメタ分析の方法論に弱点があるという立場に立つ研究者から批判されています。これらの批判は，見当違いの効果サイズが含まれており，集合体を基本としたメタ分析においては単一ケース研究の基準や存在への支持が希薄であるというものでした。[19]
* 他に，抑うつ症状のある児童生徒や若者に関わる研究に注目したメタ分析があります。認知とソーシャル・スキルを統合し，強化と統制を図るための教師や保護者へのトレーニングを指導する多成分防止プログラムは，1領域だけに注目するよ

りも効果的であると結論づけました。[20]

* 米国の研究は，**情緒障害または行動障害**のある児童生徒へのSST効果を調べた64の単一課題研究の結果をレビューしました。参加者の平均年齢は9.8歳で，72%が男児でした。研究を概観してみると，SSTは大抵，モデリング，ロール・プレイング，強化，自己調整方略というような特別なスキルの直接的な指導に注目していました。著者は，SSTには肯定的な効果はあるが，その程度は「ほどほど」であると結論づけています。**自閉症**や**情緒/行動障害**のある児童生徒よりも**非行**児童生徒により効果があるように思われました。[21]
* メタ分析に係る文献のレビューは，**情緒障害**そして/または**行動障害**のある中等学校生徒へのSSTでは，SSTを受けなかった統制群のわずか1/3の向上に対し，彼らの2/3に向上が見られたと結論づけました。効果サイズは0.32です。[22]
* 自閉症幼児の社会的交流を促す取組みに関する研究の大規模なレビューからは，以下のような結果が盛り込まれていました。
  - *生態学的取組み*：これらは，例えば，児童生徒の友人グループの構成といような，物理的あるいは社会的環境の一般的特徴の変化と関連しています。自閉症幼児の社会的やりとりの改善効果はあまり見られませんでした。
  - *付加的スキル取組み*：これらは，例えば，一般的な遊びスキルとごっこ遊びスキルの指導というような，自閉症児童生徒の社会的交流のトレーニングと関連しています。これらの活動は，自閉症児童生徒が定型発達の仲間と関わることで，社会的やりとりが増えるものと思われました。
  - *児童生徒に特化した取組み*：これらは，強化のような，ソーシャル・スキルを向上させるために特別にプログラムされた手順です。そのプログラムには，(a)例えば，特定の社会的場面において適切な社会的反応をわかりやすく具体的に記述した「ソーシャル・ストーリー」のような，社会的知識を増やす取組み，(b)「最も重要な」社会的反応の徹底的な強化（**方略10**），(c)ソーシャル・スキル・トレーニング，(d)自己観察（**方略7**）などが含まれます。これらは社会的やりとりを増やすことが見出されましたが，自閉症児童生徒によるそれらは，やりとりの継続というよりもむしろ，主に社会的儀式としてのやりとりに限定されていることが見出されました。

- ***仲間の仲介による取組み***：これらには，仲間との社会的儀式ややりとりを増やし，仲間同士の指導（**方略2**）を構築するための取組みが含まれます。これらには，力強く確かな治療効果のあることが実証されましたが，他のトレーニングを受けていない仲間に般化できるかどうかは疑問です。
- ***総合的な取組み***：これらは，先述した2つあるいはそれ以上の取組みの要素で構成されるものです。研究の結果，自閉症の児童生徒と定型発達の仲間との両方に対する取組みは，他の場面への般化という一定のエビデンスにもとづいた根拠を伴いながら，取組み場面における社会的やりとりの，明確な効果を生み出すことを示唆しています。[23]

＊ 3年以上に渡る，未就園幼児から小学校6年生までを対象とした取組みプログラムである「ソーシャル・スキル獲得プロジェクト・プログラム」が実施されました。社会的な問題解決行動の改善，好ましくないいじめの減少，児童生徒たちの成績や社会的機能の向上などにおいて，学校を超えて効果のあること

が見出されました。しかしながら，20％の児童生徒たちについては取組みの効果はありませんでした。[24]

* 前研究の追跡調査として，前項の学校全体でのプログラムに無反応であった**最も深刻な問題**のある35人の児童生徒に対して，「ソーシャル・スキル獲得プロジェクト・プログラム」にもとづいた2年間のマニュアル化されたプログラムの影響の結果を導くために，もう一つの研究が実施されました。全体で20のスキルが選択され，2年以上に渡って小グループに実施されました。その結果，研究室への紹介期間が減少し，特別支援教育に位置づけられることが減少し，成績が向上し，問題解決や対立解決の方略をより多く積極的に活用するようになるなど肯定的な成果が示されました。[25]
* 取組みプログラムの異なった評価である「付き合い方の道具」は，**情緒障害/行動障害**の危険性のある児童生徒を対象としています。フロリダの14の小学校で，無作為に統制された試行を実施したところ，児童生徒の社会問題解決スキルに改善が見られました。[26]
* **高機能自閉スペクトラム症**の青年に対する，最近実施された2種類のソーシャル・スキルの無作為な統制的試行は，肯定的な結果を報告しています。それらは，「役割演技と感情の関係取組み」と「スキル別学級編成」の2種類のプログラムから成っています。全体で13人の児童生徒が無作為に振り分けられ，週に1日4週間にわたって，1つのプログラムに参加しました。その結果，両方のグループに互恵的な友好関係とスタッフの報告するソーシャル・スキルが増加しました。しかし，彼らの保護者は，家庭での彼らの社会的機能は何も変わっていないと報告しています。[27]

* 最近の英国の研究は，**社会的に疎外される危険性**のある小学生を対象とした2種類のSSTの直接的取組みが，彼らのソーシャル・スキルと社会的統合に肯定的な効果のあることを見出しました。[28]
* 無作為な統制的試行を用いたオランダの研究は，**自閉スペクトラム症**のある8歳から13歳までの児童生徒に対する16週間に及ぶ心の論理治療の効果を検証しました。その結果，統制群と比較して，治療を受けた児童生徒たちは心の理論の概念的な面は改善されましたが，基本的理解や，自己報告による共感や，保護者の報告による社会的行動などは改善されませんでした。[29]
* しかしながら，別のオランダの研究では，児童の心の理論活動に，より肯定的な結果のあることが報告されています。**社会的に不安であったり攻撃的**であったりする6歳の子ども8人が8年間に渡って，他者と知り合いになることに注目した，互いに聞き合う，空想と現実との異なりを理解する，社会場面を判断する，他者の意図を理解する，喜び・不安・怒り・悲しみのような感情を理解するというような173の活動を含むプログラムに参加してきました。プログラムは7か月間毎週実施されました。成果の評価としては，統制群と比較して取組みグループに，明らかな社会的機能の改善が見られました。
* 最後に，幾らかの曖昧な支援がある「サークルタイム」や「ソーシャル・ストーリー」という社会情緒的取組みを用いた2種類の幅広い取組みについて言及します。サークルタイムは，児童生徒は教師や支援者と輪になって座ります。ゲームが始まった後，彼らはこの1週間に考えたことや感じたことを話し合います。最も重要な目的は，感情の理解や表現，順序交代，対立

の解決，聞く/話すの改善というような社会スキルの発展と促進です。残念なことに，最近のレビューによれば，今日までのサークルタイムは実証的な支えが不安定で，時々しか実施されないという方法に主な欠点が反映されているようです。[31]
ソーシャル・ストーリーは，**自閉症**の児童生徒たちが社会的場面にうまく立ち向かえるよう支援するために独自に開発されたものです。しかし，他の特別な教育的ニーズの領域の児童生徒にも幅広く用いられています。それらは簡単に言えば，記述的または視覚的な手引きであり，様々な社会的場面を表現し，それらに対する一般的な反応を提供します（先の「心の理論」の項と比較してください）。2種類の最近のメタ分析では，それらの有効性への疑問が示されています。1つはうまくいくかまたは全くいかないかのどちらかのように思われること[32]，もう1つは行動に対する小さな臨床上の効果だけであると結論づけています。[33]

留意点

SST に関わって，二つの注意点を考慮しておく必要があります。

- ソーシャル・スキルが，「ソーシャル・スキル教室」にいる児童生徒にのみ指導されている限り，その価値は限定的なものにすぎません。可能な限りソーシャル・スキルは自然な文脈の中で指導されるべきです。
- 様々な場面で，好ましい社会的行動や好ましくない社会的行動を構成するものについて，児童生徒が明確なメッセージを受け取ることができるよう，学校の全ての教育者（プラス保護者）がSSTの目的を理解し合意し，学校と家庭の両方で一貫して強化することが大切です。

結　論

ソーシャル・スキル・トレーニングは，特別な教育的ニーズのある多くの児童生徒に働きかけるための明らかに重要な領域です。この領域には有望な方法がいくらかありますが，般化を長持ちさせる確実な方略はありません。しかし，方略がより洗練され研究が進むことにより，将来大きく進展するものと私は信じています。

第6章

方略4：協力的指導

―効果的なチームの一員になるために―

格付け　★★★

方　略

コラボレーション（協調）とは，ある期間に亘って問題解決を図るために，多様な専門的知識を持つ人々からなるグループの，それぞれが持つ知的財産を結び付けていくための一連の過程と定義づけることができます。[1] 協力的指導は，「コンサルテーション」「協同指導」「共同指導」「チーム・ティーチング」「チーム準拠サービス」「チームまたは地域実践」などと呼ばれることがあります。機関間協力は26章で論じています。この方略は，第2章で概説した「学びと指導モデル」の「背景」と関係しています。

特別な教育的ニーズを有する児童生徒たちへの指導は，多くの人々，とりわけ専門家や保護者との協力を必要としています。実際，これほど多くの協力やチームワークが求められる教育分野はほとんどありません。これは，特にインクルーシブ教育（**方略25**）に当てはまり，そこでは，理想的には通常の学級の教師が専門教師や療法士，医療専門家，専門助手／教員助手，もちろん保護者と協力します。[2] 皆さんは独奏者ではなく，まさにオーケストラのメンバーになるのです。とはいえ，皆さんは教育者として，オーケストラのリーダーにならなければなりません。

英国や米国においては，連携的実践の必要性が強調されることが増えてきています。[3] 例えば，米国の「個別障害者教育法(IDEA)」(2004)は，多くの専門分野からなるチームに対し，評価だけでなく，特にIEPを通して保護者も関与した教育課程の計画や実行について明確に命じています。例えば，インクルーシブ教育の文脈において教師間連携を観察したリトアニアでの最近の調査研究では，一般的に見られる協同教育について取り扱っています。[4] なお，アジア諸国では「授業研究方法」として知られる協力的指導形態をとっています。日本では，その起源は「授業研究」にあり，その方法は，自分たちの指導を向上させ児童生徒の学習経験を高めるための，指導と学習に関する教師の教室における組織的かつ協同的な指導研究と関連しています。それは，一般的に教師集団で協同して計画を練り，1つの教室で授業をし，観察情報を集約し，その情報を基に話し合い，活動記録を作成することなどを含んでいます。[5]

特別支援教育やインクルーシブ教育では，連携のパターンは幅広く存在します。その範囲は，特別支援教育アドバイザー／特別な教育的ニーズコーディネーター（英国ではSENCOと呼ばれています）や多くの専門家による通常学級教師への相談助言から，共同指導の調整を図ることを通した補助教員／指導補助員あるいは他の専門助手に対する仕事の指導まであります。

基本的な考え

本書では，協力的指導とともに，(1)「協同的グループ指導」，(2)「ピア・チュータリング」，(5)「保護者の関与と支援」という関係する三つの方略が示されています。これらは皆，私たちの知識の大部分は社会的に構成される（自分たちの身近な環境にいる他者から学ぶ）という原理に基づいています。ニュージーランド，マオリ族の王がかつて語った言葉を引用し，表現方法を変えてみると，

Kotahi te kohao　Ote nigra　　（針には穴が一つしかない）
E Kahuna ai　　（その穴を通っていく）

Te Milo ma　　　　（白い糸が）
Te Miro pango　　　（黒い糸が）
Te miro Whero　　　（赤い糸が）

協力的指導には三つの主な成果があります。

① 全体は部分の集合よりも大きいというように，相乗効果を生み出す可能性があります。
② 学習困難と向き合うための新たな方法を学ぶ機会につながる可能性があります。また，同僚も同様です。このように，指導上しばしば生じる専門家の孤立を減らします。
③ 特別な教育的ニーズのある児童生徒のための支援サービスの機能調整を増やします。保護者をしばしば失望させる要因の一つとして，迷路のように複雑な支援サービス体系と交渉しなければならない個々の異なる相手があげられます。

このような可能性を実現化するために，皆さんは，少なくとも指導の一環としてチームの一員として働くスキルを学ばなければなりません。もしも，皆さんが個人的専門家として単独作業に従事してきたのであれば，他の分野の専門家と責任や専門的知識を共有する働き方を新たに開発する大きなステップとなるでしょう。「私事は今や公事となる」，つまり，皆さんの専門的実践において，かつて黙したまま表現することのなかった事を，今や他者に対して明確に説明しなければならないのです。他者の考えや人格に合わせようとすると，ご自身の裁量がさらに低下するように思われるかもしれません。しかし，結局のところ，協力的指導は皆さんと特別な教育的ニーズのある児童生徒に利益をもたらすでしょう。

実　践

協力の一般原理[6]

ここでは，成功的な協力関係をうまく生み出すために注意しておかなければならない最重要事項について要約しておきます。

- 協力のための明確な共通目標を設定します。
- 決定と結果に対しては連帯責任を負うのですが，それぞれの役割と誰が何に対して責任を負うのかを明らかにします。
- 協力関係に携わる全ての者が問題とその解決の当事者であるという考えを持って，問題解決手法を用います。
- それぞれの専門知識に対する信頼と相互尊重の雰囲気を作ります。
- 進んで他者から学びます。
- 意思決定の合意をめざします。
- 威圧的でなく公平な態度で，他者に対して尋ねてみたりすぐに客観的な意見を返してみたりします。
- 他者の考えや業績を信頼します。
- 対立解決のための手続きを開発し，これらの過程を上手に処理します。さらに，起こりうる対立を予測し，できる限り対立を避けるための手だてを講じます。これは，意見の相違は避けることができる，あるいは避けるべきだと言っているのではありません。
- 協力関係の進捗状況を見直すために，定期的な会合を持ちます。

協働の形態

皆さんに関わる協働には，主に6種類の形態があります。

1．*同指導*[7]

「協同的指導」としても知られており，これはインクルーシブ教育の状況において生じるものであり，教室にいる全ての児童生徒のニーズに応えるために，通常教育の教師と特別支援教育の教師はそれぞれの持つ専門的知識を合わせようとします。双方は，互いに平等な協力者としての役割を担います。そのことは一般的に，特別な教育的ニーズのある児童生徒に対しては特別支援教育教師が唯一責任を有しており，教室のその他の者に対しては通常教育の教師が責任を有するということを意味しているのではありません。むしろ，教室にいる全ての児童生徒に利益をもたらすために，それぞれ互いの専門知識を尊重し合うことを意味しています。上記で概説した点に加えて，共同指導を実施するにあたって必要となるポイントは，

- 学校の管理職による積極的支援
- 適切な，定期的で十分な共同計画の時間
- 児童生徒の破壊的行動あるいは規則を守らない行動に対応するための手順に関する合意
- 指導方略やアセスメント方法を含む，授業の目的や構成に関する合意
- 共同指導計画についての保護者との明確なコミュニケーション

2．*コンサルテーション*[8]

これは，相談者（コンサルタント）が時折指導方略の模範を示す以外，児童生徒には直接関わらない，間接的なサービスを提供

するというモデルです。この方法の特質は，何人かの特別な教育的ニーズのある児童生徒に用意されたプログラムについて，特別支援教育の教師／助言者（もしくは他の専門家）が，通常の学級の教師に助言をしたり指導をしたりすることです。双方の教師が授業時間外（明らかに，管理職によって解決されるべき遂行課題[9]）に出会い，そのような児童生徒に必要な指導内容や指導方法および評価について協議します。さらに，特別支援教育の教師は付加的な指導教材を提供したり，教室環境の改善を支援したりします。こうした全てのことについて，通常の学級の担任教師が主として責任を負います。このコンサルテーション・モデルを実施するため，特別支援教育の教師は，教室で行われる教育内容に精通しておかなければならず，通常の学級の担任教師は，クラスにいる全ての児童生徒の教育に主たる責任を負わなければならないのです。

３．*補助教員／指導補助員／助手との連携*[10]

これらの人材は，かなり限られたトレーニングしか受けていないが故に，教師に比べて責任もかなり限られているのは当然でしょう。したがって，彼らの役割を決める際に最優先すべき配慮は，例え彼らの多くが優れて適任であり，経験豊富であったとしても，教師と完全に同じ役割を担わせるべきではないということです。彼らの業務の計画と指導の責任は，最終的には教師の仕事です。このことは英国のケースに見ることができ，「ハイレベル指導補助制度」という新たな役割が設けられるようになっています。もちろん計画にあたっては，可能な限り私が上述した一般的なポイントに従われるべきですが，補助教員や指導補助員の長所に対しても正当な評価が与えられるべきです。

教員補助の一番の目的は，特別な教育的ニーズのある児童生徒に日常的に支援を提供することですが，そのような児童生徒に専属的に働きかけることを必ずしも意味するものではありません。ニュージーランドでの私の経験では，補助教員が特別な教育的ニーズのある児童生徒のいる学習グループも，彼らのいない学習グループも対象としているように，より幅広い役割をしばしば担っている姿を見ることができました。最も重要なことは，補助教員は，（例えば特別な教育的ニーズのある児童生徒に密着した支援に見られることだが），彼らの支援に児童生徒が必要以上に依存することを避け，むしろ彼らの自立を増やすための支援をするべきなのです。

20,000 人の教師と支援スタッフを対象にしたイングランドとウェールズでの最近の研究がここで関係してきます。多少意外なことに，その研究から，教師を支援している指導補助員のような支援スタッフは，教師が自分達の仕事についてより肯定的に捉えることを助長し，支援を受けている児童生徒の進歩が，支援を受けていない能力，社会階級，性などにおいて同等の児童生徒よりも平均的に劣っていたとしても，クラスの残りの児童生徒に多くの時間を費やすことを可能にしているということが見出されました。研究者はこの結果を，1/4 の教師は指導補助員を操作するトレーニングをしておらず，ほとんどの教師が彼らに対する計画や助言に時間を割いていないことの所以だと結論づけました。また彼らは，児童生徒は指導補助員との時間を多く費やし，担任教師との接触はほとんどなかったと指摘しています。その結果，しばしば多くのニーズのある児童生徒は，担任教師や教育内容から分離されていくようになるのです。[11]

４．*専門家との連携*

教育者に加えて多くの他の専門家が，特別な教育的ニーズのある児童生徒に関心を持っています。彼らのニーズの特異性に基づいて，皆さんは，例えば医療・福祉・司法のような様々な行政機関や個々の障害者団体の代理人である権利擁護団体／組織と連絡をとるでしょう。このような連携は，心理学者や医者，言語聴覚士，作業療法士，理学療法士，警察官，社会福祉士，支援者，地域代表者などとの結びつきとも関係しています。皆さん自身と著しく異なった専門的背景や世界観を有する人々と協力することは，大きな挑戦をもたらします。

５．*保護者との連携*

方略５を参照してください。

６．*全校組織*

南アフリカの「教育機関支援チーム」という指導の考え方に感銘を受けました。この考えは，他の多くの国々においても様々な形態で採り入れられています。[12] 南アフリカ・モデルにおいて，このようなチームの一番の機能は，児童生徒や教育者，組織のニーズを特定し対処することにより，学習と指導過程を支援する教育者の支援サービスとを適切に連携させることです。[13] そのようなチームが成功する鍵は，学校長や他の管理職から提供される支援や励ましです。

全校組織の主たる機能は，個々の児童生徒を特定し支援することと同様に，特別な教育的ニーズのある児童生徒への全校的な支援文化や方針を発展させることです。チームには，献身的な指導者／ファシリテーターと，情報交換に役立つ先進技術を活用しながら決定や計画を記録する者とが必要です。[14]

エビデンスにもとづいた根拠

この方略は，幅広い調査がなされておらず，研究からもほどほどの成果しか得られていません。この章では，1つの総合的なメタ分析と3つのメタ分析，2つのレビューと4つの個別の研究の成果を要約します。

* ハッティーは，共同指導/チーム・ティーチングに関する2つのメタ分析しか見つけることができず，それらからは0.19という低い効果サイズが検出されました。[15]彼は，この時点では，チーム・ティーチングの評論家または最も熱心な支援者が調査文献から満足を得ることはほとんどできないと結論づけた1977年の研究に賛成をしています。[16]
* インクルーシブ教室における32の共同指導の質的研究に関する最近のメタ分析は，計画時間や児童生徒の技能レベル，トレーニングなど多数の重要な問題点が確認されていたものの，協力教師は共同指導を概ね指示していると結論づけました。主要な共同指導の役割は，「1指導，1支援」に見られるように，特別支援教育教師が同等の役割を果たすと言うよりもむしろ従属的な役割を果たすことです。[17]
* 通常の学級に組み入れられた児童生徒の通常担任教師と特別支援教育教師が関わる共同指導のメタ分析からは，やや大きめの効果サイズ0.40が検出されました。このことから，共同指導には適度な成果があると結論づけられました。しかしながら，89の論文のうち6つの論文が，メタ分析の包括的メリットに対して十分な基準を満たしていたことは注目すべきことです。[18]と同時に，共同指導に対する実証文献の最近の批判的分析によれば，この6つの研究には欠陥があったようです。[19]

* 初期のメタ分析は，相談助言（コンサルテーション）に参加した者（助言者，相談者，相談対象者）は，相談助言に参加しなかった者よりもかなり実質的に「良い状態」（定義されたものではない）になったと結論づけました。[20]
* 1985から1995年の間に実施された相談助言に関する研究結果の広範囲なレビューから，著者は，ほぼ67%の研究が肯定的な結果を報告し，28%が中立的な結果を報告し，5%だけが否定的な結果を報告していることを見出しました。これらは，過去の研究のレビュー結果と類似しています。しかしながら，彼らは，相談助言モデル設定の勢いは大きく促進されてきていますが，研究にもとづいた支援はわずかずつしか蓄積されていないこともまた認めています。－それ故，この方略に対する私の評価に注意して欲しいのです。[21]
* 児童生徒のための学校での**精神保健サービス**に関する1985年から1995年までの文献のレビューから，最初に5,046の参考文献が確認され，そのうちの228がプログラム評価であることが見出されました。それらの研究には，「取組みのための無作為な割り振り」「統制グループの包含」「標準化された成果指標の利用」という3種類のインクルージョン基準が適用されていました。幾らかのエビデンスにもとづいた根拠は混合したものでしたが，16の研究はこれらの基準を満たしていました。3種類の取組みタイプがその有効性を実証するものであることが見出されました。これらは，「認知行動療法」（**方略13**），「ソーシャル・スキル・トレーニング」（**方略3**），この章での方略の焦点である「教師の相談助言」の3種類です。[22]
* **特別支援教育への依頼**が正確かどうかに関する協同的な相談・助言の影響を調査した研究があります。依頼の正確さは，事実

として確認された児童生徒数と見積もった児童生徒数の比率によって決められました。その結果，協同的な相談助言がなされた時，依頼の正確さは著しく向上することが示されました。[23]

* 別の米国の研究は，依頼前のコンサルタント主導による取組みが，有効性を減少させることなく期間を短縮できるかどうかを問いました。17小学校60人の通常教育教師と最も指導困難な60人の児童が対象となりました。教師は，依頼前の取組期間が短い場合（24人）と長い場合（24人）と統制グループ（12人）に無作為に割り振られました。依頼前の取組期間が長かった場合と短かった場合ともに，指導困難な児童に対する教師の見方が改善し，試行のための依頼と特別支援教育への就学の可能性が減少しました。[24]
* 「学校相談調査プロジェクト」による研究論文は，米国の四つの大学の学校心理士による協同グループは，相談助言の過程から結果に至るまでの関係性を探求することに興味を示したと報告しました。その結果，助言者と相談者は過程を同様の方法で見，役割を理解しチームとして一緒に取り組もうとしていることが示されました。より魅力的なことは，相談者が(a)相談助言から受ける成果，(b)相談者の力量，(c)相談対象者の改善，(d)相談助言の有効性を認識していることです。[25]
* 難聴や重度の聴覚障害のある児童生徒を含む通常学級での共同指導の影響を観察した小規模な質的研究があります。それぞれのクラスには通常教育の教師と聴覚障害の児童生徒のための教師がいました。この研究からは，共同指導モデルでは，全ての児童生徒のニーズと向き合うために双方の教師がそれぞれの専門知識を組み合わせ，責任と平等な支援を共有する

という考えを持って支援を提供していることが見出されました。[26]

留意点

協力的指導をうまく実行するための主なリスクは以下のように要約されます。

- 特に，教師が関わっているような場合（関わるべきであるが）や，時間のやりくりを上手にしなければならないような場合には，主たる参加者が一堂に会することは難しいです。
- 実施している間，幅広い考えや人格を考慮に入れながら，コミュニケーションを図っていくことは難しいです。
- 協力のための明確な目標の欠如
- 管理職からの支援の欠如
- トレーニングの欠如

これら全ての潜在的な障壁は，学校でのリーダーシップ研修，初期の教師教育[27]，主たる参加者に対する適切な専門的能力の開発などで対処することができます。役割の明確化は最優先事項です。

結　論

特別な教育的ニーズのある児童生徒の教育への協働的な手法が，教育システムに組み込まれることが増えています。協働の多くの側面が未だに研究されていますが，その実行を正当化するための基本理念を支える実証された根拠は十分にあります。「一人の児童生徒を育てるには村全体が協力しなければならない」というアフリカの諺がこの章を言い表しています。

第7章

方略5：保護者の関与と支援

―家族，権利，スキル（技能），ニーズの尊重―

格付け　★★★★

方 略

保護者[1]は，特別な教育的ニーズのある児童生徒の教育や支援に批判的でなければ，重要な役割を果たします。保護者は何よりもまず役割のあらゆる権利と責任を持ち，情報の源でもありますが，皆さんが推奨し提供する教育の「消費者」である児童生徒のために計画し実行するプログラムのパートナーでもあります。同様に，彼らは，トレーニングやカウンセリングあるいは精神科医療のような直接の支援を必要としています。

この方略は，「学習と指導モデル」の「背景」「外的課題要求」「外的反応」の要素と関連しています。それはまた，第２章で概説した学習のための社会的アプローチとも合致しています。

基本的な考え

● なぜ保護者との協力関係が必要なのですか？[2]

教育者としての皆さんが指導している児童生徒の保護者，特に特別な教育的ニーズのある児童生徒の保護者とどうして効果的な関係を結ぶ必要があるのか，それには多くの正当な理由があります。そのうちの幾つかを列挙してみると，

- 保護者は，ほぼ間違いなく学校教育全時代の間ずっと自分の子らの教育に関わる唯一の人です。それ故，児童生徒の学習全般に格段の関心を持っており，学校教育が決定したことの結

果に最も影響を受けるのです。

- 保護者は，他の誰よりも，我が子の発達や彼らが抱える特別な教育的ニーズへの責任性についてよく理解しています。ですから，大抵の保護者は，児童生徒をやる気にさせるにはどうすればよいか，どのような指導や経営が最も効果的であるかを伝える事ができます。
- 保護者は，子どもの行動特徴をよく理解するための手助けとなります。しかし，子どもの行動に影響を与えていることを理解することと、保護者を咎めることとの間の微妙なバランスを保つことはとても大切なことです。子どもの行動の原因と効果の単純な説明というものは滅多になく，批判的な立場に立てば確実に逆効果になるでしょう。同様に，問題が生じた時に保護者だけが関わるという罠に陥らないようにしなければなりません。
- 保護者と連携することにより，家庭と学校での期待する行動を一貫して増やせる可能性があります。また，そうすることで適切な行動を強化する機会を増やしたり，利用できる強化子の幅を広げたりします。
- 密接に関与することにより，保護者は，子ども学校教育や，学校のビジョンや目標をよりよく理解することができます。しかし，保護者の中には教育システムをほとんど知らず学校と対立する人がいるかもしれないことを覚えておいて下さい。
- 保護者と定期的に連絡をとることにより，皆さん自身の説明責任の意識を一層高めるでしょう。
- もしも保護者と教育者が協力し合っていることを子どもたちが知れば，自分たちが受けている教育が重要であると前向きに受けとめるでしょう。

- 最後に，多くの国々では専門家に対して，特別な教育的ニーズのある子どもたちの保護者とカウンセリングを行うことを法律で定めています。例えば，米国では，個別の教育計画作成への保護者の関与が義務づけられており，保護者はその計画を実施する過程に当然の権利を持っています。[3]

なぜ，保護者の中には支援を必要としている者がいるのですか？

- 特別な教育的ニーズのある子どもたちは，喜びと感情的苦悩との両面の源になります。子どもを受け入れることのできる保護者もいれば，拒絶する保護者や，あるいは様々な機会で体験する驚きや否認，保護者の不信，怒り，罪悪感，絶望などの感情のために，過保護になってしまう保護者もいます。このような感情は，児童生徒の生活のあらゆる場面，特に学校の創立記念日や学校教育の移行期間（進学）のような重要な場合に引き起こされます。[4]
- ある状況では，保護者は，特別な教育的ニーズのある子ども持つことをとても恥ずかしいと感じ，隠れてしまうかもしれません。例えば，アラビア湾付近のある著者は，障害のある子を授かった結果，家族に生じる自尊心の欠如の観点から恥ずかしさを表現しています。その様な事情で，保護者は専門家の診断や特別支援教育の機会を先延ばしにしたり拒否したりしているのです。[5]
- 特別な教育的ニーズのある子どもの保護者は，子どもに必要以上のことを求め，時には大人になっても求め続けることがあります。中には，わが子や他の子どもたちの立場を代弁する役割を果たし，全体として教育システムに変化をもたらす主体として活動する保護者もいます。[6]彼らは，インクルーシブな学校実践を主導し，学校教育の円滑な移行に携わらなければならないかもしれません。もちろん，彼らは長期に亘ってわが子の世話をしますし，子どもらが適応行動を獲得し維持できるような方法で他者がうまく関われるようにする必要があります。また，彼らはわが子のために専門家の支援を利用し持続しなければなりません。多くの社会で，このような要求を叶える責任は，母親の肩に掛かっている場合が多いのです。

- 保護者はまた，特別なスキルを学ばなければならないでしょう。わが子が他の兄弟姉妹のように自然にあるいは自主的に大切なスキルを学ぶことができないため，保護者は指導技術を系統的に学ぶ必要があるのです。深刻な行動パターンに対応しなければならないような場合，彼らは系統だった行動管理技術を学ばなければならないでしょう（**方略11**）。また，特別な設備や補助具を用いたりその活用の仕方を子どもたちに教えたりする必要もあるでしょう（**方略16と17**）。
- 特別な教育的ニーズのある子どもを持つことは，しばしば家族に影響を及ぼします。保護者は，ベビーシッターを探したり，教会やコミュニティー組織の一員であり続けたりすることの難しさに気が付くでしょう。友人や保護者族は彼らを避け始め，行動問題は保護者のしつけがしっかりしていない結果だと忠告されたりするかもしれません。社会によっては，保護者は障害のある子どもを産むことを恥ずかしい，あるいは罪深いと感じさせられるかもしれませんし，子どものニーズに関連する諸費用が生活費に負担をかけるかもしれません。
- 兄弟姉妹たちは，人を愛し家族として無条件に受け入れ責任感を育んでいくことを学ぶのですが，彼らはまた，特別な教育的ニーズのある兄弟姉妹について，仲間外れにされないか保護者は彼らに時間を与えているかというような不安と心配も育んでいるのです。

- 家族をケアすることは，特別な教育的ニーズのある児童生徒の保護者にとっては，精神的に負担のかかることです。この頻度は以下のような影響を及ぼします。
  - □ 家族が負わされた変化量とその変化の重大さ：ある家族にとって，障害のある子どもの日課をたくさん調節する必要がありますし，経済力や生活様式を劇的に変化させる必要があるでしょう。ほんのわずか微調整するだけでよい場合もあります。
  - □ 同様に，家族の適応能力や回復力：それぞれが家族の一員という人的資源であること，特に彼らの教育や健康，自尊心の程度や，彼らが利用できる非公式または公式な社会的支援の質によって影響を及ぼされる要因です。
  - □ 家族の内的資源：例えば，家族の大きさ，保護者の数，宗教への信仰などです。[7]

実　践

保護者の関与とはどういう意味ですか？

保護者の関与については，米国では，「保護者が学習内容や学校教育活動に関与する，日常的な双方向のやりとりを通して相互に有意義なコミュニケーションを図っていくこと」と定義づけられました。[8]

保護者の関与には，５つのレベルがあります。[9]

レベル１：***情報が提供される***：最も基本的なレベルで，学校は保護者に計画について通知し，保護者はその情報について尋ねます。[5]

レベル２：***活動に参加する***：このレベルでは，保護者は活動に関与はしますがその範囲は限られています。例えば，様々な催し物に誘われるようなものです。

レベル３：***話し合いと意見交換***：ここでは，保護者は学校あるいは学級の目標やニーズの検討が求められます。

レベル４：***意思決定に参加する***：このレベルでは，保護者は，わが子の成長に影響を及ぼす決定に際して見解が求められます。このレベルの関与の明白な事例としては，「個別の教育計画」会議がそれにあたります。

レベル５：***活動に責任を持つ***：これは，学校との相互協力を決心する保護者にとっては最も高度なレベルで，学校教育計画に不可欠な計画策定と評価の両方に関与します。良い例としては，学校方針の策定と評価に特別な教育的ニーズのある子どもの保護者が関与することです。このレベルでの他の関与例としては，保護者がわが子のチューターとしての役割を果たすことです。

効果的な相互協力を生み出すには何が必要ですか？

「**方略４**」で示した提案に加えて，保護者とのよい関係を築くのに役立つ点が幾つかあります。

- 皆さんは，多様な文化的背景を持つ特別な教育的ニーズのある子どもの家族と，文化に応じた連携がとれるようになる必要があります。[10]

- 保護者との日常的なつながりは，ほんのわずかな成功でも喜ばれ，困難をより簡単に予期しより早く解決するというような関係作りに役立ちます。日常的なつながりは，日々の報告カードや連絡帳，展示作品公開のために子どもたちによって書かれた招待状などを通して促されます。他の問題に取り組む前に，少なくとも１個の具体的な成果を持って保護者との話し合いを始めて下さい。
- もしも，貢献の内容が明確で何をすればよいのかという指針も準備されており，そうする必要があるのであれば，保護者は話し合いに対して一層貢献することができるでしょう。
- 保護者との話し合いは，うまく構造化されるとより効果的となります。例えば，個別の教育計画の話し合いには，信頼作りのための時間をはじめ，保護者から情報を入手したり，彼らへ情報を提供したり，情報交換をまとめたり，追跡のための時間を計画したりすることなどが必要です。そうすることで，保護者は仕事量を増やし，わが子のために使う時間の量を可能な限り減らすという両方のことをしているということを皆さんも認めなければなりません。[11]
- 連携の中で対立が生じたような場合には，前向きに穏やかな態度で対応しなければなりません。
- 効果的な保護者の関与の大部分は，その性質上，極めて微妙であるという根拠があります。例えば，愛情，尊敬，思いやりというようなものの質は，上述したような幾つかの具体的な活動よりもかなり重要なものとして浮かび上がってきます。[12]
- 最後に，わが子の教育に関与する障害のある保護者には，特別な配慮がなされなければなりません。最近の英国の研究は24の事例研究から，様々な障害のある保護者の関与が見いだされたと報告しました。共通のテーマには，関与することの重要性と恩恵についての認識，十分にコミュニケーションを図ることや，インクルーシブな学校の精神の重要性などが含まれています。[13]

 保護者をどのように支援するのか？

皆さんは，保護者が話したい心配事の全て，あるいは特別な内容を解決することはできないかもしれません。しかし，皆さんの時間をほんのわずか割くだけで，保護者自身が心配事を自分の力で解決するのに役立つかもしれません。積極的に聞くことは，自分の考えや気持ちを明らかにし有益です。積極的に聞くということは，重要な問題へ反応することであり，「もっと教えて」というような言葉で人々が心配事を話すのを促し，人々の気持ちや言い分に対して自分の考えを示すことによって，彼らが自分の気持ちや考えを振り返ることを助けることです。しかし，ここで重要なことは，自分の能力を超えないことであり，より複雑な問題については適切な専門家にまかせることです。

要するに，保護者は皆さんと仲良くなることで，喜んで皆さんと共有できるだけのたくさんの知識や経験を持っているということです。皆さんは，保護者からの情報によって学習に対する障壁を予測し，実践し，克服することを助けてもらうことができます。しかし，保護者もまた同様に皆さんからの支援を必要としています。そんな時，理解して聞くことが重要となってくるのです。

このことは，直接に教育者に関連することです。以下に，普通は心理学者のような専門家によって企画され実施される三つのペアレント・トレーニング・プログラムの要点を述べます。それには，皆さんのクラスの子どもがそのプログラムに関与し，あるいは保護者に支援を呼びかけたいと考えるなら知っておきたい方略が含まれています。皆さんは，子どもの気になる行動を記述することで，保護者やトレーニング・プログラムに関与する専門家とうまく協働することができるでしょう。加えて，保護者が家庭で用いている方略と教室での方略が一致していることは極めて重要です。また，学級経営方略に用いるための秘訣を読んで身につけることもよいことでしょう。

保護者によるトレーニング

保護者によるトレーニング（PMT：「行動のペアレント・トレーニング」と表現されることもあります）では，通常，保護者が家庭で効果的な行動方略を用いることができるよう支援されます。この方略は，往々にして子どもたちが引き起こす問題は，逸脱行動に注目をしたり，効果のない命令や厳罰を使用したりするなどの不適切な保護者と子どものやり取りの結果であるという仮定に基づいています。したがって，保護者は，わが子の行動を特徴付け観察するとともに，高圧的なやりとりを避け，子どもの反抗的態度に対し発達に沿った適切な行動を導く方法を実行することにより，好ましい行動を積極的に強化していくようトレーニングされます。そのような保護者のトレーニングには，講義，実際のもしくはビデオテープを用いた見本，ロールプレイなどが含まれています。**方略 11** と **12** で説明するように，行動方略の指導が重視されます。これらは，行動の前後に関する情報を伝えることに注目しています。保護者は，偶然に（つまり，標的行動の後），速やかに，頻繁に，そして児童生徒に有意義な様々な高品質の強化子でもって，強化を実行するための助言が提供されます。具体化（シェイピング）や促し（プロンプティング）のような技術が用いられます。保護者は，問題ありと認められたわが子の行動を観察し確認することを学び，行動後の理由を理解するやり方でそれらの行動を見直してみることを学びます。[14]

すばらしい年プログラム（The Incledible Years program）

「すばらしい年プログラム」は，PMTの一種ですが，子どもと教師，同様に保護者のためのプログラムが盛り込まれています。誕生から12歳までの子どもとその保護者を対象としたこのプログラムは，週２時間のシリーズによるグループ討議（虐待や放置という理由で照会のあった家族に対しては最低18回のセッション）で成り立っています。プログラムには，保護者が適切な方法と不適切な方法の両方を用いながらわが子と触れ合う約２分間ずつの250枚の場面から選択して示すビデオによるモデル提示によるセッションが組み込まれています。それぞれの場面を見た後，療法士はそのやりとりに関する協議へと保護者の反応を誘います。保護者は，実行し強化するスキルについて，効果的な場面設定と非暴力のトレーニング技術について，学習や成長を促す問題解決方法について，そして，わが子が学校教育に関与する仕方などについての指導を受けます。[15]

加えて，このプログラムには，保護者がわが子の学業を支援するのを促すための付加的なプログラムもあります。全ての年齢幅の子どもたちに対応する60以上の授業計画をもった教室プログラムがありますし[16]，さらに，ペアレント・トレーニングと同じ様に機能する外面的な問題や内面的な問題のある子どもたちの学級経営に関する教師のトレーニング・プログラムもあります。[17] ニュージーランドでは，このプログラムは「学習した保護者による積極的な行動」にまで広がっています。このプログラムは，3歳から8歳までの子どもたちの挑戦的な行動を保護者が減らそうとすることを助け，攻撃，癇癪，悪口，ぐずり，大声での叫び，叩き，ルールへの不服従などの行動を管理する方略を提供することを目的としています。

このプログラムは，米国（ここで考案されました）はもとより，イングランド，ウェールズ，アイルランド，ノルウェー，スウェーデン，デンマーク，ニュージーランド，ロシアなどの国々に導入されています。

保護者と子どもの交流療法

この方略は，行動のペアレント・トレーニングと密接に関係していますが，行動原理に固執しているわけではありません。それは，通常，行動面や情緒面，発達面というような広範囲の問題を抱えている子どもたちの保護者を対象とした短期取組みプログラムです。その主な目的は，保護者がわが子との温かく細やかに対応できる関係や，受容的行動を保護者が身につけることを助けることです。それには，時々イヤフォン型マイクを使うような関わり合いについて，より指示的な助言や非指示的な動きも含んでいます。[18]

 3P－肯定的子育てプログラム（*Positive Parenting Program*）

これは，子どもたちの行動面や情緒面の問題を減らすことを目的とした，様々なレベルでの子育てや家族支援のための方略です。効果を高めるために，五段階の取組みがあります。

(a)「ユニバーサル・メディア情報キャンペーン」は，全ての保護者を対象にしています。例えば，コミュニティーでの積極的な子育て実践の活用を推進したり，行動問題のある子どもたちを支援しようと努力することは決して恥ずかしいことではないと広報したり，メディアを通した保護者の責任を問う意見に対して反論したりします。

(b)軽度の行動問題を対象とした二段階の簡単な初期ケア相談：(1) スタッフのトレーニング用のビデオ・トレーニング・プログラムを活用して，母子健康機関や学校のような一次ケア機関での選択的取組みを提供します。(2) 子どもの行動や発達に軽度な遅れがあり，具体的な不安を抱えている保護者を対象に，１回 20 分の活動的スキルトレーニングのセッションを４回提供します。

(c)より重度な行動問題を抱える危険性のある子どもたちのための，２種類の集中的な保護者トレーニング・プログラム：(1) 子どもたちの行動問題，子どもたちの発達を促す方略，誤った行動を管理する指導を含む 10 回のプログラムを実行します。(2) 低レベルの取組みの結果変化がなかったために，更なるリスク要因を抱えている家族への取組みを実行します。[19]

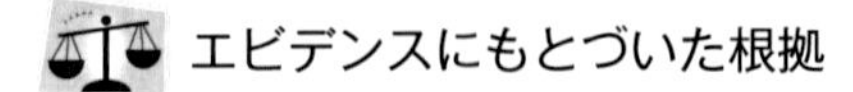

エビデンスにもとづいた根拠

保護者の関与とトレーニングに関する研究が豊富にあります。そのほとんどが，保護者に対しても特別な教育的ニーズのある子どもたちに対しても，両方にとっての有用性が示されています。この項では，それらの研究のねらいにしたがって，主題ごとに分類したいと思います。

● 保護者の関与

* ハッティーの，子どもたちの様々な学習成績が家庭に及ぼす影響に関する研究のメタ分析は，保護者の願望と期待が子どもたちの成績に最も強く関係する（効果サイズ0.80）ことを示しました。一方，子どもたちが学業に興味を示したり，家庭学習を支援したり，学業の進歩について話し合ったりすることは，ほどほどの効果サイズ0.38でした。[20]
* ごく最近における51の研究のメタ分析は，都市部の未就園児から高校3年生の子どもたちの学力に対する多様な種類の保護者関与の有効性を調査しました。その結果，全般的な保護者の関与プログラムと世代間を超えて関与を受けた子どもたちの学力との間に重要な関係のあることが示されました。そして，保護者と子どもが一緒に読書をする（つまり「共有読書」に取り組む）ことや，子どもたちの家庭学習を保護者がチェックし，保護者と教師が互いにコミュニケーションを図り，互いに連携するなどといった保護者の主導権が学業成績に特筆すべき関係があると指摘しています。[21]
* 保護者の関与と認知行動療法（**方略13**）を組み合わせた過去

の研究があります。(a)保護者が関与した認知行動療法を受けたグループ（N=17）；(b)保護者が関与していない認知行動療法を受けたグループ(N=19)，そして(c)待機統制グループ(N=14)という3種類のグループが比較されました。研究に参加した子どもたちは，7歳から14歳までの全員**学校恐怖症**と診断された者たちでした。(a)(b)両方の取組みは終了後および6か月と12か月後の追跡調査において，子どもたちの社会的かつ一般的な不安の減少をもたらし，待機グループでは何の改善も見られませんでした。しかしながら，これらの結果は，保護者の関与によって得られる好ましい肯定的効果はないとして，認知行動療法への支持を明らかにしています。[22]

＊ 子どもの初期教育に対する保護者の関与と，その後15歳の時の国際学習到達度調査（PISA）の成績得点との間の関係を分析したところ，小学校1年生の時に毎日あるいはほぼ毎日わが子に読み聞かせをしていたと保護者が報告した子どもは，保護者が滅多に読み聞かせをしなかった子どもよりも，2009年PISA調査において著しく高い得点を獲得したことを示しました。これらのデータが利用可能な14か国の平均ではその違いが25点もありました。同じ社会経済的背景の子どもを比較した同様の調査結果も報告されました。[23]

● 保護者トレーニング（ペアレント・トレーニング：一般的）

＊ 行為障害のある子どもたちや若者たちへの治療に関する1998年のレビューでは，1966年から1995年までの期間を対象とし，29のうまく策定された研究を見出しました。一般的なペアレント・トレーニングは，十分に確立されている2種類の方

略のうちの1つでした。[24]

* 信頼できるコクランのレビューは，早期発症型行為問題のための，集団ベースの行動及び認知行動子育てプログラムに注目しました。以下にその詳細を引用しますが，それだけの価値のあるものです。

> このレビューは13の試行（10のRCTと類似した無作為抽出の3試行）と，2つの試行にもとづいた2つの経済的評価を含んでいます。全体で1078人の参加者（646人の取組みグループと432人の統制グループ）がいました。結果，ペアレント・トレーニングは，保護者の評価であろうと客観的評価であろうと，子どもたちの行為問題を統計的に見て著しく減少させることが示されました。取組みは，保護者の精神衛生をはじめ……，積極的な子育てスキル……などに統計的に著しい向上をもたらします。保護者からの報告と客観的評価によれば，ペアレント・トレーニングは，否定的または厳しい子育て実践も統計的に著しい減少を生み出します。さらに，取組みは経済効果の根拠を実証します。待機統制グループと比較した時，行為問題の臨床治療レベルにある平均的な子どもを非臨床範囲にまで持ってくるために，1家族につきおおよそ2,500米＄（1,712英￡，2,217ユーロ）の費用がかかりました。計画的実施のためのこれらの費用は，長期に亘る健康，社会，教育児童期行為問題に関連した訴訟費用などと比較した時，妥当なものでした。[25]

＊ 様々な方法の影響を比較した適切に策定された研究では，159家族が「ペアレント（保護者）トレーニングだけ（PT）」「チャイルド（子ども）トレーニングだけ（CT）」「ペアレント・トレーニングにティーチャー（教師）トレーニングを加えて（PT+TT）」「チャイルド・トレーニングにティーチャー・トレーニングを加えて（CT+TT）」「ティーチャー・トレーニングにペアレント・トレーニングとチャイルド・トレーニングを混合して（PT+CT+TT）」「待機対象グループ」という6つの条件の1つに無作為に振り分けられました。主として照会された問題は，少なくとも6か月間生じている4歳から8歳までの子どもたちの**反抗挑戦性障害**でした。家庭や学校での観察報告が集められました。6か月の取組みの結果，**行為問題**が大きく減少しました。子どもたちは，統制条件下よりもCT条件下において仲間とのより多くのコミュニケーション・スキルを示しました。全てのPT条件では，統制群よりも母親の否定的な子育てを減らし肯定的な子育てを増やすともに，父親の否定的な子育てを減らす結果となりました。母親と教師もまた，子どもたちがCTを受けている時，統制群よりも否定的子育てを減少させました。PTやCTにTTを加えると，教室での教師による行動管理の面からと行動問題の報告から，取組み結果の向上が見られました。[26]

● 保護者による管理トレーニング

＊ 最近のレビューでは，「保護者による管理トレーニング」は，**社会的かつ情緒的行為障害**とりわけ**行為問題**のある子どもたちのための予防的取組みを，最も強く支持するものの一つで

あると結論付けました。[27]

* 最近のメタ分析的レビューは，うまくいった8歳以下の子どもたちのための「保護者による管理トレーニング・プログラム」の構成要素を確認することを目的としていました。この分析から，“子どもとの積極的な交流の指導”，“情緒的コミュニケーションの促進”，“わが子との練習”という最も効率の良い3つの要素が実証されました。最も効率が悪かったのは，“問題解決スキルトレーニングへの関与”，“子どもの学業成績向上の促進”，“付帯サービスの利用”などでした。“積極的な交流”，“タイムアウト”，“一貫した反応”，“わが子との練習”という4つの構成要素が，子どもたちの**攻撃性**の減少に極めて肯定的な関連を示しました。子育ての結果に対する平均効果サイズは，子どもたちの結果に対する効果サイズよりも大きく現れました。**内向性障害**のある子どもは**外向性障害**の子どもよりも，取組みの効果が大きいように思われました。[28]
* 子どもの反社会的行為に対する「行動のペアレント・トレーニング」(*Behavioral parent training*) がもたらす効果の1996年のメタ分析は，家庭での行動に対し0.86というかなりの効果サイズを生み出しました。また，その効果は教室での行動や保護者の個人的な調整に般化するという根拠もありました。しかしながら，これらの研究は，トレーニングしない保護者の管理と他の方略を用いない保護者の管理トレーニングとを比較したものであることに注意をしておく必要があります。[29]
* 最近のメタ分析は，**反社会的行動**問題のある子どもや若者のための「行動のペアレント・トレーニング」(30研究) と認知行動療法 (**方略6**を参照) (41研究) という二つの異なった方略の有効性が比較されました。子どもの結果に対する認知行

動療法の効果サイズが0.35であったのに対し，「行動のペアレント・トレーニング」の子どもの結果に対する効果サイズは0.46（保護者の調整に対する効果サイズは0.33）でした。年齢は，幼稚園や小学校学齢期の子どもに大きな効果のある「行動のペアレント・トレーニング」と，若者に大きな効果のある認知行動トレーニングという2つの取組みの結果に影響を与えることが見出されました。[30]

* 米国の調査は，6歳から11歳までの**ADHD**の子どもたちに合わせて設計された「行動のペアレント・トレーニング」に参加した後の機能の変化を分析しました。このプログラムは，2ヶ月間に渡り9回のセッションが実施されました。内容には，(a)ADHDの概要，(b)子どもの行動問題を理解するためのモデルの見直し，(c)例えば，積極的な参加，無視，要求の遵守，家庭での引換券（トークン）/ポイント・システムというような肯定的強化スキル，(d)例えば，反応コスト（レスポンス・コスト）や短時間隔離（タイムアウト）というような罰方略の使用，(e)公共の場で活用するための方略の修正，(f)日々の連絡帳の用意を含む学校教職員との協力，などがあります。同数の治療待機家族と比較したところ，「行動のペアレント・トレーニング」を受けた家族は，ADHD症状の改善を含む子どもたちの心理社会的機能に著しい変化が見られました。さらに，保護者にはストレスの減少と，自尊感情の高まりが見られました。[31]
* **自閉症**の子どもたちに関する保護者の間接的取組みを要約した概要報告は，保護者は子どもの対象行動を増やしたり減らしたりすることができる行動技能を学んだと結論付けました。[32]引用された研究の中には，保護者が，余暇や身辺処理，家事というような活動を写真撮影した視覚的スケジュール表

を用いて子どもたちを支援することを学んだとする研究が1つありました。その結果，社会的かかわりが増え子どもの破壊的行動が減少したことが示されました。[33]

* **自閉スペクトラム症**の子どもを持つ保護者のために開発されたトレーニングの最近のレビューでは，44人が参加した11の単一事例研究に注目しました。[34]その結果，幾つかの取組みが，保護者と子の両方の結果に良好な効果のあることを明らかにしたことが示されました。子どもの結果に関しては，幾つかの研究が，音声言語，発声，模倣などに大きな取組み効果のあることを示しました。「重要反応治療」(PRT：*Pivotal Response Treatment*)の家族トレーニングは，取組み方略の柔軟な理解に極めて長い時間のかかることを示しました。[35]PRT取組みモデルは，応用行動分析の原理に基づいていますが，むしろ動機づけ，手がかり，自己管理，社会的儀式というような子どもの発達の中枢領域にある個人的行動を対象としています。このような極めて重要な領域を対象とすることにより，PRTは特に対象としていない他の社会的領域やコミュニケーション領域，行動領域にも幅広い副次的な向上をもたらします。[36]

● すばらしい年プログラム（*The Incledible Years program*）

* 「すばらしい年プログラム」のどの要素も，統制群の待機児童たちを用いるという研究課題になりました。この方法の欠点は，統制群の児童生徒も待機期間後にプログラムを受けることにより，長期的な追跡データの集約を全く不可能にしてしまうことです。[37]
* 米国では，「すばらしい年プログラム」が，ヘッド・スタート

構想[38]の子どもたち，特に**少数民族文化**間の般化プログラム[39]に絞って集中的に試行されました。英国では，同様の良好な結果を生み出しつつ，更に研究が継続されています。[40]

* 最近のニュージーランドの研究は，保護者が基本の「すばらしい年プログラム」の有効とその文化的妥当性について調査しました。研究は，最低9回の指導に参加した214人の保護者のデータを調査しました。事前テストと事後テストの比較は，子どもたちの行動と社会能力得点の著しい向上を示し，効果サイズの幅は0.50から0.77でした。プログラムに伴う子育て満足度は，マオリ族の保護者もマオリ族でない保護者もともに高得点でした。[41]
* ウェールズの無作為抽出の統制試行では，**行為問題**のある3歳と4歳の子どもたちに特化して，「すばらしい年プログラム」の支援が行われました。保護者版のプログラムは，子どもたちの行動の著しい改善を促進するとともに，前向き子育てや子育ての精神衛生，子育ての自信を増加させました。[42]
* 英国のバーミンガムで報告された「すばらしい年子育てプログラム」の12週間の無作為統制試行研究からも同様の結果が示されました。この研究には，**社会的・情緒的障害または行為障害の危険性**のある3歳と4歳の子どもたち161人が参加しました。その結果，否定的な子育て行動や子どもの行動問題の減少が示されました。行為問題に対する全般的な効果サイズは0.39でした。[43]

● 保護者と子どもの交流療法

* 米国の研究は，**反抗挑戦性障害**のある子どもたちに対する「保

護者と子ども交流療法」後の長期間の効果維持について調査しました。この研究には，6歳から12歳までの子どもたちの母親23人への面接が含まれていました。取組みによって生じた変化は，3か月から6か月後も維持されていました。[44]

* 別のレビューでは，「保護者と子どもの交流療法」は様々な子どもたちの破壊的で反抗的な行動を減少させ，保護者の要求に対する子どもの従順さを高め，子育てのスキルを向上させ，保護者のストレスを減少させ，保護者と子どものやり取りが改善するなど概ね効果があると結論付けました。[45]

● 3P－肯定的子育てプログラム

* オーストラリアの論文は，保護者をグループ分けした3P（肯定的子育てプログラム）の研究について報告しました。これらのうちの1つは，西オーストラリア州パースの1,673家族が参加しました。取組みを受けた保護者は，取組みを受けなかった比較グループの保護者に比べ，子どもの破壊的行動が著しく大きく減少したと報告しました。取組み前は42%の子どもたちに破壊的行動が見られましたが，取組み後は20%に減少しました。[46]

留意点

子どもの教育に対する保護者の関与に関する主たるリスクは，その機会を利用する能力または意欲を保護者が持っているかどうかです。ある人は時間がなく，ある人は学校に対し極めて否定的な態度をとり，ある人は個人的な苦難に陥っており，ある人は「専門家にお任せ」とすっかり満足しており，ある人は交通手段が無く，ある人はコミュニティーからの排斥や拒絶に遭遇しており，またある人は言うことも申し出ることも何も無いと考えています。これは困難なことからあなたを救うことを意味しているのではなく，全ての保護者がわが子の学校教育と密接に関与できるまたは関与したいと考えている訳ではないという現実を認識することなのです。確かに，皆さんは，障壁を乗り越えるための手段を手に入れなければなりませんし，例え受け入れがたい事であっても，関与の機会を用意することで支えなければなりません。

結　論

保護者は子どもの教育の重要なパートナーです。彼らには，わが子に影響を及ぼす決定に関与する基本的な権利があります。特別な教育的ニーズのある子どもの保護者は，しばしば，わが子の挑戦的な行動に対処するための支援や指導を必要としています。このような支援や指導が提供されれば，子どもたちにも保護者にも恩恵をもたらすという明らかな根拠があります。

第８章

方略６：認知的方略による指導

―思考方法の指導―

格付け　★★★★

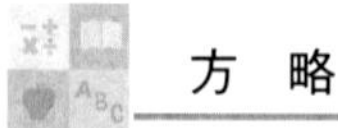

方　略

認知的方略による指導（CSI：*Cognitive Strategy Instruction*）は，児童生徒が認知スキルまたは認知方略を身につけるための支援方法と言われています。それは，(a)複雑さを減らすために情報を体系化する，そして／または，(b)既存の知識に情報を統合する，ことで彼らを助けます。[1] それには，児童生徒への様々な種類の課題の達成方法を指導することが含まれています。後で述べるように，CSIには，視覚化，企画立案，自己調整，記銘，分析，予測，関連づけ，手がかり合図の活用，思考のための思考（つまりメタ認知）のような指導スキルが含まれています。一言で言えば，児童生徒にカリキュラム内容を指導するだけでなく，学び方の指導にも関心を持つことが必要なのです。

CSIは，特に，学習障害のある児童生徒の指導に役立ちますが[2]，特別な教育的ニーズのある他の児童生徒にも恩恵をもたらします。それどころか，全ての児童生徒がCSIの選択的利用により恩恵を受けることができるのです。

認知が指導と学習の過程全てに影響を及ぼしているので，この方略と本書で取り上げた，特に**方略７**：自己調整型学習，**方略８**：記憶方略，**方略10**：相互指導，**方略13**：認知行動療法（特に，マイケンバウムの６段階過程の項目）との間に，かなりの共通点があることに気が付かれることでしょう。これらの認知方略が物事の全般的な構想にどのように適合しているのかの要旨は，第２章で述べた学習と指導モデル，特に方略の項を参照してください。この方略を概観するには，第２章概説したで構成主義のあるいは認知的学習方法などと適合していることも明白です。

基本的な考え

認知または「思考」は，情報の収集，蓄積，解釈，理解，記憶，活用などの方法と関連しています。[4] 認知スキルを身につけることは，読み，書き，数学的な問題解決，理解，言語産出，独創的思考，社会スキルというような行動の基本となります。シンガポールでは，認知は，「語彙：言語能力」「計算：数学的能力」「実践：目的行動を実行するための知覚運動企画を通した考え」「直観：身体ニーズへの反応と世界の知識を構築する環境全般との相互関係による自己知識」の4種類の要素に分けられています。[5]

大多数の人は，学習過程にどのように対処すればよいのかについてわずかな指導を受けつつ人生経験を通して効率的で効果的な認知スキルを身につけていきます。しかしながら，学習を支援する優れた技能や方略を使っているように思えない人もいます。そのような人たちは，使用方略を知らないのか，間違った方略を使っているか，無意識に方略を使用していないのかのどれかです。[6] これらの欠如は，他の障害を生み出し，それ自身障害を構成するかもしれません。

基本的に，児童生徒の学習方略は，以下の二つの事柄に起因するものです。

- 例えば，短期記憶の制約，必要な練習量，利用可能な方略数など，自分自身の認知能力に関する知識の発達。
- 計画，チェック，観察，テスト，変更というような自己調整方略を用いることにより，意識的に認知を調整する能力の開発。これらの方略は課題によって異なります。

学習障害のある児童生徒は効率の悪い認知方略を持っているという，多くのエビデンスにもとづいた根拠があります。これらには以下の内容が含まれます。

- 計画性に乏しく，話題の制約を考慮することなく，読み手のニーズについての認識が不足したまま，書く手段を選択しようとする傾向があります。[7]
- 認知過程の一般的な認識不足。この認識は「メタ認知」と表現されることがあり，思考に関係する認知過程を児童生徒が積極的に制御するための高次思考と定義づけられます。[8]
- 例えば，乏しい音韻認識による重大な読みの問題（**方略 18**）。
- 受験スキルの不足。

上述のような効率の悪さは，必ず，失敗，欲求不満，困惑，不安，課題逃避，さらには攻撃的行動さえもたらします。皆さんは，方略的になる必要性の認識と様々な課題領域に適合した認知方略の利用に熟達する方法を児童生徒に指導することで，この悪循環を食い止めることができるのです。

実　践

CSI は，トレーニング過程の選択肢の一つとして見られていた 1970 年代後半から 1980 年代前半に生まれました。その重要性は，国の教育課程に幅広く反映されていることです。例えば英国では，ナショナル・カリキュラム指針において実行に関する認知的フィードバックや論理的思考の促進への疑問，思考スキルの熟慮ある指導というような方略を含んだ認知面からの取組みの必要性が強調されています。[9]

CSIには多くの異なったタイプがあり，主として児童生徒の主要課題領域や異なった分野の要求課題によって決まります。

ここでは，多くの場面で適応できる一般的な方法と幾つかのより特別な方法について説明します。

一般的なＣＳＩ

これらは大部分の学習場面にあてはまります。CSIには，次の3つの段階があります。

第1段階：前もって考える：学習の準備

- □ 予備知識を活性化し見直す。新しい情報と既知の知識を比較する。
- □ 新しい情報の性質に関して仮説を立てる。
- □ 学習課題の目標または目的を定める。
- □ 問題を分析する。
- □ 問題解決のための最良の方法を予測する。

第2段階：ずっと考える

- □ 予測または仮説を確かめる。
- □ 新たな予測を立てるための問題点を挙げる。
- □ 理解を探求する。
- □ 問いかけ，予測し，比較し，要約するというようなプロセスを用いる。

第３段階：振り返って考える。

- □　情報をまとめて理解する。
- □　学習したことを強固なものにする。記憶している予備知識と新たな考えを統合する。
- □　情報やスキルが他の場面で応用できるかどうか推測する。
- □　要約し総合化する

この一般的なCSIの中心課題は，肯定的な「性格」を生み出すことです。これは，衝動性を抑制し，内省を促し，既存の知識を活性化するとともに組織化し，効果的で効率的なプロセスで課題に取組み，児童生徒のために主たる認知段階をより具体的にし，これらの過程を自分で調整できるよう支援することです。[10]

以下に、効果的なCSIの鍵となる主要要素を幾つか示します。

① 方略指導を優先する：学習成果と同様，学習過程にも指導の時間を充てます。

② 問題に取組みながら声に出して考えを言うという効果的な方略の見本を示します。これには二重の利点があります：一つは具体的な問題の解決方法を実演することであり，一つはつぶやきの利点を児童生徒に示すことです。

③ 見本を示した後，速やかに方略の活用を児童生徒に練習させます。これは，方略を習得し始めたら，台詞を用いて支援したり足場を組んだりすることと関連しています。

④ 課題分析を行います：指導される認知方略の観点から課題を分析します。

⑤ 方略指導を般化します：単に学習の一領域にとどまらずに応用できるよう認知方略を示します。

⑥ CSIを全ての指導に組み込みます：単一の授業または単元にとどまることなく年間を通して方略を指導します。それらをカリキュラムの全ての領域に組み込みます。

⑦ 方略を使用するための練習をします：指導を受けた方略を練習する機会を児童生徒に用意します。意識的な使用から無意識な使用へと発展させます。

⑧ 仲間に認知方略を教えるよう児童生徒を促します：読書，問題解決，学習や他の認知過程などへの最適な取組み方を他者に教えるよう促します。

⑨ 習得過程や方略に気づくよう支援します：異なった学習活動にもそれらのことが反映していることに気づくために，どのようにやり遂げたのか，どこに混乱があったのか，どんな疑問をもったのかなどについて，日々の「学習日記」をつけることを勧めます。例えば，「今日は，問題を解決しようとする時の私たちの考え方ついて話すつもりです……」「あなたが‘考え’と言う場合，それはどのような意味なのですか？」というように，潜在化している過程を明らかにするために事自己報告を促します。方略の確認，観察，計画，試行と変更というような自己調整方略を用いて認知を意識的に調整するよう児童生徒を促します。これらの方略は課題によって変化します。

⑩ 達成した課題の質，課題領域の理解，あるいは課題が求めていることに対する努力などへの自己評価を児童生徒に促します：例えば，やり直す，読み直しする，以前に学習した題材を視覚化する，達成した課題を写真に撮り比較するなど，課題の質あるいは努力の確認を彼らに求めます。課題を確認するために，例えば人やコンピューターなど他の資源を活用したり，あるいは課題遂行のための知識または可能性の大きさを検査した

りすることを求めます。[11]

⑪ (a)その重要性の一般的な気づきを促進する；(b)児童生徒の認知の知識を高める；(c)認知の調整を改善する（**方略7**も参照のこと）；(d)教室環境の認知的気づきを促進することなどにより，メタ認知的気づきを増加させます。[12]

領域特化型ＣＳＩ

ここでは，4種類の学習領域のための方略を説明します。

一つ目の領域特化型CSIは，児童生徒が読書をする場合の文章の構造理解を助けることを目的としています。教育者は，記憶術POSSESを活用して児童生徒に6つの手順を経験させます。

(P)：物語の主題を予測させます。
(O)：考えをまとめます。
(S)：構造を探索します。
(S)：主題を要約します。
(E)：明らかなことと予測したこととを比較して評価します。
(S)：全文を要約します。[13]

二つめの領域特化型CSIは，物語文を書くことと関係しています。[14]

(W)：主人公は誰ですか？他に誰が登場しますか？（Who）
(W)：物語はいつ起こるのですか？（When）
(W)：物語はどこで起こるのですか？（Where）
(W)：主人公は何がしたいのですか？（What）
(W)：彼／彼女がそれをしようとする時，何が起こるのです

か？（What）

(H)：物語はどのように終わるのですか？（How）

(H)：主人公はどのように感じているのですか？（How）

これらの７つの質問は，記憶術で表すことができます（**方略８**）。

5W（3W＋2What），2H（2How）

三つ目の領域特化型 CSI は，「小論文作りスキル指導」と関係しています。

記憶術の「STOP」と「DARE」を使用します。[15]

(S)　判断を一時的に停止します。立場をはっきりとさせる前に議論のどちらの立場に立つかじっくりと考える。

(T)　立場を決めます。自分の考えを理解しどちらの立場を信じるのか決定します。

(O)　整理します。発展させたい考えを選択し順序立てます。

(P)　DARE として，４つの小論文作りの要素を全て使って書くことを計画します。

(D)　主題を考えます。

(A)　補助的な考えを付け足します。

(R)　反対の議論が起こる可能性のあるものは省きます。

(E)　結論で締めくくります。

私が児童生徒と一緒に用いた方法は，飛行機が飛ぶ様子を類推したものでした。最初に遠くに町が見える（導入），次にその町の上空を飛ぶ（本論），そうして自分の居た場所を振り返る（結論）というものです。

四つ目の領域特化型 CSI は以下の記憶術 IDEAL の内容である

問題解決と関係しています。それには5つの手順があります。

(I) 確認する：解決しなければならない問題があることを認識します。

(D) 明らかにする：問題の原因を明らかにし関連する情報を設定します。

(E) 探求する：問題解決に必要な情報や方略について考えます。

(A) 行動する：問題解決を図るための利用可能資源を活用します。

(L) 注視する：解決法が機能するかどうかを見定め，必要に応じて方略を変えます。

他のCSI例については，次項で要約した調査研究の概要を見てください。

エビデンスにもとづいた根拠

特別な教育的ニーズのある児童生徒に対する様々なタイプのCSIの効果に関して，かなりの数の文献があります。その多くは，学習障害（この分野の米国的解釈）のある児童生徒の数学，読解力，文章力に注目しています。全般的に，CSIを支持する強力なエビデンスにもとづいた根拠があります。[17] 以下の要約では，1つの総合的メタ分析，2つのメタ分析，3つのレビュー，10個の個別研究から分かったことを示しています。

＊ 児童生徒の成績に対するメタ認知方略の指導が及ぼす影響に関して，最近の2つのメタ分析を総合して，ハッティーは効果サイズ0.69を見いだしました。彼は，そのような指導は**補習児**

童生徒に特に効果があったと言及しています。[18]

* 他の総合的メタ分析は，広範なメタ認知方略の効果サイズを報告しています。14組のデータの平均効果際は0.46でした。これには，(a)例えば，書字課題の前に輪郭を描くなどによって構造化したり変換したりする（効果サイズ0.85）。(b)例えば，児童生徒の成功または失敗に及ぼす影響を並べ上げたり想像したりすることによって，その因果関係を知る（効果サイズ0.70）。(c)例えば，課題を達成するステップとして自分で言葉を口に出して自習する（効果サイズ0.62）。(d)例えば，教室でノートをとることによって記録に残す（0.59）。などが含まれていました。
* 以前（1996）の学習スキル取組みに関するメタ分析は，学習成績の中位の児童生徒と，成果の上がらない能力の低い者で学業不振に位置づけられる児童生徒に最大の効果サイズを見出しました。後者のような児童生徒は，共通して指導の理解が困難であることに起因すると考えられました。この研究はまた，低年齢の児童生徒への取組みで最大の効果をもたらしたと言及していますが，おそらくそれは，彼らの学習スキルが安定していなかったからだろうと思われます。[20]
* **学習障害**のある児童生徒のための指導方略に関する研究の広範なレビューを基に，直接的な指導（**方略14**）とCSIを結合したモデルは，そのような児童生徒に効果的な方法であったとする結論が導かれました。直接的な指導でもCSIでもしっかりとした効果サイズ（0.68と0.72）を生み出しましたが，方略を結合させると効果サイズは0.84になりました。[21]
* 次に，数学の学習に注目した一群の研究を検討してみましょう。

最初に，CSIに関する研究の米国でのレビューから，**学習障害**のある中学校と中等学校の生徒の数学の問題解決能力を高める効果があったと結論づけられました。指導目的は，数学の文章題を解くための総合的な認知とメタ認知の方略を児童生徒たちに教えることでした。認知方略に関して，児童生徒たちは，「読む」「言い換える」「視覚化する」「仮説を立てる」「推量する」「計算する」「確認する」という手順を教えられました。メタ認知方略では，「自学自習」「自問自答」「自己監視」などが教えられました。[22]

＊ 2つ目も米国の研究であり，CSIプログラムを実施することにより，**学習障害**のある中学生達の数学の問題解決力を向上させることを目的としていました。全体で中学校24校が研究に携わりました(8校は取組み群，16校は比較群)。研究にもとづいたCSIプログラム「解決取組み」が7ヶ月間実施され，定期的に向上測定が行われました。その結果，標準的な教室での指導を受けた460人の比較群の児童生徒に比べて，取組みを受けた319人の児童生徒に，1年にわたり数学の問題解決力の飛躍的な向上が見られることが示されました。さらに，取組み効果は，学習障害のある児童生徒でも，低学力の児童生徒でも，平均的学力の児童生徒でも異なることはありませんでした。[23]

＊ 3つ目のカナダの研究は，学習障害のある若者の，代数の問題解決に関するCSIの効果について調査しました。この研究では基本設計の複合的な組合せが用いられており，12人の実験群と8人の統制群とが比較されました。取組みは，代数問題の表し方や解決方法を，個人授業による実験群への指導に重点的に取組みました。問題の表し方の例としては，「それぞれ文を読んで理解できましたか？」や「この問題の全体像をつかめましたか？」などがあります。問題解決の仕方の例としては，

「方程式を書きましたか？」や「ワークシートに解決手順を全部書き出しましたか？」などがあります。その結果，実験群は統制群以上に著しく進歩することが示され，教えられた方略が維持され，他の課題にも応用されるという根拠が示されました。[24]

* 4つ目のオランダの研究は，中学校での，CSIを利用した数学の教育トレーニングと協同学習場面（**方略2**）における社会的方略の効果を調査しました。その結果，両方の実験群において**低学力の児童生徒**が統制群の者達をしのいでいることが示されました。[25] そして，研究者たちに，社会的方略と認知方略の指導を組み込んだ別の実験を行うことを促しました。この研究はまた，中学校の数学の授業に注目し，12歳から13歳までの444人の児童生徒が関与しました。実験群の児童生徒は協同学習とCSIとが組み込まれたプログラムを受けました。彼らは，能力混成グループで過ごしたり，能力別グループで過ごしたりしました。統制群の児童生徒は，このような手順でのトレーニングはなされず，ただ，互いに助け合うよう言われただけでした。結果はやや混ざり合ったものであり，低学力の児童生徒は，例えば情報収集である程度の向上が見られましたが，数学的推論能力など他の分野の向上は見られませんでした。後者については，児童生徒が数学の問題に取り組むのと同時にCSIや協同学習にも取り組まなければならないという「認知的過負荷」に起因することが明らかとなっています。[26]

* 5つ目の**低学力**生徒の数学の問題解決に関する研究では，児童生徒は，高度な課題への取組みを重視する取組みか，CSIの指導に関する取組みか，2つに1つの取組みに割り振られました。その結果，課題への従事群の児童生徒よりもCSIを受けた

児童生徒の方が成績が向上していました。[27]

* 最後に，数学の学習に注目し，応用課題への成果が認められる指導であったとしても，学習障害のある児童生徒に対する一般的なメタ認知方略指導は，特別な学習場面には般化しないという根拠があります。例えば，そのような児童生徒は，異なったタイプの数学の問題を解決するための方略に関して，具体的な指示を必要としているのです。[28]
* 次に，読むことに関するCSIの効果を見てみましょう。
最初の米国の研究では，**学習障害**のある小学生達は，読んだ物語のそれぞれの段落内容を自分の言葉や文章に置き換えることが教えられました。統制群と比較された結果，言い直しの取組みを受けた群は物語情報をよく覚えており，理解を問う質問にも上手に答え，他の場面にスキルを応用できる根拠のあることが見出されました。[29]
* 2つ目の，**発達的読字障害**のある7歳から13歳までの166人の児童生徒を対象としたカナダの研究では，(a)音韻認識が不十分な児童生徒，(b)単語認識速度が不十分な児童生徒，(c)両方の不足が見られる児童生徒という3つのグループが認められました。メタ認知音声プログラムは，特に音韻欠損のある児童生徒に向上をもたらしました。このプログラムは，4音節語の「習得」「活用」「観察」に関して児童生徒を指導します。例えば，児童生徒が既知の言葉と聞き慣れない言葉との比較を教えられる際の「比較／対比」方略が含まれます。[30]
* 書くことに関するCSIの効果も研究課題でした。
最近の米国の研究は，学習障害のある4年生と5年生に対する教師主導型のCSIプログラムの有効性について分析しました。書字の指導過程を受けた仲間達との比較において，「目標設

定」「自主学習」「組織化」という３種類の企画方略を教えられた児童生徒は，計画に多くの時間を費やし，より質の高い物語を生み出しました。これらの成果は，プログラム終了後1か月間維持されました。ただ，そのスキルを未知の分野や説得力のある小論文に活かすことはできませんでした。[31]

* ２つ目も同様に，別の米国の研究は，**学習障害**と**低学力**のある若者によって書かれた報告書に対するCSIプログラムの効果を分析しました。児童生徒は，記憶をたどり，出来事を視覚化し，関連する事柄を認識し，書字の課題を克服し，報告内容の中心テーマが明確かどうかを評価することを教えられます。その結果，統制群よりもさらに発展した内容が書かれるようになることが明らかになりました。[32]
* 学習障害のある小学生と中学生の書字に関する３つ目の研究（今回は物語文と説明文）は，自己調整方略が使われていました。これには，「目標設定」「自己研鑽」「ウエブ情報の活用」「書く内容の創出と組織化」「情報検索のための読書」などが含まれます。このタイプのCSIは，成果の四側面（書く内容の質，書く内容の知識，書くことへの取組み，自己効力感）の向上を導きます。[33]
* 最後に2つの他の研究への言及が見られます。1つ目の研究は，受験方略を教わった学習障害のある若者たちは，様々な領域のテストで高得点をとりました。2つ目の研究は，近年，学習障害のある児童生徒にコンピューターを使ったCSIが出現していることを認めています。例えば，ある研究は，コンピューター・シミュレーション（**方略16**）を用いた健康教育を監視（モニタリング）したり企画（プランニング）したりするために，メタ認知方略がどの程度関連しているのかを分析

しました。[35]

留意点

5つのリスクについて考慮する必要があります。

- 異質な者からなるグループにCSIを適用する場合，いつもうまくいくとは限りません。特定の方略を集中的に指導するような時は，その指導を必要とする全ての者達を一堂に集めるのであれば可能かもしれません。
- 認知能力の劣る児童生徒にCSIを用いるような場合，指導過程を単純化し，頻繁に見直すことが必要です。
- CSIは年齢の低い児童生徒に最も効果的だと思われ，年齢の高い児童生徒には選択的に用いることが必要です。
- CSIは活動的で行動的な過程であり，消極的な児童生徒に対し固定的な日課を繰り返し強制するものではありません。[36]それは，文脈の中で指導されるべきものであり，切り離された話題として指導されるべきではありません。
- CSIを指導する過程は，一度に一段階というような直線形なもののように思われるかもしれませんが，実際には，必要に応じてステップを何度も繰り返すというような繰り返しの過程でなければなりません。

結　論

CSIは，広範囲にわたる教科領域において，特別な教育的ニーズのある児童生徒，特に学習障害のある者の成績を向上させることができるというしかりとした根拠があります。その分野のリーダー達が，「よい方略指導とは，方略の目的，実践の方法と理由，活用する時と場合を児童生徒に気づかせること」と表現しているように。[37]

第9章

方略7：自己管理型学習

―自己学習を管理することによる支援―

格付け　★★★★

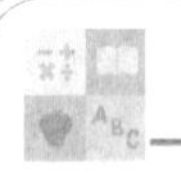

方　略

自己調整型学習（SRL：*Self Regulated Learning*）のねらいは，児童生徒が自分で自己目標を明確にし，自分の行動を観察し，目標の達成につなげる行動を決定したり，選択したりできるようにすることです。[1] 最終的には，SRLは意欲によって制御され調整されます。この方略は，特別な教育的ニーズのあるなしに関わらず全ての児童生徒を対象に，様々な場面や教科で利用することができます。SRLの定義多くは，認知過程の調整だけでなく行動と情緒の調整にも言及していることです。[2]

SRL学習は幅広い概念であり，自己監視，自己強化，自己認識，自己効力感，自主学習，自己決定，自己管理，自己教育，自己評価などの幅広い方略が含まれています。

この方略は，第2章で示した「学習と指導モデル」の「実行機能」と「動機」の要素と密接に関連しています。また，第2章で概説した学習の構成主義アプローチまたは認知アプローチとも適合しています。

基本的な考え

大多数の社会における成熟と良好な生活の質の特徴を一つあげるとすれば，自分の行動への自己責任能力ということになります。自由な民主主義社会においては，人々は，生活のほとんどの目標設定や自己選択，自己決定による自律性の発揮を，他者に期待したり，他者から期待されたりします。もちろん，ある程度の相互依存を私たちも期待しますし，自分たちを取り巻く他者のニーズや希望に応えようとしたりもすることから，これは絶対的な自由とは言えません。[3]当然の結果として，皆さんの主たる目的は，全ての児童生徒が自分の学習への決定に関わることを増やし，決定に基づいて行動することを支援することであり，同時に，彼らの相互依存にも注意を払うことです。学級以外での学習に対する個別のニーズも機会も拡大し続けていることから、自分自身の学習の管理方法を知っておくことはますます重要になってきていると最近の論文は言及しています。[4]

自己決定は価値のある特質ではありますが，特別な教育的ニーズのある多くの児童生徒は，ほとんど自分の生活を管理することができず，代わりに周りの他者に依存している場合がよく見受けられます。残念なことに，彼らの多くは過保護にされ，助けを求めることも教えられていません。この状況をそのまま放っておく訳にはいきませんが，重度の学習障害のある者を含むこのような児童生徒が，自分の学習を管理することを支援できるという根拠が増えてきているように思われます。彼らの多くは，長年にわたって失敗経験を繰り返してきており，自尊感情も低下していることから，教育者である皆さんにとっては特に骨の折れる課題でしょう。

一般的に児童生徒は，自分の学習を管理することが難しく，多くが学び方や記憶の仕方の知的モデルに欠陥があり，自分の学習の評価や管理に問題が生じてきます。したがって，児童生徒（または大人たち）は，生きていくための知恵である自分自身の学習活動をうまく進めていく方法を教えてもらう必要があります。[5]

学習と指導モデルの章で言及したように，SRLの不足は，児童生徒の実行機能が十分に活性化していないことを示唆しており，同様に，低い意欲水準（特に目標設定や個人的心情）や一般的認知方略の欠落が関係しているかもしれません。

SRLの個人的な例を挙げてみましょう。私は，体重を減らすだけでなく，コンピューターの前に長時間座り続けること，とりわけ本書の第1版を執筆することで失った健康を回復することを目標に，数年前フィットネス・ジムに通っていました。それは，正直なところ，妻から少しは影響を受けたことは認めますが自分で決めたことでした。ジムに入会した時，私は，様々な種類の運動について，加重やスピードの目標を幾つか立てました。そして，これらの目標をジムに行くたびに監視し，健康状態の向上に合わせて修正を行いました。成果が上がるにつれ，フィットネス運動で変わることができなかった人たちに対する，少しですが確実に優越感を抱きながら自画自賛したり，時にはコーヒーを飲んだりして自分に報奨を与えました。私のジムに通うという行動は，一般的なSRLを伴うたくさんの要素を例示していると確信しています。すなわち，

- *自己認識*：人には他人とは異なった考えや感情という独自の個性があることを認識します（私には，配慮しなければならない身体があります）。
- *意欲づけ*：努力し，ねばり強く困難と対峙するための準備をします（疲れたりイライラしたりするような時には，身体の健康を優先させ，フィットネス・ジムに行きました）。
- *感情操作*：困難な課題に対する不安を抑えます（「元気を出せデビッド，お前にはできる，あきらめるな！」と，自分に言い聞かせます）。
- *目標設定スキル*：短期と長期の目標を設定し，それらの優先順位を決めます（私は，体重を減らし健康になりたい）。
- *意思決定スキル*：達成可能な行動を決めます（私は，少なくと

も週4回ジムに通い，食生活にも気をつけました）。

- ***問題解決スキル***：予想外の出来事に対処し，何とか解決させます（運動をどう管理すればよいのか：重量や速度，そして／または期間を調整します）。
- ***自己監視スキル***：自分の行動を観察し，その内容を記録します（私は，練習の成果を記録し，ジムに通っている間にみられた変化を監視します）。
- ***自己強化スキル***：（コーヒーと優越感に浸った私のコメントを参照してください！）。[6]

自分自身のたくさんのSRL例を考えることができると確信しています。

実　践

SRLの発展

SRLは，主に3つの方法を通して発展します。

1）例えば，児童生徒は自分で学習をチェックすることの価値を実感し，教育者は自らの活動を通してSRLの見本を示す，というような学校での経験。
2）例えば，協同的グループ学習（**方略1**）や人間関係スキルというような，SRLを必要とする活動への関与。[7]
3）以下の点のような，SRLに関する明確な示唆。[8]

自己管理問題解決方

自己決定学習モデルの指導は，自己管理問題解決方略を児童生徒に指導することと関係しています。これは，(a)好みやニーズにもとづいた自分自身の目標を設定する(b)目標を達成するための行動計画を作成し実行する(c)目標達成の進展具合を自己評価する(d)それに応じた目標や行動計画の見直しをすることなどを会得できるようにすることでもあります。[9]

その他の方法

最近，2つの視点がSRLに加えられました。学習の共同管理と社会的共有管理です。共同管理は，ピア・チュータリングのプロセスと同様，個々の児童生徒や有能な仲間（または教師）が一般的な問題を共有するSRLを獲得していく過程にあたります。個々の児童生徒は，対話ややり取りを通して自己管理方略の開発を学びます。社会的共有管理は，共同活動を多くの人々によって管理される過程と表現されています。これら両方の視点は，学習の社会的的背景を重視しています（**方略 1，2，3，5，22，23.1** を参照してください）。[10]

その他の方法に関しては，下記のエビデンスにもとづいた根拠の項を参照してください。また，方略6「認知方略指導」と方略8「記憶方略」に含まれた多くの提案は，ひとたび児童生徒のレパートリーとなると，SRLにつながります。

教室でのＳＲＬ

本書で概説されている全ての方略と同様，SRL もまた，意義深く実際の問題解決から分離しないよう，可能な限り全ての学級活動に組み入れていくことが重要です。ある著者[11]は，児童生徒の自己管理スキルを開発するために，以下のような指針を提案しています。

- 自己管理は，その価値を交換できる信頼のおける人との長期間に亘る肯定的な人間関係を通して，最も効果的に培われます。
- 自己管理の取組みは，児童生徒個々のスキルの中に組み込まれるように注意深く選択しなければなりません。
- 児童生徒に，自己管理の幅広い肯定的なモデルを示さなければなりません。
- 児童生徒は，自己管理に挑戦する場面をシミュレーション体験しなければなりません。

エビデンスにもとづいた根拠

SRL は，学習障害（米国分類），知的障害，社会不安や情緒障害，自閉症スペクトラム障害，破壊的行動などを含む，特別な教育的ニーズのある様々な児童生徒を対象に，広く研究されてきました。従属変数も多様で，教師への注意，ソーシャル・スキル，学業成績，日常生活スキル，停学，成人後の結果などが含まれます。以下で，1 つの総合メタ分析，2 つのメタ分析，4 つのレビューと 13 個の個別研究について述べたいと思います。

* ハッティーが行った最近の総合分析では「自問」と「自己言語化（自答）」に言及しており，これらをまとめると，効果サイズ0.64を生み出しました。「自問」は，おそらく，スキル習得の初期段階から中間段階までにおいて，そして中位から**低位の学力**の児童生徒たちに役立ちました。「自己言語化（自答）」は，課題追求スキルにより役立ちました。[12]
* 自己管理学習の最近のメタ分析が，ドイツの研究者グループによって報告されました。彼らは，48の取組み結果を，小学校児童の自己管理学習の向上を取り上げた30の論文と比較しましたが，特別な教育的ニーズのある児童生徒を，別に分けて分析することはしませんでした。自己管理学習トレーニング・プログラムは，学業成績に良好な効果をもつことが判明したと彼らは結論づけました。効果サイズは，メタ認知方略，認知方略（**方略6**），動機づけ方略を組み合わせた指導の場合に最高になりました。[13]
* **破壊的な教室での行動**を減少させる取組みを採りあげた99に及ぶ研究の初期のメタ分析において，自己管理方略は1.00というとても高い効果サイズを生み出しました。言い換えれば，この方法で治療を受けた85%の児童生徒の破壊的行動が減ったということです。[14]
* 自己管理学習を基本に記述した最近の英国の文献レビューによって以下のように結論づけました。(a)自己管理と学業成績との間に全体的に良好な関係があります。(b)例えば，学習に臨む態度，注意，持続性など，自己管理の個々の要素もまた，学業成績と関係しています。(c)自己管理の効果サイズは既習事項と関連のあるものと比べると小さいですが，それは既習事項とは別に存在しています。(d)注意，持続性，柔軟性，動機づ

け，信頼というような自己管理の様相は効果的な指導の結果，全て向上させることができます。(e)メタ認知は，自己管理の主要成分であり重要な要素です。[15]

* 1990年代初頭に実施された研究の記述的レビューでは，特別支援学級での行動管理を目的とした自己監視の利用に関連する27の研究が分析されました。自己監視は，(a)課題への注意(b)良好な教室での行動(c)幾つかのソーシャル・スキルを増やすために，様々な場面において幅広い年齢の**特別な教育的ニーズのある児童生徒**に活用できることがわかりました。[16]
* **自閉症**の児童生徒に関する自己管理方略の活用に関する2種類の最近のレビューは，(a)ソーシャル・スキルと社会的かかわり，(b)破壊的行動の減少，(c)自立的職業スキル，(d)家庭や教室でのちょっかい対する反応，(e)日常生活スキル，(f)日常生活スキル，(g)常同行動や自己刺激行動の減少などに対して，肯定的な効果のあることを示したと報告しました。[17] **自閉症**のある年少の低次機能児童生徒に関する研究例では，絵画自己管理方略（**方略17**を参照）をうまく活用しました。これは，日常生活課題の遂行や，課題達成への自己強化のために，絵の手がかりを活用するというものでした。[18]
* 支援技術（**方略16**）では，日常生活課題の開始と達成を**知的障害のある児童生徒**に促すための自己管理ツールとして活用してきました。支援技術に関する40の研究のレビューでは，支援技術は，そのような児童生徒にとっても操作可能となる効果的なツールとなり得ると報告されました。このうち12の研究は，新しい活動または課題に般化したと報告しました。[19]
* 幾つかの研究は，学習障害（米国分類）のある児童生徒へのSRLを調査しました。一つ目の研究では，理屈っぽい文章の作

成に対して自主的促しを用いるために,「自己管理方略開発」と呼ばれるプログラムが,米国の小学校6年生の学習障害児たちへの指導に用いられました。これらには,(a)読者と書く理由を考慮する,(b)様々な枠組みを用いて,自分達が述べたいことに対する計画を立てる,(c)読者への影響を考慮することで可能な内容を見積もる,(d)文章作成の間,計画の過程を継続する,などが必要でした。この結果,方略指導は,児童生徒の文書作成能力と自己効力感に肯定的な効果のあることが示されました。これらの効果は一定期間維持され,新たな場面や新たな教師にも移行しました。さらに,物語を書くという第2の分野への般化に対する根拠もありました。[20]

* 二つ目の研究もまた**学習障害**のある米国の研究と関連しており,言葉を書く際の自己監視の肯定的な影響を示しました。10歳から12歳までの児童生徒が関与しました。その結果,課題への取組み行動と物語で用いているたくさんの言葉の両方を自己監視することは,課題への取組み行動や物語内のたくさんの言葉を増やし,書いた内容の質を高めることが示されました。これらの結果は,もっと書きたいとする児童生徒への動機づけの観点と,具体的な即時評価の提供という観点から説明されました。[21]
* 三つ目の米国の研究では,指導の自己決定学習モデル(上記の「実践」の項,参照)が,**学習障害**,同様に情緒/行動障害や**知的障害**など広範囲の障害のある,平均年齢17歳,40人の児童生徒の教師21人を対象とした実地テストで用いられました。その結果,モデルの指導を受けた児童生徒は,学業に関する目標を達成し,自己決定力を向上させ,その過程への満足感を伝えていることが示されました。教師もまた満足感を示し,この

モデルの継続的な活用を示唆しました。[22]

* **学習障害**のある児童生徒や**知的障害**のある児童生徒80人の追跡調査では，高校卒業時の彼らの「自己決定」水準が，卒業一年後の結果と比較されました。この米国の研究では，「自己決定」を，児童生徒の自主性，自己管理，心理的強化，自己実現というような項目を含む尺度で測定しました。「自己決定」のできる児童生徒は，「自己決定」のできない仲間よりも高い比率で雇用され，時間給も高いというようなことを含む，望ましい大人の成果をあげる可能性の高いことが見出されました。[23]
* 取組み行動の自己監視の効果に関する米国の二つの異なった研究から，肯定的な結果が示されました。一つめの研究では，**学習障害**のある4人の小学生に自己監視プログラムが実施されました。これは，60秒ごとに録音された音を聞き，課題に取り組めたかどうかを記録するという簡単な手順で行われました。その結果，自己監視と課題への取組み行動との間には積極的な関係があり，一方で，自己監視と作文能力との間には納得のいく関係はほとんどないことが示されました。二つめの研究では，13〜15歳の落ちこぼれる恐れのある4人の児童生徒への多様な基準を設定した実験のデータから，それぞれの児童生徒が自己監視を始めると，課題への取組み行動の増加が示されました。同様に，わずかながら学業成績の向上も報告されました。[24,25]
* SRL方略は，情緒／行為障害のある児童生徒にうまく利用されてきました。認知行動自己管理方略にもとづいた怒り管理プログラムを用いた一つ目の研究は，**重度の情緒／行動障害**のある若者たちで構成された米国の特別支援学級の児童生徒に対してよい結果が出たことを報告しました。怒りに特化し

た自己監視（記録を含む）や自己管理技術を導入した10回の取組みがクラス全体に対して実施されました。支援者による指導は，児童生徒が良好な成果を維持できるよう支援することを目的としていました。参加した後，児童生徒の仲間への暴力が減ったり，怒りが起きた時カウンセラーに問題を話したり，怒りを記録したりする傾向が見られるようになりました。[26]

* 二つ目の研究では，**重度の情緒的精神障害**のある児童生徒の自己監視の有効性が，教室全体で調査されました。特別支援学級に在籍する11歳から13歳までの6人の少年が研究に参加しました。プログラムは，45分の間，課題への取組み行動と1つの付加的な選択行動の自己監視を，それぞれの児童生徒が行うというものでした。児童生徒が課題に対して取り組んでいるかどうかを記録し，例えば，「僕は積極的に取り組んだ」というように，行動に関する発言に応じる必要がある時，テープレコーダーから5分ごとにベルが鳴りました。これらの結果，クラス担任による単独での行動管理システムの指導よりも効果がありました。[27]
* 最近のスコットランドの研究は，社会的／情緒的障害を経験した中等学校の児童生徒に関して，自己管理の形成に注目しました。取組みは，個人内知能と個人間知能というガードナーの考えに着目して支援グループを構成することにしました。[28] 支援グループの4～6人の児童生徒はグループリーダーと週に1時間出会いました。活動は自己責任の形成を目的としており，筋書きやカード分類というような幅広い活動を含んでいました。取組みすることで，学校場面において行動を自己管理しようとする能力に，肯定的な効果のあることが示されまし

た。さらに，停学回数への影響が最少となる一方，照会回数や停学期間の減少が見られました。[29]

* SRL方略は，特別な教育的ニーズのある児童生徒の他のグループにも適用されました。一つめの米国の研究では，通常の学級に在籍する**知的障害**のある4人の高校生の社会的行動や学習行動を選択する際の自己監視の効果が調査されました。自己監視トレーニングには，観察，直接的な指導，実践の手引き，矯正的評価，絵画手がかり，などの組み合わせが用いられました。自己監視は全ての児童生徒の行動改善と関連しており，これらの改善は教師やクラスメートらにも認められるものでした。[30]
* 二つめの研究は，通常の学級に在籍する**重度障害**のある5人の児童生徒が関与した，仲間たちの果たす自己観察方略の効果を調査しました。この場合，仲間達には，自己監視と手がかりや賞賛の授与という，障害のある児童生徒への指導に関する基本的なトレーニングがなされました。彼らはまた児童生徒の教室での行動を記録し，後で，自己監視記録と見比べられました。多様な基準を持つ実験の結果，「学習自活スキル」の発生と教室への参加の増進が見られました。[31]
* 三つめの多様なベースラインによる研究では，普通学校に通うADHDと診断された11歳から12歳までの6人の少年に，日誌と自己管理チェックリストを用いるトレーニングがなされました。組織的観察のデータから，教室での対策行動や家庭学習と関連した行動に著しい改善が見られました。教師や保護者，また児童生徒自身もプログラムの重要性とその効果を述べています。[32]
* 最後に，ドイツの研究は，特別な教育的ニーズのある児童生徒

に焦点化はしていないものの，自己管理を向上させる役に立つ基準を提供してくれます。この研究からは，中等学校の児童生徒が，自己管理学習を発展させるためには学習環境が重要であることに気づく方法が見出されました。具体的には，(a)学習過程の責任を児童生徒に与える，(b)選択させることにより児童生徒自身の能力を把握する，(c)既知の知識を結び付けたり，学習課題に論理的な根拠を加えたりすることで，学習することが児童生徒の生活と関連していることを強調します。[33]

留意点

おそらく，SRL の最大のリスクは，特別な教育的ニーズのある児童生徒のスキル獲得の能力や方略活用の意思を過小評価することです。とは言うものの，特に認知障害者や年少の児童生徒には，注意深い管理の下で方略を実行することが重要です。彼らは，目標を明確に述べるだけの十分な量の言語や概念的知識を持っていないため，おそらく絵画を活用するような支援が必要だろうと思われます。

結　論

自己管理学習は，特別な教育的ニーズのある児童生徒にもそうでない児童生徒にも，幅広い課題領域で様々な場面を活用してできる／しなければならない方略です。それは，比較的実行しやすい安価な方略です。一旦児童生徒が学んでしまえば，皆さんは他の課題に向かう余裕が生まれてきます。自己管理学習は年齢とともに改善されていき，年長の生徒は活動目標に上手に合わせることができ，自分のとった行動を上手に省みることもできます。一方，年少の児童の教育においても重要な位置を占めています。

第10章

方略８：記憶方略

—重要な情報の思い出しの支援—

格付け　★★★★

結局，教育者としての皆さんの成果は，児童生徒が体系化でき，蓄積することができ，検索することができる，つまり，思いだすことができ利用することができるスキルと知識の量と質に影響します。

この方略は，主に記憶術を取り扱っており，本書で説明した全ての方略の中でも最も評価の高い方略の一つです。しかし，特別な教育的ニーズのある児童生徒の学業に好成績をもたらす他の記憶方略にも少しは注意を払う必要があります。

これらの方略について読み進める前に，第２章における「学習と指導モデル」の，特に「初期記憶」「短期記憶」「長期記憶」「実行機能」の項を見直すことをお勧めします。記憶は，学習の認知／構成主義的アプローチと社会的アプローチの両方と関係しており，前者は，新しい知識と先に学んだこととの関係を構成することを意味し，後者は，関心のあることや理解の仕方を決定するのに他者が大きく関与していることを意味しています。

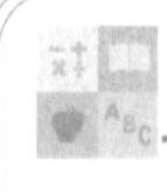

方　略

記憶術とは，簡単に言えば，様々な状況で，特に，学校の授業で学んだ具体的な内容の記憶を強化する方法です。記憶術方略は，第２章で説明したような，意味記憶を高めるためにうまく機能します。

事実に基づく情報の記憶が，学校の成績にとって，そして，人生全般にとっても必要不可欠であるとすれば，児童生徒にとっては効果的な記憶方略を創り出すことが必須です。多くの児童生徒は，これらの方略を独自に創っているようですが，皆さんの支援を必要としている者もいます。特別な教育的ニーズのある多くの児童生徒は，情報を記憶しておくことが困難です。場合によっては，これらの困難さは情報処理の際の器質的な問題を反映することもありますが，多くの場合，情報を思い起こすための方略の欠如によるものです。

記憶術方略は，情報の思い起こしが苦手な児童生徒に，（実際にはどの児童生徒にも），事実に基づく内容の思い出し方を支援するために用いることのできる最も効果的な方略の一つです。皆さんも，おそらく自分の学習を助けるために記憶術を使っているはずです。

記憶術は，児童生徒が読書力を含む何らかの言語スキルを持っていることが前提であり，この方略は，一般的に重度の知的障害のある児童生徒には適用できません。しかし，特に，学習困難の児童生徒にはお薦めできます。

基本的な考え

この考えの最近の提唱者[1]によれば，記憶術方略は，刺激と反応とを関連づける音声または映像を用いているので効果的であるということです。多くの記憶の困難さは言語に基づいていることから，記憶術方略を活用した記憶練習の目標は，覚えにくい単語と覚えやすい音響あるいは映像とを関連づけることです。

「*mnemonics*」（記憶術）という単語は，古代ギリシア語の記憶を意味する「*mnemikos*」に由来します。その起源は古代にまでさかのぼりますが，そこでは雄弁術という価値のある高度な活動が記憶スキルを促進させていました。最初に記述された記憶支援システムは，ケオス島のシモニデス（556-468BC）によって創り出されたものです。視覚映像記憶術として知られるようになった彼のシステムは，鮮明な心像を呼び起こしたり，頭の中で家の部屋のようななじみの場所に情報を位置づけたりすることによって，記憶の中に情報を入力するものでした。シモニデスは，彼も出席していた祝宴で屋根が崩れて亡くなった人々が居た正確な場所を思い出すよう求められるという厳しい状況から，この過程に気づくようになりました。彼は，視覚的な記憶連想によって，それぞれの人が着席していた位置を思い出すことができ，その後の幅広い記憶システムの先駆けとなりました。[2]

学習障害のある児童生徒にとって，記憶術は，画像記憶あるいは音声記憶のような比較的強い認知分野と，予備知識の想起や個々の方略の活用というような比較的弱い分野とをつなぐ懸け橋となるでしょう。

実　践

記憶術には次のような，4つの主要な方略があります。

キーワード方略

この方略では，児童生徒に覚えてほしい新しい言葉を，想像し易く対象である単語に類似した音をもつキーワードとして記録します。例えば，児童生徒に，「高いところにあり，薄い鳥の羽のような形のもの」という巻雲（cirrus clouds）の定義を覚えてほしいのであれば，サーカス（circus）の屋根を考えるようにさせてみるとよいでしょう。それは，類似した音に聞こえ，まさしく高いところにあり薄いものだからです。

 ペグワード方略

ペグワードとは，例えば，「one は bun」，「two は shoe」というように，数と同じ韻を踏んだ代用語のことです。それらは児童生徒が情報に番号をつけたり，順序よく整理したりして覚えるのを助けるときに活用されます。例えば，12 人の陪審員を覚えさせたいような場合，裁判官の近くに座っている 12 人の小人の絵を描いてみることです（この場合，小人が 12 の数に対応するペグワードです）。また，クリケットチームの 11 人のプレーヤーを覚えさせたいような時には，バットの形をしたレバー（11 の数に対応するペグワード）を描いてみるとよいでしょう。

 文字（アルファベット）方略

おそらく，この記憶術方略には馴染みがあると思います。その名前が示すとおり，文字方略は，リストに掲載されているような物を覚えるのに役立ちます。よく知られているリストの一つに，北米の五大湖（*Huron, Ontario, Michigan, Erie, Superior*）があります。多くの方々は，おそらく「HOMES」と頭文字を並べた語を活用して学んだはずです。しかし私は，ほんの少し違った方法で覚えたのを思い出します。その方法とは，意味のない単語「SM-HEO」（エス・エム・エイチ・イー・オー）を覚えたことであり，それは正しい順序で湖を配置するという利点がありました。同じように，虹の色を覚える方法としては，無意味単語の「ROYGBIV」を用いました。皆さんは，どのような方略を活用されてきましたか。

さらに別の例として，太陽から外側へ向けた惑星の順序を覚え

る方法として,「MVEMJSUNP」があります。これは,どんな言語においても明らかに単語と言えるものではありませんが,それは大きな問題ではありません。記憶術方略を大いに奨励している著者は,「折句」(アクロスティック)と呼ばれている方法を用いるよう示唆しています。この場合,それは,「とても教養のある私の母が,まさに9枚のピザを私たちに送ってくれた(*My Very Educated Mother Just Sent Us Nine Pizzas*)」というような文になります。残念なことに,哀れな冥王星が惑星群から降格となった今,他の「折句」を見つけ出さなければならなくなりました。何か,いいアイデアはありますか?

また,文字方略は,ある課題を遂行するために児童生徒が各ステップを覚えるのを支援するのに役立ちます。例えば,次の2つの方略は,児童生徒が一連のソーシャル・スキルを思い出すのを助けるのに利用されます(**方略10**)。一つめのFAST方略「*F*reeze and think, *A*lternatives, *S*olution, *T*ry it」(立ち止まって考え,方法を選択し,解決し,そして試してみる)は,対人関係の問題を児童生徒が解決する方法として用いられてきました。二つめのSLAM方略「*S*top whatever you're doing, *L*ook the person in the eye, *A*sk the person a question if you don't understand what he/she means, *M*ake an appropriate response to the person」(何をしていても一旦立ち止まり,相手をしっかりと見つめ,その人の言っていることが理解できないなら質問をし,その人に対し適切に対応する)は,児童生徒が他者からの否定的な声をも受け入れ役立たせるのを可能にするために活用されてきました。[3]

もしも他の記憶術を追究したいと思われる方は,無料の百科事典である *Wikipedia* にあたってみてください。[4] 心理学者の一人として特に私が気に入っているのは,児童心理学者のユリー・ブロンフェンブレンナーの生態学的システム論の記憶術です。これは，極小システム（mycrosystems），中間システム（mesosystems），宇宙システム（*exosystems*），巨視システム（*macrosystems*）及び，時間システム（*chronosystems*）というような発展の順番を，「MICe and Men Eat MACaroni and Cheese!」（ねずみと男がマカロニとチーズを食べる！）と定義しています。

画像方略

シモニデスの発明である視覚的映像記憶術は，言語構成に視覚的映像を結びつけるものでした。この結びつきは，特定の文字や単語を覚えるのに困難を感じている児童生徒の指導にとって強力な方法です。例えば，「S」の文字はその形状が似ているへびを思い出させるのです。

他の記憶方略

紙面の都合上，記憶術の論議を深め，その他の記憶方略を全て取り扱うことができませんので，ここでは考慮すべき要点の幾つかを示しておきます。

意欲が記憶の基本

もしも私たちが何かを覚えようとするのであれば，学びたいという意欲がなければならないことは言うまでもありません。記憶に対する人の意欲は，成功への自信によって左右されるという根拠が幾つかあります。[5] 第2章で示した学習と指導モデルの一部として，また学級風土に関する**方略22**の中で，「意欲」について幅広く論じていますので，ここではこれ以上詳しくは述べません。

注意力は記憶の主たる特徴

気が付いていないことを覚えることはできないということは明白です。したがって，児童生徒の注意力を確保することは記憶にとってはきわめて重大なことです。しかし，重要なことは，広範な内容に単に注意を払うということではく，課題の主要な特徴に注意を向け，もちろんそれらに集中することです。これは，重要な考えに児童生徒の注意を向けさせ，彼らを取り巻いている「雑音」を無視させる皆さんのスキルに大きく影響されます。「雑音」とは，教室の内外で生じる，学習を妨げる恐れのある関連性のない全ての出来事を意味します。注意は，情報を感覚記憶からワーキング・メモリーへ移行させる重要な役割を果たしています。

第２章で説明しました網様体賦活系を含む脳の実行機能は，環境の変化に注意喚起を行い新たな情報や経験に注意を集中させます。活動にこのシステムを導入する主たる方法の一つは，皆さんの声の変化や行動の変化，思いがけない質問または発言，画像や音楽の活用などによる目新しさなどを用いることです。

児童生徒の注意を促す方略には，(a)「やめて，集中して」あるいは「ここは本当に大切なところよ」などと言って注意を集中させる合図を用いる，(b)物理的環境を変化させたり，人目を引くような品物を使ったり，予想していなかったようなイベントを開催したりするなどの対比の技法を用いる，(c)話題を結びつけて身の上話を語ったり，討論会やロール・プレイなどを通じて議論したりすることにより感性を高める（し過ぎはよくない），(d)活動する前に質問をして学習の目的をはっきりさせる，(e)主要概念の関係を明らかにするため「上級整理法（*advance organizers*）」を活用するなどが含まれます。[6] アジア諸国で活用されている児童生徒の注意／集中時間をトレーニングする一般的な活動には，先の人の言ったことを繰り返したり新たな項目をリストに加えたりするなどが参加者全員に求められるグループ活動や，「幸せな家族とその立役者（*Happy family and Mastermind*）」というようなカードゲームが含まれます。

ここでは，ベンジャミン・ブルームの提案したスローガンがしっくりと来ます。彼は，児童生徒は読んだことの10%，聞いたことの20%，見たことの30%，見て聞いたことの50%，言ったことの70%，言ってしたことの90%を覚えていると主張しました。[7]

感情は記憶に重要な役割を果たす

ある事についてどのように感じるかは，何を考え何を覚えればよいのかを決める際に，この上なく重要となります。特に，情動を処理する領域（辺縁領域）が，思考をつかさどる領域（前頭前野）よりも一般的に発達している脳領域を持つ児童生徒にとってはなおさらのことです。[8]

さらに，ある事について肯定的に感じるとき，エンドルフィンとドーパミンなどの物質が活発化します。エンドロフィンは幸福感覚を生じさせますが，神経伝達物質であるドーパミンは前頭前野を刺激し，注意を保ち経験想起の可能性を増加させます。一方，否定的な感情はコルチゾール・ホルモンを分泌し，すぐにしなければならないことから次々目をそらせていくことで，脳をストレスの原因に対応できる生命保存に適した状態にします。もしも児童生徒がストレスを感じたら，情報は，脳の側頭葉に位置付いた辺縁システムの一部である扁桃帯の情意フィルターを通れなくなります。[9]感情は，扁桃帯での長期記憶の貯蔵を強めたり弱めたりすることができます。再度，「ゴルディロックの原理」を引用すると，強すぎず弱すぎない感情は覚醒を促すので，記憶を促進させることにつながるのです。

進み具合はちょうど良い程度に

情報は，児童生徒が余裕を持ってそれを処理できるような方法で提示されるべきです。**方略 21** で再度検討しますが，「ゴルディロックの原理」を引用すると，遅すぎず速すぎず丁度よいペースということになります。多様な児童生徒のいるクラスの全員にとって丁度よいペースを用意することは全くの挑戦ではありますが，皆さんは絶えず監視する必要があります。

リハーサルは記憶に不可欠な要素

児童生徒の長期記憶に，どのくらい長くどのくらい正確に内容が記憶されているかは，大抵はどの程度それに注意を向けてきたかによって決まります。**方略 9** で指摘するように，授業の中で定期的にリハーサルをすることが必要です。これは，退屈させないだけでなく，児童生徒に楽しみやわかりやすささえももたらすことでしょう。

主たる事実は児童生徒の初期記憶で活用される

「学習と指導モデル」で論じているように，初期記憶に主たる事実が存在することは，より重要な活動を行うために，我々の認知処理に必要な容量を増やしてくれます。したがって，児童生徒は，関連情報を蓄積するために何度も繰り返しや反復練習が必要です。ここでの目的は，児童生徒が，無意識な反応を幅広く活用できるよう支援することです。これは，その目的が児童生徒の長期記憶を広げることにあった上記の点とは少し異なります。

課題を心的描写に置き換える

長期記憶は，図表整理法（*graphic organizers*）を活用することで維持されています。これらは，知識，概念，思考などの視覚的表現のことです。それらは，児童生徒が考えをまとめ，既に持っている知識と新しい情報とを結びつけ，情報を蓄積し検索することを支援します。この図表整理法は，文字通り何十という異なった種類があります。ここでは，それらの幾つかについて述べてみたいと思います。

- ***物語ボード***：これらは，例えば映画や漫画のように，物語を描写するために時間の順にしたがって示された一連の図解のことです。それらは，児童生徒が物語を楽しく書くのを助ける方法となるでしょう。
- ***概念図（コンセプト・マッピング）***：ときに，知的マッピング（メンタル・マッピング）とも呼ばれ，異なった概念や考えなどの関係性を視覚化するための技法です。この概念図は，下向きに分岐した階層構造が表示された矢印でつながれています。概念間の関係は，例えば，「引き起こす」「結果こうなる」「必要である」「貢献する」というように関連した語句で表現されます。これらは，メモをとったりブレイン・ストーミングをしたりする際に役立ちます。
- ***思考図（マインド・マッピング）***：これは，キーワードやアイデアの周りに言葉や考えを並べ，それらがどのようにつながっているのかを略図を用いて示す手続き方法です。一般的に，樹状または網目状に枝分かれした形をしています。[11]

- *フローチャート*：これは，過程を概略図で表現したものです。例えば，自転車の組み立て方や行事の計画の立て方などを説明する時に用います。一般的には，開始と終了，入力と出力，可能な道筋とそれらの道筋にたどり着くための決定等が含まれます。教室では，文章を書くプロセスや化学実験の指導過程を図表化するといったことを含め，数多く活用されています。
- *視覚化*：教科書を読むとき，児童生徒に具体的なイメージを創造するように促すことです。(例えば，最初に教科書を読ませ，次に内容を想像させることで，教科書に書かれている重要な関係をイメージ化させます。その際に，「頭の中に絵を描いてごらん」と言うようなことです)。[12] しかし，非言語的学習障害のある児童生徒は，脳の右半球の機能に欠損があるかもしれないため，視覚的記憶に苦手さを抱えることがあるという根拠もあります。[13]

記憶の蓄積と検索を増やす

教育者としての主要な課題の一つは，これまでの記憶に新たな情報を結びつけること，つまり記憶神経回路網を広げることで，児童生徒を支援することです。これには，例えば，多様な方法で同じ内容を表現してみたり，児童生徒が情報をどのようなカテゴリーにまとめればよいのかを示してみたり，発見学習の活動に児童生徒を積極的に参加させてみたり，過去の知識と新たな内容とをはっきりと結びつけてみたりすることなどが含まれます。とりわけ，意味の解釈が強化されます。最近の論文に注目してみると，私たちは，情報を数種類の文字記録に残すことで長期記憶に蓄積するのではなく，新しい情報を既に知っていることと結びつけることで情報を蓄積するのです。私たちは，既に記憶にある情報に対する関係性と意味的連想で定義づけるように，その意味という観点から新しい情報を蓄積します。それは，特に，私たちが簡単に記録するのではなく，説明したり，結びつけたり，関連づけたり，詳細に述べたりすることなどを通して，学習過程に積極的に取り組まなければならないことを意味しています。[14]

児童生徒の記憶の蓄積と検索能力を高めようとする努力に際して，「認知的負荷理論」にも注意を払わなければなりません。これは，短期記憶で処理し保持できる情報量には個人差があるということです。教育者である皆さんは，無関係な内容を最小限に抑え，児童生徒の注意を関係のある内容に向けさせることが必要なのです。[15]

大きな塊にすること（チャンキング）は長期記憶に役立つ

私の電話番号は，3433634です。たとえその長さが7桁の『マジック・ナンバー』に合致していたとしても，それを「343の3634」と覚えていれば，より容易に思い出すことができます。皆さんも電話番号を覚えるのに，同じような方法をとっていると思います。数字を一塊にする方法（私の場合は2つの塊ですが）は「チャンキング」と呼ばれています。他にもたくさん，情報を思い出しやすい塊として記録する例があります。

最後に，もし皆さんが本書に記載されている他の方略を実行する，特に，認知方略指導と関連の深いものを活用するのであれば，児童生徒の記憶力を大いに高めることができると私は確信しています。この点に関して，それぞれの方略は別々に記述されてはいますが，それらは，児童生徒がより効果的で有能な児童生徒になるのを助けるという共通のテーマをもって，相互に結びついていることを強調しておきたいと思います。

エビデンスにもとづいた根拠

私がここで要約するエビデンスにもとづいた根拠は，主として特別な教育的ニーズのある児童生徒に対して最高の効果サイズを見出した記憶術の活用に注目しています。これは，学習障害（米国分類），知的障害，情緒障害など，広範な教育ニーズに適用されます。研究には，3つの再調査，1つのメタ分析，4つの別々の調査から成っています。

* 幾つかの調査研究は，様々な障害のある者を含む児童生徒に，科学や社会科など異なった幅広い分野で記憶術方略を自主的に使えるための練習をすることができることを示しました。[16]
* 様々な取組みに関する19のメタ分析では，効果サイズ1.62を出した記憶術のトレーニングが最も高く評価されました。[17] この効果サイズは，言い換えれば，記憶術の指導を受けた児童生徒の平均点が指導を受けなかった児童生徒のうちの95％の者よりも点数が高いことを意味しています。
* 34の研究を対象とした別のレビューからも，上記の効果サイズが確認されています。この分析から，学年や障害種別の違いが記憶術の指導の有効性に影響を及ぼすことは全くないことが示されました。しかし，知的障害のある児童生徒の場合に

は，指示内容を注意深く系列化し，一層構造化し，学習障害のある児童生徒に比して指導内容の量をぐっと減らし，さらにゆっくりとしたペースで伝えることを保障する必要があります。[18]

* 最近のメタ分析は，中等教育学校に通う軽度の障害のある児童生徒の記憶術に関する調査を要約し，有意な全般的効果サイズ1.38を見いだしました。[19]
* ソーシャル・スキル取組みプログラムでは，小学校の通常の学級に在籍する学習障害のある児童生徒が，仲間からよりよく受け入れられるために，FAST方略とSLAM方略（上述のとおり）が用いられました。対照群と比較した結果，学習障害のある児童生徒の仲間からの受容度が高まるという一定の取組み効果のあることが示されました。[20]
* 中等学校におけるインクルーシブ学級での生命科学の授業に関する米国の研究では，11人の教師が，児童生徒が情報の思い出す力を高めることのできる記憶術の見出しと活用に関する指導方略のトレーニングを受けました。その結果，トレーニングを受けた教師は，児童生徒（特に学習障害のある児童生徒）と同じように，記憶術の選択や説明が統制群に比べて良好であったことが示されました。[21]
* キーワード方略は社会科の指導に有効であるという根拠があります。インクルーシブな小学校の教室で記憶術を用いた場合と用いなかった場合とを比較したところ，障害のない児童生徒は，記憶術を用いた場合の学習成績が89％であったのに対し，記憶術を用いなかった場合は平均83％となっていることが明らかとなりました。**学習障害，情緒障害，構音あるいは言語障害**のある児童生徒の成績結果の差は著しく，それぞれ

75%と37%でした。[22]

* 別の研究では，文字認知や音韻と文字との関係を**障害のある**小学校1年生の**児童**に指導する際に，絵画記憶術が活用されました。例えば，上述したように，アルファベットの「a」がりんごに似ているように，「s」はへびのイメージを利用して描かれました。様々な児童生徒を対象にした研究から見出された多様な基準を用いて，著者は，この絵画記憶術が効果的な技法であるとともに，4週間間をおいた後も学習方法が維持されていたことを見出しました。[23]
* 初期の古典的な研究では，**学習障害**のある児童生徒のグループとそうでない児童生徒のグループの両方に一般的な記憶方略を教えたところ，グループ間の記憶の差異はなくなることが示されました。それぞれ19人の児童生徒で構成されたこの実験では，2つの取組み課題が与えられました。1つめの課題では，6つの領域に分けられた24枚の日常的な物の写真が使われました。児童生徒はカードを見た後，しばらくしてから見た内容を思い出すよう求められました。学習障害のある児童生徒は，他の児童生徒に比べてあまりうまく思い出すことができなかったことから，記憶に障害のあることが明らかになりました。2つめの課題では，両方のグループに，カードをカテゴリーごとに分類するよう言われました。そして，その後テストがされました。この場合は，学習障害のある児童生徒も他の児童生徒と同様に課題を果たすことができていました。[24]

留意点

記憶方略を用いる場合，幾つかリスクがあります。以下に主たるリスクを示します。

- 記憶を促進するために様々な心的表象を活用するのではなく，言語方略に過度に依存するかもしれません。
- 理解の重要性に十分な注意が向けられない可能性があります。
- 児童生徒が，既に知っている内容と新たな物とを結びつけようと努力しない可能性があります。
- 記憶術に関しては，以下の3つのリスクを考慮する必要があります。
    - □ おそらく最も大きなリスクは，実際に可能な程度以上のものが記憶術方略に期待されることです。それらが指導法の全体をカバーするものではないことに注意しておくことが重要です。それらは，他の方略によって既に学習した情報を，単に児童生徒が思い出すための支援を目的としているに過ぎません。
    - □ 第2のリスクは，自ら記憶術を形成するよう児童生徒に要求しすぎることです。児童生徒自身が記憶術方略を生み出す利点はありますが，あくまで，皆さんの指導のもと学級全体で記憶術を形成していく方がよいでしょう。
    - □ また，自ら記憶術を形成しようとすれば分かると思いますが，記憶術を生み出すことはとても時間のかかることです。私は，個人的にはキーワード方略やペグワード方略はとても難しいと考えています。そこで，児童生徒には文字方略や絵画方略の形成のお手伝いをお願いしたいと考えています。―ほどほどにですが。

結　論

記憶方略は，特別な教育的ニーズのある児童生徒に指導することができ，また指導するべきです。これらには，意欲，注意，感情，速さ（ペース），練習（リハーサル），心的表象，大きな塊（チャンキング）などを十分考慮に入れることが含まれます。具体的には，記憶術方略の指導は，特に，学習障害のある児童生徒に対してだけでなく，他の障害のある児童生徒に対してもまた，指導上の重要な構成要素となります。とりわけ，児童生徒は，覚えることを期待されていることを理解しておかなければなりません。

第11章

方略９：復習と練習

—練習が完璧を生み出す（習うより慣れろ）—

格付け　★★★★

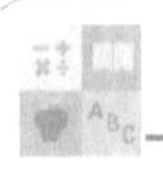

方　略

復習と練習で求められるのは，児童生徒が様々な機会で何度か同じスキルや考えと出会える機会を計画的に組み込み指導することです。これによって，児童生徒は自らの初期記憶と／または長期記憶をすぐに活用できるようになります（第2章の「学習と指導モデル」を参照のこと）。方略は，第2章で概説した学習の行動主義的アプローチに最も近いものです。

この方略は，しばしば，リハーサル，誘導付き練習，明示的練習，大量練習，分散練習，分割練習，繰り返し学習などと呼ばれています。この方略は，**方略10**の「般化」と「転移」の項と密接に関連しています。

基本的な考え

この方略は，分散効果の心理学概念に関する幅広く説得力のある論文に基づいています。そして，それには長い歴史があり，ドイツの心理学者エビングハウスの1885年の言語記憶に関する論文にまで遡ります。簡単に言うと，分散効果とは，学習行事をすぐに次々連続して実施するよりもむしろ，時間的な間隔をあけて実施する方が長期記憶は促進されるという研究の成果を意味しています。分散効果は，最も再生可能のものであることは間違いなく，まさに実験心理学からの確固たる研究成果と言えます。[1]

復習と練習は，最初にいったん学んだ概念やスキルを，児童生徒が「内在化」させるのを助けることを目指しています。最終目標は2つです。1つは，児童生徒が「初期記憶」や「ワーキング・メモリー」を無意識に活用して，何らかのスキルや概念を使えるようにすることです。初期記憶にあるデータを使えるようにしておく（例えば，語彙の読解や四則計算など）ことは，より難しい課題（例えば，文節を理解したり数学の問題を解いたりする）のために，児童生徒が情報源を活用できるようにすることです。2つめは，選択したスキルや概念が児童生徒の長期記憶に効果的に蓄積されるようにすることです。このことによって，さらにこれから生起する問題を解決するような場合でも，簡単にスキルや概念を思い出し結びつけることができるのです。どちらの場合においても，復習と練習は活用すべき不可欠な方略です。このことは，特に階層的に教えられる基礎スキルに当てはまります。というのも，どのレベルであっても，成果を上げるためには，以前に習得した知識やスキルを活用することが必要だからです。[2] また，復習と練習は，特別な教育的ニーズのある児童生徒にとっては特に重要です。それは，彼らの多くが他の児童生徒よりもたくさん，方略や情報を繰り返し練習して覚える必要があるからです。重度の認知や行動面での配慮を必要としている者には，新たな題材を練習したり過去に学んだ題材を復習したりする機会がたくさん必要です。[3]

題材を復習したり練習したりすることが重要である根拠は，記憶からの情報検索が「記憶修正因子」として働くということによります。このことは，何もしないで放置しておくよりもむしろ，情報を検索することにより，仮に検索しなかったらなっていたであろう状態よりも，一層思い出しやすくなるという研究によるものです。[4]

この方略の基本的な前提は，「一回限り」の学習はまれなことだということです。むしろ，多くの学習は，スキルや概念を獲得するために繰り返し経験することが必要です。一方，ある分野で優れた能力を発揮している人たち，例えば，優れた音楽家や運動選手，コンピューター・プログラマーらは，長期にわたって徹底した練習をした者だけが，彼らの分野の頂点を極めています。マルコム・グラッドウエルは，最終的な成功のためには10,000時間の練習量が必要と見積もっています。[5] 本書で注目していることは，とても大げさなことではなく，「習うより慣れろ」という原則なのです。

日本では，授業で取り上げられた内容を，「復習」と称して，家庭や「塾」(予備校)や，できればその両方で，毎日のように何度も繰り返さなければならないと見なされています。言い換えれば，児童生徒は内容に関して「過学習」が必ず求められています。それは，短期記憶から長期記憶へ情報を無意識のうちに移行することを意図しながら，新しく習得したスキルを，最初に到達した点よりもはるかに優れたものにするために，繰り返し練習する過程なのです。[7]

分散効果では，集中練習と分散練習との相違が研究されました。前者は，一度に何度も繰り返すことであり，後者は，ある期間内に分散して繰り返すことです。両方の練習方法について研究されましたが，分散練習の方が強く支持されました。[8] 幼年期から成人期までの範囲の人々に対して，一般的な簡単な項目を実施したところ，分散学習では，何秒，何日，何年というような異なった時間間隔であっても効果的であることが示されました。[9] それは，書字，計算，読み，協調運動スキルなどの学習に対して効果的でした。[10]

最近，集中練習と分散練習に対して，インターリーブ法という第三の選択肢が紹介されました。この方略は，集中と分散の２つの方略が入り混じったものです。テニスの練習を参考に説明すると，サーブの練習に1時間を費やすのではなく，ボレーや，バックハンド，スマッシュ，サーブ，フットワークなどを混ぜ合わせることです。この方略は，記憶と学習の中枢である海馬において，副腎皮質刺激ホルモン放出因子（CRF）と呼ばれるホルモンが放出されるために，混合された課題に対してストレスをほとんど感じないので，脳にとってほどよいトレーニングとなるのです。CRFはシナプスを強化させます。[11] インターリーブ法は，集中練習と混ぜ合わせることができます。スキルまたは概念を最初に学習する時には集中学習を用い，その後の学習の際にインターリーブ法を用いると，とても効果的であると思われます。[12]

それは，同じ刺激を何度も何度も繰り返し練習させると，児童生徒はそれに慣れ，分散練習をあまりしなくなるので，集中的な練習は分散的な練習ほど効果が上がらないと主張しています。[13] 同じように，ポーランドの研究者は，進化の観点に立って，日常生活で2度同じ課題と向き合ってきた者は，1度しか課題と向き合わなかった者よりも，再度向き合おうとする可能性が高いと主張しています。言い換えれば，繰り返しの回数は，進化の根拠を検証する機会ともなるのです。[14]

皆さんは，分散的な繰り返しを普通用いるような場合，おそらくフラッシュカードを活用されるのではないかと思います。現在日本に住んでおり，この方法で一生懸命日本語を学習している息子を思い出します。無論，最近では，同じ内容を学習するための，分散的繰り返しソフトの入ったコンピューター・プログラムがありますが……。

実　践

状況が違っていても同じ考えが使えるような十分な機会を用意する

児童生徒が一つの考えや概念を覚えようとする時，その考えや概念を活用できるための，少なくとも4回の異なる機会が設けられなければならないことを教育者は理解しておかなければなりません。このことについて，年長の児童生徒や能力の優秀な児童生徒は3回に減らしても構いませんが，出来のよくない児童生徒は，特に，単一の情報ではなく複合的な概念が授業内容に含まれているよう場合には，5回かそれ以上に増やす必要があります。リハーサルや見直しの回数が何回であっても，それぞれの間隔は2日以上空けないようにするべきです。[15] この目的を，少なくとも一部でも達成したいのであれば，以下のことを行うことが必要です。

- 指導後すぐに，チェックやフィードバックを頻繁に入れながら，スキルや情報の練習を監督します。
- 同じ領域での新たな指導を始める際，以前に学んだ内容を思い出させ，必要に応じてフィードバックや再指導をします。
- 定期的に学級内で復習を行います。
- しばしば質問をします。具体的な答えを求める者もおれば，どのような答えが見出されたのか説明を求める者もいます。
- 宿題を含む課外練習を用意します。
- コンピューターを使った練習を用意します。
- 最終的な目標は，個人またはグループで自主的に練習が行えることです。[16]

背景が違っていても新しいスキルが練習できるような適切な機会を用意する

児童生徒は，新たなスキルを練習し，それらを異なった場面に般化させたりあるいは転用させたりすることのできるゆとりのある機会が用意されなければなりません。[17] さらに，児童生徒が，学校や家庭，地域などでの様々な問題を解決するためにスキルが使えることに気付くようにしなければなりません。

適切な宿題を用意する

宿題は次のようであるべきです。

- 既に学んだ重要な情報と向き合わせること
- 児童生徒の能力や既知の内容に見合うように計画すること
- 児童生徒の家庭で監督することができること
- 定期的にチェックし，必要がある場合には再度指導すること
- 一晩につき，学年数×およそ10分を超えないこと

エビデンスにもとづいた根拠

復習と練習に関する研究は比較的少ないのですが，それらは，この方略の価値に対する意見が明らかに一致しています。以下で，一般的な復習と練習方略に関する4種類の再調査と宿題に焦点化した5種類の研究を説明したいと思います。

* ハッティーによる分散練習と集中練習に関する最近の2つの総合的なメタ分析は，学習に効果を生じさせるのは，単に課題に多くの時間を費やすことではなく，異なる機会と出会う頻

度であることに気づかせ，分散練習への支持が効果サイズ0.71であったと報告しています。[18]

* **学習障害**のある若者を対象にした93の取組み研究に関する包括的なメタ分析からは，何よりも大切な方略は，「分散した復習と練習，繰り返しの練習，順序立てた復習，日常的なフィードバック，そして／また週単位での復習などと関連する対処的な活動」という定義に示されているような明確な練習であることが見出されました。[19]
* 近年の総合研究では，**学習障害**のある小学校生の読みを流暢にするための効果的な取組みについて扱った24の研究が調査されました。明らかとなった要因の一つは，修正フィードバックが加えられながら，自主的によく知っているテキストを何度も読むための様々な機会を用意することでした。このことは，テキストの自動処理の向上をはじめ，スピードと正確さ（つまり流暢さ）の向上や強化に繋がりました。[20]
* 教師は学習に保護者を巻きこむ（TIPS：*Teachers Involve Parents Scoolwork*）として知られている対話型宿題の効果を調査した幾つかの研究があります。TIPS宿題課題には，一般的に，学習の目的，達成に向けた指導，家族が関与することについての児童生徒への明確な指導が組み込まれています。[21]科学の成績，科学と向き合う態度，宿題への家族の関与について対話型宿題の効果を調査した研究があります。[22]18週間の研究に参加した6年生から8年生までの6クラスの児童生徒は，その他の統制群の児童生徒よりも点数が高くなりました。2つめの研究では，読書の宿題で保護者が児童生徒を助けるのを補助するためにTIPSが用いられました。[23]その結果，保護者がトレーニングに参加し対話型宿題を行った児童生徒は，他の

児童生徒よりも著しく点数が高くなりました。これらの児童生徒の保護者もまた，児童生徒をよりうまく助けられたと報告しています。

* 近年のレビューから，練習と機会の活用は，カリキュラム全般を通して学習支援に効果的ですが，その方法については，特定のカリキュラム領域に対する特有なものになる傾向のあることが見出されました。[24]このレビューの様々な研究は，練習が以下のような領域において重要な要素であると報告しました。
  - 体育科：練習は適切なレベルの難しさがあり，精神的に集中して行われるべきです。
  - トレーニング：活動的な学習時間が多く教師の指導が少なめの時に，児童生徒は最も成長します。
  - 読み書き能力：児童生徒の第一言語で
  - 第二言語の学習：意味のあるやりとりを通した特別な練習
* 同じ調査で，宿題の役割に関して要約されています。以下が，そのキーポイントです。
  - メタ分析によれば，宿題は，9つの方略のうち4番目に大きな効果サイズ0.77のあることが見出されました。
  - 他のレビューからは，20のうち14の研究で，宿題の肯定的な効果が報告され，他の6つの研究は，宿題がないことに対する肯定的な効果が報告されていました。この研究からは，宿題を課せられた中等学校の生徒の平均が，宿題を課せられていない生徒のうちの69%の者より優れていることが見出されました。この効果は，中学校ではそれほど顕著ではなく，小学校では全く見られませんでした。[25]
  - 科学と社会科の合科授業における中学生の学習に関する研究では，教室での学習を強化するためのワーキング・メモリーを有効にするうえで，宿題課題が重要な役割を果たしていました。

- 宿題の成果におけるばらつきは，(a)多様な児童生徒への適切な宿題課題を計画し，用意し，足場を組むための教師間の能力の違い，(b)家庭での支援や資源の提供の有無というような要素の影響によるものです。

このレビューから，効果的な宿題は，特に中学校段階の生徒の成績に大きな影響を与えると結論づけられます。

＊ 宿題に関するごく最近のレビューでは，広範囲の研究が総合的に扱われています。[26]予想通り，上記と同様の成果が報告されました。ここでは幾つかを紹介します。

- 全国学習テストにおける，児童生徒の成績と宿題の量との関係を研究した12の米国の研究では，そのうちの11の研究から，宿題に費やした時間と長期的な成果との肯定的な関連が見出されました。
- 年齢はとても重要であり，宿題の効果は，中学生よりも高校生の方が二倍，そして小学生よりも中学生の方が二倍大きくなります。
- 一般的に間違いない目安としては，一学年あたり一日最大10分の宿題を用意するべきです。例えば，4年生（10歳）であれば，一晩におおよそ40分程の宿題を行います。

＊ **学習障害の**ある児童生徒に対する宿題に関する研究の初期のレビューは，実証的な根拠はなかったものの，(a)簡単かつ短時間でできる量，(b)教師による注意深い観察と目に見える賞賛，(c)特に，貢献的な仕組みや環境作り，即座の賞賛などに関する保護者の関与を強調しつつ、そのような児童生徒に対する宿題のやり方や練習への支援があったと述べられていました。[27]

＊ 同じような他のレビューでは，特別な教育的ニーズのある児童生徒に関する宿題の研究は，決して多くないと報告されました。見直しの間に気がついたことに基づくと，方略は，宿題遂行の改善に効果的なだけでなく，(a)強化，(b)グラフ化，(c)協同的研究チーム，(d)児童生徒によって企画された宿題計画の記録，(e)実生活への組み入れ，(f)家族の関与などの活用を含む課題遂行の改善にも効果的であることが示されていました。[28]

留意点

4つのリスクに注意しなければなりません。

- 1つめの，おそらく主たるリスクは，この方略が，機械的な手順で教材を教える許可証のように見なされるということです。私は基本ドリルや練習問題を推奨はしていますが，これらの内容や過程についての理解が，全ての練習に先立たなければならないことは言うまでもありません。[29]
- 復習と練習に伴う2つめのリスクは，退屈，すなわち「ドリル練習のやりすぎ」のリスクです。これを避けるためには，児童生徒がすでに完全に習得してしまっている技術や概念を繰り返し練習するようなドリル練習をし過ぎないことです。「ゴルディロックスの原理」にしたがうと，少なすぎず，多すぎず，適度な量の練習ということになります。また，復習は楽しく，退屈でない練習でなければなりません。このことを助けるために，多くのコンピューター・プログラムがあります。[30]
- これに関連して，3つめのリスクは，自由想起を促すために，児童生徒の初期記憶にあまりにもたくさんの情報を詰め込もうとすることです。どれくらいの情報量が自由想起できるのかについては，皆さんが自分で判断するべきです。

- 4つめのリスクは，宿題に関連したことです。全ての児童生徒にとって，特に特別な教育的ニーズのある児童生徒にとって，宿題が自分の能力でこなせ，かつ自分の家庭環境で実行できるよう慎重に計画されることが重要です。もしも，障害のある児童生徒たちの自宅と学校との間に距離があるような場合には，彼らの体力にも配慮しなければなりません。

結　論

予習と復習は，学習にとって重要な要素の一つです。それは，スキルや概念を内在化させるために児童生徒を助ける手段であることが，研究論文で十分に裏付けられています。大量練習や過度な反復学習という考えがありますが，分散練習に多くの支持が集まっているのも事実です。

第12章

方略10：相互指導

―児童生徒の読解力を支援する―

格付け　★★★★

方　略

相互指導（RT）はガイド付き練習を活用し，全ての教科領域で，教科書の内容を予測し，明確にし，質問し，要約することにより，読解力を向上させる方法を児童生徒に指導することです。相互指導は，教育者と児童生徒との指導中の対話によって生じるものであり，初期段階においては，教育者が見本を示したり説明したりしますが，児童生徒の能力が高まるにつれ，徐々に自らの力で学習していくように仕向けて行きます。RT は，方略 6 で議論した認知方略指導技術の例です。それは，読みはもとより，社会科や科学，言語などを含む多くの教科と関連している弾力的な方略です。特に，読み領域における学習障害のある児童生徒にとても役に立ちます。

第 2 章で説明した「学習と指導モデル」では，RT は「実行機能」と「方略」に関連しています。第 2 章で概説したように，学習の構成主義的，認知的アプローチや，社会的アプローチの両方と関与しています。

基本的な考え

RT は，「認知の発達は，専門家，教育者，保護者，優れた友人というような，より博識な人との交流に大きく影響される」という原理に基づいています。このような交流によって方略が内在化され，自分のものとなります。

一般的に RT では，教育者は，児童生徒が文書を理解するための方略を活用できるよう，最初は積極的な支援を行いますが，彼らの技能が高まるにつれて徐々に支援を減らしていきます。

1980年代初頭に，パリンサーとブラウンとによって最初に記述された方略[1]が，ガイド付き学習に関係する3つの理論の源です。

- *「発達の際近接領域」*：ロシアの心理学者ヴィゴツキー（*Vygotsky*）によれば，児童生の実際の発達と発達の可能性がある水準との間の領域，つまり，教育が行われる領域のことであり，ヴィゴツキーの表現を借りれば，「児童生徒の文化的発達の機能には2種類あり，一つは社会的なレベルであり，もう一つは個人的なレベルである。」ということです。[2]
- *「発展的指導」*：これは，児童生徒が，最初は傍観者として，次に実際の課題にほとんど責任を持たない初心者として，最後には有能な児童生徒として参加する見習い指導を行ことです。[3]
- *「専門家による足場作り」*：ここでは，専門家がガイド役として機能し，初心者の学習を形成し，彼／彼女が必要としなくなるまで支援することです。[4]

実　践

相互指導方略の目的

RTは，文章を解読する（つまり，言葉を読む）ことはできるが，内容を理解することが難しい児童生徒の，読解力を向上させることを主たる目的としています。以下のようなことが一般的に行われます。[5]

- 児童生徒の読み能力に応じて，彼らに文章の一節を黙読させるか，皆さんが音読する。

- 文章内容に関する質問をすることで話し合いを始め，付加的な疑問が生じる機会を学習者に用意します。これらは，注意の集中を補うだけでなく，一人一人の児童生徒がより深く文章の意味を理解することを助けるものです。このような質問は，往々にして，さらなる質問のためのおもしろい予測やきっかけとなります。質問は，読んだ内容の理解を確かめるために自分自身で検証できる方法だと説明してください。そうすれば，質問は，私たちが文章中の重要な情報や意味することに注目できるようにしてくれます。
- 文章の要点をつかみ，それを要約します。まず，要約を提示し，それについて大方の合意形成を図るための話し合いをするよう児童生徒に求めます。要約は，読んだ内容について最も重要な考えを示した1～3文であると説明してください。そうすれば，文章中の特定の内容を理解する場面が設定されます。
- 不明瞭で，聞き覚えのない，あいまいな言葉や文を誰でもわかる明確なものにします。自分の読んだ内容が理解しわからなければ尋ねることはとても重要なことであると説明します。児童生徒に文章を再読させたり，辞書や用語辞典を参照させたりすることが必要かもしれません。
- 最後に，文章の中で次にどんなことが起こるのか予測することを提案します。児童生徒は，出来事の事前知識，文章中の手がかり（例えば，写真や見出し，副題），残りの文章で著者に書いてもらいたい事柄などに基づいて予測するでしょう。次に起こることをイメージ化するために読んだ内容を手がかりとして用いること，そして，このことが興味を持続させる助けになることを児童生徒に説明します。

まず，全過程の見本を示し，方略の各部分を説明し，児童生徒に上手な質問の仕方や要約の方法，適切な予測の仕方などを指導します。必要に応じて皆さんが「足場」（下記参照）を提供し、「意味の探求」へと結びついたら、徐々に皆さんの役割を減らしていくことが必要です。終始，強調すべきことは，教育者としての皆さんと教室にいる全ての児童生徒との協同的努力だということです。当然，目的は，自己調節ができるようになるまで児童生徒の責任を増やしていくことにあります。これらがうまくできるようになるにつれ，皆さんの期待も大きくなります。

RT に関する方略は，一旦教えられると，協同的グループ指導（特に，能力混合グループ）やピア・チュータリング（**方略 1** と **2** をそれぞれ参照のこと）でも活用することができます。

足場作り

前述したように，足場作り（「足場作りがなされた指導」，「認知的ブートストラッピング」と呼ばれたりもします）は相互指導の重要な要素です。相互指導の創始者たちによると，足場作りというたとえは，必要がなくなると撤去される一時的な支援という考え方に基づいています。足場作りの他の解釈では，認知過程も感情過程も含めて，教師の課題理解を児童生徒が共有する「間主観性」と表現されています。[6]

足場作り方式は，課題の難易度を統制したり，重要な特徴を指摘したり，手がかりやヒントを与えたり，児童生徒の興味関心を維持したり，フィードバックを与えたり，さらに見本を示したり，指導したり，説明したり，パートナーを活用したりすることなどを含んでいます。正確な足場の組み方は，児童生徒のニーズによって決められ，一旦技能の習熟が見られると，足場は撤去されるのです。[7]

ここで，足場作りの指導を説明するための幾つかの例を示しておきます。

- 児童生徒がすでに獲得している知識を確認し，どの能力が発達のビゴツキーの最近接領域内にあり，どの能力が現在の能力を超えているのかを見定めます。前者の場合は足場作りが可能ですが，後者の場合は不可能です。
- 児童生徒が特定のスキルを学ぶ自信をつけるために，彼らがすぐに成功に至るよう支援します。
- 足場を提供する際は，できる限り目立たないようにします。そうすることで，児童生徒の自己肯定感を傷つけないようにします。彼らの反応を読み，それに応じて指導を修正していきます。
- 指導の止め時や転換時を知ることで，児童生徒は退屈したり欲求不満になったりしなくなります。
- 足場を徐々に撤去したり減らしたりすることにより，児童生徒が自己調節しながら足場作りがなされた活動を実行できるよう促します。
- 児童生徒が新しく獲得したスキルを他の場面でも般化できるように支援します。これは，そのスキルを適用できる他の類似した活動について検討することを意味しています。また，そのような活動の発生を皆さんが見逃さず，新しいスキルがどのように適用できるのか思い出させることを意味します。[8]

他の概念

RTの実行に関する他の考えは，以下の研究のエビデンスにもとづいた根拠をはじめ，特に参考文献の14と16を参照して下さい。

エビデンスにもとづいた根拠

RTは，児童生徒の読解力を向上させるのに効果的であるという，たくさんのエビデンスにもとづいた根拠があります。多くの研究は，学習障害（米国分類）のある児童生徒に注目し，複数の国々にまたがっていました。以下では，1つの総合的なメタ分析，3つのレビュー，9つの個別研究の結果について述べています。

* ハッティーによる最近のRTに関する2つのメタ分析の合成から，0.74という高い効果サイズのあることが見出されました。[9]
* 標準以下の児童生徒を対象とした6つの研究を含む，16個のRTに関する量的研究の包括的レビューによれば，実験者の作った理解力テストを用いた場合，平均0.88という効果サイズが得られました。標準テストを用いた場合には，やや低い値（0.32）の効果サイズが得られました。[10] この分析は，RTが読解力の乏しい年長の児童生徒に最も効果があることを示唆しました。
* 若者の読み書きに関するRTのうち，5つの研究が米国の役立ち情報センター（WWC：*What Works Clearinghouse*）の標準的根拠を満たし，1つの研究は条件付きでWWC標準根拠を満

たしました。6つの研究は，9歳から21歳まで，4年生から12年生までの316人の児童生徒が関わっていました。研究のための学校は，アラスカ，カリフォルニア，サウス・カロライナ，米国中西部，カナダ，ニュージーランドなどにおよびました。これら6つの研究を基に，RTが春期の児童生徒の理解力を高める根拠があることをWWCは認めています。特別な教育的ニーズのある児童生徒のための別個の分析はありませんでした。[11]

* RTの創始者であるパリンサーとブラウンによる初期の研究では，RTと一般的なトレーニングが比較されました。この米国の研究には，**読字困難**な7年生24人の児童生徒が関与していました。その結果，相互指導プログラムを受けた児童生徒の大多数が，読字能力にかなりの向上が見られました。[12]
* 他の米国における初期の研究では，中度の**学習障害**のある児童生徒12名を対象に，28回のRT指導が実施されました。その結果，読字行為において0.36の効果サイズが得られました。[13]
* 1年生を担当する教師6名を対象とした米国の研究では，学習不振のリスクがあると判断された児童生徒のグループを教師が指導しました。それぞれの教師は，子どもたちの1つのグループにRTを用いて，彼らに物語を読み，その内容について質問をし，物語の話し合いを行いました。同じ教師が，同じプログラムのうち内容の話し合いを行わない指導を，別の統制群の子どもたちに実施しました。その結果，RTグループの児童生徒は文章理解や読んだ内容の要点を見つけ出す能力が向上したことを示しました。[14]
* さらに米国の研究では，4年生から6年生までの通常学級に在

籍する25名の**学習障害**児童の社会科の授業でのRT効果を検証しました。その結果，学習障害のある者を含む全ての児童生徒に，統制群の児童生徒と比較して理解力の向上が見られました。[15]

* 最後の米国の研究は，**第二言語として英語を使用している学習障害のある**7年生と8年生26人の児童生徒を調査しました。読解力へのRTの効果が調査されました。全ての児童生徒が15日間のRTに参加しました。児童生徒が社会科の教材を読む際には，(a)示された文章の意味を予想する，(b)出来事や文章について既に知っていることを出し合う，(c)理解できなかった語句を明確にする，(d)文章の中心的な考え方を強調する，(e)主な考えを要約する，(f)文章について質疑応答する，というような6つの方略が用いられました。児童生徒は，無作為に12日間2つのグループに振り分けられ，一方のグループでは協同的グループ指導での理解方略が用いられ，もう一方は，年少者に対するピア・チュータリング方略が用いられました。その結果，両グループとも読解力の著しい進歩がみられましたが，両グループ間での顕著な差異は見られず，両グループとも同等の効果がありました。残念ながら統制群は設けられていませんでした。[16]
* ニュージーランドの研究では，「認知的ブートストラッピング」と呼ばれるテープを用いたRTプログラムの効果が検討されました。研究の対象者は，8歳から10歳の理解力の弱い児童生徒であり，その内の半数は読解力も弱い者達でした。その結果，理解力の弱い者達は認知方略の活用の仕方を知り，読解力の改善も見られました。これらの結果は，10週間後も維持され，他の内容にも般化されていました。[17]

* 別のニュージーランドの研究では，6ヶ月から2年ほどの**読字能力に遅れ**のある4年生と5年生の児童18人に，RTプログラムが指導されました。このプログラムには，(a)児童生徒の思考を刺激するような物語のタイトルについて話し合う，(b)黙読後，物語の各部分を要約する，(c)部分ごとに「先生のような」質問を考える，(d)次の部分で起こるであろうことについて予測する，(e)必要に応じて，明らかにするための質問を行う，などが含まれていました。取組みの序盤では，教師は方略の見本を十分に示し，児童生徒は積極的に質問に答え，文章について話し合いました。プログラムの結果，児童生徒は理解力が向上し，その効果は，8週間後の追跡調査でも維持されており，他の分野にも般化されていることが示されました。[18]
* カナダの研究では，36人の4年生と36人の7年生の児童生徒を対象とした，13回に亘るRTプログラムの指導の効果が調べられました。児童生徒は，学習障害とまでは言えず，文章の読みは適切だが**読解力に乏しい者**と評価されていました。児童生徒は，無作為にRT群と統制群とに振り分けられました。その結果，両方の学年で，統制群の児童生徒に比べて，RT群の児童生徒に読解力の向上が見られました（それぞれ，事前テストでは9.97%，事後テストでは1.63%獲得しました）。[19]
* 最後に，最近のイスラエルでの研究では，**軽度または中度の知的障害**のある15歳から21歳の児童生徒の読み能力に関するRTの効果が調査されました。彼らは，24回のRT指導（実験群）かまたは，治療的な読み書きスキル獲得のための指導（統制群）のいずれかに参加しました。主たる目的は読解力の育成でした。児童生徒は共に対話することで，文章に関する質問を考え，読んだ内容を要約し，難解な言葉を明らかにし，予測す

るトレーニングをしました。この方法は，児童生徒の困難に適応した支援やピア・チュータリング方略の提供と関連しています。統制群の被験者は，基本的な読解スキルの直接的な指導を何度も受けたり，児童生徒がそれぞれ一人で練習したりしました。質問や要約の機会は与えられましたが，読解力育成のための方略の指導はなされませんでした。その結果，読解力育成における方略の指導は，スキル獲得のための伝統的な治療的指導よりも優れているという研究成果が報告されました。[20]

留意点

心に留めておきたい注意点が幾つかあります。

- 児童生徒が，思考力を刺激するような質問ではなく，文字通りの質問ばかりすることがないように注意します。
- RTは，「専門家」と「初心者」との協力によって成り立っていますので，同一能力グループよりも混合能力グループで用いられる方がおそらく望ましいと思われます。
- 児童生徒が，教育者やより優れた仲間に依存的になり過ぎないためにも，足場を段階的に減らしていくよう計画することが重要です。一方，児童生徒が悪戦苦闘しているように見える場合には，取組みする準備をしなければなりませんが，あくまでRTの原理から離れないことです。
- RTは，読解力指導のための方法であって，単語認知力を指導するための方法ではありません。ただし，複数教科にわたって活用することはできます。

結　論

相互指導は，特別な教育的ニーズのある幅広い児童生徒に，読解力向上の方法を教える効果的な方略です。それは，文章の内容を予想し，明らかにし，質問し，要約する方法を教えることです。その過程の大きな特徴は，児童生徒が有能になるにつれ彼らへの責任がますます増大するということです。

第13章

方略11：行動にかかわるアプローチ

―行動変容のための先行条件と帰結条件の操作―

格付け　★★★★

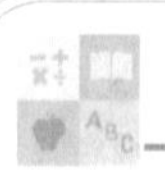

方　略

行動にかかわるアプローチは，児童生徒が言語的，身体的な活動を行う前もしくは後に起こるできごとが，次に起きる行動にどのような影響を及ぼすかに重点を置いています。これらのできごとは，それぞれ先行条件，帰結条件と言われています。

正確には同義語ではありませんが，この方略で論じられる行動にかかわるアプローチは，古典的条件付け，オペラント条件付け，応用行動分析，機能分析（**方略 12** 参照），実験的行動分析，行動変容や行動療法などとよく似た理論的な位置づけとなります。

本書では，直接的な指導（**方略 14**）と機能的行動アセスメント（**方略 12**）という 2 つの異なった方略が，行動療法原理を支えています。他に，認知行動療法（**方略 13**）は行動療法アプローチに認知を加えています。学校全体での望ましい行動支援（**方略 23.2**）と同様に，保護者の関与と支援の章で論じた保護者による操作トレーニング（**方略 5**）もまた，行動療法原理に基づいています。

基本的な考え

行動にかかわるアプローチは，20 世紀初頭の米国人ソーンダイク（*Thorndike*）の実験に起源を持ち，米国のワトソンやロシアの心理学者パブロフらのその後の仕事へとつながります。米国人の心理学者スキナーのいた 1930 年代や，その後，ロバースやビジュー，ベアのような研究者のいた 1960 年代に興隆しました。

行動にかかわるアプローチの本質は，折句である S-R-S（刺激—

反応—刺激）で要約され，同義のA-B-C（先行状況—行動—帰結条件）と表現されることもあります。[1] 本書では，後者の用語を用います。

米国では，行動療法アプローチ（特に応用行動分析）は公的な認知を受けており，1999年，公衆衛生局長官は，自閉症に対する治療として，『30年間の研究から，不適切な行動を減らし，コミュニケーション，学習そして適切な社会的行動を増やすのに，応用行動分析法が有効であることが示された』と発表しました。[2]

この方略は「学習と指導モデル」の2つの要素と関連しています。「外的課題要求」は教育者が考慮に入れた場合，行動療法アプローチにおける先行条件にあたり，児童生徒の行動に対して生起する周りの反応は帰結条件にあたります。

実　践

行動にかかわるアプローチの中心となるのは，3つの手続きです。

- 先行条件の操作
- 強化子の操作
- 3つのステップの実行

先行条件の操作

先行条件とは，行動の合図やきっかけとなる環境的な出来事のことです。[3]

児童生徒に対して課題を構成する際，先行条件には幾つかの選

択肢があります。[4] 例えば，

- 課題の難易度を調整する：難しすぎないように，簡単すぎないように課題を構成します（ゴルディロックの原理）。
- 先行オーガナイザーを提示する：例えば，児童生徒に内容を概観させたり，内容を示唆する見出しを参照させたりします。
- 一般的な指導を補うために，言語，身ぶり手ぶりや身体的手がかり，視覚的手だてなどを用います。
- 肯定的な学習状況（**方略19**と**23**）を保障します。
- 適切で刺激的な教材を用意します。
- ステップを児童生徒に思い出させるために，写真スケジュールを用います（**方略17**）。

さらに，学習方法はどうなのでしょうか？児童生徒がどのような情報を選択するのか，事前に「網」をはっておかなければなりません。—それは，言葉なのか，写真や絵なのか，その他のものなのか，紙面が限られているためこれ以上深く追求はしませんが，学習方法に関する当局の最近のレビューでは，「学習方法のアセスメントが一般的な教育実践の中に組み込まれているという主張に対する適当な根拠はない。」と言及していることを，ここでは述べておきたいと思います。[5]

帰結条件の操作

帰結条件とは，行動の後やその行動のために起きるものであり，今後，行動を再発させる可能性に影響するものです。[6] 児童生徒が何かをする時には，それが自発的であっても他人の行動への反応であったとしても，反応を引き出すための選択肢が幾つかあります。

① 楽しいことが加えられることで反応が引き出されます。つまり**「正の強化」**です。これは，行動後に起こる楽しいできごととして特徴づけられており，行動を強化し，今後の再発の可能性を高めます。例えば，もしも，上手に作文を書いた後に，児童生徒に正の強化子（良い考えだと言って誉める）を与えるなら，今後もおそらく上手に作文を書くようになるだろうと推測することができます。これは，間違いなく最もうまくいく行動療法方略であり，可能な限り用いるべきだと思います。

正の強化について，2つの点を強調しておきたいと思います。まず一つめは，その時の児童生徒にとって，重要であり，有効であり，もしくは有意義なものとして特徴づけられる，適切な強化子を選ぶことが大切です。上記の例で見ると，賞賛が正の強化子として機能するか否かは，それぞれの時や場合における個々の児童生徒への有効性によります。児童生徒の中には，賞賛が公然と与えられることを好む者もいますが，恥ずかしがる者もいるでしょう。

二つめは，正の強化をどれくらいの頻度で与えればよいのかという疑問です。続けて欲しい全ての行動に対して与えなければならないのでしょうか。いいえ，もしそのようなことをすれば，正の強化の価値を下げ，効果を失わせてしまうことになるでしょう。大ざっぱに言えば，児童生徒が特定の行動を学んでいる間は，実行できる限り多くの場面で「連続強化」をするべきです。しかし，いったん行動が確立され，それを維持しようという段になれば，時々正しい反応を強化していくような「断続強化」が必要になってきます。

正の強化の有効性を指摘しているかなりの量の研究がありますが，適切な社会的行動に対する賞賛がほとんど観察されないということは驚くべきことです。[7]おそらく，報酬の使用は，内発的動機付け，つまり活動のために何かがしたいという欲求を弱体化させてしまうという，教育者の持つ信念を反映しているのでしょうが，そのようなことは起こらないことを示す反証があります。[8]とは言え，賞賛がいつも効果的であるというわけではなく，最近の総合的な研究は，2つの研究でそれぞれ0.12と0.09の効果サイズが報告されていることを明らかにしています。著者は，学習時における賞賛の「薄め効果」を警告しています。[9]

② 嫌なことが加えられることで反応が引き出されます。つまり**「罰（その1）」**です。これは，行動後に起こる何らかの嫌なできごととして特徴づけられており，今後の再発の可能性を減少させます。例えば，もしも，逸脱行動の後に児童生徒を罰する（つまり，叱ったりする）なら，今後そのような行動は止まるかもしくは減ると推測できます（以下に示すように，これは負の強化ではないことに注意してください）。罰の法的側面もわきまえておくべきです。大多数の国では，当然のことではありますが，道徳的かつ倫理的な面からだけでなく有効性の面からも体罰を禁止しています。

ここには，皆さんが罰と考えているものが，実際には，いくらかの児童生徒の目には正の強化として映るというリスクがあります。例えば，もしも教室で叫んでいる不道徳な児童生徒を叱ることで止めさせようとするならば，もっと注目してもらいたい児童生徒は，これを正の強化として受け取るかもしれません。同様に，教室からその児童生徒を放り出すことによって冷静さを失っている皆さんの姿を，面白そうに見ている他の児童生徒に，うかつにも正の強化を与えているかもしれません。この方略に対する有効性には限界がありますが，ひどすぎない罰ならば時には用いても差し支えありません。

③　楽しいことが取り除かれることで反応が引き出されます。**「罰（その2）」**です。これは行動の後，楽しいできごとが取り除かれることで特徴づけられており，今後の再発の可能性を減少させます。専門用語では，「反応代償（レスポンス・コスト）」と呼ばれています。例えば，子どもたちが喧嘩をし始めたら，母親は子どもたちがテレビを見るような特典を取り上げます。もちろん，これは子どもたちが本当にテレビを見たがっているという推測のうえでの話ですが。「罰（その1）」のように，この型の罰も何らかの場面で役立てることができます。特に，児童生徒が自分自身を取り戻したり，次の技術的テーマですが，楽しい刺激（TV）を回復させたりするような機会が与えられるような場合です。

④　嫌なことが取り除かれることで反応が引き出されます；つまり，**「負の強化」**です。これは，いったん行動の後に取り除かれると，今後の行動出現の可能性を増加させる不愉快な出来事として特徴づけられます。再びテレビの例を取り上げると，好きな番組の途中でテレビが消されることは，その前に座っている子どもにとってはとても嫌なことだと推測できます。救済手段は5分間静かにしていることであり，そうすると母親がテレビをつけてくれます。これは負の強化です。別の例で言えば，フットボールチームのトレーニングをしており，チームのメンバーはとても疲れているとしましょう。皆さんは，彼らに，練習を終える前に特定の動きを完璧にできるように強要したとします。この場合，いったんその動きができるようになれば，ランニングの継続が回避されることは負の強化として機能します。

先に述べたように，負の強化は時々罰と間違われます。主な違いは，罰は幾らかの行動を減らしたりなくしたりするために計画されるものであり，負の強化は正の強化と同様に幾らかの行動の出現を増やすために計画されるものであるということです。さらに事態を複雑にするのは，ある強化が正の強化にも負の強化にもなりうることです。例えば，薬物中毒患者は陶酔感（正の強化）のために薬物を摂取するのですが，禁断症状を取り除く（負の強化）ためでもあります。[10]

⑤　行動を積極的に強化しないことで反応が引き出されます。これは**「消去」**という幾分厳しい言葉で表現されています。消去の例としては，児童生徒が注意を引こうと机の下に潜り込んだ時，席に戻るまで無視されます。もちろん，指導者もクラスの残りの児童生徒も，注目によって行動が積極的に強化されないよう，無視をしておかなければなりません。時折，無視することによって，一時的に気持ちが高揚したり，より注目を得ようとしたりするかもしれません。それでも，じっと我慢をして，方略が最後には成功することを信じなければなりません。再度，児童生徒にとって罰や正の強化として機能しないように，この方略はとても注意深く使用されなければなりません。

消去の変形として，「正の強化の一時中止（タイムアウト）」があります。これは，児童生徒が例えばゲームをしているような，肯定的な状況にいる時に起こるものです。もし，児童生徒が特定のルールを無視するような反社会的行為をとるようであれば，タイムアウトとして２～３分間ゲームから退場させられるのです。

学校場面でとても役に立つ様々な強化が他にもあります。ここでは主なものを挙げておきます。[11]

- **非両立行動分化強化**（DRI：*Differential reinforcement of incompatible behavior*）。

  児童生徒が望ましくない行動と両立しない行動をとる時にごほうびが提示されます。例えば，頭を叩くような自傷行為を頻繁に行う児童生徒は，一定時間，手を使っておもちゃで遊ぶことが強化されます。この場合，おもちゃで遊ぶことは頭を叩くこととは両立しません。
- **代替行動分化強化**（DRA：*Differential reinforcement of alternative behavior*）。

  これは，例えば，教室で質問に対し不適切に大声で叫んで答えるような，除去したい行動と同じ機能を持つ行動を強化することを意味します。この場合，皆さんは，質問に答えるために手を挙げている児童生徒により注目をします。もちろん，これは皆さんの注目が正の強化になることを前提としています。
- **低反応率分化強化**（DRL：*Differential reinforcement of low response rate*）。

  行動がたまに起こる場合にだけ強化されます。「もし，教室でのどの授業でも，2回以上大声を出して叫ばない時にだけ（例えば10回と比較した場合），コンピューターでゲームをしてもよろしい。もし度々大声で叫ぶようでしたら，ゲームはなしです。」
- **シェイピング**（行動の具体化）は，望ましい反応に徐々に近づけるように反応を強化することで，だんだんと正確な反応になっていくことです。トレーニングの進行に伴い，強化される反応は徐々に望ましい行動のようになります。ここで，水泳を習っている５歳の孫の例で考えてみましょう。彼は様々な段階を経て学んでいきます：胸まで水につかる，頭まで潜る，プールの端っこで浮く，浮き具を使って浮く，蹴ることで体を前に進める，犬かき，そしてクロールの準備に入ります。シェイピングには，次のような格言があります。「成功は積極的に強化し，失敗は無視する」。

- **チェイニング**（行動の連鎖）では，行動を一連のものとして関連づけていくので，それぞれの行動の結果は前の行動の強化子となり，次の行動の先行条件として機能します。例えば，アルファベットを学ぶ際，Ａの後のそれぞれの文字は先行する文字を強化し，次に続く文字のきっかけとして機能しＺまで続きます。

  チェイニングを指導するための主たる方法が2つあります。一つは，連鎖の最初の行動から始める「順行性チェイニング」です。アルファベットの学習例で考えると，Ａから始め，次に「Ａ，Ｂ」,「Ａ，Ｂ，Ｃ」・・と学んでいきます。二つめは，最後の行動から始め，全ての連鎖が完成するまで後ろから教えていく「逆行性チェイニング」です。良い例として，５ピースのジグソーパズルがあるとします。４ピースまでできあがっているパズルを児童生徒に提示し，最後の1ピースを置くように言います。それから，３ピースまでできあがっているパズルを児童生徒に提示し，２ピースを置くように言って順に進めていきます。この逆行性チェイニングの方法は，児童生徒に達成するべき最終目標の理解を促します。

- **フェイディング**（行動の減退）は，課題中に強化が与えられる回数を減らしていったり，強化の方法を変えていったりすることです。そのため，最後には，用いられる唯一の強化子は課題そのものに本来備わっているものだけになります。例えば，児童生徒はゲームに参加するために，最初は連続強化が必要となります。いったん彼らの参加が満足のいくものであると考えられれば，強化を断続的なものに減らし（初めの方の項目を参照），強化することを全く止め，参加する楽しみだけが強化子になります。効果的にフェイディングを強化する「秘訣」は，行動を継続するのに必要なだけの量を提供することです。

3つのステップの実行

行動療法アプローチでは，児童生徒に学んでほしい特定の行動に焦点を当て，これらの目標を達成するために注意深く計画を立て，起こっていることを記録することが必要です。

取組みはどの程度うまくいっているのか，別の方法を試す必要はあるのかを，児童生徒の行動を見て常に厳しく吟味することが必要です。このことは，実際には，本書で示した全ての方略に共通したテーマなのですが，行動療法アプローチにとっては，なくてはならない方法なのです。

このアプローチを用いるにあたっては，3つの主な段階があります。

1 ***行動変容以前の段階。***これには以下のステップがあります。
   - 標的行動と先行条件，帰結条件を確認する。
   - 場面の範囲を超えて標的行動が生起する頻度の基準（ベースライン）を測定する。
   - 行動変容する際の行動の規範を決定する。

   皆さんが重点的に取り組んでいるのは，行動の管理ではなく学習の管理であることを忘れないで下さい。言い換えれば，皆さんは，学習を可能にするための条件を創造しているのであって，児童生徒の好ましくない行動の制御に専念しているのではありません。このことは，特別な教育的ニーズのある児童生徒，特に行動困難のある児童生徒にとってはとても重要な原則です。そのような児童生徒に対し，適合や管理ということが強調されすぎて，より適切な学習行動に彼らを集中させるよりもむしろ，好ましくない行動の除去により多く取り組もうとする危険性があります。重要なことは，どんな行動管理プログラムを計画する場合でも，児童生徒である個々人を忘れてはならないのです。

- 標的行動の下位スキルを詳しく記述し，易しいものから複雑なものへと順序づける。これは「課題分析」と呼ばれています。
- 児童生徒がすでに習得している下位スキルを見つけ出す。
- 適当な強化子を決定する。
- 先に述べた11の強化方法からどの方法を用いるかまたは組み合わせるかを決定する。
- 次に続く2つの段階を計画する。

2 *行動変容段階*。ここでは，児童生徒の行動の回数や持続時間などを注意深く記録しながら，選択した行動療法を実行します。これらは基準（ベースライン）の測定に用いられたカテゴリーと同じものであるべきです。

3 *行動変容後の段階*。4つのステップがこの段階にはあります。

- 行動変容の手続きをなくし，児童生徒の行動を観察します。これらの行動を先の2つの段階で記録した行動と比較します。もし標的行動が目に見えるほどに改善されていたなら，ごほうびにコーヒーを飲んで一息入れてください。もし，そうでないとすれば，これは，最初からやり直さなければならないことを意味します。例えば，強化子を変えたり，課題分析を修正したり，あるいは下位スキル間をよりスモールステップな内容に切り替える必要があります。

- ２週間後，１ヶ月後，６ヶ月後に，長期間の追跡調査（フォローアップ）を実施します。これは「維持」をチェックするためです。やはり変化が永続的であると確信したいのです。
- 他の場面（例えば，教室から校庭や家へ）へ，そして，ある分野から別の分野へ（例えば，数学から科学へ），行動が「般化」されているかどうかを見極めるためにチェックします。行動を学んだ背景だけに制限されていることは望ましくありません。標的行動が長期間維持されているかどうかも，チェックしておかなければなりません。
- 維持もしくは般化のデータに懸念があるようであれば，それを修正するために他の取組みを計画しなければなりません。

望ましい行動ゲーム

最もうまくいっている教室で活用されている行動原理は，「望ましい行動ゲーム」（GBG：*Good Behavior Game*）であり，1960年代の米国で開発されました。[12] 本来，**破壊的な行動**の除去に取り組むために設計されましたが，以来，4歳から18歳までの児童生徒がいる教室の，幅広い**問題行動**に適用されてきました。[13]GBG は集団ゲームであり，集団の成員は集団全体の行動遂行により強化されます。したがって，集団の成員は個々の行動調整が促され（**方略 7** 参照）るとともに，同じ事を行うよう仲間を助けます

予防－指導－強化

予防－指導－強化（PTR）は，応用行動分析（**方略 12**）の原理と密接につながった，学校単位の取組み策です。簡単に言うと，PTR は，先行条件（予防）と帰結条件（強化）を操作し，さらに新たな行動を指導（指導）することに重点を置いています。

例えば，

- ***予防***：選択，環境的支援，カリキュラム変更，教室管理手順，仲間からの支援とモデリングを提供します。
- ***指導***：代替行動，具体的な学力，問題解決方略，具体的なソーシャル・スキル，自己管理，従事時間の増加などに重点を置きます。
- ***強化***：代替行動の強化，問題行動の強化中止，集団随伴性の提供，家庭と学校での強化システムの開発

PTR には，5 段階の過程があります。

第 1 段階：集団化………児童生徒個々のニーズに応じた大きさや構成で学校単位の集団を形成します。

第 2 段階：目標設定……指導されるべき，そして／または減少されるべき社会的行動や学業面での目標を同定します。

第 3 段階：査定…………PTR の 3 つの構成要素を全て網羅する

ために，機能的行動アセスメントを活用します。

第4段階：取組み………メニュー（上記参照）から指導方略を選択し，責任の所在を明らかにしたうえで教室において実行できる行動支援計画を策定します。

第5段階：評価…………計画の有効性を判断し，将来の段階を決めるために，第2段階のデータを活用します。

エビデンスにもとづいた根拠

行動療法アプローチが，幅広い特別な教育的ニーズのある児童生徒に効果的であることを，調査研究は確信を持って示しています。この方略に関する膨大な文献があり，以下に少しだけその見本を挙げました。それらは，特別な教育的ニーズの広範な領域に及んでおり，特に自閉スペクトラム症に注目しています。4つのレビューの結果と4つの代表的な個別研究を示したいと思います。

* 20の異なった取組み方略に関するメタ分析の包括的なレビューから，行動変容は3番目に高い効果サイズ（他は，記憶術方略（**方略8**），読解力（**方略10**）に次ぐものであり，直接的な指導（**方略14**）の一つ前）であることが示されました。行動変容の効果サイズ0.93は，社会的な成果（0.69）と学業の成果（1.57）の平均を示しています。[15]
* **深刻なまたは常習的な非行**に対する効果的な学級経営に関す

る研究のレビューから，体罰に関して以下のポイントが挙げられました。

- 効果はあてにならない。
- 不適切な行動を抑制することには成功しても，適切な行動を育てることにはつながらない。
- 体罰を受けた人に注意が向くので，無意識の強化となることがある。
- 恨みや敵意を生み出す。
- 野蛮な行為や不登校，中途退学の増加というような望ましくない結果につながる。[16]

＊ 1970年代から行われてきた典型的な研究の一つは，**行儀の悪い児童生徒**の教室での行いを改善するために行動療法アプローチの活用に関する研究を要約しています。このレビューは，言語，記号化，具体化などを効果的な強化子として確認しました。[17]

＊ **自閉症**のエビデンスにもとづいた実践に関する最近のレビューでは，総合的な早期集中行動療法的取組み（EIBI）と焦点化された行動療法とを区別しました。[18] 前者はロバース治療法と呼ばれ，週に40時間以上の関与の多くが，小集団場面や大集団場面への段階的移行を視野に入れたマンツーマン指導というように，あらゆる技能分野に対応しており，様々な行動療法手順を活用しています。最近のメタ分析は，EIBIは自閉症のある児童生徒にとって，とても有効な療法の一つであると示唆しています。[19] あるメタ分析によれば，最大知能の変化に対する平均効果サイズは1.10であり，適応行動の変化に対しては0.66でした。[20]

一方，焦点化された行動療法とは，実験的に計画された被験者一人の事例研究を用い，幅広い行動に対応します。EIBI研究と同様，焦点化された行動療法は，既存のスキルを増やし，新たなスキルが指導され，問題のあるまたは望ましくない行動を減少させるという，多くのエビデンスにもとづいた根拠があります。

* 1996～2000年の間に発表された，8歳及びそれよりも幼い**自閉症**の児童生徒に対する行動療法的取組みに関する研究の初期のレビューでは，とても楽観的になる根拠があると結論づけられました。著者は，この領域における現存する5つの研究概要から，そのうちの半分の研究で，早期に行動療法取組みを実施することで，80～90％近くの児童生徒の問題行動を減少させることができることを示したと述べています。9つの研究の分析では，比較群のほぼ60％に，問題行動の90％の減少が見られたことが報告されました。[21]

　ある研究では，自閉症幼児のための行動支援計画を立案する際に重要な要素となる以下のポイントが見直されました。

- 嫌悪事象を最小にし，強化される機会を最大にするとともに，問題行動の強化が最小となるよう環境を構造化することで問題行動を予防します。
- 自閉症の児童生徒に，強化されるべき社会的賞賛や注目という報酬がなさそうであれば，個人にとって有効な強化子を探し使用することが不可欠となります。

* **自閉症**児童生徒への行動療法アプローチの有効性に関する初期のもう一つのレビューでは，行動療法のような取組みは，攻撃行動，常同行動，エコラリア，自傷行為のような問題行動を減らすだけでなく，言語，日常生活スキル，社会的行動のような領域の機能的なスキルのレパートリーを広げることに対し

ても効果的であったと結論づけました。[22]

* 最近のスウェーデンの研究は，**反抗挑戦性障害**や**ADHD**のような外在的行動のある児童生徒への行動管理取組みの無作為に統制された試行結果について報告しました。取組みは，38校の1年生と2年生の児童生徒100人を対象とし，彼らは，実験群と統制群に無作為に割り振られました。取組みは，機能的行動アセスメント（**方略12**）に基づいて個別に調整されたプログラムで構成されていました。全ての取組計画には，目標設定と児童生徒が標的行動をとった時にだけ提供される条件付き賞賛が含まれました。また，問題行動への反応に関しては，無視と肯定的な命令口調（否定的な非難ではなく）が計画されました。その結果，児童生徒の外面的行動と，教師による事後テストと取組みから14週間後の追跡調査における両方の行動管理に，著しい効果が示されました。[23]
* 望ましい行動ゲーム（GBG）の影響に関する無作為に統制された試行的研究が，743人の小学生を対象にオランダで実施されました。その結果，GBGが教室で現れる**ADHD**のような兆候の著しい減少につながることが示されました。[24]
* 取組み指導－強化（PTR）取組みが**問題行動**のある児童生徒にとって，一般的に用いられている取組みよりも効果的であるかどうかを比較するために，無作為に統制された新たな試行が実施されました。研究には，4歳から15歳までの児童生徒が全部で245人（平均年齢8.17歳）と，218人の教師が参加しました。予備結果からは，PTRを受けた児童生徒は，著しく高いソーシャル・スキルを生み出し，授業に参加し，問題行動を減少させることが示されました。教師もまたPTRは高い社会的妥当性があると評価しました。[25]

留意点

行動療法アプローチの活用にあたっては，もしもそれを正確に用いようとするなら，かなりの手間と時間の浪費が必要となることを，おそらく皆さんも認められるでしょう。しかし仮にそうであったとしても，行動療法アプローチは，特別な教育的ニーズのある児童生徒に新しい行動を学ばせ，不適切な行動は学ばせないようにするのを確実に助ける見込みがあります。このようなアプローチは，常に速やかな成果を生み出すわけではなく，最初は芳しくない結果を生み出したように見えることさえあることにも注意してください。計画を変更する前に，辛抱強くやり通すことが重要です。中でも，系統だてた記録を残し，データを活用することが大切です。

結　論

行動療法アプローチは，行動の様々な領域に渡って，特別な教育的ニーズのある幅広い児童生徒にうまく活用されてきました。それは，児童生徒の行動の先行条件と帰結条件を操作することで，教育者が教室で簡単に用いることのできる方略だからです。

第14章

方略12：機能的行動アセスメント

―先行条件と帰結条件を変化させることによる問題行動の変容―

格付け　★★★★

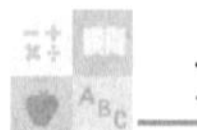

方　略

機能的行動アセスメント（FBA）とは，前章で概説した行動療法アプローチの一部です。基本的には，FBA は，児童生徒が繰り返す望ましくない行動の機能または目的を決定するのに用いられる手続きのことと言われています。さらに詳細に言えば，それは，どうして児童生徒は特定の方法で行動するのか，またこの方法で行動する時，彼らは何を獲得し何を回避しているのかを分析することです。この情報は，行動支援計画をたてる際の，より望ましい行動に置き換えるための根拠として活用されます。[1]

FBA は，応用行動分析（**方略 17**）の構成要素のうちの 1 つであり，肯定的行動支援（**方略 23.2**）に不可欠な部分です。

同義ではありませんが，FBA は，機能的アセスメント，機能的分析，記述的分析，行動療法アセスメントなどと密接に関連しています。

「学習と指導モデル」に関して言えば，FBA は「外的課題要求」や「外的応答」と関係しており，第 2 章で概説したように，学習の行動主義的アプローチとも適合しています。

基本的な考え

FBA は，1960 年代に始まった応用行動分析にその起源があり，よく知られている A-B-C パラダイム（A ＝先行条件，B ＝行動，C ＝帰結条件）を生み出しました。これらの要素は，前章で詳細に概説しました。

FBA の基本的考えは，最初，1968 年のベアー，ウルフ，リズリー [2] や，1977 年のカー [3] らによって確立され，以来，それに関する文献は拡大の一途をたどりました。2004 年，個別障害者教育改善法（IDEIA）の改正が FBA について明確に言及するなど，FBA は米国においてかなり推進されるようになりました。この法律が改訂される前は，もしも児童生徒の行動が自己や仲間の学習に影響を及ぼしているようであれば，一つの取組み計画もしくは FBA 計画が実行できるように、IEP 会議を開催されることが求められました。[4] そのような計画は行動スキルを積極的に活用し，取組みは最小限にしなければなりません。[5]

FBA の主たる概念は，問題行動はきっかけとしての先行条件，と／もしくは，維持につながる帰結条件によって生じるという考えを前提としています。いったんこれらの原因が明らかになれば，(a)そのような行動の先行条件または帰結条件を変える，と／もしくは，(b)より適切な行動に置き換える，のいずれかの方法によって問題行動を減らすことが可能となります。[6]

問題行動の原因を，どの範囲まで考慮に入れるべきかという議論があります。FBA を支持する者の大多数は，直近（つまり身近な）の原因に注目するべきだと主張しています。一方で，家族不和のような直近でない（つまり背景的な）原因や，それと同様に，絶望のような生理的要因，思考や感情といった精神的要因なども考慮に入れるべきだという人もいます。[7] 私は，後者の立場が好ましいと考えています。というのも，特に，行動修正が困難な場合には，多様な専門家チームが児童生徒の問題行動のアセスメントを実行するべきだと指摘しているからです。しかしながら，本書の目的のためにも，私は，修正困難な行動を抱えている全ての児童生徒に適した直近のアプローチに，主として焦点化したいと考えています。

実　践

FBAは，以下の３つの要因とそれらがどのように繋がっているのかを注意深く分析することが必要です。

- 問題行動
- 先行条件
- 帰結条件

問題行動

最初の課題は，教育者としての皆さんまたは皆さんの同僚が困っている行動を，可能な限り正確に記述することです。ここで皆さんは，学習を妨害するまたは児童生徒や他の者に対し有害な結果をもたらす可能性のある行動に注目しなければなりません。これらの行動が，除去または減少させることを目的として行う取組みの「否定的標的行動」となります。次に，皆さんは，否定的標的行動の代わりに置き換えたいと願っている行動を，同じように正確に記述しなければなりません。これらが「肯定的標的行動」です。

先行条件

次の課題は，これらの行動を引き起こす原因と思われる先行的な出来事（つまり，否定的標的行動よりも先に起こる出来事）を明らかにしなければならないことです。先行条件への方略は，問題行動に対応する方略とは対照的に，それらの行動の発生を予防するために計画されています。困った行動に対する重要な先行条件を見つけ出すことは，児童生徒の保護者に助言する際にとても役立ちます（**方略 5** 参照）。特別支援教育コーディネーター（SENCO）または彼らと同等の者は，皆さんが先行条件を見極めるのを助けるために重要な役割を果たさなければなりません。

帰結条件

三つめの課題は，問題行動を維持していると思われる結果的な出来事（つまり，否定的標的行動の後に生じた出来事）を記述することです。

要約すると，FBA を行うための 6 つの段階があります。[8]

STEP1

チームはどんな行動が最も破壊的もしくは問題があるかについて決定し，それらの行動を正確に記述しなければなりません。児童生徒とその標的行動によって，チームには以下の何人かあるいは全員が含まれることになります。つまり，教育者，校長，児童生徒の保護者，カウンセラー，行動コンサルタント，心理学者，助手／教育補助員，児童生徒自身などです。FBA コーディネーターを一人指名すべきですが，責任はチームの全てのメンバーが負わなければなりません。

例えば，11 歳になるマリアが，読書の時間に教室内をうろうろしたり，時には教室を離れたりするといった逸脱行動をするために，皆さんは心配をしているとしましょう。

STEP2

これらの行動がさらなる調査課題となります。それらに関する情報は，間接的な既存の成績表や児童生徒の作品や面接など，様々な方法によって手に入れることができます。特に，情報は，様々な場面での直接的な観察を通して手に入れるべきです。後者についていうと，頻度（どれぐらい頻繁か），強度（強さや影響力），期間（どれぐらいの間か），場所（どこで），標的行動の帰結条件などを記録しておくことです。[9]

マリアの場合，彼女が学校に入学して以来の成績表を見直してみると，彼女の読書力テストの点数がいつもよくなかったり，補習課題にも応答できていなかったりしてきたことが明らかになりました。彼女に尋ねてみると，「読むのは嫌い」と言いました。彼女の学校での様子を一日中観察したところ，彼女の逸脱行動は，読書の時と他の課題では教科書を用いる時に最も見られることがわかりました。科学や体育のような活動を中心とした授業では，クラスの大多数の子達と同様に集中することができていました。彼女の逸脱行動は，大抵，授業中の早い時点で叱責され，無視されていました。クラスメートの何人かは彼女が離席した時に，彼女に注意をしました。

● *STEP3*

それから，チームは行動の機能を明らかにし，逸脱行動の原因と思われる環境要因について仮説をたてます。ここで考慮しなくてはいけないのは，(a)行動のきっかけと思われる共通の先行条件と，(b)それらを維持していると思われる帰結条件です。例えば，先行条件には何らかの課題やクラスメートの行動が含まれるかもしれませんし，一方で，帰結条件には，注目，他者への暴力，“校長室に呼ばれる”ことで課題を回避するような機会といったようなものが含まれるかもしれません。否定的標的行動の先行条件と帰結条件を考慮するのと同様に，肯定的標的行動の先行条件と帰結条件，または否定的標的行動が出現していないことにも注意を払うべきです。と言うのは，皆さんは肯定的標的行動の出現を望んでおられるからです。

マリアの逸脱行動は，彼女にとってあまりにも難しすぎる教材を読むことによって引き起こされ，教師とクラスメート達の注目によって維持されているように考えられました。一方，彼女の肯定的標的行動は，教材への活発な活動を含んだ授業で引き起こされ，成功することによって維持されているように考えられました。

● *STEP4*

取組み計画は，(a)問題行動の操作上の定義，(b)行動教育方略（例えば，**方略23.2**：学校全体での肯定的行動支援，**方略3**：ソーシャル・スキル・トレーニング，**方略13**：認知行動療法を参照），(c)先行条件と帰結条件を操作するための方略（例えば，**方略11**：行動療法アプローチを参照）を含み作成されます。ここでは，否定的標的行動を減らすことまたは消去することと，肯定的標的行動を増やすという二つの目的があります。そのような計画は，いつ，どこで，誰が，どのように取組みを実行するのかということを明記されなければなりません。

マリアの計画には，(a)逸脱行動の出現を減らすための段階的な目標を慎重に定めること，(b)読み教材は彼女の能力水準や年齢的な興味に合ったものをより丁寧に選ぶこと，(c)読みに関連した授業により実際的な活動（例えば，何かを作るよう指示する）を含むこと，(d)授業中に不適切な会話をする児童生徒を無視するために，学級内の他の児童生徒の協力を求めること，などが重要なこととして含まれるでしょう。

● *STEP5*

取組み計画が慎重に実行され，体系的に記録されます。

● *STEP6*

最後に，計画は批判的に評価され，必要なところで修正されます。本質的に，これは形成的評価です（**方略 15**）。

エビデンスにもとづいた根拠

調査研究から，FBA が否定的標的行動を軽減したりそれに応じて肯定的標的行動を増やしたりすることは，幅広い児童生徒にとって一般的に効果的であることが示されました。以下では 2 つのメタ分析と 5 つのレビュー，2 つの実例的個別研究の結果を報告します。

* 最近のメタ分析では，FBA に基づく学校をベースにした取組みの研究という単一の課題について考察されました。それは、その取組みの全体的な有効性と肯定的行動支援（IPBS）を基本とした学校場面での実践の影響を明らかにすることでした。145 人が参加した全部で 83 の研究がメタ分析に含まれました。全般的に，FBA にもとづいた取組みは，**問題行動の**減少や，多様な児童生徒集団や統合的な教室を含む様々な教育場面での適切なスキルの増加に対して，ほぼ効果的であることが示されました。主たる IPBS 実践に関しては，取組みを計画している期間中ずっと，チームで意思決定をおこなってきたことはとても効果的である一方で，この領域における更なる研究が必要であることが示されました。[10]
* FBA に関する研究を計画した単一課題についての最近の別

のメタ分析では，以前のメタ分析結果が支持されていました。これは，学校での，**情緒障害や行動障害**のある，もしくはその疑いのある児童生徒が示す問題行動に対し，FBAにもとづいた取組みの包括的な効果を分析しました。69のFBA研究，146課題，206の結果グラフのサンプルの結果，全般的にFBAにもとづいた取組みは平均70.5パーセントの確率で問題行動を減少させ，その手続きは全ての児童生徒の特性に効果的であったことが示されました。[11]

* 106のFBAについて述べた58の論文の2007年度レビューでは，一連の機能分析手順にもとづいた取組みは，環境的な偶然性を体系的に操作していない他の手順と比べ，よりよく**行動困難**を治療することが見出されました。[12]
* 学校場面における**高い確率で生じる問題行動**のレビューでは14の研究が確認されました。そのうちの12の研究で『FBAの明らかな効果』が示され，残りの2つの研究ではほんのわずかな改善が示されただけでした。これらの結果の多くは，例えば，児童生徒に活動を選択させたり，難しい課題を和らげたり，手がかりを与えたりというような学習課題の修正によるものでした。[13]
* 他のレビューでは，**情緒障害や行動障害**のある，もしくはその疑いのある児童生徒に対するFBAにもとづいた取組みの22の研究が報告されました。これらの研究は，先行条件にもとづいた取組み（N = 6），帰結条件にもとづいた取組み（N = 6），先行条件と帰結条件にもとづいた手順の組み合わせ（N = 4），他の関連するアプローチ（N = 6）などが混合されて成り立っていました。取組みの種類に関係なく，22の研究のうち18の研究で問題行動の明らかな減少と／もしくは適切な行動の増

加という肯定的な結果が示されました。研究はまた，児童生徒の不適切な行動につながる最も一般的な要素は，(a)不適切な行動への教師の注目，と(b)難し過ぎる学習課題であることを明らかにしました。[14]

* 学校場面におけるFBAの最近のレビューでは，研究的にはFBAの有効性を示す数多くの実例が含まれているものの，実験的な条件を教室に作ることは往々にして難しいと報告されました。論文は，実践家には教室場面に合ったアセスメント手続きについての付加的な研究が求められていると結論づけました。[15]
* しかしながら，学校での機能的アセスメントの総合的な分析から，このアプローチは，(a)**希少の障害**のある児童生徒の高頻度の問題行動をコントロールする要因の解明と，(b)それらの行動のための効果的な取組みの計画に役立つことが明らかにされました。合計100の研究がレビューされ，そのうちの多く(69%)が先行条件と帰結条件の両方ともを操作していました。もっとも一般的な標的行動の機能は，多い順から言うと，(a)課題解決からの逃避，(b)大人の注意引き，(c)物／活動の獲得，(d)感覚刺激の獲得，(e)仲間の注目引き，となります。研究に参加した者のほぼ4 分の1に複数の機能が示されました。148の取組み事例報告のうち2つを除いた残りの全ての事例で，取組みが成功していることがデータにより示されました。[16]
* 小規模の被験者による事例研究では，**読み障害**の疑いがあると診断された3人の参加者にFBAが実行されました。教師は，2つの機能的分析条件（つまり，逃避と注目）と統制条件を実行しました。機能分析の結果，破壊的な行動は3人の参加者全員に対する教師の注目によって維持されることが示唆されま

した。機能分析の結果に基づいて，教師は，破壊的行動や逸脱行動がない場合により多く注目するという，正しい行動方法に対して分化強化を行いました。加えて，教師の注目を適切に得られたことで強化された，代替の行動方法への分化強化を行いました（このようなアプローチを説明した**方略11**を参照）。手続きは，参加者間の多層ベースライン・デザインを用いて実行されました。取組みの間，3人の参加者全員の破壊的行動はほぼ0にまで減少しました。[17]

* 初期のFBAの応用からは，**重度発達障害**のある児童生徒の自傷行為の機能に，注目や自己刺激，要求が含まれることが示されました。これらのアセスメントは取組みを成功に導き，結果的に自傷行為を減少させました。[18]

留意点

FBAに関する3つのリスクに注意して戴きたいと思います。

- 一つめに，最初にも述べたように，行動の近接要因に注目することによって，より複雑な原因が見落とされ，あるいは軽視されてしまう危険性があります。重度の問題行動のある児童生徒の場合，この章で記述されているアプローチと並行して，多くの専門分野にわたる総合的な分析や取組み計画が実行されることが重要です。
- 二つめに，FBAはきわめて大きな労力を必要とし，実行するには高価なものであることは認めます。しかしながら，この点について賛成することはできません。むしろ，個々の児童生徒と広く社会の両方のためには，問題行動を減らすかまたは除去するための取組みをしない方が高くつくのです。この点は，学校予算に対して責任のある教育行政官や政治家に言って聞かせる必要があります。

- 三つめ目に，FBAは，注意深くコントロールされた状況で実施されたり専門家によって指導されたりすれば効果的であるという明らかな根拠がありますが，学校職員の仕事とは無関係に実施することは難しいと私は思っています。手順について完全にトレーニングされた人材を利用できるチームアプローチが必要だと考えています。[19]

結　論

FBAは，困難な行動に取り組む際に用いられる効果的で肯定的な方略です。それは，全ての児童生徒の，否定的な行動の除去または減少と肯定的な行動の増加の両方に関係があることです。

第15章

方略13：認知行動療法

―児童生徒のマイナス思考を変化させる支援―

格付け　★★★★

方　略

認知行動療法（CBT：*Cognitive Behavioral Therapy*）は，人のマイナス思考のパターンを変化させる積極的なプロセスであり，行動を変容させ，最後には不安またはうつの感情を減らしたり除去したりすることにつなげるものです。それは，自分自身に関する考え方や行動の仕方を変えることを教える簡単で系統的な心理療法です。問題の過去の原因についてはできる限り追及しません。

CBT は，認知行動的取組み，家族に焦点を当てた CBT，トラウマに焦点を当てた CBT，認知行動的集団療法，認知行動的修正，論理情動行動療法，論理行動療法，認知療法のような他の関連した療法も含めて広く適用される治療法です。

もともと CBT は，うつや不安な状態にある大人に対して開発されたものであり，近年，子どもや青年に対しても広がってきました。大人に対するのと同様に，性的・身体的な虐待，離婚，暴力や自然災害のような出来事に起因する攻撃性，不登校，PTSD はもとより，うつや不安を治療するのにも使われてきました。

ADHD の児童生徒は行動コントロールが苦手な故に，幾つか研究では，この障害の治療に CBT を活用することができることを見出しましたが，ADHD の児童生徒に対する根拠に異議がないというわけではありません。

全ての事例で，CBT による行動面での欠陥や度が過ぎた部分の減少または除去がなされることにより，児童生徒自身の幸福感を増し大人や仲間との関係改善が見られました。

この方略は，おそらく精神科医や心理学者，カウンセラーに大いに関連があるのでしょうが，教育者もまた(a)指導に応用することができる，(b)児童生徒に CBT を用いているどの専門家とも密接に連携する必要があるなどの理由から，その基本的な原理を理解しておくべきだと考えます。

この方略は，「学習と指導モデル」の「意欲」「実行機能」「方略」の項目に最も関連しています。その名前が示しているように，CBTは，第2章で説明した学習のための認知／構成主義的アプローチと行動療法的アプローチの両方を活用しています。

基本的な考え

CBTは，私たちが感じたり行動したりする（いわゆる行動面）原因は，私たちの思考（いわゆる認知面）にあるという前提に基づいています。したがって，もしも私たちが望ましくないあるいは破壊的な感じ方や行動を経験しているのであれば，それらをより望ましい行動へとつなげる現実的で役に立つ考え方に転換する方法を学ばなければいけません。[1] 言い換えれば，CBTの目標は，個々人が望ましくない反応を捨て去ることを助け，状況に対する新たな反応を学ぶことなのです。

例えば，数学のテストで失敗したとしたら，「自分は数学は苦手だ」もしくは，もっとマイナスに「自分は無能だ」と考えるかもしれません。このことは，数学の授業を避けるだけでなく，たいていは登校もしなくなり，最後には不安感情や攻撃的な行動さえ生み出すような危険なサイクルへと導いてしまいます。このサイクルを断ち切るために，教育者は児童生徒が確実に成功体験を積めるようにしなければなりません。中には，「自分は失敗する」というマイナスの考えを，「自分はできる」というよりプラスな考えに転換させるように集中的にCBTを適用しなければならない場合もあります。この方略では，行動をコントロールするために，児童生徒は誤った認知を修正するために内的言語（一般的に「独り言」と言われる）を用いるよう指導されます。基本的な考え方は自己調整です（**方略 7**）。[2]

このアプローチへの支援は，児童生徒の行動が適切か不適切かを規定する前に，社会的な場面で情報をどのように処理すればよいのかという社会情報処理モデルに見出すことができます。一般的な認知処理段階は以下の通りです。(a)社会的きっかけに気づく，(b)これらの手がかりを解釈する，(c)目標を選択する，(d)反応の選択肢を考える，(e)反応を決定する，(f)反応を実行する。もちろんこのプロセスは，ある場合はとても短かったりある場合はとても慎重だったりと，持続期間を変えながら実行されます。どこかのステップで歪んだ判断をした児童生徒たちは失敗します。例えば，攻撃的な児童生徒はほとんど社会的な手がかりに注意を払わず，しばしば敵意のある社会的手がかりに注意を向けようとします。また，攻撃することで満足のいく結果が生み出されるということを，攻撃的でない児童生徒よりも確信していることが研究によって示されています。CBT は，このような正常に機能していない認知に取り組むことをねらいとしています。[3]

治療法としてのこのアプローチは，アルバート・エリスによって始められました。彼は，精神分析や人道主義的アプローチに対する反発として，1950 年代に論理的情動行動療法として知られるスキルを開発しました。1960 年代にアーロン・ベックが認知療法にこれを採り入れました。初期の型では，論理的情動療法と認知療法はしばしば行動療法的アプローチと比較されました。しかし，近年この 2 つは CBT に組み入れられました。

実　践

CBTは，本来はカウンセラーや心理士のようなトレーニングされた専門家によって行われる心理療法ですが，教育者である皆さんの実践を導くこともできると信じています。皆さんは，授業理解や仲間との関係で経験する困難さの結果，自分自身に満足できないでいる児童生徒と毎日関わっています。皆さんの挑戦とは，(a)困難さを予期しそれらを回避するための段階を踏むことと，(b)問題に遭遇した時の方法を一緒に「考える」ことで，問題が起きた時の対処スキルを児童生徒に教えることです。より深刻な場合には，皆さんは問題に注意を払いながら，児童生徒の保護者と話し合ったり，CBTの専門的なカウンセリングや心理療法を紹介したりするべきでしょう。

非理性的信条のＡＢＣテクニック

30年以上前，アルバート・エリスは，「非理性的信条のABCテクニック」と題した論文を発表しました。それは問題の分析から始まります。

A：原因……否定的な考えを導く状況（例えば，数学のテストで欠点をとる）

B：信念……否定的な考え方が起こる（例えば，「数学が苦手な自分は無能だ」）

C：結果……否定的な感覚と機能不全の行動（例えば，「自分は本当に無能だ」「実際，自分は役に立たない」。そうして，うつ，怒り，不安などのリスクにさらされるのです。）

このような分析に基づいて，心理療法士は当人と一緒に問題の「見直し」を行います。このことは，理性的な考え方や適切な行動に転換することを期待して，否定的な考え方をより現実的な観点で解釈を見直すことに挑戦することなのです。[4]

6つのステップ

マイケンバウムはCBTや認知方略指導（**方略6**）の先駆となる最も初期の提唱者の一人でした。彼は，伝統的な古典的オペラント条件づけ（**方略11**）は，認知にもとづいた理論で補足される必要があると主張しました。彼と同僚は，内観法の「発話思考」や自己への言い聞かせの習得が，自己統制の基礎を形成すると主張しました。この過程において，大人たちは，発話思考法や考えの隠し方（つまり，内面化）というような認知スキルの見本提示に重要な役割を果たします。彼は以下のような6段階の過程を記述しました。[5] 自分の児童生徒に対して用いたことのある筆記体の指導を通してこれらの段階を説明しましょう。これが筆記体の文字です *abc*

- 第1段階　**認知的見本**：行動のモデルを示しながら同時に説明をします。
  「これがペンの握り方です。文字を書くとき，ペン先はいつも45度です。aの文字のてっぺんから始めますよ。線を斜めに書いてカーブしてまっすぐ下におろします。」
- 第2段階　**外的助言**：児童生徒は教育者の説明に従って課題

を遂行します。

「私の説明に従ってaという文字を書きます。常に45度に保つようにペンを持ちます。てっぺんから始めますよ……。」

- 第3段階　**明確な自己指導**：児童生徒は課題に取組み同時にそれを説明します。

  「今度は文字を書いてもらいますが，一つ一つの書き順を自分で説明してみて下さい（必要に応じて指示します）。」

- 第4段階　**自己指導の減少**：児童生徒は課題を遂行しながら同時にその行為を呟きます。

  「ではもう一度します。でも今度は，呟きながら行ってみて下さい。」

- 第5段階　**明確な自己指導と課題遂行の同時実施**：児童生徒は課題を遂行しながら同時に活動について「思考」します。

  「最後です。手順をよく考えながら，もう一度行ってみてください。」

- 第6段階　**自己強化**：遂行を認めます。

  「終わりましたか？　最後に，うまくできたことを自分自身で誉めてあげてください。」

これらの例は，行為障害や不安障害に直接対応するものではありませんが，CBTの本質的な特徴を示していると思います。このような取組みは，行為障害や不安障害のような障害に対するステップを紹介する際の中立的な方法として役に立ちます。

FRIENDS情緒的健康プログラム

FRIENDSは，不安感の認識方法，リラックスの仕方，無駄な不安を駆りたてる思考の認識，役立つ思考への差し替えなどの方法を児童生徒に教えるために，行動療法的方略や，生理学的方略，認知方略を活用してマニュアル化された，10回のセッションからなるCBTプログラムのことです。プログラムは，問題集での練習をはじめ，ロールプレイやゲーム，クイズなどを，大集団や小集団での活動を通して行います。[6]

別の例

CBTの別の例では，攻撃的な反応を引き起こす児童生徒に対して，問題場面に取り組む際に以下のような段階を用いて指導されました。

1）**行動する前に立ち止まって考える**：心の中でつぶやくことで攻撃的な反応を抑えます。
2）**問題を認識する**：攻撃的な反応を引き出す問題場面を具体的に思い起こします。
3）**解決策の選択肢を開発する**：問題場面に対する解決策として，少なくとも2つの選択肢を創り出します。例えば，
   - リラックスできるまで何か他のことを考える。
   - より怒らせないために部屋の別の場所に移動する。
4）**可能な解決策の結果を評価する**：それぞれの可能な解決策の効果を査定します。
5）**解決策を選択し実行する**：選んだ選択肢を実行します。[7]

そして，もう1つ

児童生徒が「賢い選択」をするのを助ける手順について概説さ

れています。それは，以下の 6 つの段階で説明されています。

1）教師と児童生徒は，怒りや衝動的な行動を管理する方略を学ぶことがどうして有益なのかについて話し合います。
2）教師は，自分への言い聞かせである独り言をどのように生かせばよいのか見本を示します。
3）教師は，方略の実践を，様々な役割演技の場面を活用して児童生徒と一緒に取組みます。
4）教師は，授業中に児童生徒が自分への言い聞かせを取り入れている様子を観察し，その時間を記録するとともに，それを用いた時の成果を記録します。
5）児童生徒は，一日のうちの怒りを感じた時間を記録するとともに，方略を活用した際の結果を記録します
6）取組み方法は，児童生徒の向上にしたがって見直され修正されます。[8]

エビデンスにもとづいた根拠

CBT は，児童生徒や若者に対して最も広く研究された治療法の 1 つです。[9] この章では，4 つのメタ分析と 4 つのレビュー，9 つの代表的な個別研究の結果を説明します。主たる従属変数は不安でしたが，研究には，攻撃性や自傷行為，うつ，自閉症，反社会的行動，行為問題，ADHD，トラウマなども含まれています。

＊ 教育者にとって特に重要なこととして，学校現場での研究のメタ分析が1999年に報告されました。この研究は，**多動性・衝動性**や**攻撃性**を示す児童生徒に対する CBT の効果に関する 23 のケースを調査しています。全ての研究の平均的効果サイ

ズは0.74であり，研究の89％が，統制群よりも治療群の方がより大きな効果のあったことを報告しています。1つを除くほぼ全ての研究で，児童生徒は通常の学校の特別支援学級かまたは通常の学級に在籍していました。全ての研究に，行動を調整するために心の中での自分への言い聞かせを活用することで，児童生徒の自己調整力を向上させようとする支援方略が組み入れられていました（この方法を説明した前の項を参照のこと）。[10]

* 学校場面における学齢児童達の示す**破壊的な行動**を減少させることに対して，CBTの有効性を評価するためのメタ分析が行われました。1987年から1997年の間に実施されたCBTを用いた27の研究が分析されました。メタ分析は，CBTを受けた児童生徒は受けなかった児童生徒よりも破壊的行動問題を減少させ，全般的な平均効果サイズは0.29であったことを明らかにしました。教師が，緊急時対応策と関係づけながら一緒にCBTを用いた場合，CBTだけを用いた場合に比して破壊的行動を減らすのに効果的であったとは言えませんでした。[11]
* オランダの研究者によるごく最近のメタ分析では，児童生徒の反社会的行動に対するCBTの成果について30の研究をレビューしました。平均効果サイズは，取組み後は0.48，追跡調査では0.66でした（12の研究がこれを報告しています）。児童生徒の年齢と効果サイズとの間に有意な関係があり，CBTは年齢の高い児童生徒により効果のあることが示されました。CBTの認知的な前提条件を考えると驚くべきことではありません。研究者はまた，反社会的行動を示す児童生徒へのCBTの成果は，保護者による操作トレーニング（**方略5**を参照）の成果よりも小さいことから，CBTは複合的なアプローチの一

部として役に立つだろうと述べています。また，本書で述べる範囲外ではありますが，医療と組み合わせることができることにも言及しています。[12]

* 1983年から1991年の間に実行されたCBTに関する14のメタ分析の，包括的な要約では，平均0.66，0.15から0.99までの範囲の効果サイズを示しました。[13]
* 最近の英国のレビューでも，CBTに対する肯定的な結果が報告されました。[14]このレビューは，CBT，来談者中心療法，精神力動的療法，創造療法という，児童生徒や若者をカウンセリングするための4つの取組み結果に関する根拠について報告しました。その結果，他の取組みよりもCBTの有効性の方がより高品質であるという根拠が示されました。レビューされた研究の分析から，CBTは，行動および行為障害，不安，学校に関連した問題，自傷行為，性的虐待などの問題領域に対して効果的な治療法であることが見出されました。研究例を以下に引用します。
    - **不安**：ある研究では，一般的な不安，分離不安や回避障害を示す6～13歳のグループでCBTの有効性の根拠が示されました。[15]
    - **うつ**：6～11歳に対するCBTよりも，思春期の認知的機能の高いレベルの児童生徒である13～18歳に対するCBTによりよい成果が見出されました。[16]
    - **自傷**：ある研究からは，簡単なCBTが薬物使用を減らすのに効果的であることが見出されました。[17]
* 最も著名なセラピストの一人と考えられているコクランのレビューでは，全ての子どもと青年の5～18%に起こっている不安障害は，一般的なものであると指摘しました。それらは，社

会的，学問的な機能における相当な障害と関連しており，持続すると，うつ，自殺未遂，成年期における薬物乱用などの危険性があります。そのレビューでは，498人の対象群と311人の統制群からなる13の研究が分析の対象となりました。その結果，待機状態の統制群に比べて，CBTは，学齢期や青年期の**不安障害**に対して効果的な治療法であるようだと研究者は述べています。それらの結果，統制群が28％であったのに対し，CBT群は56％が改善したことを示しました。個人，グループ，保護者／家族単位になされたCBTの間の差異に関する根拠はありませんでした。レビューでは，学齢期の不安障害の治療法としてCBTを奨励する結論が出されましたが，参加者の半数強が改善しているだけであることから，さらなる心理療法の進展が必要であると言及しました。[18]

* ごく最近のコクランのレビューでは，3歳から12歳までの児童生徒の早期発症型行為問題に対するCBTの効果が注目されました。行動療法群とCBT群への保護者の取組みは短期間であることから，児童生徒の行為問題や保護者の精神衛生，保護者のスキルなどを改善するのに効果的であり費用対効果も高いことが報告されました。結果の長期的アセスメントに基づいてさらなる研究が提案されました。[19]
* **分離不安**，**過剰不安障害**や**社会恐怖症**と診断された，7歳～14歳の児童生徒たちへの単独のCBTと，家族マネージメントを合わせたCBTの効果に関するオーストラリアの研究では，わずかに差異はあるものの，以下のような調査結果が確認されました。6ヶ月後の追跡調査で，統制群の26％と比べて，両方の治療状況にある児童生徒の70％がもはや不安障害とは分類されないことを研究者は発見しました。コクランのレビュー

と違って，この研究では，家族マネージメントの要素が付加的な効果を持っていたことが見出されました。12ヶ月後，CBT単独群では70％が改善を維持していた一方で，家族マネージメントを合わせたCBT群は95.6が改善を維持していました。[20]

* トラウマに注目したCBTのレビューでは，**トラウマのある児童生徒**の80％以上が12～16週間のCBTで相当の改善を示したことが報告されています。この治療に不可欠な要素は，情動調整スキル，ストレス対策スキル，トラウマ内容の共有方法，トラウマ経験に対する認知と情動処理の適応，将来的にトラウマを思い出させるものへの対処法などを，児童生徒が獲得できるよう支援することでした。[21]
* **不安障害**のある子どもを対象として，家族に焦点を当てたCBTと子どもに焦点を当てた伝統的なCBTとを比較した米国の研究では，これまでの研究と類似した成果が報告されました。6～13歳の40人の子どもが，無作為に2つの条件に割り当てられました。2つの間の主な差異は，家族に焦点を当てたCBTに保護者のコミュニケーション・トレーニングを加えるというものでした。両方の群ともに不安の兆候のような全ての測定結果の改善が見られましたが，家族に焦点を当てたCBTではさらなる効果が示されました。[22]
* 児童生徒や家族に焦点を当てたCBTが，**双極性障害**の児童生徒（平均11.33歳）を支援するために用いられました。このアプローチは，CBTの原理と家族に焦点を当てた治療法の原理を統合したものです。保護者と児童生徒が1回1時間，12回以上の治療に積極的に参加しました。兆候の重篤さと機能面が治療前後に点数で評価されました。療法を実施した結果，児童

生徒は治療前の結果に比べて，重篤度得点が有意に減少していることが明らかになりました。残念なことに，統制群は設けられていませんでした。[23]

* 集団と個別で行うCBTが比較されました。不安障害のある8～14歳の児童生徒37人が，集団でのCBT，個別でのCBT，CBTを行わない統制群の3つに無作為に割り振られました。9週間の治療期間の後，統制群の8%に比して，CBTを用いた治療の多く（個別群の73%，集団群の50%）が著しい改善を示しました。これらの結果は3ヶ月後の追跡調査でも維持されていました。[24]
* スペインの研究は，**攻撃性があるまたは無いADHD**の児童生徒32人に対する治療で，怒りを抑えるトレーニングを受けた場合と受けなかった場合のCBTの効果を調べました。「トレーニングを受けた攻撃性のあるADHD」「トレーニングを受けた攻撃性のないADHD」「トレーニングを受けなかった攻撃性のあるADHD」「トレーニングを受けなかった攻撃性のないADHD」という競合するする4つの群がありました。全ての群は，行動論的な自己調整トレーニング（例えば，モデリングや行動随伴性）を含んだCBTを受けました。その結果，4群全てを対象とした幾つかの測定項目で著しい改善が示されました。攻撃性のあるADHDの児童生徒は，怒りを抑えるトレーニングを伴ったCBTを用いたときに，わずかに改善を示しました。[25]
* カナダの研究では，**発達性協調運動障害**（DCD）のある平均9.05歳の児童生徒の運動能力において，日常の作業遂行に対する認知適応（CO-OP：*Cognitive Orientation to daily Occupational Performance*）と呼ばれる変形型CBTの効果が調べら

れました。CO-OPプログラムは，作業上の問題を解決するために，独り言や問題解決方略を用いることを児童生徒に教える方略であることが強調されています。このアプローチは，作業スキルの獲得に注目した現代治療法（CTA：*Contemporary Treatment Approach*）と比較されました。両方の治療ともに作業遂行に改善が見られましたが，CTA群よりもCO-OP群の方がより改善がなされていました。この効果は，追跡調査でも維持されていました。[26]

* 別の変形型CBTのレビューでは，英国の研究者グループが，代替思考促進方略（PATHS：*Promoting Alternative Thinking Strategies*）と呼ばれるプログラムの結果を報告しました。このプログラムは，小学生がスキルを強化できるよう，社会的能力や情緒的能力を促進させ，**攻撃性**を減少させるためのカリキュラムを提供します。米国やオランダ，英国で実施された無作為に統制されたPATHSの実験では，攻撃的行動の程度を低下させ，自己調整力を増加させ，挫折に対し寛容になり，共感性を促進することにつながることが窺えました。[27]
* **若者たちのうつ**に対するCBTの結果を報告した最近の論文によれば，米国の4つの高校に診療所やカウンセリングセンターが設けられました。マニュアル指針に従って，8人の医者並みの心理学者たちが，12回におよぶ個別のCBT手順を用いて，全部で50人の若者を治療しました。その結果，治療は，性別，年齢，民族性、多様な併存疾患の形式（例えば，忘れられない衝撃的な経験や以前の自殺未遂）などに対して確かなものであったことを示しました。[28]
* 最近の別の研究は，**自閉スペクトラム症**のある若者への，多様な不安への社会スキル取組み（MASSI：*Multimodal Anxiety*

and Social Skill Intervention）の影響を調査しました。この実験では，ASD と中度または重度の不安障害のある 30 人の若者を対象に，無作為に統制された取組みが米国で実施されました。MASSI は個別の治療や，集団的社会スキルトレーニング，保護者指導などに役立つ CBT プログラムです。児童生徒とその保護者は，プログラムの内容とその配信に高い満足度を示しました。児童生徒に起きていた社会的機能障害の 16％が改善されました。[29]

* 英国のバース大学で，ポール・スタラードと彼の仲間とによって FRIENDS プログラムの評価が幾つか実施されました。一つめの研究では，9 歳から 10 歳までの児童生徒 106 人にプログラムを実行するためのトレーニングが，養護教諭に対してなされました。プログラム実施から 3 か月後，不安は著しく減少し，自尊感情が向上していました。最も重度な情緒的問題のある児童生徒がプログラムから成果を得ていました。[30] 同様の結果が，213 人のこれもまた 9 歳から 10 歳までの児童生徒が関与した二つめの研究で得られました。[31] 三つめの研究では，うつまたは不安障害のある 11 歳から 16 歳までの 20 人の児童生徒に対して，「考え，感じ，行う（TFD：*Think, Feel, Do*）」というソフトを活用したコンピューター処理による CBT が，無作為に実施されました。その結果，不安やうつ，自尊感情などの結果が改善されていました。[32]
* 最後に，最近の包括的なレビューは，**高機能自閉症の児童生徒**への CBT 研究結果を示しました。研究者は以下のように述べています。
    - たくさんの有望な CBT 取組みプログラムが，高機能自閉症のある学齢期の児童生徒や若者のために開発されました。

- 今のところ，これらのプログラムを支持するエビデンスにもとづいた信頼性は高いとは言えず，方法論的限界があるのかもしれません。
- 有効なデータに基づいて，小さなものから大きなものまで，効果サイズの幅は研究とそれに用いられた効果指標に依拠しています。
- 多くのプログラムが潜在的な長所を示していますが，さらなる評価が必要です。[33]

留意点

4 つの要素が CBT の活用を制限します。

- 最初に，独り言や自己学習のような考えを理解できるためには認知的成熟が必要であることから，その効果は年少児には限定的であり，したがって，その年代のグループへの使用には慎重になる必要があります。
- 第二に，児童生徒は CBT で教えられるスキルを練習しなければなりませんが，それには，保護者の積極的な協力を必要としています。これは，いつもたやすくそれらが得られるわけではありません。
- 第三に，最初の方でも述べましたが，ADHD の治療における CBT の効果には多少の疑念が残っており，薬物治療や行動療法のような他の治療と CBT を組み合わせるとより有益であることを提案します。[34]
- 第四に，上述してきたように，もし CBT を教室で組織的に実行するのであれば，教育者をトレーニングし監督する必要があります。

結　論

CBT は，様々な状況に対処するために，特に，うつや不安障害，攻撃性，不登校，心的外傷後ストレス障害などのある若者が選択することのできる治療法として確立されてきました。しかし，年少の児童生徒に適用する際には注意が必要です。CBT をペアレント・トレーニングと組み合わせると効果は高まります。

第16章

方略14：指示的な指導

―高度に構造化し，てきぱきとしたペースで，効果のある授業を創る―

格付け　★★★★

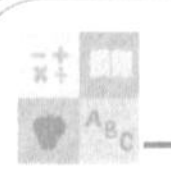

方　略

指示的な指導（DI：*Direct Instruction*）とは，教師主導の明確な指導計画にもとづいた体系的な指導，及び頻繁に行われるアセスメントに重点を置いた複合的な構成要素からなる指導方略のことです。最もよく知られている活用例は，SRA（科学調査協会）より刊行されている，読字や書字，言語科目，数学などの指導のための市販プログラムです。その有効性が実証されているにもかかわらずDIには賛否両論があり，ファシリテーター（進行役）としての教師というよりはむしろ，アクティベーター（活発化を促す者）としての教師に重点を置いているせいで，批判にさらされることが多くあります。[1]

DIの正確な同義語はありませんが，正確な指示／指導，明確な指導／指示，構造化された指導／指示，体系化された指導／指示のような方略は，DIと多くの共通点があります。

DIは，学習と指導モデルの「外的課題要求」と「外的反応」に関係しています。また第2章で概説した学習のための行動主義的アプローチとも適合しています。

基本的な考え

DIは，1960年代にベライター，ベッカー，エンゲルマンらが米国イリノイ大学で行った研究が起源です。DIは，ヘッド・スタート計画（就学前教育）を補完する米国教育省のプロジェクト「フォロー・スルー」の一環として本格化しました。それ以後，DIの活用は拡大していきました。

プロジェクト「フォロー・スルー」は，1968年から1976年までの間米国で実施された大規模な教育研究でした。DIは，低所得層の落ちこぼれの恐れのある児童生徒に対する，様々な教育方略を比較するために計画されました。目標は，成績が最も芳しくない学校の成績を20%から50%上げることでした。この目標は，概して「児童生徒中心主義」と呼ばれている指導モデルを受けた児童生徒ではなく，DIや行動分析（**方略12**）を受けた児童生徒によって大きく達成されました。[2]

DIは，行動の分析，コミュニケーションの分析，知識体系の分析という三つの分析に特徴があります。

- 行動の分析とは，環境が行動にどのような影響を与えるのかを理解しようとすることです。これは，児童生徒への動機付けの方法，反応の促進と強化の方法，誤りを直す方法などの要因と関係しています。
- コミュニケーションの分析とは，無規則で限定的な般化または過度な般化を予防する一連の効果的な指導を理論的に定義づける方法です。
- 知識体系の分析とは，児童生徒に対し，知識とスキルの伝え方を理論的に構造化しまたは分類しようとすることです。[3]

実　践

DIには，12の主な特徴があります。[4]

1　明確で体系的な指導

DIの授業は，発達の順序にしたがって理論的に計画されます。授業は高度に構造化され，目標となるスキルは事前に計画された方法で教えられます。一連の授業は，教育課程（例えば読み書き，計算）を構成する，そして新しい教材をスモールステップに分解するための様々な知識体系を注意深く分析することに基づいています。教師は，それぞれの授業の目標に対する明確な考えを持つことが求められており，特に，児童生徒が指導内容を理解し活動できることが求められます。児童生徒には，自分たちに求められていることについて，当然，きちんと説明がなされるべきです。

 2　授業計画を練る

DI では，教育者はコメントをタイミング良く慎重にはさみながら，段階別の一連の課題を指導します。教育者は，児童生徒が理解していることや助けを必要としていることを児童生徒自らが明らかにできるために，何を伝え何を問えばよいのかを正確に理解しています。教育者は，指導案（教師は一般的に授業を実施するまでに暗記しています）を用いて，目の前の課題を最もわかりやすく伝えるための質問や説明をするための厳密な言葉使いの練習を提示できるようにします。教師の話は最小限に抑えます。教師は，児童生徒に求めていることに対する見本の示し方のような特定の修正手続きを指示します。例えば指導案ですが，カンザス大学のウエブサイトを参照して下さい。

 3　ペースを重視する

児童生徒の取組みや潜在能力を最大にし，気が散るのを防ぐために，DI 授業には多くの反応機会が含まれています。彼らは，普通，1 分間に 15 の学習チャンスが用意されているようなてきぱきとしたペースで活動します。

4　高い水準での成功

てきぱきとしたペースが維持されたとしても，全てのDI授業に共通する目的は熟練です。つまり，全ての児童生徒がそれぞれのスキルを一人で失敗なく遂行することです。授業は90％もしくはそれ以上の取組みと成功率で完了されなければなりません。教育者は児童生徒の理解の程度に敏感になります。彼らは誤りを監視し，児童生徒がすぐに誤りに気づき修正する方法を教えます。誤りが訂正されずに誤学習が生じると，児童生徒は新しい内容を学習するのがますます難しくなり，後々，修正のために多くの時間を要してしまいます。

児童生徒は与えられた課題を完遂することが必要です。特に，学習障害や行動障害のある児童生徒は，課題をめったに完遂することができないが故に，挫折感や無力感を募らせるリスクがあります。それを避けるための何か適当な方法があればよいのですが。結局，彼らは保護者や友だちに対して目に見えるような形で，また，「僕はこれを成し遂げた」と示すことができるような物を何も持っていません。授業のペースを調整し，課題達成のための時間延長を認めるなど，課題を全ての児童生徒の能力に合わせることで彼らを助けることができます。「未完了者」については，プロセスにおける全ての段階を通して，特に最終の段階で丁寧に指導します。

5　目標スキルを練習するための頻繁な機会

授業のペースが速いのと同時に，DIは児童生徒に教材の練習や復習のための機会を多く提供します。つまり，内容やスキルを繰り返し学ぶということです(**方略9**も参照)。全ての児童生徒が同時に返事をするような時，このプロセスの一部は「一斉応答」になります。この方法は，全ての児童生徒が積極的な参加者になって，あらゆる内容を練習する機会を最大限持てるようにすると同時に，逸脱行動を最小化し教育者に誤学習を見つける機会も与えてくれると言われています。DIには「個別応答」も含まれます。DIの指導経過において，最初の頃は，児童生徒が新たなスキルを身につけるために大量の練習が役に立ちます。それから，スキルの獲得を確実なものにするために，分散練習へと置き換えられます。指導による練習ばかりでなく，例えば宿題のような自主練習がグループまたは単独に組み込まれます。ここでは，学習したことを異なる場面や異なる教材に適応することが重視されています。

6　カリキュラムにもとづいた頻繁なアセスメント

全ての児童生徒に確実に教材を習得させるために，そして今後の指導に必要な概念，規則，認知方略を見定めるために，定期的(約10授業ごと)に短期習熟テストが実施されます(**方略6**を参照)。

7　能力別集団

一般的に，DIでは，児童生徒は大体8〜12人の小集団で指導されます。それは，教育者がより簡単に上達をチェックでき，個別支援が提供できるようにするためです。彼らは上達の程度に応じてグループ化され，さらに再グループ化されます。DIの提唱者らは，これらスキルによるグルーピングは一時的なものであり，永続的な能力別編成を行うものではないと強調するのに四苦八苦しています。

8　足場を介在させる

DIの教育者は，教育者主導型から児童生徒主導型の取組みへと徐々に移行させていきます。これは，まず児童生徒に手近な課題を習得させ，次に，問題解決方略を指導し，そして支援の程度を減らしていくことによって成し遂げられます。[6]

9　他の指導方略に組み込む

DIを導入している学校は，それを一日中使っているわけではありません。むしろ，既に学習した概念を復習し，前時の学習に積み上げる指導を行うために，大抵は授業の導入部で用いているようです。残りの授業時間では，学習したことを練習し，般化あるいは馴染ませるために，個別の学習かもしくは小集団での学習がなされるようです。

10　方略的統合

DIでは，概念，規則，認知方略がそれぞればらばらに教えられるのではありません。むしろ，教科ごとのあるいは教科を超えた方略的統合を含んだ指導がなされます。[7]

11　授業の終了

目標は何だったのか，そして，どのようにして達成されたのかを，教育者がまとめることで授業は終わります。最終目標は，児童生徒の長期記憶に学んだことが保存されることを確実にすることです。

12　実践

初期段階で内容やスキルを一旦習得すると，知識を繰り返し使い，スキルを繰り返し練習することが必要不可欠となります。これは，指導による練習や自主練習として行われます（**方略 9** を参照）。

エビデンスにもとづいた根拠

調査研究は，DI が，幅広い児童生徒および様々な教科の領域を超えて肯定的な効果のあることを一貫して示してきました。ここで，私は 1 つの総合的なメタ分析，6 つのメタ分析，2 つのレビュー，4 つの個別研究などの実例の成果について説明します。多くのメタ分析とレビューは，おそらく同様の研究集成を活用しているであろうと思われます。児童生徒は，発生率の低い障害，学習障害（米国分類），少年非行を含む，広範囲の特別な教育的ニーズのある者達でした。従属変数には読みが優先されています。

＊ ハッティーは，総合的なメタ分析において，合計304の研究が

関係する4つのメタ分析の結果を要約しました。効果サイズは0.59に達しました。DIは，通常の学級の児童生徒（0.99）に対しても，**障害のある児童生徒や学力低位の児童生徒**（0.86）に対しても同様に効果的であり，数学（0.50）よりも読み（0.89）の方が高いことが示されたと彼は指摘しました。[8]

* 1996年以来実施されてきた20の研究に関する最近のメタ分析では，95人が別個に比較されました。95人の比較全体の平均効果サイズは0.66でした。ハッティーのよく似た研究結果では，効果サイズが，通常の学級の児童生徒（0.69）と**特別支援学級の児童生徒**（0.71）というようにとても似通っていました。読み（0.56）の平均効果サイズは，言語（0.81）や数学（1.03）よりもやや小さめでした。[9]これは，過去の研究とは逆でした。
* **軽度，中度，重度の障害**のある児童生徒に対するDIの効果を調べた25の研究のメタ分析からは，0.84の効果サイズが認められました。言い換えれば，DIを用いて教えられた児童生徒は，一般的に約30%のプラス効果が期待されるということです。しかしながら，読みの効果サイズは0.85である一方，数学は0.50しかなく，教科領域によって効果サイズに違いがありました。[10]
* 他のメタ分析では37の研究が報告されました。**特別支援学級の児童生徒**が関与した21の研究を別々に分析したところ，効果サイズは0.90あり，事前評価と事後評価との間に大きな変化がありました。[11]
* **学習障害者**に対する研究のメタ分析では，「DIだけ」「SI（方略指導）（**方略6**）だけ」「DIとSIの組み合わせ」「DIもSIも行わない」という4つの取組みモデルが比較されました。その結果，DIだけ（0.72）やSIだけ（0.72），両方行わない（0.62）など

よりも，DIとSIを組み合わせた取組みモデルにかなり高い効果サイズ（0.84）が見出されました。DIは言語認識に対してSIよりも高い効果サイズを得ましたが，読解力に関するものではありませんでした。組み合わせ方法は，数学やソーシャル・スキルというような学習よりも，読み（特に読解力）に関連した学習のほうが効果的でした。組み合わせによるアプローチの重要な構成要素には以下の内容が含まれます。

- 連続性への注目（例えば，課題を分解し短時間の活動を順序付けします）。
- 反復練習（例えば，日常的なスキルテストや，幾時間分の授業の復習や練習，日常的なフィードバックなどをします）。
- 手がかりやヒントを用いた課題の困難さのコントロール（簡単な課題から難しい課題まで順序付けをし，必要な時にだけヒントが児童生徒に与えられます）。
- 教育者による問題解決手順の系統だった見本（問題解決の過程や手順の見本を示します）。
- 小集団の活用。[12]

* 85のシングルケース事例研究のメタ分析では，学習障害のある児童生徒のための他の指導方略とDIとが比較されました。手書きを除いて全てのDIの効果は0.80以上あり，DIと読み方略指導を組み合わせることでさらに高い効果サイズがもたらされました。[13]
* 学習障害のある児童生徒の数学の成績に対するDIの影響（「明確な指示」と言われています）を調査した研究のごく最近のメタ分析では，1.22というとても高い効果サイズが見出されました。[14]

＊ 研究のレビューの結果，6歳から16歳までの**希少の障害**（平均IQ = 52）のある児童生徒に対する8つのDI研究のあることが見出されました。そして8つの研究全てで，これらの児童生徒の一群に対するDIの肯定的な効果が示されました。[15]

＊ **特別支援学級**児童生徒へのDIの効果を評価した6つの研究のレビューから，DIによる指導が伝統的な方法よりも高い学業成績を生み出す傾向のあることが示されました。[16]これらの研究の1つに，「DIプログラム」「ディスター・ランゲージ（直接教授法の教材）」と「ピーボディー言語開発キット」の効果を比較した研究があります。それは，6歳から14歳までの28人の**中度から重度の知的障害**のある児童生徒を対象に，国家機関によって調査されました。2年後，DIグループは22.5ヶ月分の精神年齢を伸長させ，比較群はわずかに7.5ヶ月分にとどまりました。第二の研究では，中等学校に通う23人の**学習障害**のある児童生徒が，8ヶ月の間，DIグループと伝統的な特別支援教育プログラムのグループとに振り分けられました。その結果，読みと知能検査においてDIグループが優位な著しい差が示されました。

＊ プロジェクト・フォロースルー（最初の方で引用した）において，DIは，行動分析モデル，保護者教育モデル，ハイ・スコープ認知モデルなどを含む，12の他の就学前教育モデルと比較されました。その結果，DIは他のモデルよりも優れているだけでなく，基本的な読みや数学のスキル，高次認知スキル，自尊感情の育成に関する学校間比較においても優れていることが示されました。[17]さらに，これらの獲得されたものが，時間が経っても維持されているという証拠がありました。例えば，ある研究では，小学校でDIを用いて読みと数学を教わった児

童生徒は，9年生の読みにおいて統制群の児童生徒よりも1年先の能力を有し，数学においては7ヶ月先の能力を有することが見いだされました。[18]

* 最近の研究では，2人の**自閉**症児童生徒と2人の**知的障害**児童生徒の読解力に関するDIの効果が評価されました。行動間多層検証デザインを用いたところ，研究者は，ベースラインから取組みまで，そして取組み中止6週間後の追跡調査においても改善のあることを見いだしました。[19]研究には，DIプログラム，基本的な読みと思考の修正（CRTB：*Corrective Reading Thinking Basics*）：理解レベルAが用いられました。[20]
* 幼児教育の方法と後の**少年非行**との関連を調べた初期の研究によれば，DIプログラムの修了者は，他のプログラムの修了者よりも反社会的行動をとることが報告されました。[21]現在の研究は，改良された方法論を用いて初期の研究を再現しようとしました。合計171人の児童生徒が，無作為に2つの就学前モデルに振り分けられました。1つはDIを用いたモデルであり，もう片方は認知理論にもとづいた幼児向けのモデルでした。15歳の時点で，どちらのグループの非行報告にも差がないことが見出されました。この研究の著者は，(a)標本の大きさ（初期研究は1グループ18人，現在の研究は1グループ77人が比較されました），(b)プログラムの特徴（初期の研究では効果的なDIシステムが用いられていませんでした），(c)標本の違い（初期のDIグループには他のアプローチよりも男児が多く，一方，現在の研究では両方の群比較をする際には性別の標本バランスがとられました）。[22]というような様々な理由から初期の研究を批判しています。
* 最後に，中等学校のハイリスクの生徒（貧困率が高く，そのう

ちの40%は英国人の生徒でした）に対するDIの影響を調べた研究では，児童生徒の読みに対して修正読みプログラムを実行することで肯定的な成果（1年で平均2年生程度の改善）が示されたことが報告されました。[23]

留意点

DIの抱える主なリスクは，適切なやり方で実行されないことです。DIの創始者は，教室にDIを取り入れたいと願う教育者は，確実に実行できるよう慎重なトレーニングや監視を受けるべきだと強調しています。私もこれが理想だと思いますが，全ての学校が市販の活用パッケージを購入する余裕があるわけではないので，スクリプトされた授業計画案を実行できないこともあるだろうことは認めます。DIの支持者を傷つけてしまうかもしれませんが，この場合，私はDIの他の要素を導入することができると提案したいと思います。実のところ，私は本書の別の箇所でこれらの多くを概説しています。例えば，児童生徒の反応機会を最大限にするペースの強調（**方略 27**），足場作り（**方略 6** と **10**），頻繁なアセスメント（**方略 15**），目標スキルを練習する機会（**方略 19**）。

DI方略でのお勧めできるペースに私は注目していますが，教育者である皆さんは，特別な教育的ニーズのある児童生徒の学習効率の向上を図り，皆さんの指導が効果的であることが求められていることもまた認めています（**方略 27**）。[24]

結　論

DI は，特別な教育的ニーズのある児童生徒（同様に他の児童生徒に対しても）を指導するのための最も高い評価を受けている方略の１つです。それは，徹底的なトレーニング，慎重に考え出された指導教材，きめ細かな指導方法の厳守などを必要とする，複合的な構成要素からなる方略です。

第17章

方略15：形成的アセスメントとフィードバック

—向上の定期的なチェックと情報提供—

格付け　★★★★

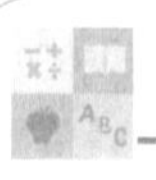

方　略

形成的アセスメントとフィードバックは，(a)授業中に知識を探る（***相互作用型形成的評価***とか***パフォーマンス評価***と呼ばれることもある），(b)児童生徒に何度もフィードバックを与える（***修正フィードバック***と呼ばれることもある），(c)児童生徒の遂行能力を向上させるために，必要なところで指導方略を調整する，といった方略を組み合わせたものです。

この方略は，学習と指導モデルの「外的課題要求」や「外的応答」に関係しており，第２章で概説した学習のための認知／構成主義的アプローチと関係しています。

基本的な考え

● アセスメントは教育目標に役立つ

アセスメントは，学習を促し効果的な指導を導くものとして，教育目標に役立つと考えられることが増えてきています。評価は，児童生徒が何を知っているのか，何ができるのか，何を経験しているのかを説明するための手立てです。理想的には，評価は，一般的なカリキュラムと連動し，皆さんが意図した学習成果と結びついています。特別な教育的ニーズのある児童生徒の場合，個別教育計画（IEPs）が達成しようとしている学習目標を明らかにするのに役立ちます。

● 形成的アセスメントと総括的アセスメントはどのように異なっているのか

簡単に言えば，**総括的アセスメント**とは，各単元や課程の最後の段階で児童生徒の学習状況を評価することです。その結果は，児童生徒が何を達成したかを判断する際に考慮されます。

形成的アセスメントは，改善の機会が持てるよう学習課程や単元内で児童生徒の上達具合を評価することです。それは，**学習の評価**であると同時に**学習のための評価**でもあります。[1]

形成的アセスメントは，そのまま学年全体の評価に役立つわけではありません。ただ，アセスメントは，総括的な目的にも形成的な目的にも役立つ場合があります。評価を 2 つのタイプのどちらに分類するかは，そのアセスメントが，児童生徒の学習状況の改善を可能にするフィードバックにどの程度つながるかによります。その度合いが大きければ大きい程，形成的アセスメントとして分類されていくことになります。

● 知識を探ることの重要性

ご存じのように，ただ単に情報や概念に触れるだけでは，児童生徒がそれらを学んだという保証にはなりません。むしろ，児童生徒が新たな概念を理解し，保持し，般化するのを確実にするために，様々な方法や様々な機会を通じて，児童生徒の知識を探ることが重要です。

形成的アセスメントをうまく活用することによって，児童生徒のニーズをよりよく理解し，自らの指導を見直すことができます。

● フィードバックの価値

形成的アセスメントの本質は，(a)児童生徒に，そして，(b)教育者である皆さんに，フィードバックを与えることです。そうして，皆さんは，児童生徒を頻繁に観察しながら理解の程度に応じて定期的に明確なフィードバックを与えたり，そのようなフィードバックが集団活動中に仲間からも与えられたり，というようなことを保障することが重要です。児童生徒の理解を頻繁に探ることなしに，自分の指導の有効性など全くわかるはずがありません。加えて，速やかにフィードバックを与えることにより，児童生徒が誤りを繰り返すような無駄な時間を防ぐことができます。

実　践

形成的アセスメント

形成的アセスメントは，指導と学習は相互に作用し合わなければならないという考えに基づいています。そうすることで，児童生徒がうまくいかない原因を突き止めたり，問題修正のためのカリキュラムの組み替えや指導計画の見直しを図ったりすることができます。例えば，概念の再指導，単元の進度の変更，内容の明確化，児童生徒の経験する困難な課題の見直しなどを決めることができます。[2]

形成的アセスメントを用いる計画をたてる際に配慮すべき３つの事項があります。(a)どんな情報が必要なのか，(b)その情報がいつ必要なのか，を確定し，(c)資料収集の方法を選択することです。

どんな情報が必要なのかを確定するには，児童生徒が最もよく学ぶためにはどのような方法があるのか，どんな目標をたてればよいのかなど，彼らのことを知っていることが必要です。形成的アセスメントによって，何が達成され，何が達成されていないのかを明らかにすることができます。これは，***目標規準準拠型アセスメント***と呼ばれることがあります。数カ国でこの手順が用いられています。例えばスコットランドでは，児童生徒が単元ごとの規定の学習成果を取得しているか否かの情報を全国統一テストで提供しています。また，ニュージーランドでは，全国共通学力テストが同じ目的を果たしています。

その情報が何時必要なのかを確定します。これは，内容について児童生徒がどの程度解っているのかを明らかにする事前テストの時と考えれば，授業または単元の前になるでしょう。あるいは，皆さんと児童生徒の間の相互作用または児童生徒同士の相互作用に注目している時と考えれば，主題について指導をしている間になるでしょう。また，皆さんの目標が達成されたかどうかを決めようとする時と考えれば，指導の後になるでしょう。おおざっぱに言えば，教科ごと，児童生徒ごと，週ごとに，少なくとも１つのアセスメントを試みなければならないということです。

資料収集の方法を選択します。これは，通常，児童生徒の知識や技能を公式にまた非公式に評価するための様々な方法を含んでいます。これらには，チェックリスト，クイズ，学級でのテスト，ポートフォリオ，観察記録，学習日誌，宿題，個人または小集団での協議やインタビューなどが含まれます。ポートフォリオは１年を通して利用することができるとともに，思考の発達を明らかにすることができるので特に役に立ちます。

フィードバック［「形成的フィードバック」と呼ばれることもあります］

形成的アセスメントでは，教師は，授業の中で知識を探りながら，頻繁にフィードバックをしなければなりません。[3] フィードバックは，「ある人の取組みや理解状況を評価するための，教師や仲間，教科書，保護者，自分自身，経験などを媒介とした情報の提供」と定義づけられるでしょう。[4] 幸いなことに，「形成的フィードバック」は，「学習の向上を目的として，児童生徒の思考や行動を修正しようとする，彼または彼女に伝達される情報」と定義づけられてきました。[5]

フィードバックは，困らせるためのものではなく役立てるためのものであって，一緒に成功の道を探し求めるための不可欠な要素であることを伝えておくことが重要です。

このため，間違いは，児童生徒の現在の理解や誤解に対して，きちんとした情報を伝える役割を果たしてくれます。この理解と誤解の差を埋めることが教師としての仕事であり，むろん児童生徒の課題でもあるのです。

多くのフィードバックを与えるということは，たくさんのテストを用いたり，児童生徒への説明を必要以上に指示的なものにしたりすることを意味しているわけではありません。むしろ，児童生徒がどのようにまたはなぜ理解したり誤解したりするのか，どうすれば改善できるのかについての情報提供を意味しています。[6] この過程を楽しく愉快なものにすることは可能です。

能力混成学級において，学習障害のある児童生徒を部分的に困らせないようにしたり，授業の流れを必要以上に遮断したりしないようにするために，彼らに質問をさせないようにすることは，とても簡単なことです。このような状況に陥らせないためにも，積極的な措置を講じなければならないのです。

フィードバックは，教育者（この章の主な焦点），仲間，書籍や他の文献，コンピューター，保護者，児童生徒自身など，様々な情報源によってもたらされます。フラッシュカードがよく使われフィードバックの効果的な形態です。フィードバックの目的は，児童生徒を動機付けること，いかにうまくやり遂げたかを知らせること，とりわけ，どのように改善できるかを示すことです。[7] このような目標を達成するために，フィードバックは以下のようであるべきです。

- ***タイムリーに***：アセスメントを実施した後，できるだけ早くフィードバックを与えます。そうすることで，教材は新鮮なまま児童生徒の心に残ります。
- ***明確に***：フィードバックでは，どの点が正しくてどの点が正しくないのかを児童生徒に説明します。（「いいよ，君は正しい公式を使ったね。」「君はここで間違った方向にいったんだ。つまり，合衆国のニューメキシコ州とメキシコの国とを混同したんだよ。地図帳で確認してごらん。」）これは，「指導的フィードバック」と言われています。[8]
- ***児童生徒の能力や努力よりも，方略の使用に焦点化する***（つまり，「君はこの問題を本当によく頑張ったね」と言うよりもむしろ，「君は正しい手順を踏んだので，正しく理解できたんだよ」と言う。）；[9] このことは，児童生徒に正解を教えるということではなく，簡単に方略を振り返らせることを意味しています。
- ***課題の複雑さに合わせる***：研究で示されているように，語の綴りを記憶するというようなレベルの低いスキルでは，「正しい／正しくない」という即時フィードバック（例えばコンピューターを使う）は，時間の間隔があいたフィードバックよりも効果的です。一方，2人の意見から結論を導くというようなより複雑な課題では，関連する方略を児童生徒に思い起こさせるような複雑なフィードバックが児童生徒の役に立ちます。[10]

- 認知的な負担過重を避けるために，***対処しやすい単位で提供***します；[11]
- ***児童生徒が使えるように***：児童生徒にフィードバックの使い方を教え，前のフィードバックを次の学習に活用しているかどうかを定期的にチェックする必要があります。

成績の良くない児童生徒のために，以下の活用を配慮すべきです。

- 新たな課題を学ぶ際の即時フィードバック；
- ヒントよりも指示的な（または修正的な）フィードバック；
- 初期の支援や構成というような足場

反対に，全ての児童生徒に対して以下のことは避けるべきです。

- 標準と比較する
- 全般的な評価をする
- 児童生徒の意欲をそいだり自尊感情を傷つけたりするようなフィードバックを行う
- 児童生徒が活発に課題に取り組んでいるのを中断する[13]

エビデンスにもとづいた根拠

形成的アセスメントとフィードバックは，一般的には合わせたパッケージとして見なされていますが，本書では，それぞれに分けてエビデンスにもとづいた根拠を要約します。両方の方略は高い効果サイズを生み出したことから，四つ星に格付けしました。

● 形成的アセスメント

* 形成的アセスメントの提供に関するハッティーの最近の統合的なメタ分析（不幸にも，特別な教育的ニーズのある児童生徒を分けた記述はなされていませんでした）では，効果サイズが0.90に達していました。
* ハッティーの統合に含まれた形成的アセスメントの効果に関する21の研究のメタ分析では，0.70の効果サイズが得られました。しかし，形成的アセスメントが改善のための正の強化（つまりフィードバック）と結びつくと，効果サイズは1.12以上にまでなりました。[15]
* 米国の研究は，大都市部の学校で**成績の思わしくない**児童生徒に形成的アセスメントシステムを用いました。その結果，数学の成績で著しい向上が見られました。[16]
* 形成的アセスメントのトレーニングを受けている教師は，児童生徒の学習習得を促すために，自らの指導方略を変更することに寛容であることを示す根拠があります。[17]さらに，形成的アセスメントがなければ，児童生徒の能力に対する教師の認識がしばしば間違ってしまうことも示されました。[18]

● フィードバック

* ハッティーのフィードバックの統合では，全部で1287の個別研究を組み込んだ23の別々のメタ分析が参照されました。これは0.73という高い効果サイズを生み出し，彼は「向上に向けた最も力強い影響力」と表現しました。[19]高いランキングではありますが，ハッティーは，教師が常日頃から行っていると主張しているにもかかわらず，フィードバックは滅多に行われていないと述べています。
* 先のハッティーによる児童生徒の成績に及ぼす幅広い影響の効果に関するたくさんの研究の統合では，フィードバックに注目した研究が139見出されました。成績に対するあらゆる影響のなかで，最も強いものは1.13の効果サイズでした。[20]彼は「教育を改善するための最も単純な処方箋は『フィードバックを加えること』です。それは，児童生徒が，どのようにまたは何故，解ったり解らなかったりするのか，そして，改善に向けてどうすればよいのかというような情報を提供することである。」と述べています。[21]メタ分析は，特別な教育的ニーズのある児童生徒に限定はしていませんが，そのような児童生徒にも大いに適用できるでしょう。
* 最近のメタ分析は，児童生徒の成績に関して，教師のフィードバックが**学習困難**な児童生徒の数学の成績へ効果を発揮するかどうかについて着目しました。これは0.23の効果サイズを生み出し，「児童生徒に有効である」と表現されました。[22]
* 米国の初期の研究では，児童生徒の成績に対する指導のためのヒント，児童生徒の参加，および修正フィードバックの効果が検証されました。全部で20にのぼる研究では，0.94という

非常に高い効果サイズが検出されました。この結果は，小学校や中等学校を超えて，また社会的経済的レベルや民族性を超えて一致が見られました。ハッティーの研究では，特別な教育的ニーズのある児童生徒について別個に報告したデータはありませんでしたが，そのような児童生徒にもきっとこの結果は当てはまるだろうと思います。[23]

* 英国の研究によれば，読み書き能力の国家戦略にある対話型指導を促す努力が，教師の発問重視へとつながりました。この論文は，読み書きと計算に関する授業でのやりとりを検証した，大規模な研究プロジェクトから集められたエビデンスにもとづいた根拠に基づいて報告されました。研究者達は，教室でのやりとりを「広げる」ためには，教師の質問を少なくし，質問に対する児童生徒の応答を増やすことが重要だと主張しています。彼らは，児童生徒の応答に対する教師の反応が，より対話的な学習環境を効果的に促進するというエビデンスにもとづいた根拠を示しています。[24]

留意点

形成的評価には，主に 4 つのリスクがあります。

- 評価が意図された学習成果とつながっていない。
- 評価があまりにも少ない場合には，幾つかの目標が評価されていないことを意味する。
- 評価があまりにも多い場合には，実際の指導を犠牲にしている。
- 評価ができないことの粗探しであると，指導方略よりもむしろ，児童生徒の課題を探すことに必要以上の注意が向けられる。[25]

フィードバックは慎重に行わないと，以下のことへとつながります。

- やる気を失わせる
- 児童生徒から理解されない
- 少なすぎたり，遅すぎたりする
- テストに必要以上に依存する
- 成績の悪さの責任を，教育者と共有するのではなく必要以上に児童生徒に課す

フィードバックは成果をもたらすと同時に，コストがかかることがあることもまた気に留めておかなければなりません。それは他の学習活動に費やすための時間がかかるということです。再度，ゴルジロックの原理に当てはめてみると，「多すぎず少なすぎず」です。

結　論

形成的アセスメントとフィードバックを同時に行うことで，最も効力のある指導方略の一つとなります。それは簡単に言えば，定期的なチェックを行うことと，児童生徒に対して自分自身の達成状況を知らせることを意味しています。そのことは，成績向上の可能性を大きくするために，児童生徒と / または教育者が自分達の方略を変更させることへとつながるのです。

第18章

方略16：支援技術

―児童生徒のスキルの向上―

格付け　★★★

方　略

支援技術（AT：*Assitive Technology*）機器は，米国の法律において，「商品化された市販の物であっても，改良された物や特注の物であっても，障害のある児童生徒の機能を増進したり，維持したり，改善したりするのに役立つ何らかの商品，機器，または製品システム」と定義されています。さらに，1997年の改正個別障害者教育法（IDEA）では，児童生徒の必要に応じて，ATを個別教育計画の作成過程に組み込むことを求めています。[1] ヨーロッパでは，ATは，一般的に「機能的な制約や自立生活の促し，活動制限の可能性などのある高齢者や障害者に対し，彼らの可能性を最大限に引き出すことを補償するための機器又はサービス」と表現されています。[2]

ＡＴの恩恵が認められているにもかかわらず，その使用に対する多くの障壁があります。例えば，(a)費用の点での購入制約，(b)機器に関する情報不足，(c) ATへの専門知識の不足，(d)継続使用を保障する技術支援の不足，などがあります。[3]

大多数の開発途上国では，AT機器のための費用はわずかかもしくは全くありませんが，AT機器や付随する技術基盤の利用機会が著しく制限されているほとんどの開発途上国に当てはまるわけではありません。[4]

本章では，そのような一連の機器と，学校や家庭での円滑な実行や自立の達成に対して，それらの機器が特別な教育的ニーズのある児童生徒にどのように役立つのかについて概説します。「拡大代替コミュニケーション（AAC）」（**方略17**）に関する次章を児童生徒のコミュニケーション能力の向上を目的とした支援機器に充てるため，本章で深く考慮することはしません。同様に，教室の音響を改善するための補助としての「音響拡大」については扱わず**方略19**で議論することとします。

AT活用方略がカバーする分野は，***アクセス技術***，***適応技術***，アクセス可能な***デジタルメディア***，***拡大技術***，***特別支援教育技術***，***コンピューターを使った指導***，と呼ばれている様々な方略を網羅しています。

この方略は，学習やコミュニケーションのために感覚的，身体的，あるいは知的な障害を補うことを試みる点において，「学習と指導モデル」の「生物学的な構造と機能」の要素と関連しています。どのように提供されるかによって，ATは第2章で要約した学習の3つの考えの幾らかあるいは全てと一致します。ATはまた，学習のユニバーサルデザインの基本要素として理解されるべきだと思います（**方略20**）。

基本的な考え

先端技術（ハイテク）ATの使用は，1980年代に始まったばかりであり，最初の主要な開発はコンピューターを活用した指導の導入でした。前述したような児童生徒に対する有効性は，ほぼ20年前に米国連邦議会によって表明され，その内容は，一人一人が以下のようなことを可能にすることでした。

- 自らの生活をうまくコントロールする
- 家，学校，職場環境，コミュニティーなどでの活動に対して完全に参加し貢献する
- 障害のない個々人と幅広く交流する[5]

一般的な技術，特にATの急速な進歩がもたらされることにより，将来への計り知れない可能性を伴った今後ますます拡大して

いく領域のように思われます。インターネットが世界的な現象となり，その内容は250以上の言語で利用することができるように，技術開発の速度は飛躍的です。[6] 特別な教育的ニーズのある児童生徒を力強く支援するだけでなく，社会もまた技術に依存するようになってきていることから，可能な限りATを活用していくことが重要です。

実　践

AT機器は文字どおり何百もあり，本書では，そのうちのいくつかしか言及できません。

それらの範囲は，ローテク（電子ベースや電池式ではなく，ホワイトボードや写真のアルバムのように大抵は低コストです）からハイテク（電子ベースであり，コンピューターやビデオカメラ，音声出力装置のように一般的に高コストです）まであります。この方略では，主にハイテク機器に注目をします。

誰が何の支援技術を必要としているのか？

ATを活用することで恩恵を被っている，特別な教育的ニーズのある児童生徒の幾らかのグループがあります。[7]

- 手の機能に支障のない者であっても，口棒（マウススティック）や頭部指示棒（ヘッドポインター）が使える者であっても，以下のような困難さの一つや二つは抱えています。：目的とするキーを正確に押すことができない，誤って必要なキーの隣のキーを押してしまいがちである，マウスでドラッグすることができずすぐに疲れてしまうなどの傾向がある。このような児童生徒には，(a)拡張キーボード，(b)マウスよりもむしろ口や指，足，肘，他で直接動かしてカーソルを操作できるジョイスティック，(c)次のキーを押しながらシフトやコントロールのような修正キーを押すことをしなくても，キャラクターかまたはコマンドを押すだけでよいスティッキー・キー，(d)使用者が画面上の対象を直接触ったりあちこち動かしたりすることのできるタッチパネル，(e)穴の開いた金属やプラスチックプレートでできており，誤ったキー操作を減らすためにキーボードにかぶせたキーガード，(f)眼球運動を読み取る追跡システムや音声認識システム，タッチパネルのような代替入力装置というような適応機器で支援することができます。

- 手足や頭部のコントロールに限界があり，一般的なキーボードやマウスの使用が困難な者。彼らは，入力装置として，スイッチや音声認識プログラムを用いることで効果を得ることができます。
- 弱視または全盲の者など，画面に映っているカーソルや情報を見ることの困難な者。何らかの視機能障害のある児童生徒は，書籍や地図などを拡大して，その画像を大型モニターやスクリーンに映し出すことで効果を得ることができるでしょうし，一方で，全盲の児童生徒は，音声合成装置を通して文章を話すためのスクリーンリーダーを用いることができます。
- 聴覚障害のある者は，補聴器や音響増幅機器，音響調節機器がよいでしょう。
- 特定の学習障害のある者や空間や知覚に問題のある者は，簡易キーボードがよいでしょう。
- 話し言葉の処理や記憶に困難のある者。そのような児童生徒には，(a)個人のFM補聴器（話者の声を使用者の耳へ直接伝えるもの）や，(b)速度を変えることができるテープレコーダーやプレイヤー（あらかじめ録音された文字や会話の情報［例えば教室の授業］を，使用者が聞いたり戻って再生したりすることができるもの）を使って聞くことを支援することができるでしょう。

- 計算する，組み立てる，順序立てる，数学の問題を解くことなどに苦しんでいる者。そのような児童生徒には，(a)電子数学ワークシート（コンピューターの画面で，組み立てやや順序立てや数学の問題を解くことを支援するソフトウェア・プログラム），(b)喋る電卓（それぞれの数や記号など使用者が押した操作キーを読み上げる音声合成装置の組み込まれた電卓）(c)様々なドリルや練習のためのソフトウェアなどが役に立つでしょう。
- 読むことが困難な者。彼らは，(a)オーディオ・ブック（使用者が文章を聞くことができ，カセットやCD，MP3といったさまざまな形で利用できる録音された本のこと）(b)光学式文字認識（OCR）装置（印刷された教材をコンピューターや携帯用装置にスキャンしたり，音声複合器を通じてスキャンした文章を読み上げることができるもの）(c)音声合成装置／スクリーンリーダー（使用者が打ち込んだ，またはプリント教材をスキャンした文章を，コンピューターの画面上に表示したり読み上げたりするもの）。最近では，タブレット端末のような携帯機器用のアプリケーション・ソフトが開発され，例えば，グッドリーダーやスピーク・イット，ウエッブリーダー，オープン・ウエッブというような幾らかの読みに関するソフトが組み込まれるようになってきており，それらは全て読み書き障害（ディスレクシア）のある児童生徒に役立ちます。マインドノートやiソートのような他のソフトは，メタ認知の支援が必要な児童生徒に役立ちます。

- 書くことに困難のある者。ここでは，ＡＴ機器が児童生徒の書くという実際的な身体的課題を回避させると同時に，正確なつづりや句読点，文法，語の用法，構文の促進などの支援を行います。これらには，(a)略記の拡張（使用者がよく使う単語や語句の省略形を作ったり，保存したり，再び使用したりできるもの），(b)グラフィック・オーガナイザーとアウトライン・プログラム（執筆課題を始める際に，使用者が情報を整理したり概説したりすることを助ける），(c)音声認識プログラム（ワープロとつながっており，使用者がマイクに吹き込むと，話した言葉を文に変換することができる），(d)音声合成装置（上記の読みに困難がある児童生徒のＡＴの使用を参照）
- 自力移動を含む移動困難な者。彼らは，様々な形式の車いす（例えば，頭でスイッチを操作する電動車いす）や方向システムが役に立つでしょう。

近年の，情報やコミュニケーション技術の速くてしかも劇的な進歩に，皆さんはしっかりと気づかれていることでしょう。このような進歩は，ATの計画，特に次章で示す拡大代替コミュニケーション（AAC）に対する新たな挑戦と機会を切り拓くものです。初期の頃のAAC技術は，複雑なコミュニケーション手法を必要とした児童生徒のために，コミュニケーション・ボードの活用というような方法を提供するアナログの装置に限られていました。1980年代に開発されたAAC機器は，超小型演算装置が内蔵化され，コンピューターの普及によりますます活用されるようになってきました。1990年代中頃に開発されたAAC機器は，インターネット上の全てのワールド・ワイド・ウエブ（www）にアクセスできるデジタル革命を起こしました。ごく最近では，ショート・メッセージ・サービス（SMS），ツイッター，他のソーシャル・ネットワーキング形態へのアクセスを含む，スマートフォンにアクセスすることが当たり前になってきました。さらに，現在，iPhone，iPad，AndroidなどのAACアプリケーション・ソフトの開発が急激に進歩しています。[8] 装着型技術，画像処理，超微細技術，人工知能などもまた急速に進歩しています。[9] 私たちは今，「技術」の萌芽を目の当たりにしています。それは，音響教育開発を通した新たな技術の教育的可能性の促進と拡大を目的としています。[10]

 コンピューターにアクセスする

児童生徒のニーズに応じて対応しやすくするために，コンピューターに適合させたものが多くあります。上記で述べてきたことに加えて他にも幾つかあります。

- 高さの調節できるテーブルや台車の上にコンピューターを置く。
- 足置きを備えておく。
- 腕置きを備えておく。
- 授業の残り時間を使って，コンピューターがカリキュラム・ソフトを起動できるかどうかを確かめる。
- **方略19**の照明のガイドラインも参照して欲しい。

正しいＡＴ機器を選択する

最も適したＡＴ機器を選択するには，当然，注意を払う必要があります。ここでは，幾つかの重要なガイドラインを示します。

- 機器を選ぶ場合には，児童生徒やその保護者も参加させること。
- 個々の児童生徒の必要条件や彼らの日常的な環境に合わせてカスタマイズすること。
- 機器はできる限りシンプルにし，すでに使用しているものとほぼ同じ仕様にすること。
- 予測される使用条件であっても丈夫であること。
- 見た目に美しく，年齢相応で，おしゃれで，文化的に受け容れられるものであること。
- 性能評価を実施すること。

ＡＴを日々の生活に融合させる

ＡＴ機器は児童生徒の自立を助ける可能性があることから，児童生徒の保護者や介護者，教育者らは，他者に大きく依存していた児童生徒の状況の変化を目の当たりにします。[11] 特に，AT機器は操作することが比較的複雑だ，価値がすぐにはわからないというように，これまでの習慣を変化させることは最初のうちはとても難しいだろうと思います。しかし，もし先述したガイドラインにしたがって，児童生徒が日常の活動で機器をうまく使えるようになったり，起こった問題を迅速に解決できたり，フラストレーションを最小化することができるようであれば，動機は後からついてくることでしょう。

 ウエブサイトにアクセスする

近年，児童生徒の障害―特に医学的な特性や教育プログラムに関する情報を，インターネットで調べる保護者が増えてきています。インターネットは，情報提供に加えて，オンライン討論の形式で心の支えや擁護の機会などの手段も提供しています。インターネットは，保護者と専門家との知識の差を埋めることに貢献してきました。アクセスすることで，保護者が必要としている支援を無料で提供してくれるのでとても役に立つのですが，その一方で，品質管理がなされていなかったり情報過多であったりというようなリスクもあります。専門家は，インターネットから入手した情報の解釈を手助けするという重要な役割を果たすことができます。[12] このための一つの方法は，皆さんが保護者に信頼性の高いホームページを参照させることです（例えば，Healthfinderという米国政府のサイト：www. healthfinder.gov）。

特別な教育的ニーズのある児童生徒は，インターネット上の情報にアクセスしたり同じような課題をもった他者とつながったりすることで大きな成果を得ることができます。したがって，多くの者が経験するだろう孤独感を軽減することにもつながります。ここでも，専門家は，できる限り肯定的でリスクの少ないホームページにアクセスすることを保障するという重要な役割を果たすことができます。

最後に，特別な教育的ニーズのある児童生徒の指導技術や知識を高めるためのインターネット利用の方法について示しておきましょう。米国においては，米国教育省によって資金提供された

IRIS トレーニング強化センターが，苦悩している児童生徒や障害のある児童生徒への指導のためのオンライン情報を無料で提供しています。このような情報は他国でも利用することができますし，教師教育を強化することに役立ちます。

ホームページを作る

皆さんは，自分のホームページを作ったり，そのことについて他者にアドバイスをしたりすることがあるかもしれません。そのような場合，特別な教育的ニーズのある児童生徒がアクセスできるホームページを作成するための，一連のガイドラインを参照することができます。それは，「*Web Content Accessibility Guidelines 1.0*'」:www. w3. or/ TR/ *WAI- WEB-CONTENT/.*」というドキュメント・ファイルに記載されています。ガイドラインの重要なテーマは，どのように内容を理解しやすく閲覧しやすくするかです。

ここでは，考慮に入れておきたい主なポイントを示します。[14]

- 内容の正確さを確保すること。
- 言葉を明確で単純にすることや，ページを閲覧していく際にわかりやすい構造にすることで，使いやすさを確保すること
- サイトを定期的に更新すること。
- 関連サイトをリンクとして貼り，現在利用可能なものを確保すること。
- よくある質問を設けること。
- 即時通信のためのチャットルームや／または，非同期通信のための掲示板を設けること。

以上のポイントは，全てのホームページに当てはまることであるため，以下では，障害のある使用者のための具体的なポイントを幾つか示します。

- 画像やアニメーション，実物，音声，動画のような文章によらないどの要素も，文章と対応させて提供すること。
- 色つき情報が白黒でも活用できるのかどうかを確認すること。
- サイトの内容にふさわしい最も明確でシンプルな言葉を用いること。
- 色弱者が見たり白黒の画面で見たりする時に，図（前景）と地（背景）の対照的な色の組み合わせを保障すること。

チームワークは不可欠です

以上のことからわかるように，ＡＴ機器を選ぶには，児童生徒やその家族と連携している多様な専門分野にわたる専門家達が，チームになって広範囲な計画を立てることが必要です。このチームには，児童生徒のニーズによって全てではないにしても，医師，医学的専門家，心理士，特別支援教育者，作業療法士，理学療法士，言語聴覚士，視覚障害と聴覚障害の専門家，関係するＡＴ技術者，他に関連する専門助手／学習支援アシスタント，などのほとんどが含まれるでしょう。このようなチームは，児童生徒の(a)座位や姿勢保持のニーズ，(b)視力や視覚認知，(c)運動制御，(d)認知や言語のスキルなど，広範囲の要因を評価します。[15] さらに，学校や家庭ではＡＴに関する態度や知識，技能を決定するための評価が必要でしょう。ご覧の通り，ＡＴを実施するためには最高レベルのチームワークが要求されるのです（**方略４**）。

エビデンスにもとづいた根拠

2つのメタ分析，1つのレビュー，私が選んだ5つの研究から，ATとCAIに対するほどほどの成果が報告されました。

* コンピューター利用学習の76のメタ分析に関するハッティーの研究（論文には明らかに重複した箇所が多く見られます）では，全般的な効果サイズ0.37が検出されました。高い能力：12メタ分析，効果サイズ0.33，平均的能力：11メタ分析，効果サイズ0.38，**低い能力**：12メタ分析，効果サイズ0.35というように，彼は能力の程度による違いはないと報告しました。学年や教科によっても違いはありませんでした。ハッティーはまた，メタ分析を掘り下げ，例えば，(a)使用前トレーニングがある，(b)多様な指導方略がある，(c)多様な学習機会がある，(d)最適なフィードバック，(e)教師ではなく児童生徒が学習を管理するというような時に，コンピューターが最も効果的になると述べています。ハッティーはまた，インターネットを利用した学習と対話型ビデオ方法の影響を報告しました。インターネットを利用した学習では効果サイズ0.18が検出されました。しかし，ハッティーは，個々の研究は多様であり，この領域の研究はまだ始まったばかりであると報告しました。対話型ビデオ方法はやや増進しており，効果サイズは0.52でした。[16]
* **優秀児**に対する，コンピューター利用学習（CAI：*Computer-Assisted Instruction*）と伝統的指導との比較に関する16研究の初期（1985）のメタ分析から，適度に肯定的な効果のある0.52という効果サイズが報告されました。**言語障害**や**知的障害**のある児童生徒もまたCAIから多くの成果を得ることが見

出されており，この結果は，研究者らによれば慎重に扱われるべきもののようです。[17]

* **軽度と中度の障害**のある児童生徒へのCAI使用に関する文献の最近のレビューからは，混合されてはいますが，特に，既習概念の様々な演習のためのツールとして使用される時，CAIは学業成績を向上させる可能性のあることが見出されました。[18]
* スウェーデンの研究は，6歳の児童生徒の読みとコミュニケーション技能に対話型マルチメディア・コンピューター・プログラムを用いた場合の効果について，11人の**自閉症**のある児童生徒と9人の**重複障害**のある児童生徒を調査しました。自閉症のグループでは，単語の読みと音韻認識の両方とも向上しましたが，追跡調査まで持続しませんでした。同じような傾向は，弱いながらも重複障害のグループにも見いだされました。このことから，コンピューター・プログラムによる取組みは，個別対応に基づくべきだと結論づけられました。[19]
* 最近の英国の研究では，コンピューターの動画の有無が，理科の課題における ADHD の児童生徒の作業に及ぼす影響について分析しました。その結果，動画を用いないコンピューターでのプレゼンテーションは正確な応答や課題遂行行動を著しく伸ばすということが示されました。[20]
* 5~7年生のうち**数学の成績が低い**児童生徒を対象とした近年の米国の研究では，実験群の児童生徒が市販のコンピューター・プログラムを幅広く活用した放課後数学プログラムを受講しました。このグループは，コンピューター・プログラムを受講しなかったグループに比べて大いに成績が向上しました。[21]

＊ 別の米国の研究では，**学習障害**のある 9～18 歳の小中高校生 39 人の読み書きの改善を支援するために音声認識技術が用いられました。先述したように，音声認識プログラムはワープロと連動しており，児童生徒がマイクで口述すると彼らの話した言葉が文章に変換されました。結果は，音声認識グループが統制群に比して，単語認識，書字力や読解力において著しい向上を見せたことが示されました。[22]

留意点

AT の使用に際して，2 つの主たるリスクがあります。

- 十分に活用されなかったり，全く活用されなかったりするかもしれません。例えば，ある調査から，全ての支援機器の 3 分の 1 は放置されていることが見出されました。[23] 関連して，児童生徒の AT 活用を促進させるのに教育者は専門家としては不十分です。
- このことを説明すると，おそらく，AT が使用者の日常生活にしっかりと組み込まれていないことによるのだろうと思います。言い換えれば，児童生徒のニーズのアセスメントや，機器の評価，機器の改造，児童生徒やその家族のトレーニングなどを含む一連のつながりのどこかで生じている断絶が影響しているのだろうと思います。[24]

結　論

ＡＴは，本書で紹介した種々の方略の中でも，最も急速に拡大し期待できるものの一つです。それは，特別な教育的ニーズのある多様な児童生徒に効果的であることが既に証明されており，急速な技術開発とともにその活用は拡大し続けるでしょう。

第19章

方略17：拡大代替コミュニケーション（AAC）

—コミュニケーション・スキル向上のためのあらゆる手段の活用—

格付け　★★★★

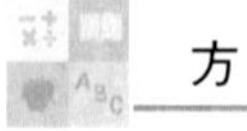

方　略

特別な教育的ニーズのある児童生徒のなかには，会話を用いて他者とコミュニケーションを図ることに著しく困難を抱える者がいます。彼らには，脳性麻痺や，自閉症，発達失行症，多発性硬化症，脳梗塞や外傷性脳損傷といった，発声はあるが実質的な会話能力のない児童生徒を含みます。[1] そこで，そのような児童生徒を支援するために，拡大コミュニケーションと代替コミュニケーションという二つの方略があります。

「***拡大コミュニケーション***」は，児童生徒が今持っているコミュニケーション方法を補うために用いられます。たとえば，自閉症や言語遅滞の児童生徒は，タッチパネルのコンピューターや，他の人とコミュニケーションを図るための音声出力通信装置を用いることができます。

「***代替コミュニケーション***」とは，失われたコミュニケーション方法の代わりとなる試みを意味します。例えば，先天性の重度聴覚障害の児童生徒には手話が教えられます。これは，彼らの主要な代替コミュニケーション方法として機能するでしょう。

これら二つの領域は，拡大代替コミュニケーション（AAC: *augmentative and alternative communication*）と一括りにして知られています。**方略 16** と同様に，この方略は，学習への言語障壁を補おうとする点において，「学習と指導モデル」の「生物学的構造と機能」の要素と密接に関連しています。それがどのように提供されるかによって，AAC は第 2 章で概説した学習の 3 つの理論の幾つかあるいは全てと一致します。

ほとんどの場合，AAC には言語聴覚士が最も密接に関与していますが，教室にいる児童生徒がそれを使っている場合には，教育者である皆さんもその内容について精通しておく必要があります。

基本的な考え

1980年代以来，AACは，会話のできない児童生徒や，他者とやりとりをするための会話能力に限界のある児童生徒を手助けする方法として，その可能性と需要を増大させてきました。その中心的目標は，児童生徒に，(a)会話でやりとりすること，(b)家庭，学校，余暇における活動へ完全に参加すること，(c)母語を学ぶこと，(d)社会的役割（例えば，家族の一員として，友達として，児童生徒として）を確立し維持すること，などの機会と可能性を提供することです。言い換えれば，AACには，そのような児童生徒の自己充足感や自尊心，価値を最大にする可能性があるのです。その重要性は，つい最近の国連「障害者の権利条約」でも認められており，各国に「点字，代替的な文字，拡大的及び代替的な形態，コミュニケーションと定位の手段及び様式，手話の習得及び聴覚障害者社会の言語的独自性の促進」を求めています。[2]

AACを用いている児童生徒は，コミュニケーションを図るために，コミュニケーションボードや音声出力通信装置のような様々な機器に加えて，例えば，普通の会話もしくは発声やジェスチャーのような多様な方法を活用していることに注意しておかなければなりません。[3]

前章で言及したように，近年，情報技術やコミュニケーション技術は，急速にそして劇的に進歩してきています。そして，AACを利用する新たな挑戦やその機会を拡大してきました。初期の頃は，AAC技術は，複雑なコミュニケーション・ニーズのある児童生徒がコミュニケーション画面から内容にアクセスできるアナログ装置に限られていました。1980年代，超小型演算装置が内蔵された専用のAAC機器が開発され，パーソナル・コンピューターを通してますます利用し易くなってきました。1990年代中頃までには，専用のAAC機器を用いて，ウエブでつながるすべての機会を通して，ワールド・ワイド・ウエブにアクセスするようなデジタル革命が起こるようになってきました。このような機会は，ごく最近では，SMSでのメッセージのやりとりや，ツイッターや他のソーシャルネットワーキング形式を含むスマートフォン技術を通して，広がっています。同様に，iPhoneやiPod，iPad，Android機器にダウンロードできるAACアプリケーション・ソフトが，最近急速に開発されるようになってきています。

実　践

AACには，ジェスチャーや手話，絵や記号を用いた発話生成装置などを含む，様々な非言語的コミュニケーション方法が含まれます。[5] 児童生徒のコミュニケーション能力を効果的に高めるために，AACでは，「支援なし」と「支援付き」という主として二つの技法が用いられます。

支援なしの技法では，コミュニケーションのための外部支援は必要ありません。これらには，以下のような普通のコミュニケーションのための非言語的手段が含まれます。

- 表情での表現
- ジェスチャー
- 手話

支援付きの技法では，児童生徒のコミュニケーションのために，物品や機器のような何らかの付加的な外部支援が必要です。例えば，以下のような物です。

- 絵画代替コミュニケーション・システム（PECS:*PictureExchange Communication System*）のような絵記号システム
- コミュニケーション・ボード上の絵を指さす
- 記号図（シンボル・チャート）
- 音声合成装置や音声出力型コミュニケーション補助具（*Voice Output Communication Aid*：VOCA s）を含む，コンピューター化された発話生成装置（SGDs：*Speech-Genrating Devices*）

これらのAAC補助具を利用するには，直接選択法かスキャニングの方法があります。

直接選択法は，自分の指や，手，頭（例えば，付属のヘッドスティックを使って），目，足で指し示すことです。**スキャニング**は，他者もしくは機器自体が児童生徒に提示する一連のメッセージの内容と関連しています。そして，それぞれの内容が提示された後，児童生徒はYESかNOを明らかにして選択をします。これは，言葉の場合もありますし，頭の動きや瞬きのような場合もあります。[6]

例えば，多くの自閉スペクトラム症のある児童生徒のように，微細運動に困難さを抱える者達は手話を学ぶことが難しいようです。そのような場合，一般的には視覚的手だてが役に立ちます。それらは，対象物同士が類似しているが故に、一時的な合図ではなく何度も繰り返し参照することができるという付加的な利点もあります。[7]

注：AACを利用している児童生徒への書字指導に関する研究はわずかしかありませんので，その内容については本章では取り扱わないこととします。

ジェスチャー

これらは，例えば，うなずくこと，肩をすくめることのような，どの文化であっても全ての人が普通に理解できるジェスチャーから，どの種類のボールを投げるかを指示するために野球のキャッチャーが用いるような特定の集団にのみ通用するジェスチャーまで，幅広いものです。

サイン言語／手話

これらは手の形で作られており，重度の難聴や聴覚障害の人々によって開発されてきました。多くの異なった手話が世界中の様々な地域に存在しています。手話を知らない人々は，サインの意味を理解することが課題となるでしょう。

音声合成装置（ボイス・シンセサイザー）

視覚障害のある児童生徒と，少ししか話せないまたは全く話せない児童生徒の両方ともが，音声合成装置を利用しています。視覚障害のある児童生徒は，コンピューターに取り込まれたどんな印刷物でも読み上げる「*Kurzweil 3000*」のような音声合成装置プログラムを使用しています。[9] 言葉が不自由な人々のためには，音声合成装置は彼らの声となります。彼らが言いたいことを打ち込むだけで，機械が彼らに代わって言葉を読み上げてくれます。

音声出力型コミュニケーション・エイド（VOCAs）

これらは，携帯用の電子機器で合成化やデジタル化した音声を出力するものです。自分の指や手，その他の手段を使って，VOCAの画面からメッセージ記号を選択するために，さまざまな絵記号（次のポイント参照）が活用されています。それは，AAC利用者の音声出力手段として機能しており，それによってやりとりが促進されています。最近の研究からは，iPodタッチのためのProloquo2Goというアプリケーション・ソフトの開発が確認されています。[10]

絵記号システム

多くの異なった絵記号システムがあります。これらには，ブリスシンボル（*Blissymbols*）や絵記号コミュニケーション（PIC：*Pictogram Ideogram Communication*），判じ絵記号（*Rebus Signs*），マカトン，サイン・アロング，絵画代替コミュニケーション・システム（PECS）などがあります。それぞれのシステムには，記号で言葉を表すそれぞれ独特の方法があります。ですから，絵記号システムの選択は極めて個別的な過程です。これらのシステムは，単純なコミュニケーション・ボード（よく使う記号言語が書かれた図板）の方法や，より進歩したコンピューター・プログラムなどの方法で使用することができます。[11]

PECSは，おそらく全てのAACシステムのなかでも，最も知られ，最も広く利用されている物でしょう。簡潔に言うと，PECSでは，児童生徒は線画や記号の書かれたカードを手に取り，実際のものと交換するために，それを他の人（教育者や，保護者，仲間他）に手渡すことが教えられます。いったん児童生徒がこの単純な要求動作をできるようになると，ラベリングや情報探索というようなコミュニケーション・スキルまで徐々に拡大して教えられます。行動療法に基づく指導方略（例えば，シェイピング〈反応〉，プロンプト〈促し〉，フェイディング〈減少〉）が，プログラム実施のために用いられます（**方略 11**）。特に，PECS を用いる教育者の最初の課題は，児童生徒にコミュニケーションをとる気にさせるための強力な強化子を見出だすことです。[12]

写　真

写真もまた，コミュニケーション・ボード上で用いることができます。それらは，実際の写真や雑誌の切り抜き，ラベル，広告など，児童生徒が簡単に認識できるものです。

複合的活用の勧め

以上のそれぞれのアプローチは，単独で用いた時にメリットがありますが，AAC の活用に際して複合的な活用の傾向が進んでいます。これには三つの要因があります。1 つめは，実生活においては，例えば会話とジェスチャーが組み合わされるなど，実際ほとんどのコミュニケーションは複合的であるということです。2 つめに，特別な教育的ニーズのある児童生徒を包括するためには，様々な相手がすぐに理解できるコミュニケーション方法が必要であるということです。3 つめに，支援付きの AAC と支援なしの AAC とを組み合わせて用いることにより，それらの限界を最小限にしながら，それぞれの様式の強みを活かすことができます。[13]

不可欠なチームワーク

AAC方略を選択し実施するためには，児童生徒と彼らの家族と関わっている，多くの専門分野に渡る複合的な専門家チームが様々な分野から計画することが必要です。このチームには，医療言語聴覚士／療法士，理学療法士，医師や／または医学的専門家，特別支援教育者，ソーシャルワーカー，心理学者，関連する技術者，関連する専門助手／学習支援助手などの全てではないにしても，ほとんどが含まれていることが重要です。したがって，最高度のチームワークが要求されます。（**方略4**）。

エビデンスにもとづいた根拠

コミュニケーションに困難のある様々な児童生徒への，AACの有効性を指摘しているかなりの数の研究論文があります。以下で，6つのレビューと9つの個別研究の実例から見出された内容について述べます。

* 広い年齢層に渡って実施された50の被験者一人の実験的研究分析で，AACの有効性が検出されました。その結果，行動変容と般化に関して取組みが効果的であることを示しましたが，時間がたてばそれほど維持されていませんでした。支援のないシステムの方が，支援付きシステムよりも効果的であることが見出されました。[14]
* **自閉症**の児童生徒に話す時に用いる表現語彙と，歌う時また

はトータル・コミュニケーションで用いる表現語彙を教える効果を比較した研究の簡単なまとめからは，結果として歌うことまたはトータル・コミュニケーションが，会話練習よりもより速くより複雑な語彙の習得をもたらすことが見出されました。最も効果の高かった者は，コミュニケーションのレパートリーがより限定されている者たちでした。[15]

* コミュニケーション技能，言語スキル，読み書き能力におけるAACの肯定的効果に関する幾らかの研究では，言語発達に何のリスクももたらさないことが示されました。確かに，AAC取組みは言語産出をわずかですがもたらすというエビデンスにもとづいた根拠があります。[16]
* 自閉症児童生徒へのAAC効果に関する膨大な量の論文のレビューでは，一人のカナダ人研究者は，以下のようなポイントで研究をまとめました。
  - 初期の頃（1983）の研究は，2人の児童生徒への100日以上に渡る絵記号の使用について報告しました。そして，彼らは絵による指示に従うことを学ぶとともに，新たな絵への学習の般化が見られました。
  - 幾つかの研究では，例えば，服を着るために一連の写真を用いるなど，学校や家庭の場面における特定な活動を手助けする，画像によるスケジュールをうまく活用していました。
  - 別の研究では，自閉症児童生徒がある課題から別の課題へと移行するのを助け，最終的には自分の力でこれらの課題を遂行できるために，画像によるスケジュールをうまく活用していました。
  - 視覚シンボルは，例えば食べ物を選択する場合のように，選択する際に言葉での質問を増やす手段として活用されました。

- 「支援用言語刺激」と呼ばれているものでは，教育者が動詞と名詞の絵カードを指さしながら児童生徒と言葉でやりとりをする時にうまくいきました。[17]

* 絵画代替コミュニケーション・システム（PECS）に関する幾らかの研究（全て米国）がありました。
  - 方略の発案者は，1年以上PECSを使用した69人の児童生徒のうち，39人がPECSを用いない自立した発話が発達し，20人は発話と付加的にPECSを使用し，7人がPECSを使用したままであったことを報告しました。研究者達は，児童生徒がコミュニケーションのために30～100のシンボルを一旦使うことができるようになると，話す能力が発達する傾向にあると指摘しています。[18]
  - インクルーシブな就学前の18人の幼児に関する研究では，11人が**自閉症**でした。18人の幼児のうち，8人は言語スキルがしっかりと発達し（うち6人は自閉症でした），残りの者はほとんど話す能力を獲得することができず，PECSを使用し続けました。[19]
  - 就学前の段階にある1人と小学校段階にある2人，合わせて3人の**自閉スペクトラム症**のある児童生徒に対する，コミュニケーションと話す能力の発達に関するPECSの効果を調査した研究があります。その結果，児童生徒は速やかにPECSを習得し，複雑な文法と同様，発語の数も増えたことが示されました。[20]
  - 最近，高い評価を得たPECS研究は，**自閉スペクトラム症**のある児童生徒の会話とコミュニケーション表現を増進させるプログラムの活用に対して，適度な効果サイズを示しました。[21]

- PECSに関する最近の研究の別のレビューは，(a)PECSは比較的速やかに習得することができる，(b)それは，複雑な会話や社会的コミュニケーション行動を向上させる，(c)それは，問題行動の減少にも関係している，と指摘しました。[22]
- 最近のメタ分析は，**自閉スペクトラム症**一人一人に対する，支援付AACシステムに関する24の被験者一人の事例研究に注目しました。全般的に，支援付AAC取組みは，コミュニケーション・スキルに影響する広範な標的行動の治療結果に対して大きな効果のあることが示されました。PECSや会話生成装置の効果は，他の視覚的手段と比べてコミュニケーション・スキルを大きく向上させました。AACがソーシャル・スキルや問題行動に肯定的な影響があるというエビデンスにもとづいた根拠もありました。[23]

* 身体障害や発達障害のある児童生徒に読み書きスキルを教えるための指導方略を分析した18の研究の体系的レビューから，参加者の37％に改善が見られたと報告していることが明らかになりました。支援付きAAC機器を用いた者は，例えば，指示的な指導，足場作り，分担読みのような一般的な内容に関して，エビデンスにもとづいた読み書き指導により成果が上がっているように思われました。[24]
* 米国の研究は，**非言語や行動，認知に障害**のある若者を対象とした，教室での拡大コミュニケーションによる取組みの効果を調査しました。普通の言葉と同じくらい絵を用いたコミュニケーション・ボードが使われており，その結果，コミュニ

ケーションや積極的な行動の増加およびより複雑なカリキュラムへの参加の増加をもたらしました。[25]

* また，別の米国の研究では，AACを活用して，5〜9歳の**脳性麻痺**児童の社会的やり取りの量を増やす試みがなされました。多様な場面における15週間の取組みは，仲間との社会的交流を増加させることが見出されました。[26]
* 最近の研究では，要求の指導に対するiPod Touchの使用を調査しました。1人の自閉症者と2人の発達障害者の合計3人に対し，多層ベースライン・デザインが用いられました。その結果，基本的な要求に関して最小の時間で効果的な指導がなされました。[27]
* 別の最近の研究は，自閉スペクトラム症や発達障害のある5人の小学生男児を対象に，絵カードと比較してiPadの有効性について調査しました。その結果は，iPadを用いた時にはコミュニケーション行動が増加し，絵カードを用いた時には変化が見られないというような混合されたものでした。[28]
* 英国の研究は，AACを実際に活用しているほとんどが**脳性麻痺**の23人の児童生徒と若者の考えを調査しました。彼らの大多数がAACシステムはとても役に立つと述べており，否定的な意見はいずれも，AACシステムを操作するのに必要な技術的なスキルという操作上の問題に限られていました。[29]
* 最近のニュージーランドでの研究は，AACを活用している**コミュニケーション障害**のある8人の若者（平均16歳）のコミュニケーション交流の一時的休止効果について調査しました。その結果，例えば若者の会話が長くなっているような場面で，参加者は，コミュニケーションの相手が少し長めに沈黙した場合，それに応じて応答する傾向が強いことを示しました。[30]

研究者は，このような応答反応は，AACを活用している若者達の対面コミュニケーションにおいて，交流相手に会話の順序の支配権を握られることが多いが故に，相互交流の釣り合いがとれなくなるからであることが，他の研究結果から見出すことができると指摘しました。[31]

* 米国の研究では，1人の自閉症者を含む3人の障害のある児童生徒に対し，教室での日課を絵で表現した予定表を用いました。研究の結果，児童生徒は90～100％の時間，予定表に基づいて行動することができており，指導補助員の促しはほとんど必要ありませんでした。[32]
* ポーランドの研究では，会話によるコミュニケーションに支障のある7歳から13歳までの43人の児童生徒が関わりました。彼らの中には，**脳性麻痺**や**自閉症**のある児童生徒も含まれていました。様々なAACの方法が，情報の伝達，表現，相手とのやり取り，動機づけというようなコミュニケーションの四領域を促すために用いられました。参加者は，取組み前，取組み中，取組み後にこれら四領域の大きさの変化が測定されました。その結果，全員に全ての領域に渡って取組みの成果のあったことが検出されたことが報告されました。[33]
* 以上では，わずかではありますが，AACの異なるアプローチの有効性に関する研究を選んで説明しました。最近の概観では，**発達障害**のある者がたくさんのAACシンボルや，機器，方略などから選択する方法に関する詳細な技術分析が提供されています。[34]

留意点

もしも，皆さんのクラスの児童生徒が，AAC を使用していたりあるいは使用を検討していたりするようであれば，以下の点について配慮しなければなりません。

- 個々の児童生徒に最適な AAC システムを選択することは容易なことではなく，多くの専門家による判定が必要です。
- それぞれ AAC をどのように使いたいのか配慮しなければなりません。例えば，ある研究者は，今日の AAC 機器は社会的交流よりもニーズにもとづいたコミュニケーション（例えば，アイテムの要求）に重点を置いていると主張しています。したがって，若者のような利用者にとっては魅力的ではありません。[35] 実際，AAC の青年利用者は機器を「ださい」「つまらない」と感じているという根拠もあります。[36] 最近の iPod や iPad の登場は，おそらく他の AAC 機器への汚名を返上させてくれるでしょう。
- 専門家は，児童生徒と彼らのコミュニケーション相手が，AAC システムの操作スキルを効果的で効率的に学ぶ手助けをする必要があります。[37]
- コミュニケーションが本当に機能的であるためには，コミュニケーション相手として馴染みがある者もない者も，ともに AAC を理解しておかなければなりません。[38]
- 微細運動能力が弱い児童生徒は，機能的なコミュニケーションを促すための単純な支援なしシステムの AAC を用いることが難しいことから，支援付きシステムの方が合っているだろうと思われます。[39]

- 電子補助機器はとても便利ですが，故障しやすいかもしれません。したがって，AACの利用者は予備のコミュニケーション様式を用意しておく必要があります。
- ある年齢で使用するために選択されたAACシステムは，児童生徒の発達に応じて修正されたり交換されたりする必要があります。[40]関連して，AACシステムは急速に発達してきており，特にコンピューターと併用している場合には，専門家はその分野の可能性を普段から見直しておく必要があります。[41]
- AAC機器を用いることでしばしば生み出される個人データの処理には注意が必要です。
- 児童生徒が言語能力を犠牲にしてまでAACに過度に依存しないように気をつけなければなりません。

結　論

AAC法は，口頭言語能力に制限があったり困難であったりする児童生徒が，機能的コミュニケーション・スキルを学習することを手助けするのに便利な技法です。

第20章

方略18：音韻認識と音韻処理

—読み上げ方略の利用—

格付け　★★★★

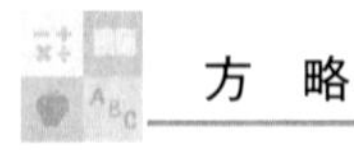

方　略

この章では，音韻認識と音素認識（以後，簡略化のため，「音韻認識」と表現します）と音韻処理についてとりあげます。

簡単に，主要な定義について示します。

● 音韻認識とは，一つ一つの言葉の音に気づき，考え，操作する（移動，結合，消去）能力を含む口語スキルのことです。[1] これは，(a)発話は音で構成されているという認識と，(b)それらの音を分解し操作する能力という二つの過程に関係しています。口語英語で，43 音素（25 の子音と 18 の母音）が区別できるようになることです。

● 音素認識は音韻認識の一部であり，読み言葉はばらばらの音または音素で構成されていることに気づくことです。言い換えれば，音素認識とは，文字に対応する音は一つであり発音と一致していると認識することです。[2]

● 音韻処理とは，発話の音を分解し，記憶し，合成し，そして操作する能力です。これは，短期記憶や・長期記憶において，話し言葉や書き言葉の形で言語情報を処理するために，音韻組織（言葉の音）を活用するものです。[3] その要素には，記憶に保持するための音の認識やコード化，後での記憶コードからの音の復元などが含まれています。[4]

この方略は，「学習と指導モデル」の「初期記憶」と密接に関係していますが，「実行機能」とも関係しています。

基本的な考え

読みの困難は，2 つの連結モデルの観点から理解することができます。最初の 1 つは，菜よりも重要ですが，「読みの要素モデル」と言われているものです。[5] これは，心理，環境，認知の三つの要因が，読みの習得に影響を及ぼしていることを示しています。心理的要因には，児童生徒の意欲や興味が関わっており，環境的要因には，児童生徒の教室や家庭での学習環境が関わっています。三つめの要因である認知的領域について本章で説明します。研究者の中には，この領域は「簡単な読みの視点」(SVR：*simple view of reading*) として知られている観点で説明しています。[6] このモデルによれば，読みの学習とは，児童生徒の既存の話し言葉へどのように図式化して表すかを理解することです。この過程は，単語認識（解読）と口頭言語の理解という，両方とも必要であり同じぐらい重要な二つの要素に分けることができます。単語認識は文字認識と音韻認識（本章の残り部分の内容です）で成り立っています。

次に進む前に，言語によって印刷文字（正字法）と音との結び付きが異なっていることに言及する必要があります。このことは，「透明」の度合いと表現されることがあります。例えば，英語は低透明（「不透明正字法」）である一方，ハンガリー語やフィンランド語は透明（「一般的正字法」）です。多くの文字がある中国語もまた不透明正字法と考えられており，音韻認識の重要性を強調する者が多くいる一方で，先駆的研究者の中には，単語読みの促進として音韻認識は必要ではないと主張する者もいます。

私は，音韻／音声認識と音韻処理に注目することを選択しましたが，読みの問題は 2 種類のモデルが別個にあるいは組み合わさって影響を及ぼしていることも認識しています。

重要なことは，読みの処理は，単語を音節や音への分割，押韻語の認識や生成，一言で言えば特別音の識別，単語への音（音素）の融合などに対する，児童生徒の能力を必要としているということです。[10] したがって，音韻認識や音韻処理に弱さがあれば，かなりの割合で，初期の読み問題や読解，記憶，語彙に関係した困難さの原因となります。[11] このような読みに関する問題を防ぐために，音韻認識と音韻処理の指導方略を実施することが必要です。

音韻処理に注目することは，読み指導をする際に音声学を用いるのか、それとも全体的言語アプローチを用いるのかという，様々な国でこれまでもまた未だに続いている「巨大な議論」「読み論争」に足を踏み入れることになるということは，私自身十分承知しています。個人的には，「どちらか」というような問題ではなく，両方のアプローチともにメリットがあり，児童生徒の年齢や個人の性格に応じて，両方を組み合わせるべきことだと考えています。この問題に対する私のアプローチは，ニュージーランドにいる私の同僚の研究グループがうまくまとめています。

自然主義であっても非公式であっても，読み指導への全体的言語アプローチ（単語分析活動は，文章を読んでいる間の児童生徒の反応から「偶然に」生じたものであるが）は，多くの児童生徒に適用が可能ですが，障害のある児童生徒には，音韻論に基づくスキルや方略の開発に特に配慮して高度に構造化された体系的なアプローチが必要です。[8]

実　践

児童生徒の音韻スキル（後の項の関連図書を参照して下さい）を高めるために，企図された指導や教材に関する数多くの文献があります。有効な枠組みとして，以下の4つに分類します。

- 聞き取り方略
- 単語方略
- 音節方略
- 音素／押韻方略[13]

聞き取り方略

この方略の目標は，活動的で，注意深く，分析的な聞き取りスキルを児童生徒に習得させるのを助けることです。ここでは，可能な活動を幾つか紹介します。

- 児童生徒がよく聞いている日常の様々な音を録音し，それらが何かを考えさせます。
- 児童生徒がよく知っている詩や歌を聞かせ，時たま幾つかの単語を意味のない単語に置き換え，意味のない単語が確認できるかどうかを見ます。
- 音声記憶を高めるために一連の音声を児童生徒に聞かせ，二回聞いた後に特定の音を除外します。
- 児童生徒を輪になって座らせ，一人ずつ隣の児童生徒に何らかの言葉をささやかせる。同じ文，あるいは単語が最後の人に行きわたるまで繰り返す。最後の児童生徒が何と聞こえたかを声に出して答える。「チャイニーズ・ウィスパー（伝言ゲーム）」と呼ばれるこのゲームを，皆さんもしたことがあるはずです。

単語レベル方略

この活動は，単語が独立しているということを児童生徒が認識するようになるのを助けることを目的としています。以下のような活動が含まれます。

- 児童生徒にある文の単語数を数えさせます
- 児童生徒にある文を読み聞かせ，二度目はある単語を一語除外して読み，どの単語がなくなったかを答えさせます。あるいは一連の単語を読み上げてから，一単語をとばして再度読み上げ，児童生徒に「なくなった単語は何ですか？」と尋ねます。
- 単語が間違って配置されている句を読み上げ，正しい順に単語を並べ換えさせます。例えば，「I the beach to went」は「I went to the beach（私はそのビーチに行った）」となります。

音節方略

単語は音節と呼ばれる区分によって構成されていることを認識する手助けとして，以下のような方法が活用できます。

- ある単語の音節を数え区別させます。音節ごとに手を叩くことにより，これができます。例えば，*Bean*（豆）は一音節であるから一回手を叩き，*Beanstalk*（豆の茎）は二音節なので二回手を叩くという具合です。
- ある単語に音節を加えさせたり削除させたりします。例えば，音節 *bed* を単語 *bedroom* から取り除くとどうなるのか，また音節 *un* を *happy* に加えるとどうなるのかを尋ねます。

- 単語の一部分を異なった音節に置き換えさせます。例えば，*today* という単語であれば，音節 *day* を *morrow* に置き換えるのです。

音素／押韻方略

児童生徒が単語の音の構造と押韻の認識を促すために，以下のような方法が活用できます。

- 特定の音から始まる単語を探させることで，単語の音の始まりに慣れさせます。例えば，*cat*，*candy*，*car* は全て k 音で始まる単語です。一方，*sun*，*sit*，*sand* は全て s 音で始まる単語である。（文字名ではなく文字音を用います）
- 単語からある音や音節が抜け落ちる時，何が残るのかを答えさせます。例えば，*school* と言う単語から s の音が抜け落ちると，*cool* という単語になります。（児童生徒はたぶんジョークのように思うでしょう！）
- 様々な絵や単語から音が似ている単語を選択させます。例えば，*flog*（かえる）の絵は *log* という書き言葉の韻を踏んでいます。同じように，児童生徒に様々な詩やなぞなぞ，歌を聴かせて，それらの押韻を通して，押韻の単語になじむようにさせます。
- 頭子音韻（つまり，一つの子音〈頭子音〉で始まる言葉には母音が続き，他は *h* + *ot* のように子音〈韻〉が続いています）に分類される単音節の単語に，複数の音を合成させます。例えば，「これから単語をとてもゆっくり言います」と言います。そして，単語を構成している音をまとめていきます。「*h* + *ot* で *hot* となり，*c* + *oat* で *coat* となります，では *m* + *an* では何になるでしょう。？」という具合です。（このような練習では，全ての文字が発音されるわけではないことに注意してください。）

エビデンスにもとづいた根拠

音韻認識と音素認識の指導が，特定の学習障害[14]や複雑なコミュニケーション・ニーズ[15]のある者を含む児童生徒に，音韻スキルと単語読みスキルの両方に肯定的な効果のあることを示したしっかりとした内容の研究があります。以下で，1つの総合的なメタ分析，1つのメタ分析，1つのレビュー，様々な国で実施された10の研究結果を説明します。

* 米国で影響力のある全米リーディング委員会が実施したメタ分析から，読みに対する音韻認識指導の影響について0.53の効果サイズが検出されました。[16]
* ハッティー[17]は，音韻認識トレーニングに関する支援の効果を示している幾つかのメタ分析を引用しました。それらには，効果サイズ0.73を生み出した上記の全米リーディング委員会の実施したものも含まれます。[18]ハッティーは，「全般的に，フォニックスは読みの学習（読む技能と読解力の両方）に有効である。」(p134) と結論づけています。
* 米国教育省効果情報センター（*US Department of Education's What Works Clearinghouse*）による近年のレビューから，音韻認識に関するコンピューター補助プログラムよる指導はとても効果的であることが示されました。このプログラム，デイジー・クエスト（デジタル音声情報探索システム）は，3歳

から7歳の児童生徒を対象にデイジーという名の陽気なドラゴンを探すおとぎ話で構成されており，単語の音の数を数える方法と同時に，押韻という単語の認知の仕方を児童生徒に教えるための指導内容を含むものです。提示される押韻には，「始まり」「中間」そして「終わり」の音が同じ単語や，別々に提示される一連の音素から形成される単語などがあります。情報センター（*Clearinghouse*）によるエビデンスにもとづいた根拠の水準を満たした4つの研究には，**平均以下の読み能力者**を含む223人の児童生徒が含まれていました。それらからは，音韻と音素測定の範囲で平均0.60の効果サイズが得られました。[19]

* オーストラリアの研究では，**恒常的な読み困難**を抱える9～14歳の生徒への音韻処理スキルトレーニングの効果が評価されました。その結果，児童生徒の音韻処理スキルが向上し，読みの精度と読解力に顕著な改善が示されました。またトレーニング期間を延長することで，特に重度の音韻処理困難のある児童生徒は，読み過程へのスキルの応用が著しく向上していることが認められました。[20]
* 同じ研究者による初期の研究では，10～12歳の**重度な読み書き障害**のある10人の児童生徒が取組みプログラムに参加しました。一つのグループは意味／統語トレーニングを受けた後，音韻トレーニングを受けました。別のグループは逆の順序でトレーニングを受けました。その結果，音韻処理スキルトレーニングは，意味／統語スキルのトレーニングよりも読みの精度に大きな影響を与え，両方のプログラムとも読解力の向上に寄与することが見出されました。[21]
* 米国の研究では，5歳と6歳の児童生徒に二年間にわたって，

10分40回の音韻認識トレーニングが行われました。そのトレーニングには，(a)児童生徒にバスの絵を示し，同じ音で始まる単語の絵を取らせる，(b)児童生徒に4つの写真を見せて，他とは違う音から始まる単語の絵を選ばせる，(c)二つの単語が韻を踏んでいるかどうか答えさせる，というような練習が含まれていました。比較群の児童生徒は，同様の単語に関する指導を同じ回数だけ受けましたが，写真をカテゴリー分類するなどの活動が課題に含まれているだけでした。その結果，音韻認知トレーニングを受けた児童生徒は，読みテストだけでなく音韻領域に向上が見られました。[22]

* 別の米国の研究では，小学校1年生99人の児童生徒が**読み障害の恐れがある**と診断されました。そして，彼らの半数が音韻処理の取組み指導を受けました。この指導には，音節区別トレーニング，音素合成，音素分割などが含まれました。その結果，読み障害を早期に確認し取組みすることは有効であると考えられました。[23]
* 三つめの米国の研究では，音韻スキルの弱い年少の児童生徒の**読み障害**を予防するため3つの指導的アプローチの有効性が比較検討されました。2つのプログラムは音素の解読の強度を変化させ，3つめのプログラムは通常の学級の読解プログラムを続けました。その取組みは，1年生と2年生での88時間のマンツーマン指導で構成されていました。その結果，集中的に音素プログラムを受けた児童生徒は単語レベルの読み能力が大きく向上しましたが，読解力に関しての差はありませんでした。[24]
* 英国の研究は，20の入園者用教室で，410人の4歳児達に読みの指導をするための3つのプログラムの有効性を評価しまし

た。児童生徒は，押韻読み，音素読み，押韻及び音素読みという4つの対応群に分けられ，3つの実験的指導条件群と読み統制群のいずれか1つのグループに無作為に振り分けられました。それぞれの実験群では，読みの要素に音の構成要素が大きく組み込まれました。その結果，定型発達の児童生徒に対する実験的な指導プログラムの効果はないことが示されました。しかしながら，**読み障害の恐れ**のある児童生徒には，音素認識と読みスキルにおいて一定の成果が見られました。[25]

* 二つめの英国の研究では，学校で登録された152人の発話が少ない児童生徒を対象に，読みの音韻論（P+R:*Phonology with Reading*）と口語（OL:*Oral Language*）という2つの取組みプログラムの学校教育における有効性がテストされました。両方のグループとも，小集団か個別の指導かのどちらかで日常的に20週間指導がなされました。読みの音韻論（P＋R）プログラムグループの児童生徒は，文字の発音知識，音韻認識，読書スキルに関するトレーニングを受け，一方，口語（OL）プログラムのグループの児童生徒は，語彙，理解力，推論生成，話術などの指導を受けました。その結果，前者のグループは読み書きや音韻が向上し，後者のグループは語彙や文法的スキルが向上していました。したがって，両方のグループともに効果のあることが示されました。[26]
* ニュージーランドの研究では，**重度の読み障害者**に対する音韻処理指導プログラムの効果が調査されました。比較対象として，聴きなれない単語を確認するための文脈のヒントを用いる指導を受けた対照群が用いられました。音韻指導では，押韻綴り単位（押韻の定義については上記の実践の項を参照してください）のトレーニングがなされました。その結果，実験

群において音韻スキルと読みの結果が著しく向上していることが示され，さらに，これらの成績は一年後の追跡調査でも持続されていたことが示されました。[27]

* ニュージーランドの同じ研究グループが小学校1年生の児童生徒（通常，ニュージーランドでは5歳に相当します）を対象とした研究も行いました。実験群は，話し言葉の連続音の認識を向上させ，聴き慣れない言葉を読む際に文字と音のパターンをうまく用いることができるようにさせることを意図した補助指導を受けました。比較対照群は，「通常」の一般的な言語的指導を受けました。1年生の終了時までに，音韻処理トレーニングを受けた児童生徒は，読みの測定範囲において，対照群に比して著しく優れていることが示されました。この差はさらに一年が経過しても持続し，実験群は対照群に比して，14ヶ月以上の読み年齢に達していました。このことから，音韻処理スキルの指導は**落第の恐れ**のある児童生徒の数を減少させるだけでなく，言語の読み書きプログラム全体を大きく向上させると結論づけられました。[28]
* 三つめのニュージーランドの研究は，これらの研究者達が，**読み障害**のある6歳から7歳までの児童生徒への24週間に亘る音素認識指導の影響について調査しました。統制群に比して，取組みプログラムのグループには音素認識，単語認識，読解力に著しい成果が見られました。これらの結果はプログラム実施後二年間維持されました。[29]

留意点

3つの主なリスクがあります。

- 一つめは，音韻処理活動が，教室にいる全ての児童生徒のニーズや関心と一致するように注意して選択されていないような場合リスクが生じる可能性があります。別の活動を提示してみたり，より高いレベルの児童生徒にはより高度な活動に，特別な教育的ニーズのある児童生徒にはより易しい活動に修正したりすることが重要です。
- 二つめは，活動をじっくり考えることなく観察も十分でないようであれば，それはただの練習にすぎなくなります。
- 三つめに，音韻処理の使用を強調し過ぎるかもしれません。むしろ，音韻処理の指導は，あくまで効果的な読みカリキュラムのほんの一部であって，主たるものになるべきではありません。語彙の発達，流暢さや理解，読解力の発達なども読みスキルにとっては重要です。（方略10：読解力指導のための相互指導を参照）何はさておき，読むことは楽しい経験です。

結　論

音韻処理方略は，バランスの取れた読みカリキュラムの価値ある構成要素となります。これらの方略は，早期に，そして直接的に，わかりやすく，体系的な指導がなされた時，最大の効果を発揮します。読み障害のリスクを抱える児童生徒はこの方略から大きな恩恵を受けるでしょう。

第21章

方略19：室内の物理的環境の質について

—効果的に学習を行うための物理的環境の提供—

格付け　★★★★

方　略

「私たちが建物を造り，その後，建物が私たちを創る」という，ウインストン・チャーチルの印象深い言葉があります。

この方略は，児童生徒の学習能力に影響を及ぼす室内物理的環境の全ての要素を，最適化することを目的としています。それには，調度品や音響，照明，温度，換気，安全性などの設計や調整のような問題に対応することが関係しています。それには，大気汚染や水質汚濁，自然災害，紛争などよる悪化というような多様な物理的環境の質を配慮することは含まれていません。[1] しかし，このような要因は，児童生徒の身体的健康や神経発達に重大な悪影響を及ぼすと考えています。[2]

この方略は，第２章で説明した「学習と指導モデル」の「背景」の要素と関係しています。また，学習のユニバーサルデザイン（**方略 20**）とも重複しています。

この章で取り上げるポイントの幾つかは，学校建造政策や建築士，建築業者らによって決められたものであるが故に，皆さんが個人的に左右できるものではありません。また，悲しいことに，国によっては教室さえ確保できていない所があることも理解しています。先進国でさえ，全ての児童生徒が最低限の基準を満たした学校で教育されている訳ではないという証拠もあります。[3]

本書で説明している大多数の方略のように，特別な教育的ニーズのある児童生徒に適した室内物理的環境を構成することは，全ての児童生徒に対しても好ましい設計だということです。

基本的な考え

簡単に言うと，居心地がよく，十分な照明があり，ほどよく静かで，換気が適切になされ，安全が確保されるよう設計され，維持管理が行き届いた教室で時間を過ごす児童生徒は，効果的な学習が可能になるとともに学校教育を楽しむことができます。そのような環境は，教育者である皆さんにとってもまた，健康的で，幸福で，効果的なものとなるでしょう。

実　践

ここでは，皆さんが対応すべき室内物理的環境の 5 つの主な特徴を概説します。

- 物理的空間や備品
- 温度，湿度，換気
- 照明
- 音響
- 刺激的で安全な教室

学習を促進させるための物理的空間や備品の調整

学校での学習は，教室と呼んでいる物理的空間で行われます。教育者である皆さんはこの空間の面積を変更したり，アクセス[4]や過密を解決したりすることはほとんどできませんが，教室の使用について，効果的な指導と学習を保障するために，皆さんができることはたくさんあります。例えば，こんなことです。

- 一斉指導や小集団指導，個別指導を実施するための，柔軟なグループ分けや分けた指導を促進させるために，児童生徒の学習空間を準備します。自閉症の児童生徒は，離れて落ち着くための，穏やかで，整頓された，刺激の少ない，わかりやすく広い，安全な室内外の個人空間[5]が利用できるようにする必要があります。[6]
- 不適切な行動を管理し，望ましくない行動パターンや教室内の徘徊を防止するような方法で，調度品や備品を配置します。[7]
- 必要に応じて，すべての備品や教具を特別な教育的ニーズのある児童生徒が使用できるように調整します。
- 不器用な児童生徒が，学習をしている他の児童生徒とぶつかるのを最小限に抑えるよう，調度品を配置します。
- 聴覚障害や視覚障害がある，または行動管理が必要等の理由で教室の前方近くに座らせる必要のある児童生徒の場所を確保します。
- 空間や用具が共有できるように，すぐ近くに組み合わせてセットします。例えば，読み書きエリアは言語コーナーとして組み合わせることができます。
- 柔軟なグループ編成を行うために，教室の中にコーナーを作る間仕切りを用意します。[8]
- よく使う備品や教材は車輪のついた重ねストッカー（引き出し）やかごに入れておきます。これは，児童生徒が必要に応じて一緒に移動させることができるなど，人通りの多い場所をすっきりとさせることができます。それらはまた，自分で運んでくることが困難な児童生徒の所にも簡単に移動させることできます。

- 収納に入れた全てのものにラベルを貼ります。これを効果的なものにするためには，中に入っている物を示す単純なシンボルか絵をラベルにして貼っておくことです。[9]
- 肢体不自由の児童生徒のためには，広い扉，スロープ，エレベーター，車椅子の高さに合った机や椅子，車椅子を操作することのできる広い通路，個別の学習空間など，特別な改修が必要です。
- 視覚障害のある児童生徒に対しては，戸口や戸枠を特徴的なものにします。
- 柔軟に用いたり配置できたりする机や椅子を選択します。

温度・湿度・換気の調節

学校や学級の温度，湿度，換気や，カビや菌，ほこり，白カビなどは，管理を必要とする重要な要素です。例えば多発性硬化症のある児童生徒の場合，高温が教室での問題を生み出す引き金となる一方で，ぜんそくのある児童生徒の場合は，高湿度やほこりっぽい空気が学習への参加を制限してしまいます。[10]

米国のような先進国でさえ，室内の空気の質が満足するにはほど遠いという証拠があります。例えば，1995年，米国の学校のほぼ20%の児童生徒が，室内の空気の悪さに苦しんでいると推定され，目や鼻や喉の刺激による上気道感染や頭痛，睡魔をしばしば引き起こしています。[11] その様な状況では，新鮮な空気を適切に供給し，汚染物質の希釈と除去を助けるために換気を改善することが必要です。

世界保健機関（WHO:*World Health Organization*）の見解では，温暖な気候での室内学習時の最適温は18℃～24℃です。これは温度という面での快適環境を意味しています。ニュージーランドでは，教育省が，教室の温度は18℃～20℃を維持することと通知しており，英国では，教室の最低温度を1999年教育法S/No2（校地）で18℃と定めていますが，最高温度については明記していません。ニュージーランドでは，熱応力指針（HIS：*Heat Stress Index*）がガイドとして用いられています。これは，気温と光と湿度を組み合わせた効果を現したものであり，それを創出するための公式規格です。29のHSIは，身体的活動レベルを抑え，適度な水分摂取がとれる満足のいく学習環境に高めることを提案しています。上記のHSI29に適合しない人々が熱応力に陥るのです（失神や立ちくらみ，他）。[13]

照明の調節

照明は，1日中そして1年中を通して，学習課題の詳細を児童生徒が簡単かつ正確に見て取ることができるよう調整しておくことが必要です。教室と他の場所との大きな違いは，児童生徒は，頭を上げたり下げたりしながら読んでいる間，常に視力を順応させなければならないということです。[14] 照明は，このように児童生徒の視力に大きく関係しているということを考慮しておかなければなりません。

そのための提案が幾つかあります。

- 日光を最大に利用し電気照明で補充してください。できれば，日光の状態に応じて自動的にほの暗くなるのがよいでしょう。
- できる限りまぶしい光や反射光を減らすために，直接照明と間接照明とを組み合わせて使用してください。

- 掲示スペースを制限してしまうかもしれませんが，窓の反対側の壁に鏡を掛けてください。それは，ほとんどの教室で奨励されています。
- 切れた照明はすぐに取り替えてください。
- 教室の壁面のおよそ20％は窓で構成されるべきです。[15]
- 学習課題と背景との間のコントラストをはっきりさせ，児童生徒が課題をはっきりと見えるようにしてください。
- まぶしさを軽減するために凸面のホワイトボードを使用してください。
- 極端な明滅が感光性てんかんのある児童生徒の発作の原因となるため，蛍光灯が正常に作動しているかチェックしてください。[16] 自閉スペクトラム症のある児童生徒も蛍光灯を嫌がることがあるので注意してください。
- コンピューターを使う際の照明は，教室で普通に見られる明るさの半分程度にしてください。
- 児童生徒にコンピューターを連続して使用する時間を厳密に守らせてください。1時間に10分の休憩を入れることで，目のぼやけや炎症を最小限に抑えることができるでしょう。
- 20/20/20ルールを作ってください。20分ごとに，20秒間，20フィート（6 m）先を見るのです。
- コンピューターのスクリーンの高さと角度（目の高さよりほんの少し下で，約20度の角度），および目からの距離（18～26インチ，もしくは45～66 cm）を，注意深くチェックしてください。
- スクリーンからまぶしさを除去すること（まぶしさの源をチェックするために鏡を使用してください）。[17]

最適の音響を用意する

多くの教室では，聞いたり話したりすることを通して学習を行う（推定すると50％～90％と様々です[18]）ので，児童生徒が指導者の話をはっきりと聞こえることが必要不可欠です。残念なことに，このことは，多くの先進国の典型的な教室においても一般的となっておらず，不適切な音響環境に置かれています。例えば106の教室を対象としたニュージーランドの研究では，雑音が指導に対して許容できるレベルであったのは，わずかに4％だけであったことが見いだされました。[19] このようなことは，ニュージーランドに限ったことではなく，児童生徒，特に軽度また流動性難聴，学習障害，注意障害，言語障害，英語を第2言語にしている児童生徒の学習機会に大きな影響を与えています。

最適な音響環境を提供するために，相互に関係のある3つの要因に注目してください。[20]

- ***信号対雑音の比率（SNR）が低い***（つまり，教師の声と背景の雑音との比較）。例えば，皆さんの声が児童生徒に50dBで届き[21]，背景雑音が55dBだったとしたら，雑音対信号の比率（SNR）は「-5」となります。これは，健聴の児童生徒の最適なSNRが＋15dBであることを考えれば決して好ましいものではなく，特別な教育的ニーズのある児童生徒にとってはなおさらのことです。
- ***極端な反響***（つまり，音の弾みや共鳴）。技術的には，音源の停止と60dBの減衰が確認されるまでの時間を表す「反響時間」を測ります。理想的には0.4秒～0.6秒以内であるべきでしょう。

- ***高いレベルの周辺雑音***（つまり，空き教室での雑音の常時存在）。これらは，30～35dB以下に抑えられるべきです。

最適な音響環境を提供する教育システムを必要としており，少なくともそれらを促進していくために，WHOと幾らかの国々では基準を既に設けたり，もしくは，設けようとしたりています。[22]

学習の支障となる音響を除去するための2つの相互に関連した方略があります。一つは「よい音」を増やすことであり，もう一つは「悪い」音を減らすことです。

よい音を増やす

エビデンスにもとづいた根拠の項でも述べていますが，特別な教育的ニーズのある多くの児童生徒―そればかりか普通の児童生徒―は「音場増幅」と呼ばれるもので効果を得ることができます。簡単に言えば，一つの教室に設置された小さな高性能ハイファイ無線システムを活用して，教育者がワイヤレスマイクを使って教室内のスピーカーを通して授業を行うことです。これを活用することで，教育者の声を約10dB高めることができます。声を増幅するこの方法は，聞くという目的に対しては都合がよいのですが，声だけでなく背景雑音も増幅してしまいます（しかし，重度の難聴の児童生徒にとっては必要なことだと考えています）。ところで，音場増幅は，教育者である皆さんにありがちな声の疲労やしわがれを和らげることにもつながり，皆さんにとっても有益です。[23] 先進国の基準によれば，一システムあたりの適切な価格は，ほぼ1000ポンド～1500ポンド（1500米ドル～2250米ドル）です。ただし，指導場所にスピーカーを設置する際に注意が必要なことや，システムの使い方のトレーニングが必要です。ニュージーランドのある学校を個人的に観察したところ，全ての教室に音響システムが装備されていました。[24]

悪い音を減らす

教室の雑音のレベルを下げるために，できることが幾つかあります。

- 大きなコルクの掲示板や，雑音を出す機器の下にカーペットを引いたり，いらいらするこすれ音を減らすために椅子の下にフェルトを引いたり（新しい方法としては，椅子の足の先に半分に切ったテニスボールをはめる）というような，音吸収素材を使用します。
- 壁や天井を防音にしたり，厚めのフェルトで覆われたしきりを用いたり，あるいは雑音吸収素材を教室の中や教室間で用います。（注：ただし，フェルトのような素材はほこりを吸収する危険があり，喘息の児童生徒の健康に悪影響を及ぼします。）
- 騒々しい空間と静かな空間とを分けます。例えば，読書コーナーと遊技場所は，部屋の両端にそれぞれ配置します。
- 適切な声のレベルの模範を示します（例えば，児童生徒に屋内の声と屋外の声を区別するように依頼します）。
- グループ活動の際や調度品を動かすような時には，静かに話すことを促します。
- クラスを落ち着かせる音楽を用いる（しかし，この音楽そのものが雑音になって，児童生徒の声がさらに大きくなってしまわないよう気をつけてください）。[26]
- ドアや窓を閉め，適度な換気を行います。
- 教室のヒーターや換気扇，エアコンなどの雑音レベルをチェックします。

- 教室を音響学的に満足のいくものにするため，聴覚学者あるいは言語聴覚士らと連携します。
- もっと知りたい場合には，次のホームページを参照してください。

www.classroomcoustics.com と http://asa.aip.org.

魅力的で，刺激的で，安全な教室環境の設定

児童生徒—そして教育者—は多くの時間を教室で過ごします。したがって，単に美的な理由だけでなく学習を促す環境を提供するためにも，この学習空間をできる限り魅力的で，刺激的で，安全なものにしなければなりません。そのために考慮すべき点を幾つか提案します。

- 教室の周囲に児童生徒の作品例を展示してください（高い能力のあることがわかる「最高」の作品を展示することは，魅力的であり—そして適切であり—，誰もが自分の作品を認められなければなりません）。
- 学習の視覚的手がかりや課題を教室の壁に貼ってください。[27]
- 教室の潜在的有害因子を発見し除去してください。
- 自閉スペクトラム症やADHDのような特別な教育的ニーズのある児童生徒に対し，物理的環境が刺激的すぎないようにして下さい。

エビデンスにもとづいた根拠

エビデンスにもとづいた根拠の以下の項は，様々な国から得たものであり，この章で議論する，物理的空間，空気質，照明，音響という教室の室内物理的環境の4つの特徴にしたがって構成されています。

● 物理的空間

* ニューヨーク市で実施された研究では，超満員の学校の児童生徒は，人数の少ない学校の児童生徒に比べて数学と読みの両方の得点が著しく低いことが示されました。[28]

● 空気の質

* 1999年の米国の研究では，26％の学校で換気が不十分であると評価されており，換気が他の環境条件よりも学校での大きな心配の種になっていることが示されています。関係した統計では，24％の学校で冷暖房が必要だが利用できないと答えていました。[29]
* スウェーデンの研究は，2つの託児所での長期欠席への空気質の影響を調査しました。静電気空気清浄器の導入で**長期欠席**を8.31％から3.75％まで減少させました。[30]
* 10歳児の児童2学級を対象とした最近のデンマークの研究は，授業中の外気の取り入れと教室の温度の影響を調査しました。平均気温は23.6℃から20.0℃まで下がり，外気の供給は一人当たり5.2Lから9.6Lに増えました。これら二つの要素を別々に

あるいは組み合わせて実験した結果，読みと数学の成績に向上が見られました。残念なことに，特別な教育的ニーズのある児童生徒に特化して報告したデータはありませんでした。[31]

* **長期欠席**への湿度の影響に関する研究が最近カナダで実施されました。湿度が22％から35％まで増えると，長期欠席は20パーセント近く減少しました。他の研究では，最適な湿度は40％から70％であることを示唆されました。

照明

* 教室での照明の効果に関する最近の英国のレビューから，以下の点が見出されました。
  - 視覚的な環境は，児童生徒が視覚刺激を知覚する能力や知的態度に影響を及ぼすことから，成績にも影響します。
  - 日光は児童生徒の成績に最も望ましい効果をもたらします。
  - 日光だけが唯一の照明源であることは好ましいことではなく，日光のレベルに応じてほの暗くなるような自動調節の電気照明によって補充しなければなりません。
  - 特にコンピューターを使う場合の照明は，できる限りまぶしさやちらつきがないようにしなければなりません。[33]
* 多くの建築基準では，55フィート・キャンドルの一定の明るさに統一することを求めていますが[34]，（例えば，教室の中央は55フィート・キャンドル，休憩スペースでは低い照明，展示用の壁はもっと高い照明）というように，学習空間の使い方に応じて明るさを変えるべきだと主張している照明の専門家もいます。[35]

* 1999年，児童生徒の成績に及ぼす日光の影響に関する調査研究が，エネルギー効果カリフォルニア委員会より委嘱されました。カリフォルニア州やコロラド州・ワシントン州の21000人の児童生徒が研究に参加しました。日光が最大であった教室の児童生徒のテスト得点は，読みにおいては26%，数学においては20%向上しました。[36]
* 米国視機能協会は，「目のぼやけや視力の問題は，コンピューターを用いた作業と密接に関連している」と，**コンピューター視力症候群**を最近発表しました。その徴候には，眼精疲労，頭痛，目のかすみ，目の渇きと充血，首の痛みや/あるいは腰痛，目のぼやけ，まぶしさなどがあります。[37]

● 音響

* ニュージーランドの研究は，6歳から7歳までの**ダウン症**の4人の児童生徒を対象とした音場増幅（SFA：*sound-field amplification*）の効果を調査しました。その結果，調査者の声を10dB近く上げるSFAシステムを用いたところ，児童生徒は極めて多くの言葉を知覚したことが示されました。[38]
* 2つめのニュージーランドの研究には，**社会的経済的に低い**小学校2つのクラスの5歳から6歳までの38人の児童生徒が参加しました。1つめのクラスの児童は，8週間に亘って，SFAと教師主導の音韻認識（PA：*phonological awareness*）プログラムを教室で受けました。2つめのクラスではSFAだけを用意しました。観察中の第1段階で，全ての児童生徒に著しい学習効果が認められました。取組み後の音韻認識評価において，クラス1とクラス2との間に大きな違いが見られました。教師

のアンケートからは，SFAで児童生徒の聞くスキルが向上したことが示されました。クラス間で観察されたPA測定の大きな違いは，音響環境を強化した教室とPA取組みの組み合わせがPAの伸びを積極的に促進することを示しました。[39]

- 3つめのニュージーランドの研究は，**聴覚障害**のある者とない者を対象に音場増幅の効果を調べました。マイクを使った場合，信号対雑音比（SN比）はわずかに5～10dBだけの増加にとどまりましたが（国際基準の15dBよりやや低い），両方のグループの児童生徒に課題従事や音韻認識の向上のあることが見いだされました。[40]

* オーストラリアの研究のねらいは，異文化統合教室の子どもたちに対する特定の教育目標達成に対する，SFA取組みの効果を調査することでした。2年間20クラスの児童生徒が研究プロジェクトに参加しました。1組から8組までのクラスでは，聞く環境がマイクを使うか使わないかを選択することができ，それぞれの条件は1学期間継続されました。SFAの有益な効果が，読む，書く，計算するというスキル領域の全てで獲得されました。その有益な効果は，児童生徒が英語を母語としているか**第2言語**にしているかに関わらず見られました。[41]
* SFAシステムを用いて教師の声の大きさを10dB近く増幅した米国の調査でもまた，9人の**発達障害**のある小学生に，マイクを用いなかった場合と比べ，言葉の理解課題の間違いが大きく減少したことが見出されました。[42]
* 大規模な米国の研究では，音場増幅が低年齢の児童生徒の聞き取りや学習行動を向上させるかどうかを調べるための特別プロジェクトが企画されました。3年間に及ぶプロジェクトは，64のマイクを用いた実験群と30のマイクを用いない統制

群の児童生徒の成績が比較されました。その結果，マイクを用いた教室（教師の声が平均6.94dB増加しました）の児童生徒は，聞き取りと学習行動に著しい向上が見られ，さらに，年齢の低い児童生徒に大きな向上が見られるなど，マイクを用いていない教室に比べて速い速度で向上することが示されました。特別な教育的ニーズのある児童生徒に特化したデータは報告されませんでした。[43]

* 児童生徒の成績に及ぼす教室の雑音の影響を調べた最近の英国の調査からは，雑音が全ての児童生徒，特に**特別な教育的ニーズ**のある児童生徒に否定的な影響を及ぼすことが見出されました。[44]ロンドンの小学校142校を対象とした同一研究者による調査でも，65％の学校にWHOの基準を超える雑音レベルが見られ，それらの環境と全国統一テストの点数との間に大きな否定的関係のあることが見出されました。言い換えれば，雑音レベルが高いほどテストの成績は低くなったのです。[45]
* 初期の米国の研究でも，都市鉄道の高架線路にほど近い所にある学校に，同様の結果のあることが報告されました。線路に面した教室にいる児童生徒の読みの点数が，線路から離れた他の場所の児童生徒の点数と比べられました。騒々しい側に面した低学年の児童生徒の成績は，静かな側の児童生徒に比べて3～4カ月の遅れが見られ，同様に高学年では11カ月の遅れが見いだされました。[46]
* ニューヨークの2つの学校の児童生徒の比較からも同様の結果が報告されました。1校は空港の飛行経路上にありました。この学校の児童生徒は，他の学校の児童生徒に比べ，読みのテストにおいてほぼ20％低い得点でした。[47]

教室環境の異なった特徴の相互作用効果

＊ 最近の調査では，児童生徒の成績に及ぼす室内環境の質の様々な影響の中で，複雑な相互作用や付加的な効果に配慮することの重要性が強調されました。例えば，英国の研究では，研究者は，成績に強く関係している次のような教室の特徴を見出しました。(a)光：例えば，一定方向から多くの自然光が差し込み，高品質で多量の電灯のある教室，(b)選択：例えば，人間工学にもとづいた机や椅子を含む，高品質で目的に合うように設計された備品，作り付け調度品，設備のある教室，(c)柔軟性：同時に多様な学習活動が可能であり，教師は簡単に空間の配置を換えることが可能な様々な区域，(d)接続：簡単に移動できる広い廊下や教室配置表示のある廊下，(e)複雑性：一定水準の複雑性のある静かな視覚的環境に設計された教室，(f)色：高学年の教室には暖色，低学年の教室には明るい寒色などです。[48]

留意点

この章では，高品質な室内環境を提供するためのガイドラインを用意しようと試みましたが，幾つかのケースでは技術的に複雑なものがあり，様々な分野の専門家の指導が必要です。

また，相互作用の効果という重要な問題は将来の研究で配慮される必要がありますが，この章で報告した大量の研究では，単一の環境要因に注目していることに注意しておかなければなりません。[49]

結　論

教育者である皆さんに最適な職場環境を提供するのと同様に，教室の室内環境の質が児童生徒の成績や安らぎに重要な役割を果たすことは，これまでしばしば見落とされてきました。

第22章

方略20：学習のユニバーサルデザイン

—全ての児童生徒のあらゆる学習場面への常時アクセスの保障—

格付け　なし

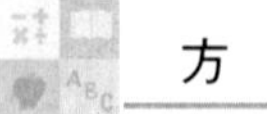

方　略

本章では，最終章の一つとして，これまでの章で述べてきた多くの原理を要約するという意味を込めて，学習のユニバーサルデザインの考えに注目しています。特に，支援技術（**方略 16**），物理的環境の質（**方略 19**），学習機会（**方略 27**），インクルーシブ教育（**方略 25**）などと密接に関連しています。それ自体は，私の読者の一人提案しているように，「方略」と言うよりもむしろ「枠組み」と表現する方が適切かもしれません。

近年，建築家や設計技師らによって提唱されてきたユニバーサルデザイン（UD）の重要性が，学習のユニバーサルデザイン（UDL）として，教育でも強調されるようになってきています。簡単に言うと，UDL はすべての児童生徒のニーズを考慮した計画や内容の実施に関する多要素な方略のことです。それは，カリキュラムや評価，教育方法から学級／学校計画まで，教育のあらゆる側面に適用されます。

● 米国においてUDLは以下のように定義されています。

「学習のユニバーサルデザイン」という言葉は，教育実践を導くためのエビデンスにもとづいたに根拠を有する枠組みを意味します。

(A) 情報提供の方法や，児童生徒の知識や技能への反応や表現方法に関して，児童生徒の取組み方などにおいて柔軟であること。

(B) 障害のある児童生徒や英語の習得の難しい児童生徒を含む全ての児童生徒に対し，学習障壁を除去し，適切な便宜を図り，支援し，意欲をかき立て，成績向上への期待を維持すること。[1]

ヨーロッパの「万人ための設計」という言葉がUDLとほぼ同じ意味です。[2]

米国の全国特別支援教育州校長会は，UDLが全国的に高まってきていることから、教育方針の概要，研究論文，教師の専門研修の開発，教育者のための書籍や論文に引用されている表現を用いて，UDLは「全国民の成長を促す実践である」と述べています。多くの州や大学で幾つかの型のUDL計画を実施しています。[3]

本章のテーマは，他のあらゆる児童生徒と共に特別な教育的ニーズのある児童生徒も含んだ教育を進めていくために，教育サービスや教育方針はユニバーサル（誰でも利用可能）に計画されなければならないということです。言い換えれば，特別な状況や個人に対する後々の変更および調整の必要性を最小限におさえるために，多様な学習体験や物理的環境を用意するなど，通常教育は，教育方法や，カリキュラム，支援の用意などに関して，全ての児童生徒が活用できるものでなければならないということです。ここでは，UDLに極めて似通ったキャロル・トムリンソンの実践を参照するのがよいと思われます。彼女は，カリキュラムを「内容」「過程」「成果」の三つの要素に区分しました。「内容」では，幾つかの要素や教材が指導内容を支えるために用いられ，指導目標に対して課題や目的が設定されます。「過程」では，クラス全体での柔軟なグループ分け，グループ学習またはペア学習，適切な学級経営方略の展開などが含まれます。「成果」では，児童生徒の習熟度のアセスメント，探求者としての活動や責任の重要性への認識，児童生徒の反応に対する多様な予想などが含まれます。[4]

基本的な考え

1980 年代，米国の建築家でデザイナーのロナルド・メイスとその仲間が，「ユニバーサルデザイン」という言葉を初めて用いました。彼らの元々の目的は，誰もができる限り利用しやすい建築環境や道具を想像することでした。したがって，「ユニバーサルデザイン」とは，誰にでも役に立ち，可能性を大いに広げ，（後々の）修正や特別な設計を必要としない製品や環境を設計することです。[5]UD は障害のある人々のニーズに応じることが一般的ですが，創始者達は，全ての利用者が恩恵を被るよう包括的に設計されていると強調しています。近頃，ヨーロッパでは政府が以下のことを推奨しています。

> 地域生活への完全参加を促すこと。具体的には，最初から全ての者が利用しやすく便利なように設計することにより，新たな障壁を作るのを予防します。その際，ユニバーサルデザインの原則を考慮して政策や法制度を実施に適合するよう統合します。[6]

上に述べたように，UD は，幅広い様々な場面や事情，状況が様々に異なっている人々が利用できる（機材，環境，制度，過程）などの製品開発に関係しています。それは，単に障害のある人々が建物に入りやすいというような問題を超えて，社会のあらゆる場面での方針や計画にとって，なくてはならないものでなければなりません。[7]一部のグラフィック作家が「設計による人種差別」と呼んでいるような危険性の創造という考えは気に留めません。[8]

では，次に学習のユニバーサルデザイン（UDL）について見てみましょう。それは，カリキュラムや評価，指導方法などを実行する際に，物理的な利用方法と同様，認知的な利用方法にも注目します。UDL環境は，後で個別に支援するというのではなく，最初から全ての者が利用できるように創造することです。[9] 言い替えれば，「改修」ではなく，「装備」または「適合」が目的です。米国応用特別技術センターはUDLの役立つ定義を以下のように定めています。

指導教材や活動内容を設計することで，見たり，聞いたり，話したり，移動したり，読んだり，書いたり，英語を理解したり注意を払ったり，体系化したり，関わったり，思い出したりというような，様々な能力に違いのある個々人が，学習目標を達成することを可能にします。それは，能力の格差や環境による格差のある児童生徒だけでなく，視覚障害の児童生徒に対してもまた，選択肢を提供するような柔軟な指導教材や指導活動を用いることによって達成することができます。それは，内容だけでなく，目標，方法，評価方法に当てはまることです。[10]

実　践

学習のユニバーサルデザインセンターや特別支援教育技術提供センター [11] にしたがえば，UDLを導く3つの包括的で重要な原則があります。これらの原則と関連するガイドラインの要約を以下に示します。

● **原則1：様々な表現手段を提供する**（何を学習するのか）

児童生徒が情報に気づき理解する方法はそれぞれ異なっています。例えば，視覚障害や聴覚障害のような**感覚障害**，読み書き障害のような**学習障害**，言語または文化の違いのある児童生徒やその他の者は皆，内容への取組み方に違いがあります。ある者は，文章を書くよりも視覚的手だてや聴覚的手だてを用いることにより，情報を簡単に理解できるかもしれません。実際，全ての児童生徒に適合するような表現手段はなく，表現のための選択肢を用意することが不可欠です。この方法は，例えば以下のようなことです。

(a) 違った方法で同じ情報を提供する（視覚的，聴覚的，触覚的）
(b) 調整可能な形式で情報を提供する（例えば，文章や絵は大きくし，音は増幅し，文章は口語に置き換え，画像や絵は口頭説明する）
(c) 理解を促すための主たる言語や記号を明確にする
(d) 単に文章だけでなく，多様な媒体を用いて内容を説明する
(e) 児童生徒の予備知識を活性化する

この原則は，教科書のような指導教材の内容や影響を評価することの重要性に注目しています。市販の指導教材のどの部分が指導実践に影響しているのかが，米国では特に重要なのです。[12]

● **原則2：様々な活動手段や感情表出手段を提供する**（どのように学習するのか）

児童生徒が学習環境を操作し知識を表現する方法は異なっています。例えば，**重度の運動障害**のある者（例えば，脳性麻痺），方略的・構成的能力に苦しんでいる者（**実行機能障害，ADHD**），言語的障壁のある者やその他の者は，それぞれ学習課題への取組み

方が大きく異なっており，習得した技の発揮も大きく異なっています。中には口頭会話ではなく文章を書いて表現することのできる者もいますし，その反対の場合もあります。実際，全ての児童生徒に最適な表現手段などはなく，表現のための選択肢を用意することが不可欠です。ここでは，児童生徒の振る舞いや自己表現を促すための異なった手段を提供する方法が幾つかあります。

(a) スイッチや拡大キーボードのような適切な支援機器を用いて，身体活動のための選択肢を提供する。（**方略16**を参照）
(b) 例えば，文章構成，会話，描画，撮影，音楽，ダンス，視覚芸術，ビデオ，他のような，表現とコミュニケーションのための選択肢を提供する。
(c) 例えば，適切な目標設定を導く，計画立案や方略利用を支援する，自己観察能力の向上を強化することなどにより，実行機能のための選択肢を提供する。

● 原則3：様々な参加手段を提供する（なぜ学習するのか）

児童生徒の学習への関与や動機付けは著しく異なっています。自然発生的なことや目新しいことで関わろうとする者もいますが，厳格に定められた一定の方法を好む者は，そのような方法では驚くばかりで関わることができません。実際，全ての児童生徒に最適な関与の手段などはなく，関与のための選択肢を用意することが不可欠です。ここでは，幾つかの指針があります。

(a) 例えば選択肢を用意するなど，児童生徒の興味や関与を促す選択肢を提供する。
(b) 授業内容との関連性と真実性を最大限にする。
(c) 脅威や注意散漫を最小限にする。
(d) 努力と持続を促す。

他の研究者は，UDL の 6 つの基準を確認しました。

公平な利用：様々な言語を話す児童生徒が教材を用います。彼らは，様々な認知レベルで対処しようとしていることから，児童生徒を非難するのではなく，彼らに見合った選択肢を提供します。

柔軟な利用：教材は，表現，提示，感情表出などの多様な手段を提供します。

単純で直感的な利用：教材は，簡単に使用することができ，不必要に複雑になることを防いでいます。指導は明確で簡潔です。具体例が用意されます。

かなりの情報：教材は，背景条件や児童生徒の知覚能力に関係なく必要な情報を児童生徒に伝えます。不可欠な情報は強調されますが，余分な物も含まれています。

間違いの許容：児童生徒には解答のための十分な時間が与えられ，即時フィードバックがなされ，前の解答を取り消すことができ，向上が確認でき，一定量の実践時間が与えられます。

低い物理的・認知的努力：教材は，妥当な期間で完成できる情報の束を提供します。

エビデンスにもとづいた根拠

この章の始めでも述べたように，UDL は多くの要素を含んだ方略です。このことは評価を困難にし，全般的な方略研究が欠乏していることから，この段階での格付けの振り分けを決定することはできませんでした。構成要素の多くは徹底的に研究されてきていますが，UDL は部分の寄せ集めではなく全体として研究される必要があります。

UDLの支持者にしたがえば[14]，この方略は以下の4つの分野にあてはめることができます。

* ***基礎研究***：UDLは，ヴィゴツキーの「発達の最近接領域」(**方略10**参照)，足場作り（**方略10**参照)，モデリング（**方略13**参照）のような広範な研究内容に基づいており，指導に対する児童生徒の反応を変えることができるという教育研究の成果を，最も広範囲に再現しています。
* ***原理段階研究***：ここでは，UDL理論の主たる基盤として神経科学が引用されています。前項で概説した3つの原則は，認識，方略，情緒という脳の3つの異なったネットワークと同じであると主張しています。したがって，認識は，原則1の様々な表現手段と関係しており，方略は第2原則の活動や感情表出と関係しており，情緒は原則3の参加に関係しています。
* ***期待される実践研究***：これらは，本書で見直した方略の大半を含んでいます。しかしながら，このような実践は今までUDL環境で試されてこなかったということを認めなければなりません。この分野でしなければならない仕事がたくさん残されています。
* ***実施研究***：これは，研究の新たな分野であり，これまでほとんど実施されてきませんでした。

留意点

UDLを実行する際に注意しておかなければならない2つの主たるリスクがあります。1つめは，UDLは全く新しいパラダイム（理論的枠組み）を表しており，指導の内容と方法の両方に影響をおよぼすものです。それ自体，指導プログラムを計画し導入するためのパラダイム転換や学校文化への UDL の統合を，管理職，教師，その他指導関係者に強く求めています。このような挑戦を可能にするための支援が必ずしも手に入るとは限りません。

2つめに，UDL には高度な表向きの妥当性があり，その構成要素の多くにはしっかりとしたエビデンスにもとづいた根拠のある支持が存在していますが，今ところ，全体の有効性に関する研究はほとんどありません。

結　論

学習のユニバーサルデザインは，最初から全ての学習ニーズを考慮に入れて教育的プログラムを計画したり導入したりすることです。それは，カリキュラムや評価や指導方法から学級や学校計画まで，学校教育のあらゆる面に適用されるものです。

第23章

方略21：取組みへの反応

―個々のニーズに応じたエビデンスにもとづいた段階的取組みの採用―

格付け　★★★★

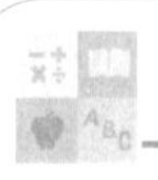

方　略

取組みへの反応（RtI）（と同義の英国の「段階別反応モデル」〈GRM〉）は，学習障害や問題行動のリスクがある児童生徒を早期に識別するための体系だった段階的アプローチであり，当然ではありますが，予防的取組みの強度が増加していきます。[1]

基本的な考え

本書で概説した取組みの全てが，教室で取り組んでいる通常学級教師の能力の範囲内というわけではありません。その方略の幾つかは，心理学者のような専門職によって行なわれる集中的な取組みが求められます。時には，複雑なニーズのある児童生徒のニーズに応えるための様々な専門家の支援サービスが，通常の学校の財政的対応能力を超えてしまうことがあるかもしれません。言い換えれば，「それぞれの児童生徒の厳しいニーズを配慮するには，段階的取組みを考慮しなければならない」ということです。この課題に対処する方法は2通りあります。米国では，主として，「取組みへの反応」モデルが採り入れられています。一方，英国では，「段階的反応」モデルが採り入れられています。本章では，これら両方に言及したいと思います。

実　践

取組みへの反応【RtI】[2]

RtIは，もともと学習障害があるかどうかを見極める手段として，IQと学習成績との間の有意な差に基づく早期取組みの選択肢として開発されました。それは，特別な教育的ニーズの有無に関わらず，児童生徒が必要としている支援レベルを考えるというような幅広い機能を担ってきました。

簡単に言えば，RtIは，(a)教室の全ての児童生徒発達経過を追うこと，(b)発達レベルや成績の割合がクラスメートよりも著しく下回っている児童生徒を明らかにすること，(c)エビデンスにもとづいた指導の成績への効果を体系的に評価することです。とりわけ，RtIは取組みの結果とその評価に注目しています。したがって，児童生徒の評価と教育的取組みが一体化するものです。RtIの枠組みは，集中度を高めていく取組みを導入するシステムを提供します。データにもとづいた意志決定がRtI実践の本質です。RtIは米国[3]やカナダ[4]で広く用いられていますが，北米以外での活用を記述した文献は未だ見いだせていません。

米国においては，RtIの法的規制があります。それ故，2004年のIDEIA改訂で，学習成績と知的能力との間の有意な差にもとづいた，特異な学習困難のある児童生徒の識別が禁止されました。代わりに，エビデンスにもとづいたな研究にもとづいた取組みへの児童生徒の反応過程が支持されるようになってきました。[5]さらに，新たな改訂では，特異な学習困難のある児童生徒という分類がなされる前に，通常の学級では彼らに対し研究にもとづいた適切で高品質な指導が提供されていなければならず，指導中の形成的アセスメントに反映される適当な間隔を置いた反復的評価のようなデータが提供されなければなりません。一定期間の後，適切な向上が見られないような場合にのみ，児童生徒は特別支援教育の提供を受けるべきかどうかの評価がなされます。RtI は，学習障害のある児童生徒に限るものではなく，落第の恐れのある全ての児童生徒や行動障害のある児童生徒も視野に入れられていることを強調しておきます。[6]

全米特別支援教育州校長会や特別支援教育校長評議会[7]によれば，RtI には 3 つの主たる構成要素があります。

① 児童生徒のニーズに適合した指導や取組みと定義づけられる**高品質な教育／取組み**は，大多数の児童生徒への高い学習率を生み出すエビデンスにもとづいたな研究や実践を通して実証されてきました。RtI に対する個別の反応が評価され，個々の児童生徒の結果によって，教育／取組みまたは目標の変更がなされます。

② **学習率と成績水準**は，意思決定をなすために用いられる主たる情報源です。学習率は，以前の成績水準やクラスメートの発達率と比較して，時間をおいた児童生徒の成績や行動能力の発達を表しています。成績水準は，予想される能力（基準または集団基準）と比較した，児童生徒の成績／能力の大きさを表しています。集中的な取組みを多かれ少なかれ用いることについての決定には，学習率や学習水準の情報が用いられます。大多数のより集中的な取組みは，通常のあるいは補償的なあるいは特別支援教育の財源で，通常の学級かもしくは取り出しによるプログラムで行われます。

③ 取組みの強度や期間についての**重要な教育的決定**は，多様な

取組み段階に渡る教育に対する個々の児童生徒の反応に基づきます。特別支援教育の適合性や特別支援教育や他のサービスの終了を含むより強い取組みの必要性についての決定にあたっては，学習率や学習水準に関するデータによる情報が与えられます。

以下は，上記のポイントの最後に言及した，「水準」と表現されることもある「取組みの多様な段階」についての詳細な説明です。ほとんどの研究者は三段階と見なしていますが，四段階と述べているものもあります。[8]それぞれの段階では，重度の持続的な学習障害または行動問題をできる限り予防し減らし除去することをねらいとして，個別化して取組みの強度を増していきます。

第1段階：**教室を中心とした指導**。「第一次予防」とも言われており，これはRtIの基盤であり，コア・カリキュラム（学科面と行動面の両方）を含んでいます。コア・カリキュラムは，児童生徒のおよそ80～85％に対し効果的でなければなりません。もしも，大多数の児童生徒がコア・カリキュラムをうまくこなせないようであれば，どの部分の指導を強めるか決定するために，RtIは指導の変更やカリキュラムの変更，構成上の変更（例えば，計画立案）を吟味するよう提案します。第1段の階取組みは，全ての児童生徒を対象として教室での支援やグループ取組みに注目しており，予防的で先行的な特徴があります。指導プログラムは，エビデンスにもとづいた指導やカリキュラムで成り立っており通常学級教師の責任となります。この段階では，全ての児童生徒の向上の注意深いモニタリングや，落ちこぼれる恐れのある児童生徒を見つけ出すための普遍的なスクリーニングが必要です。

第2段階：**補助的指導**。「第二次予防」とも言われており，この段階の取組みは，ほどほどの強度で，児童生徒のおおよそ15%～20%（30%に達するという者もいる）に適用されます。このような児童生徒は，持続的な困難があり通常の指導では効果がないと見られてきました。この段階の取組みは，小グループ（2人～4人の児童生徒）に対する，週ごとの付加的な時間取組みで成り立っています。第1段階よりも広範で集中度の高い指導がなされ，取組みすることで適切な向上を保障するため，毎週目標スキルの向上確認がなされます。第2段階においては，児童生徒は第2段階の取組みだけでなく第1段階の指導も継続して受けます。能力に基づいて，児童生徒は第1段階と第2段階の間を行ったり来たりします。この段階では，まだ通常教育の教師に責任がありますが，関係する専門家の助けを借りることもあります。

第3段階：**集中的取組みのための指導**。「第三次予防」とも言われており，この段階は，児童生徒のおおよそ5%～10%（わずか2%という者もいる）に適用され，第1段階や第2段階での取組みでも十分な効果をあげることができなかった学習領域や，社会領域，行動領域における幅広い困難のある者を対象としています。この段階の目標は，現在の問題の改善であり，さらなる大きな問題の予防です。この段階の児童生徒は，重要なスキル

> の向上を日常的にモニタリングされながら，集中的で，個別的で，そして／または小グループでの取組みを受けます。特別支援教育プログラムが第1段階と第2段階の指導を補い維持継続するために計画されます。この段階にはトレーニングを受けた専門家が関与します。一旦，自分の目標スキル段階に達すると，支援強度や支援水準が修正されます。これらの児童生徒は，1段階から3段階までの各段階間や全段階に渡って行ったり来たりします。複雑なニーズのある児童生徒の多くは，この段階の取組みが必要だと考えています。

第3段階の取組みがうまくいかないようであれば，児童生徒は潜在的に障害のある者としてRtIが初めて検討されます。このような3つの段階は，「全体（第1段階）」「標的集団（第2段階）」「個別（第3段階）」と表現されることもあります。

このような3つの段階に対して，ある研究者は，高度な専門的手法が必要な並外れたニーズのある児童生徒を対象とした第4段階を加えています。[9] この段階は，特に，複雑なニーズのある児童生徒を考慮する際と関係します。

RtIの3つの段階は，25章で見るような学校全体での肯定的行動支援（**方略23.2**）に利用された連続した行動支援ととても似ています。

この点について補足しておくべきことがあります。重度かつ重大な，学習面，社会的・情緒面，行動面などの問題のある児童生徒（例えば複雑なニーズのある者）は，第1段階や第2段階を経るよりも，直接第3段階（または第4段階）に優先的に位置づけられるような仕組みが必要だということです。

RtI を効果的に実行するために用意されるべき条件が幾つかあります。

- 効果的なアセスメント手順（スクリーニングのための見立てと向上のモニタリング）が導入されるべきです。
- エビデンスにもとづいた指導方略が用いられるべきです。
- 構造化された体系的な問題解決過程が実行されるべきです。
- 特定の分類や特別支援教育プログラムを前提とするのではなく，児童生徒のニーズにもとづいた柔軟で流動的なモデルとして，RtI を見ることが重要です。
- 特別な教育的ニーズのある児童生徒を含む全ての者に対する，学校全体での責任があります（**方略 23.2** 参照）。
- 教師，校長，専門家は，RtI に関する事前トレーニングや専門的な能力を身につけるための研修を受けるべきです。
- 適切な資源を利用可能にする必要があります。
- 保護者は，RtI の意思決定過程に関与するべきです。（**方略 5** 参照）
- RtI が完全に実行される前に，RtI モデルの見本を開発するべきです。

段階別反応モデル

イングランドやウェールズにおける段階別反応モデルは，特に，3 段階の概念と児童生徒の成果に対するモニタリングへの関心とについて，RtI との類似性を示してきました。

実施基準に記載されているように，特別な教育的ニーズのある児童生徒を支援するために，初等教育段階の学校では，きちんと整理された方略を含む「段階的な反応」を採り入れるべきです。このアプローチは，一連の特別な教育的ニーズがあることを認識しており，必要とあらば児童生徒が経験している困難さに対応できるだけの専門家の知識を導入します。しかしながら，学校は例外的な事例を除いて，外部資源を要請しようとする前に，学級や学校の全ての役立つ資源をフル活用しなければなりません。[10]

RtIモデルの第1段階としての段階別反応アプローチでは，学級担任は，全ての児童生徒の多様性に応じた指導を通して，向上への不安が続く場合には付加的な活動も採り入れながら，適切な教育を提供するために，できることは全て実施しなければなりません。その結果，自分の実施している指導方略が児童生徒の効果的な学びに結びついていないと感じられるようであれば，学校の特別支援教育コーディネーター（SENCO：*Special Education Needs Cooridnator*）に，現在用いている方略を修正するための助言を求めることができます。この専門家との協議を経て，教師が提供できる支援と児童生徒が必要としている支援を決定します。その場合，「スクールアクション（SA：*School Action*）」を通して児童生徒への支援が考慮されます（おおよそRtIの第2段階にあたる）。「スクールアクション」として，担任教師または特別支援教育コーディネーターは，特別な教育的ニーズのある児童生徒を識別し，通常学校で提供されている多様性に対応したカリキュラムとは異なった取組みを付加的に提供します。[11]「スクールアクション」が発動されるのは，(a)児童生徒の弱い分野に焦点化して指導がなされても，学習の向上がほとんどないか全くない，(b)学校で通常採り入れている行動管理方略では改善されないような情緒的，行動的な困難が継続的に児童生徒に見られる，などのような場合です。そうして，特別支援教育コーディネーターと学級担任は，児童生徒の向上を支援するために必要な取組みを考えます。これには，個別指導を可能にする追加的なスタッフの配置や，異なった学習教材または特別な設備の準備，スタッフのトレーニングなどが含まれ，全てIEPに記載されます。2010年1月現在，イングランドの就学児童生徒数の11.4パーセントが，「スクールアクション」段階にあると認められています。

さらなる支援が必要な場合には，「スクールアクション・プラス（SAP:*School Action Plus*)）を通して外部支援サービスが導入されます。この後，特別支援教育コーディネーターらは，児童生徒のIEPを見直す会議を開いて保護者と相談協議します。「スクールアクション・プラス」が発動されるのは，個別のプログラムや集中的な支援を受けている児童生徒が，(a)特異な分野での向上がほとんど見られないか全く見られない状態が続いている，(b)国定カリキュラムの成績が同年代の児童生徒よりも極めて低い状態が続いている，(c)情緒障害あるいは行為障害によって個別学習やグループ学習が大きく妨害されている，などのような場合です。IEPが見直されることにより，児童生徒の向上を支援するための新たな方略が設定され，通常の学級での場面で普通に実行されるようになります。2010年1月現在，就学児童生徒数の6.2パーセンが，「スクールアクション・プラス」段階にあります。

その過程における向上のための次の段階として，学校は，ステートメント（意見書）につなげるための法定評価を請求します。このためには，児童生徒が重大な懸念となる原因を抱えており，何らかの方略を実行してみても……代替方略を試みてみてもうまくいかない状態が一定期間続いているというような根拠が必要です。2010年1月現在，就学児童生徒数の2.7%の者が，特別な教育的ニーズ（SEN）のステートメントを持っています。

前述したように，特別な教育的ニーズのある者は，就学児童生徒数の20.3パーセントに達しています。2011年に誕生した新政権は，「我々が作ってきた学校システムは，長きにわたりSENのある児童生徒として過剰に認定するという歪んだ措置をとり続けてきた」と述べ，特別な教育的ニーズのある児童生徒の過剰認定に対する懸念を表明しました。[13] 最近のグリーンペーパー（英国の政策提案書）は，上述の「スクールアクション（SA）」や「スクールアクション・プラス（SAP）」に対する認定基準を，学校で一般的に入手できる支援を超えたニーズのある児童生徒に対する，学校を単位とした新たな単一のSENカテゴリーに置き換えることを提案しました。[14] それには，また三段階の「取組み」が導入される予定でした。簡単に説明すると，第1段階は，日常的な高品質の個別指導に，全ての児童生徒を効果的に包含することです。第2段階は，仲間に追いつきたい児童生徒に対する小集団取組みです。第3段階は，第1段階，第2段階では不十分な児童生徒のための取組みです。それは，個別的な支援や専門的知識・技能をより多く盛り込んだ集中度の高いプログラムです。[15]

エビデンスにもとづいた根拠

最近，何人かの研究者が，RtIを支持する膨大な量の記載が文献に見られるが，概念的には理に適っているものの，識別と改善について他のモデルと比較してみると，今のところRtIが有効であるというエビデンスに基づいた根拠はほとんどないと指摘しました。[16] しかし，研究の内容が報告されてきたことは励みになります。

* 行政区全体でのRtIの実行に関する米国の研究では，90％の児童生徒が小学校3年生の終わりまでに読みが上達したことが見いだされました。一方，全国調査では，小学校3年生の60％に読みの上達が見られました。[17]
* 米国の研究は，児童生徒はRtIに積極的に反応し，しかもアフリカ系アメリカ人の児童生徒が他の民族グループよりも素早く反応することを見いだしました。
* 別の米国の研究は，3年間**特別支援教育を受けている**アフリカ系アメリカ人の**児童生徒**が67％から55％に低下したことが，RtIにつながったとしています（就学総数の45パーセントはアフリカ系アメリカ人）。[19]
* 行動支援のためのRtIアプローチが，**問題行動**のある児童のいる米国の小学校2年生2つの教室で活用されました。研究が実施された学校では，行動支援のために第1段階の普遍的システムが実施されました。このレベルの取組みに反応のなかった児童生徒は，第2段階の支援に移行し，行動に対する付加的な評価や適切な行動の頻繁な強化がなされました。第2段階の取組みを受けた10人の児童生徒のうち，6人に向上が見られなかったことから，この6人は第3段階の取組みを受けることになりました。これは，機能的行動アセスメント（**方略12**参照）にもとづいた個別の行動支援計画で構成されています。第3段階の有効性評価には，複合的な「児童生徒間ベースライン（BAS：*baseline-across-students*）」デザインが用いられました。問題行動の減少と学習成績の向上が示されました。[20]

留意点

RtIを実施するに当たって，注意すべき4つのリスクがあります。

- 大多数の方略に関する研究は，小学校での読みや算数に注目していますが，中学校や高等学校[21]，あるいは他の分野で実行されていることは比較的知られていません。しかしながら，以前にも述べたように，社会的行動にRtIが適用されることで，最近進歩が見られるようになってきました。
- 方略は広く解釈されています。例えば，英国においては，教育水準局（Ofsted:*Office for Standard in Education*）の調査で，学校や地方自治体の段階的反応アプローチに関する解釈に重大な弱点のあることが見いだされました。その解釈は，指導補助員による支援というような児童生徒への付加的な資源の提供が、必ずしも良質な取組みや適切な向上を保障するものではないと捉えていたのです。[22]
- 本書で概説した幾つかの方略のように，忠実に実施しないとうまくいかないというリスクがあります。[23]
- 最後に，おそらく最も重要なことは，RtIは分離的な特別支援教育の状況に戻し，伝統的な特別支援教育実践の根拠となる多くの仮説を再活性化させようとしていると反論されていることです。[24]

結　論

学習障害や問題行動の恐れのある児童生徒を早期に発見し取り組みするための段階別アプローチとして,「取り組みへの反応（RtI）」は有効なアプローチ方法ですが，さらなる研究が必要です。

第24章

方略22：学級風土

―安全で，有益で，意欲的な教室環境の創造―

格付け　★★★★

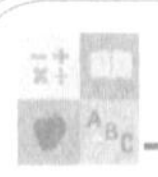

方　略

学級風土とは，**方略 19** で述べたような物理的特徴とは異なり，教室の心理的特徴にもとづいた多様な要素で構成された方略です。学級風土は，**方略 23.1 で概説する**学校文化の特徴に影響しますが，それに限ったものではありません。

学級風土は，教室環境や教室文化，心理的環境，雰囲気，場の特徴，生態学，社会的環境などと表現されることもあります。[1]

要するに，第 2 章の「学習と指導モデル」で言及した「意欲」と同様，学習背景の主たる構成要素について取り上げます。それは，第 2 章で概説した指導の社会的アプローチとも合致するものです。

基本的な考え

雑誌「学習環境研究」の創刊号を見直してみると，1960 年代に初めて教室環境アセスメントが登場して以来，この分野は急速に成長し，多様化し国際化してきました。[2]

私たちが考えているように，学級風土の質が児童生徒の成績の重大な決定因子であるという明確な証拠があります。児童生徒はもとより，とりわけ教育者である皆さんが教室環境に対し積極的な理解を示す時，彼らのよりよい学びにつながるのです。

学級風土の主たる原理は，学習を促す心理的環境の創造です。それには注意すべき 3 つの主な要因があります。

- ***関係性***：学級成員による相互の助け合いの程度。

- *個々人の発達*：個々人の成長や向上心の促進の程度
- *システムの保守*：教室が整理されており，教育者の期待が明確であり，教室管理が維持されており，変化に敏感であるなどの程度。[3]

これら3つの要素は，以下のような考えの枠組みをもたらします。

実　践

関係性

児童生徒が信頼できる情緒的に落ち着いた環境を創る

何かについてどのように感じるかは，覚えることを決める際にそれについて考える内容と同じくらい重要だと，**方略8**で強調したことを思い出してください。これは，特に児童生徒の感情を司る脳領域（大脳辺縁系）が，思考に関わる領域（前頭前野）よりも一般的に発達しているからだと私は指摘しました。[4]

特別な教育的ニーズのある児童生徒はしばしば失敗を伴った感情を経験します。大抵，そのような児童生徒は，他者から拒否されたり敵意を持たれたりすることさえあります。彼らの多くは，学習環境を信じられず，生き残っていくための自分の能力を信じられないまま，学習を続けてきました。教育者は，このような児童生徒が低い自己概念や憂鬱，怒り，不安，恐怖などの危険性にさらされていることを認識しておかなければなりません。これらの感情は学習に否定的な影響を及ぼします。もしも以下のようなことに取組むなら，皆さんはこの悪循環を止めることができます。

- 児童生徒の感情を理解し，感情がどのように学習に対する意欲を促進させたり妨げたりするのかを理解する。[5]
- 可能な限り肯定的な感情を高め，否定的な感情を減らすような学習環境を用意する。[6]
- 児童生徒は日々違う感情で学校に来ているので，中にはそれらの感情で気持ちを混乱させてしまう者もいるということを認識する。
- 学習過程で，肯定的な感情の力を生かすようにする。
- 不変と反復，安全，思いやり，共感，肯定，支援，連帯感，正義と平和などによって特徴づけられる環境を用意する。[7]
- 学習にいかなる困難を抱えていたとしても，誰もが存在価値があり個人として完全に受け入れられるべきであることを全ての児童生徒に伝える。
- 児童生徒が無条件にかつごまかしのない受容や手助け，尊重，優しさなどを期待することができ，適切な思いやりが示されるような「本物の関係」を築く。[8]
- 児童生徒が帰属意識を持てるよう支援する：「私の先生は，私と学校で出会えるのが嬉しいの。」「病気で学校に行けないことがあると嫌なの。」
- 「児童生徒コミュニティー」を形成するため，全ての児童生徒に価値ある役割を与える。[9]
- 学習成績の向上に向けて，皆さんや他の教師が協力して働いている教室にまとまり感を生み出す。[10]
- 学習を楽しくするのと同様に，緊張を和らげるためにも適宜ユーモアを交える。[11]

日本では，**絆**が教育学の中心的概念です。これは，心の触れ合いと呼ばれる共感性を育てる親密な対人関係と言われています。日本の小学校教育に広がるこの哲学は，知的ニーズと同様に児童生徒の社会的ニーズや感情的ニーズに応える保護者しみのある支え合いの場として，学校をまるで家庭のようにしようとする意図的な思いやりの努力であると表現されています。[12]

個人の発達

児童生徒の目標設定を手助けする

特別な教育的ニーズのある児童生徒の中には，自分の能力を低く見積もりすぎて目標設定をうまくできない者がいたり，能力以上の高い目標を設定したりする者もいるかもしれません。またある者は，社会的に不適切な目標を設定するかもしれません。達成可能な目標であり，目標を達成すれば特別に表彰されるというような明らかな報酬があるような時，児童生徒は目標達成に向け努力すると研究は教えてくれています。[13] どのように目標が意欲につながるのかを検討するため，第 2 章の「学習と指導モデル」，特に，「課題に焦点化した目標設定」のための支援の重要性に関する私のコメントを参照してください。

要するに，皆さんがすべきことは以下のようなことです。

- 児童生徒の学習や行動の目標設定を支援すること。[14]
- 目標について何度となく協議し，目標に対してどのような学習が適切なのかを示し，目標に対する向上の見直しが図れるよう支援すること。
- 単に，能力を示したりクラスメートより成績を上げようとしたりするのではなく，理解力を伸ばす目標設定を強調すること。

- 具体的で明確な「目標」を言葉で表したり，関連する補助目標を設定したりすることによって，あいまいで一般的すぎる目標を明確な意図やすべき内容に変えること。
- 目標に向けた取組みを維持するため，直接にそして頻繁に評価すること。
- 目標に向かわせるよう児童生徒を支援すること：「ラスラン君，もし君がコンピューターの仕事がしたいのなら，……を理解する必要がある。」「セング君，税金の申告書を書くのなら，数学のこのやり方ですることができるよ。」「君たちがよい農夫になりたいのなら，土壌の浸食を理解しておく必要がある。」というように，頻繁に目標について語り，どのような学習が目標に対して適切なのかを示すこと。
- 「この作文でAの評価を得たい。」「僕は1週間でこの本を読みたい。そうすれば次の本を読むことができる。」というような，児童生徒の具体的な短期目標の設定を支援すること。
- 「私は高校卒業資格を取りたい。」「僕は大学卒業後，立派なビジネスマンになりたい。」というような，一般的な長期目標の設定を促すこと。
- 「私は勉強の成績も上げたいし，スポーツもうまくなりたいし，同時に友達とも仲良くなりたい。」というような，幅広い目標を設定するよう促すこと。
- 「私はスポーツと勉強を両立させたい。でも，学校の勉強ができることは私の将来にとって最も重要となるに違いない。」というように，目標に優先順位をつけたり相反する目標の中から選択したりすることを支援すること。

児童生徒の文化的・言語的背景を十分に考慮する

指導を計画し実施する際に，異なった文化がカリキュラム内容に反映されている（または反映されていない）かどうかを見ます。目に見えない（放置されているか過小評価されている集団），型にはまった見方（特定の文化に見られる伝統的で固定的な役割），言語的偏見（例えば，支配的な文化の名前だけを用いる）のような共通の偏見を教科書から除外しなければなりません。

意欲的な学習環境を用意する

脳の感情や認知処理領域は，各個人がある課題に意欲的に取り組んでいるとき活発化することを画像解析は示しています。[15]

一般的な意欲に関する提案が幾つかあります。

- 「デイブ君，私は君の学習を助け，正しい方向を示すことはできるが，君の代わりに学習をすることはできないんだ。」というように，他者をどれくらい意欲づけることができるかには限界があり，結局は，児童生徒は自分の学習に責任を持たなければならないことを認識すること。
- 慢性的な意欲の問題と直面している時には慎重に対処すること。劇的に変化することもあるが操作することは難しい。辛抱が肝心である。
- 児童生徒の目標や感情，主体性についての信念は，本来その者にとっては正当なものであり，皆さんがどのように考えようが，それらが真実として扱われるよう尊重されなければならないと認識すること。
- 「ハイダー君，今日は授業に集中してないように見えたけど，今日できることをしてしまえば，次の２～３週間は数学に取り組めるよ。いつかは必ずできるようになるからね。」というように，慢性的に意欲の低い児童生徒に対しては，忍耐強く，しかし毅然とした態度で接すること。
- 少なくとも１週間に１回は教室の全ての児童生徒にマンツーマンで対応する時間を作ること。

システムの維持

高いけれど現実的な期待を伝える

特別な教育的ニーズのある児童生徒は，長期間に亘って度重なる失敗を経験することにより，自らの学習の可能性に否定的です。もしも教育者や保護者が彼らの成績をあまり期待していないようだったら，もっと大きな危険性を招く可能性があります。したがって，皆さんがすべきことは以下のようです。

- 全ての児童生徒が学べることを信じ，基本的な学習成果の習得が可能であることを伝えること。[16]
- 児童生徒や保護者の期待を絶えず高めるよう努めること。[17]
- 可能性だけでなく，成績の向上は努力の結果であることを児童生徒に理解させること。[18]
- 内なる自己コントロール力の向上を強調することにより，成功に対し自己責任があることを児童生徒に示すこと。[19]
- 「数学の先生は本当によく考えさせる。」「火山の勉強が終わった時，僕は実際に行ってみたくなったし，それについてもっと勉強してみたい。」というように，挑戦させること，でも不可能な要求でないこと。
- 「実際にやれば，大抵のことはできるよ。」「数学がわかるんだったら，科学もうまくできるはずよ。」「一生懸命勉強すれば，必ずわかるよ。」ヘンリ・フォードはかつてこう言った。「できると思うか，できないと思うか，いずれにせよあなたは正しい。」というように，児童生徒の自己の可能性に対する信頼を高めるのを支援すること。

- 質問や要請に応えたり協議で意見を述べたりするための時間を児童生徒に保障すること。
- 教室場面やより大きな学校場面における，児童生徒の行動に対して期待する明確で一貫した事柄を設定する。[20]

権威主義者ではなく権威ある者になる

言う内容，言い方（口調，速さ，大きさを通して），ボディーランゲージのような行動を通して，皆さんは権威を示します。皆さんは厳しすぎることなく，弱すぎることのない方法で児童生徒の行動を管理します。あまり深刻になりすぎることなく，物事のユーモラスな側面を見る能力が皆さんにはあります。行動に困難さを抱える児童生徒に対して，堅固さと柔軟さのバランスを適切に保つことは，そのような児童生徒と一緒に学習するための重要な取組みの一つです。彼らの行動はしばしば揺れ動くことから，彼らの「合図」，特に破壊行為の初期警告サインを理解しておくことが重要です。

明確で基本的なルールとその限界を決める

特別な教育的ニーズのある児童生徒の中には，社会的ルールを理解し行動することが難しい者がいます。また，目に余るほどルールを無視した行動の目立つ者もいます。教育者として皆さんは，基本的なルールを設定することに特に注意を払わなければなりません。例えば，皆さんがすべきことは以下のようなことです。

- 教室の日課やルール，期待などが，学習環境の質に大きく貢献していることを認識すること。[21]
- 整然とした学習環境を保障するために，必要最小限のルールや期待を維持すること。
- ルールを否定的（例えば，「走るのはダメ」）に説明するのではなく，肯定的（例えば，「活動中は慎重に歩くこと」）に説明すること。[22]
- ルールについて学校の他の教職員と共通理解が図られていること。
- できれば教育者だけでなく，児童生徒もともに話し合ってルールを決め，ルールを守ることは教育者と同様児童生徒の責任でもあることを理解させること。[23]
- 一つの活動から別の活動へ効率よく移行し，破壊的な行動の機会を避けるための計画や練習をすること（特別な教育的ニーズのある児童生徒に日課を思い出させるための手がかりに写真を用いる：**方略 17** 参照）。
- 児童生徒に，好ましい行動と好ましくない行動，およびそれぞれが導く結果を教え，彼らが正しい反応を練習できる機会を用意すること。[24]
- 権威主義者ではなく，権威のある振る舞いをすること。学級経営方略は必要な条件ではあるが，学習保障に対しては十分ではないことを覚えておくこと。

教室の中に適切な位置を確保する

現代の教室では，教育者が部屋の前を独占し，児童生徒はぎっしりと列になって座っているということはもはやありません。その代わりに，教育者は，協同的な集団学習（**方略1**）や他の手法を用いる，「学習管理者」と見られることが増えてきています。学級全体の指導に時間を費やしながらも，多くの時間を児童生徒の間を動き回って指導したり，必要に応じて助言を与えたりしています。では，皆さんはどこにいればいいのでしょうか。私の提案は以下のようです。

- よく見渡せる所に位置すること。[25]
- 全ての児童生徒と頻繁にアイ・コンタクトをとり，不適切な行動のサインを素早く発見するために定期的に教室を見渡すこと。
- 固定的な教師の位置に固執するのではなく，児童生徒の領域に入っていくこと。動き回ることにより，潜在的な問題行動を見つけやすく，適切な行動を強化しやすくなる。[26]
- 授業から逃げ出したいと思っている児童生徒が，皆さんに見つかることなくそれを実行できるような「隠れ場」を作らないこと。
- 行動困難のある児童生徒は，超過激な行動をとる前に一連の行動を頻繁に行うので，緊張やトラブルの初期サインを見逃さず，素早く鎮めること。時には，起きている事象に気づいていることを示すために非言語サインだけが必要な場合もあるでしょう。

エビデンスにもとづいた根拠

様々な学級風土の側面と，それらが学習成績や学習時の感情にどのように影響するのかを分析した相当な量の研究があります。あいにく，特別な教育的ニーズのある児童生徒に特化した研究はあまり多くありませんでしたが，大多数の調査結果がこれらの児童生徒とも関連していることは確かです。以下に，1つの総合的メタ分析，5つの個別のメタ分析，2つのレビュー，8つの個別研究の結果を示しています。

* 最近の総合的なメタ分析において，ハッティー[27]は，学級経営，学級の結束，先行研究に見られるような教師と生徒との関係という，学級風土に直接関連する三つの変数を見いだしました。一つめは，マルツァーノ（*Marzano*）の研究を引用して，「管理の行き届いた教室」が児童生徒の成績に及ぼす影響は，効果サイズ0.52を生み出し，児童生徒の課題への取組みに及ぼす影響は，効果サイズ0.62を生み出したと指摘しました。具体的には，管理の行き届いた教室を作り出すための最大の影響要因には，教師の「適切な心構え」（効果サイズ1.29），「先進的思考」（効果サイズ1.42），「感情面での客観性」（効果サイズ0.71），行動の適不適を児童生徒に伝える能力（効果サイズ1.00）などが含まれます。二つめは，88の研究に関する3つのメタ分析に基づいて，ハッティーは，児童生徒の成績に対する学級の結束力の影響に対して効果サイズ0.53を報告しました。彼は，この要素を，学習成績の向上に向けて皆（教師と生徒）が取組む感覚と定義づけました。それには，目標への志向，積極的な対人関係，支え合いのような特徴が関係しています。三

つめは，児童生徒中心主義の教師の変数と児童生徒の成績および態度との関係に対し，効果サイズ0.72を見いだしたコーネリアス・ホワイト（*Cornelius-White*）の研究を引用しました。[29] 児童生徒中心主義の教師の学級では，多くの児童生徒が関わり，誰もが自分や他者を尊重し，抵抗するような行動はほとんど見られません。

* 児童生徒の学校への参加と成績に及ぼす教師と生徒の感情的関係（TSRs：*Teacher-Student-Relationships*）の影響に関する最近のメタ分析では，オランダの研究者グループが幼稚園から高校までの全部で99の研究を分析しました。TSRsには，思いやりや共感，親密さなどの肯定的な変数と対立のような否定的な変数が含まれています。彼らは，TSRsは，児童生徒の取組みに対して中規模から大規模程度に関連しており，児童生徒の成績に関しては小規模から中規模程度に関連していることを見いだしました。これらの関連は，学業面でのリスクが高い児童生徒，特に，恵まれない環境にある者や**学習困難**のある者にとってより大きな影響があり，重要なことでした。研究者は，感情のTSRsは，年長の児童生徒や青年後期の若者にとっても重要であり影響力が大きいと指摘しました。しかしながら，彼らは感情のTSRsは重要ではあるが，児童生徒の取組みや成績に影響を及ぼす指導の質のような他の教師の要因も多くあると結論づけました。[30]
* もう一つの最近のメタ分析は，学級目標と児童生徒の成績との関係に注目した米国の研究です。それは，習得と実行に関する目標構成と，児童生徒の理解や教師の支援，学業成績，動機付け，心理的成果などとの関係を評価しました。実行目標では，児童生徒は能力を誇示したり競争的になったりすること

に興味を示しましたが，習得目標では能力を発揮したり個々の目標を達成することに興味を示しました。4つの主たる成果が報告されました。(a)青年前期は，学級の目標構成と児童生徒の成績との関係において，極めて重要な時期であった。(b)学級の習得目標は児童生徒の感情的成果の促進に大きな影響力を持ち，一方，実行目標はそうではなかった。(c)教師の支援は児童生徒の成績と感情的成果，特に学級活動への関心を高め，向社会的行動の目標を促進させた。(d)教師の支援は児童生徒の個人習得目標を促進させた。[31]

* 初期のメタ分析は4カ国で実施された12の研究を調査しました。広範な結果測定のより高い成果が，結束力や満足度，目標方針が高く，無秩序や摩擦がほとんどないと評価された学級の児童生徒に見いだされました。[32]
* 別のより最近のメタ分析では，学級風土は学力に影響を与える最も重要な要素での一つであることが見いだされました。[33]
* 最近のメタ分析は，児童生徒の社会性，感情面の学習を高めることを狙いとした取組みの影響を分析しました。全部で213の学校を基本とした「社会性と感情面の学習（SEL:*social and emotional learning*）」プログラムが研究に含まれました。これらのプログラムは，感情を認識し管理する，肯定的な目標を設定し達成する，他者の視点を正しく評価する，肯定的な関係を構築し維持する，前向きな対人関係などの能力を獲得することなどに共通点があります。社会性と感情面の学習（効果サイズ0.57），態度（0.23），肯定的な社会的行動（0.24），問題行動（0.22），感情的苦痛（0.24），学習成果（0.27）という6分野にわたって，肯定的な効果サイズが獲得されました。研究者は，担任教師や学校の他の教師は，SELプログラムを効果的に実施

することができるとも指摘しました。[34]

* 1994年における40の研究分析からは，幾つかの国々で，幅広い教室環境の測定結果と様々な認知と感情の測定結果との間に，学年を超えて関係のあることが見出されました。[35]
* 米国の研究は，教師の拒否的な姿勢が，児童生徒の**問題行動**を長期化させると報告しました。[36]
* 最近の英国の研究は，幸福度と学習成績との間の関係について報告しました。保護者へのアンケート調査や児童生徒へのアンケート調査と同様に，医療機関での評価にもとづいたデータが，14,000家族に対する継続中の長期的な研究から取得されました。とりわけ，10歳と13歳の児童生徒の幸福度に関する保護者の報告データから，学習成績や学校での取組みとの間に大きな相互関連のあることが見いだされました。行動面での満足度と後ほどの学習成績との関係は，**特別な教育的ニーズ**のある児童生徒にとっては複雑なものでした。[38]
* オランダの研究では，理解があり，役に立ちかつ友好的で，厳しすぎることなくリーダーシップを発揮している教育者は，児童生徒の成績や肯定的な感情を高めるということが見いだされました。気まぐれで児童生徒に満足していない教育者やよく叱る教育者は，児童生徒の認知や感情を低下させました。[39]
* 別のオランダの研究は，特別支援学校に通う**自閉症**の児童生徒の，学力の向上を促す指導方略を明らかにすることをねらいとしていました。研究結果は，構造化された場所や時間や活動と，教師の情緒面における支援の提供が最も必要であることを示しました。[40]
* オーストラリアの研究は，学習の効力感に関する教室環境の

効果を調べました。すなわち，学習の効力感とは，計画された教育目標に到達するための行動の計画や実行に必要な能力に関する児童生徒の判断力のことです。数学の授業に参加している中学生1,055人が，数学の時間の教室環境に関する10の観点を調べる質問に答えました。これらには，児童生徒の結束力，教師の支援，課題の説明，協力，操作の共有，児童生徒同士の話し合いなどが含まれました。この結果，教室環境が学習の効力感に積極的に関わっていることが明らかとなりました。[41]

* ニュージーランドの研究では，学級風土と中学校の英語の授業での生徒の意欲的な行動との関係が調べられました。競争（児童生徒がそれぞれの学年でどのように競争しているのか），秩序と組織（整然と礼儀正しいマナーで行動することを児童生徒に強調する），明快なルール（明確なルールを設定しそれに従う），教師による操作（ルールの強制），友好関係（児童生徒がそれぞれ感じる友好度）という学級風土の5つの基準に基づいて測定されました。これらの基準は，この章の「基本的な考え」の項で記した3つの特性から抽出したものです。意欲は，参加・実行・達成という教室における3つの行動の観点で評価されました。この結果，学級風土は，これらの意欲の尺度全てと大きく関係していました。最も重要な要素は所属感，つまり児童生徒が互いに感じる友好度の程度を測定した結果でした。[42]
* 教育者は，児童生徒に比して学級風土をより肯定的にとらえようとする傾向があるという証拠があります。児童生徒の認識は，現実的な学級風土と好ましい学級風土という両方の認識に関して，普段から日常的にフィードバックしていること

が関与していることを示唆しています。[43]

* 1970年に発表された伝統的な研究では，米国の80の小学校を対象とした研究結果が，「教室の規律と集団経営（*Discipline and group management in classroom*）」[44]という文献の基礎を形成しました。この研究では，効果的な学級経営者とは，整頓された教室で，児童生徒の不正行為などほとんどなく，児童生徒が高度な役割行動を果たしている教室の教育者であると定義づけられています。この研究からは，効果的な教育者も効果的でない教育者も，**破壊的な行動**に対する対処方法に大きな違いがないことが見出されました。しかしながら，まず第1に混乱が生じるのを予防する方法が異なっていました。このことには以下の内容が含まれます。
    - **行動で示す**：教育者は，児童生徒がしようとしていることを知っているということを行動によって児童生徒に知らせる。
    - **重ね合わす**：教育者は，混乱によって全体的な方向がそれることのないよう，幾つかの出来事に対して同時に注意を払う。
    - **円滑で活発な授業**：教育者は，滑らかできびきびとしたペースで指導する。
    - **集団への注意を喚起する**：教育者は，目の前の課題に全ての児童生徒を関わらせる。
    - **机上の学習を刺激する**：教育者は，幅広いやりがいのある課題を児童生徒に用意する。[45]
* 結束（*Kotahitanga*）と命名されたニュージーランドで継続中の研究プロジェクトは，学習成績の向上に関する**マオリ族**の中学生の認識について調査しました。最も重要な影響は，教室

の中での向き合う関係や教師とのやりとりの質が中心でした。これらの結果は,「効果的な指導プロフィール」の開発へとつながり，その後の，専門的な発達的取組みの基礎を形成しました。4校の11人の教師に実施してみたところ，マオリ族の児童生徒の学習，行動，出席などの結果に改善が見られました。このことは，教師の理論不足がマオリ族の児童生徒の学習成績に対し重大な障害となり，その結果，教師があまり期待しなくなり,「学校の失敗」という予言を的中させてしまうのであると指摘されました。残念なことに，特別な教育的ニーズのある児童生徒に特化してはいませんでしたが，集団としてマオリ族の児童生徒全体の学習成績が低く，彼らの停学比率はマオリ族でない児童生徒の3倍もあり，しかも，マオリ族以外のクラスメートに比べ卒業資格を待たないまま退学していく傾向がありました（それぞれ38%と19%でした）。[46] プロジェクトの実行から7年目に実施した追跡調査では，4校で，マオリ族生徒の初期の成果に関係する指導実践で形成された変化が維持されていました。[47]

* 準実験的な研究として，二番目の「社会性と感情面の学習」(SEL) プログラムとして,「反応的教室アプローチ」(RCA:*Responsive Classroom Approach*) が米国の小学校で2年以上に渡って実施されました。このアプローチには，学習に資する教室環境を形成するための社会的学習や学習が統合されています。7つの基本原則があります。(a)社会的カリキュラムと学習カリキュラムを同等に重視すること。(b)児童生徒が何を学ぶのかと同じようにどうのように学ぶのかに注目すること。(c)社会的なやりとりが認知発達を促すと考えること。(d)児童生徒が学習するための必須スキルとして，協力，主張，責任，共

感，自己コントロールを重視すること。(e)個々の児童生徒，文化，発達特性に関する教師の知識を重視すること。(f)児童生徒の家族の理解に注目すること。(g)学校の中で大人たちが一緒に働く方法に注意を払うこと。研究には6校62人の教師と157人の児童生徒が参加しました。教師がRCAを実践することで，家族的なリスクや児童生徒の前年の成績を考慮に入れたとしても，児童生徒の読解力が向上し，教師と児童生徒の親密度が高まり，未発達のソーシャル・スキルが向上し，自己主張が多くなり恐怖感が減少するなどの成果が示されました。[48]

* 「社会性と感情の学習」(SEL) プログラムの三番目の例が，ブラケットら (2010) によるRULER感情語カリキュラムと言われるカリキュラムに見いだされました。RULERとは，自分や他者の感情の認識 (**R**ecognize) する，幅広い感情の原因と結果の理解 (**U**nder-stand) する，複雑な語彙を用いる感情を分類 (**L**abel) する，社会的に適切な方法で感情を表現 (**E**xpress) する，効果的に感情を調整 (**R**egulate) するを表しています。RULERは，通常の学級での指導において正式な授業と練習の機会を統合することで，児童生徒がスキルを学ぶことを支援します。すべてのSELプログラムと同様，RULERは，感情情報の処理能力は認知的活動を高め，満足感を促進させ，社会的機能を促すと想定されています。ブラケットらは，米国の3つの学校の5年生と6年生の児童に，RULERプログラムを30週間実施した影響について調査しました。RULERプログラムを実施したクラスの児童生徒は，比較群の児童生徒に比して，年度末の順位や社会性や感情面の能力に対する教師の評価が高くなることが見いだされました。[49]
* 14歳から18歳までの中等教育学校生徒の全国的な標本データ

を得た米国の研究からは，教師が支援的であると答えた児童生徒は，健康的な学校風土をあげる傾向が強く，支援的でないと答えた児童生徒に比して社会的な相互信頼が高く，**うつ状態**は低く，薬物の使用も低いことが見いだされました。[5]

留意点

ここでの主たるリスクは，学習環境の果たす重役な役割が無視されて，もっぱら学習内容や指導方略だけが注目されることです。

結　論

学級の心理的風土の質は，児童生徒の成績の重要な決定因子です。彼らは，安心感が持て，意欲の湧く環境にあり，肯定的な目標が設定されるような場合に，よりよく学習するのです。

第25章

方略23：全校的方略

—問題行動を防止または最小化させる多層構想システムの創設—

学校が組織的にどのように児童生徒の行動や成績に影響を及ぼすか，特に，学校を基本とした普遍的な取組みがどのように活用できるのか，10年程前あたりから，徐々に注意が払われるようになってきました。例えば，最近の2つのレビューは，社会性や感情の学習に注目する学校全体のプログラムが，児童生徒の社会性や感情面のスキル，自分や他者に対する態度，行為問題，行動や学習の遂行への態度などに対する肯定的な結果につながることを見いだしました。[1]

本章では，学級ではなく全校的な視点に基づく3つの方略について説明します。

- 学校文化
- 学校全体での肯定的行動支援
- 全員の成功

方略23．1：学校文化

格付け ★★★

方　略

肯定的な学校の文化もしくは精神を創造することは，学校目標を設定し実行することと関係しています。これらの目標は，学校の教職員，特にリーダーの地位にある者に共有される価値観や，信念，態度，慣習，行動基準などに影響を及ぼすでしょう。インクルーシブな学校という観点では，(a)多様性を受け入れ賞賛する強い姿勢，(b)文化的問題に対する感受性，

(c)高いけれども現実的な基準の設定，などを開発することを意味しています。

大多数の研究が，インクルーシブ教育と関連しており（**方略 25** を参照），圧倒的に質的性格をもった研究であることがわかります。この方略は，学校リーダー，特に校長の最大の関心事となるでしょう。**方略 22** の「学級風土」と密接に関連しており，第２章で概説した「学習と指導モデル」の「背景」要素とも深く関わっています。学校文化は，学校風土や学校環境，学校段階での学習環境などと言われることもあります。

基本的な考え

個々の学校が独自の文化を持っていると考えられるようになったのは，教育現場ではごく最近のことです。文化人類学や組織学の研究，さらには学校教育の社会心理学からすれば，学校の文化は，学校で展開される多くの行動の理解や影響に大いに役立っています。

学校の文化は，教育者同士，児童生徒と教育者，児童生徒同士，教育者と保護者，児童生徒と保護者などのメンバーが，互いの振る舞い方を決定し反映させていきます。それは，どのような変化が学校にもたらされるのかに影響します。ある研究者が言っているように，「学校が変化する際に最も重要なこととして，効果的な変化をもたらすためには，学校の文化と関連していなければならない。」ということです。[2] また，もしも新しい考えを取り入れることができるのであれば，変化を遂行する人たちは学校の文化を変えていく必要があります。

学校の文化は，公式の構想発表や，他の学校文書，校長の公式声明などで示されることがあります。しかし，ほとんどの場合は暗黙の了解であることが多く，教室内でのやりとりや，休み時間の運動場，職員室，コミュニティー（学校の構成員が互いに出会う所）などで示されます。一般的に，学校の文化は組織としての学校の特徴であって，全ての構成員が学校文化の形成に寄与しているとはいうものの，決して個々人の特徴というわけではありません。[3]

実　践

肯定的な学校文化の創造

特別な教育的ニーズのある児童生徒に対し有意義な学校文化を創造するためには，リーダーシップの発揮が必要です。以下のエビデンスにもとづいた根拠の項で見られるように，大抵の学校では，校長がリーダーとしての重要な役割を担っているのですが，ある者は違った役割を，また別の者は似通った役割を果たすなど，多くの異なった立場の者達によって遂行されています。

リーダーシップの役割

ここでは，学校にインクルーシブな文化をもたらすために実践されるべき重要なリーダーシップの役割[2]について説明します。

(a)**ビジョンを提示しその価値を説く**：インクルージョンの方向と目標を明らかにし，それらを，例えば学校の刊行物や，保護者や地域との対話，ふだんの会話などをとおして，できる限りの方法で広めていくことです。

(b)**励まし褒め称える**：公式にあるいは非公式に，公的にあるいは私的になすことができますが，インクルージョンを促進している人々を褒め称えるという共通した特徴があります。

(c)**利用資源を確保する**：**方略25**で指摘しているように，多くの国々でインクルージョンがうまくいかない主たる要因の一つに，適切な利用資源の不足が挙げられており，学校に適切な利用資源をもたらすためにリーダーシップを発揮しなければなりません。これらが学校に導入されるようになれば，リーダーはこれらを公平に配分していく必要があります。

(d)**標準的な操作手順を適用する**：規則や規制あるいは要求は，特別な教育的ニーズのある児童生徒という重要な存在なしに徐々に複雑なものに進化してきたかもしれないので，それらの内容を修正していかなければならないことを認識することが必要です。例えば，ここでは，児童生徒にとって不適切かもしれないカリキュラムや教科書やテストなどを含んでいます。

(e)**改善を監視する**：リーダーは単に良いことをしていると満足をするのではなく，自分たちのしていることが児童生徒の成績や社会的行動に肯定的な影響を持っていることをますます示すべきです。

(f)**妨害に対応する**：どの学校でも，インクルーシブ教育がほとんど定着しておらず，普遍的な理念として認められていないが故に，対処しなければならない顕在的かつ潜在的な抵抗があることは否めません。[5]

(g)とりわけ，混乱のない学習風土を創造することによる**教育的リーダーシップ**の発揮は，指導目標を明らかにし，自分自身あるいは児童生徒に対して高い目標を設定することを教師に期待するシステムです。[6]

学級規模

学級規模は，注意深く配慮される必要があります。それは複雑な問題です。学級規模が 15 人程度に減らされた時に成果が上がるという証拠があります。とても大きな学級（つまり 50 人以上）の人数を減らした時の影響を示す研究をお見せすることはできませんが，常識的には，指導や学習に困難をもたらし，特に特別な教育的ニーズのある児童生徒の場合はなおさらだと指摘されています。ある研究者のグループは，そのことを以下のように記しています。

学級規模が極端（例えば，とても多いかとても少ない）な場合には，児童生徒の学習に明らかに有意な影響を与えるでしょう。多くの通常の学級規模と少人数学級での成果を比べたところ，一貫性はないのですが，少人数のクラスの方がやや好ましいようです。[7]

ごく最近，ハッティーは，学級規模の減少が児童生徒の成績に与える影響の全般的な効果サイズは，わずかに 0.21 であったと結論づけました。[8]

更なる実践

他の方略に関する更なる実践については，以下のエビデンスにもとづいた根拠の項で概説しています。

エビデンスにもとづいた根拠

学校文化／学校風土に関する幾つかの変数が研究の主題でした。これらには学校の精神，特にインクルージョンに対する認識（**方略 25** を参照），学校コミュニティーに対する展望，リーダーシップなどが含まれます。また学校文化に関係する要素として，学級規模も含まれます。

* 米国における全国の中学生の代表的なサンプルから，学校風土の様々な様相が，多くの場合，児童生徒の学業面や行動面、社会的感情面の満足感に大きく関係していることが見いだされました。[9]
* 学校風土に関するわずかな記録から，学校のつながりや児童生徒の参加を強化するための取組みが，児童生徒の**健康を害する行動**や**薬物使用**を減らす効果のあることが見いだされました。[10]
* 最近の米国での研究の目標は，成功している学校と他の学校との違いについて見出すことでした。成功の定義は，対応する生徒の特性を学校が考慮すれば，予想以上の良い結果を生みだしているかどうかということでした。カリフォルニア州の1700以上の公立中学校や高等学校のデータを活用し，40校では数学と英語言語科目の標準テストの成績が，一貫して予想していた以上に高いことが明らかとなりました。これらの学校は，「逆境に打ち勝った学校」（BTO：*beating-the odds school*）と呼ばれています。学校風土は，カリフォルニア州子ども健康調査によって測定され，安全，学習支援，社会的関係，学校のつながりのような学校環境の側面が含まれました。こ

の研究の結果，BTO学校は，同じようなタイプの児童生徒に対して同じような教員で対応している他の学校よりも，学校風土の肯定的レベルがより高いものでした。[11]

* 児童生徒の成績に対する学校のリーダーシップの効果に関する，ハッティーの11の総合的なメタ分析は効果サイズ0.36を生み出しました。[12]彼は，リーダーシップには教育型と変形型という2つのタイプがあると指摘しています。前者は，混乱のない学習風土，つまり明確な指導目標と自分自身あるいは児童生徒に対する高い教師の目標からなるシステムを創造することに重点を置く校長のタイプです。後者は，試練を乗り越えるために互いに協力し合って働くための活力や，責任，道徳的意識を新たなレベルに転換するよう，指導スタッフを激励し共に取り組んでいく校長のタイプです。ハッティーによれば，メタ分析のエビデンスにもとづいた根拠は，児童生徒の成績への効果に関して，変形性リーダーシップよりも教育的リーダーシップを支持しています。この結論を支えるために，彼は，児童生徒の成績に対する教育的リーダーシップの効果（効果サイズ0.55）が変形性リーダーシップの効果（効果サイズ0.09）よりも優れているとする22の研究のメタ分析を引用しています。言い換えれば，児童生徒の成績に対する教育的リーダーシップの平均的効果は，変形性リーダーシップの3倍から4倍だということです。[13]
* 米国の研究は，59の小学校の教師に関する学校風土への認識と児童生徒の成績との積極的な関係を報告しました。学校風土の影響は，社会的経済的地位（SES：*socio-economic-status*）の低いコミュニティーよりも，社会的経済的地位の高いコミュニティーで強く表れました。全般的に，教師間の連携度合

いが高く，改革的な雰囲気があり，意思決定プロセスに教師が大きく関与しており，協力的であり，児童生徒は友好的であり，適切な利用資源や設備が整っているというように，教師が前向きに風土を理解している学校では，児童生徒の成績は良好でした。[14]

* 教師の専門家として満足のいく職場環境と，**要求水準の高い学校**における児童生徒の成績との関係を示したエビデンスにもとづいた根拠があります。ごく最近の米国の研究では，研究者は，学校の職場環境と児童生徒の成績の全州調査を組み合わせました。教師の満足，教師の職業意識，児童生徒の成績向上という三つの主たる結果を考察しました。彼らは，学校環境を測定することで，教師の満足度と児童生徒の人数特性の間に明白な関係があることを見いだしました。教師の職場環境問題は児童生徒の人数と深く関わっており，最終的には児童生徒の成績にも深く関わっています。教師は，肯定的な職場環境のある学校に満足し長く居続けようとします。さらに，教師の職場環境問題は幅広くありますが，特異的要素として，学校文化，校長のリーダーシップ，同僚との関係というような社会的条件があります。本書の内容に関する範囲において，より重要なことは，児童生徒の成績向上に資する職場環境支援を提供することだと思われます。[15]
* 英国の研究では，成績の低さの原因と大きく関わるカリブ海系黒人少年やアフリカ系黒人少年，イギリス系白人少年という最も関心の高い３つのグループに絞って，地方教育局内にある各学校が**学業不振の少年**をいかに扱うかについて調査しました。予想以上の成果を上げている3つの小学校と3つの中学校を分析しました。結果から，これらうまくいっている学校

では，(a)インクルーシブな特性，(b)学校全体の有効性，(c)幅広く多様なカリキュラム，(d)個々の成績の監視，(e)高いけれども現実的な期待，(f)保護者との強い結びつき，などを重視していることが見出されました。[16]

* 別の英国の研究では，通常の学級に在籍している特別な教育的ニーズのある児童生徒を含む，11歳から18歳までを対象としたインクルーシブな総合学校のケースが示されました。その研究から，学校は，大多数の学校に共通する教育問題を解決しようと試みるようなジレンマに，絶え間なく直面する組織であることが見いだされました。インクルージョンの価値を認め，リーダーシップを発揮し，問題解決のために構成員が協力するというような「効果的な学校」に共通する多くの特徴が示されているにも関わらず，学校内部には，特別な教育的ニーズのある児童生徒をどのように教育すればよいのかという問題への対処に不安がありました。[17]
* 小学校を対象とした米国の質的研究は，学校文化とインクルージョンとの関係を分析しました。研究者は，インクルージョン・プログラムを成功に導くための学校文化の３つの基本的特徴として，(a)民主的な方法を用い明確な価値観を持っているインクルーシブなリーダー，(b)学校のあらゆる側面に広範な地域社会と同様の家庭も含んだ学校コミュニティーという幅広い展望，(c)例えば「万人のための学校」という表現の普及に見られるような言葉や価値観の共有，などを見いだしました。[7]
* 別の質的研究では，**重度障害のある**様々な児童生徒に対するインクルーシブ教育の導入に関するリーダーシップの発揮を目的とした研究が，米国の3つの学校で1年間にわたって行わ

れました。その研究からは，実行するべき6種類のリーダーシップ機能が見出されました。それらは，(a)ビジョンを提示し説明する，(b)励まし褒め称える，(c)利用資源を確保する，(d)標準的な運営手順を適用する，(e)改善を監視する，(f)妨害に対応するです。その結果，学校では公的な職権を有していない教員を含む多様な者達が，それぞれにこのようなリーダーシップ発揮のための役割を果たしていることが示されました。[19]

* カナダの研究は，インクルーシブ教育が効果的な指導をもたらすということに対する，教師と校長の信念の程度を調査しました。研究の対象となった12の学校では，2年生から8年生までの児童生徒のうち，8％の者が**優秀児**（天才ではない）と認められました。この研究の最大の成果は，校長の信念に影響を及ぼす「学校規範」と教師の指導との間に，直接的なつながりがあったことです。[20]
* ハッティーによる学級規模の初期のレビューによれば，以下の結論にエビデンスにもとづいた根拠が示されています。
  - 成績，態度，教師の意欲，児童生徒の満足度などは，少人数クラスの場合（つまり，10人～15人の児童生徒で構成された学級）がより優れていました。40人の場合と20人の場合とでは違いはほとんどありませんでした。（筆者は，多くの開発途上国に共通している50人か60人もしくはそれ以上のクラスの，人数を減らした時の効果については言及していません。）
  - 上記のことは，小学校や中学校では，全ての教科において，また**様々な能力レベル**にわたって事実です。
  - 多くの何らかの向上は，レベルの高い児童生徒の課題に対する取組みの水準が高まったことによる成果であるというエビデンスにもとづいた根拠は多少ありましたが，学級規模が減少した時に指導方法が変わるというエビデンスにもとづいた根拠はほとんどありませんでした。[21]

* ハッティーの最近のレビューでは，児童生徒の成績への学級規模の影響に対する全般的な効果サイズは比較的低い0.21が検出されました。25人の学級規模を15人に減らした結果さらに低く分析されました（効果サイズ0.13）。ハッティーは先の要約でも述べたように，異なった結果が出ないのは，学級規模が小さくなっても，教師が指導方略を変えようとしないことによるものだと指摘しています。[22]

留意点

おそらく3つのリスクが考えられます。

- 主たるリスクは，学校の文化を形成し表現する責任は自分一人にあると校長自身が考え，他の者もそのように考えていることです。むしろ，このような責任は学校長／学校管理者，特別支援教育コーディネーター（SENCOs），上級教師などで共有されるべきです。
- 二つめのリスクは，一旦学校文化が形成されると，それは不変であると思いこむことです。学校文化は絶えず変化し継続的に進歩していくことが必要であって，決して不変ではありません。
- 三つ目のリスクは，学校文化が全員一致で受け容れられることは滅多にないということです。通常，支配的な文化を認めない人々は顕在的・潜在的に存在するものです。このような考えは，より幅広い文化を脅かすことなく適応できるように調整されなければなりません。

結　論

学校の文化は，構成員の互いに対してどのように振る舞うかを決め，それに影響を及ぼすものです。学校コミュニティーの全ての者，特にリーダーシップを発揮する立場にある者は，全ての児童生徒を尊重する雰囲気を創造したり挑戦する教育環境を用意したりするために，できる限りのことを行わなければなりません。

方略23．2：学校全体での肯定的な行動支援

格付け　★★★½

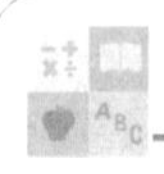

方　略

形学校全体での肯定的行動支援（SW-PBS：*School-Wide Positive Behavior Support*）は，様々な行動的課題に対処する学校の能力を構築するための，行動理論にもとづいた予防的アプローチです。それは，(a)慢性的な問題行動の防止と軽減，(b)適切なスキルの積極的指導，(c)問題行動の一連の結果，(d)最も手に負えない問題行動を示す児童生徒への取組みなどを強調しています。[23] それ自体は，効果的な方略の集まりであり，組織としての学校を中心に展開されるものであり，構成員全ての生活の質（QOL）の向上を目的としています。[24] また，インクルーシブ教育にとって不可欠な構成要素です（**方略25**）。

SW-PBSは，肯定的行動支援，肯定的行動取組みと支援，全校行動管理システム，効果的な行動支援，全校規律指導計画などと表現されることがあります。これらの用語は正確には同意語と言えませんが，多くの共通した方略を表現しています。

この方略は，第２章で概説した「学習と指導モデル」における「背景」「外部課題要求」「外部応答」などと関連しています。取組みへの反応（**方略21**）と共通した特徴も幾つかあります。

基本的な考え

SW-PBS 方略がよく知られるようになったのには様々な要因が反映されています。[25] これらは大多数が米国の研究者によって伝えられ，米国の条件が反映されていますが，他の先進国や，おそらくほとんどの開発途上国にも適用されると確信しています。以下は，SW-PBS の原理として発展してきた**否定的側面**の要因を要約したものです。

- 反社会的行動を示しているあるいはそのリスクが高い児童生徒への懸念が高まっており，このような行動に対し適切な対処がなされないままでいると，成人になってからの重篤な困難性につながります。[26]
- そのような行動は仲間の学習を妨害し，教育職を魅力のない専門職にしてしまいます。
- 家族や，学校，地域が適切なソーシャル・スキルを児童生徒に提供できなかったり，以下に挙げた例のような不適切な社会的相互交渉をとったりすることにより，問題行動をますます重篤化させてしまいます。
  - □ 厳しい行動管理を実施する
  - □ 排除，停学，融通のきかない『ゼロ・トレランス』の考えのような，危機が生じてから応急的に対処する懲罰的指導を行う
  - □ ルール，期待されていること，結果について明確さが欠けている
  - □ ルールを守らせられない
  - □ 児童生徒の個々の差異に配慮した調整がなされていない

一方，SW-PBS の**肯定的な側面**は，以下のような理由で正当化

されます。

- 学校が以下のような方略を採ることによって，問題行動をうまく軽減させることができるというエビデンスにもとづいた根拠があります。
  - □ ソーシャル・スキル・トレーニング（**方略3**）
  - □ カリキュラムの適応（**方略25**）
  - □ 予防的な学級経営（**方略11**）
  - □ 個人的な行動論的取組み（**方略11**）
  - □ ペアレント・トレーニング（**方略5**）
  - □ 学びの機会の提供（**方略27**）
  - □ 早期取組み
- これらの方略を組み入れた，予防的な全校システムを開発することにより，SW-PBSが問題行動のレベルを効果的に下げることができるという証拠が増えつつあります。そのような取組みによって，学校は，独自の文化を持ち（**方略23.1**），(a)様々な年代や能力，権威のある人々，(b)教室からカフェテリアまでを含む環境，(c)教育方針，(d)日課，(e)手続き，などからなる複雑な組織であることが明確に理解できます。そして，これらは皆全体的なつながりとして機能しなければなりません。[27]

SW-PBSが用いられることが増えています。例えば2009年の評価によれば，米国の少なくとも44の州の9000校以上で実施されています。また，オーストラリアやカナダ，ニュージーランド，ノルウェーなど他の多くの国々でも用いられています。

実　践

SW-PBSは4つの主たる要素を持ちます。[29]

チームに基づく組織的アプローチ

SW-PBSの中心的特徴は，全校的な計画を伴ったチームに基づく組織的アプローチです。それは，問題行動だけでなく，問題の背景の修正にも大いに関心を持っています。これには，児童生徒の行動に対する目標や方法を共通理解して一緒に取り組む，学校の全てのスタッフ（スクールバスの運転手や，管理人／守衛を含む）の参加が必要です。これを達成するためには，学校でのリーダーシップ，行政的な支援，スタッフのための現場での専門性向上，全ての職員の調和というような要素が重要となってきます。取組みの方向性を見定めるために全校支援チームを立ち上げることはいい考えです。

先を見越した予防に焦点化する

SW-PBSの主な役割は，本質的には，問題行動の発生を防ぎ，さらに深刻で慢性的な状況に陥ることを予防することです。この意味では，出現している問題行動への対処もしなければなりませんが，予防的な視点を持つことが大切です。

この予防的な対応を行うにあたって，典型的な三層のアプローチがとられます。[30] 地域における健康サービスの提供モデルを参考に，第1次，第2次，第3次の予防という3つのレベルで，学校での継続的な行動支援が図られるべきです。[31] **第1次予防**は，肯定的な社会的風土を創り，行動問題の新たな発生を予防することを目標としており，学校内の全ての児童生徒と大人が関与します。一人一人の児童生徒を識別する必要はありません。**第2次予防**は，第1次予防が全ての児童生徒にとって効果的でない場合です。より深刻な問題行動を起こすリスクのある児童生徒を，その段階に至る前に個別に識別し支援することを目的としています。**第3次予防**は，深刻で慢性的な行動問題を起こし，個々への集中的な取組みを必要としているごく少数の児童生徒に注目します。[32] 言い換えれば，3つのレベルは，それぞれ全体的支援，集団的支援，個別的支援となります。SW-PBSにおいて，集団もしくは個別的な支援を受けている児童生徒は全体的な支援プログラムにも参加することは言うまでもありません。[33]

規律違反に対する「専門機関への委託」に関する研究から，米国の典型的な学校の76%の児童生徒に深刻な問題行動が見られないことから全体的支援は有効であり，15%は問題行動を起こす危険性があるために集団的支援が必要とされ，9%に個別支援が必要であることが示されました。[34]

エビデンスにもとづいた取組み

これには二つの観点があります。一つめは，取組み方略が有意義な根拠（本書に含まれているような）に基づいていることが重要だということです。二つめは，SW-PBSの実行に関する意思決定とその修正は，学校内での観察や聞き取り／話し合いなどから得られたデータに基づいてなされることが重要だということです。

ソーシャル・スキルの指導

望ましい社会的行動を指導するための４つの主たる手順があります（**方略３**も参照）

(1)**期待する内容をはっきりと伝える。**：好ましい社会的行動への学校の期待を説明し指導するのと同様に，受け入れられない行動は何で，どのような結果を招いているのかを明らかにして説明しなければなりません。

(2)**適切な行動を強化する。**：教育者は学校の様々な場所で起こる適切な行動を見極め，相応しい強化子を見出し，確実に強化することが必要です。

(3)**不適切な行動に対する修正手段を提供する。**：不適切な行動をとる児童生徒は，口頭での叱責，居残り，あるいは校内規律に責任のある生徒指導主任に委託されるなど，相応の結果を受けることになります。

SW-PBSを導入した中学校の530人を対象とした米国の研究では上記したような手順が解説されています。[35]学年の最初に，学校のスタッフは，期待する行動として，(a)尊重する，(b)責任を持つ，(c)準備しておく，(d)指示に従う，(e)一生懸命になるという「ハイ・ファイブ（五大項目）」を明らかにします。これらの期待項目は，学校の6つの場所（例えば，教室，体育館，カフェテリアなど）に適切な行動として明確に掲げられます。例えば，「尊重すること」とは，教室では邪魔することなく他者の話に耳を傾けることを意味し，体育館では設備や空間を共有することを意味します。指導の特徴は以下のようです。

a 標的行動が起こった場所で「ハイ・ファイブ」を指導する。

b 適切な行動と不適切な行動を区別することを指導する。

c 期待される行動が行われたときにご褒美が与えられること。（教育者は，児童生徒の適切な行動と出会ったときに配る「ハイ・ファイブ」券を持っていて，その券は食べ物や体育館で遊ぶというような強化子として用いることができました。）

d それぞれの主たる場所で期待内容を頻繁に思い出させる。

(4)**定期的に助言する。**：いったんSW-PBSが導入されると，教室や運動場，玄関，体育館，カフェテリアのような施設など学校の主たる場所で，行動への定期的な助言が必要不可欠になります。

さらなる実践例は，次のエビデンスにもとづいた根拠の項に含みました。以前にも述べたように，SW-PBSは，取組みへの反応（**方略21**）と多く共通した特徴があります。どちらも，問題解決モデルに基づいており，エビデンスにもとづいた実践を強調し，複合的な取組み過程を採り入れ，多様な専門家チームにより促進されています。[36]

エビデンスにもとづいた根拠

好ましい結果を伴ったSW-PBSに関する大量の研究がなされてきました。ここでは，全て米国で実施された研究で，1つのメタ分析と13の別個の研究成果について説明します。

＊ 109の論文で報告された肯定的行動支援の成果のメタ分析では，著者達がPBS取組みを以下のように結論づけました。

- **重篤な問題行動**に対処することが増えています。

- 適応性のある好ましい行動が小さくても大きな変化を生み出します。
- 取組みした52%のケースで90%以上の問題行動が基準値からの減少を示し，68%のケースで80%以上の減少が見られます。
- 先行条件にもとづいた取組みや強化にもとづいた取組みが，それぞれ単独であるいは複合的に用いられるかどうかによって，結果にはほとんど変化はありません。
- 取組みの2/3は，1ヶ月から24ヶ月以上にわたって異なる成果が維持されていることが示されています。
- 90%基準を用いた取組みケースの約2/3に，新たな場面への般化傾向が見られますが，問題行動の異なった形態への般化はエビデンスにもとづいた根拠が弱いようです。
- 取組みが機能分析に基づいているのであれば成果は2倍になる傾向があります。[37]

＊ 最近の研究は，米国の37の小学校（21校の取組み群と16校の比較群）で，5年の長期にわたって無作為にコントロールしたSW-PBS試行の結果を報告しました。取組み群のそれぞれの学校では6人～10人の教職員がSW-PBSのトレーニングを受けました。その結果，取組み群の学校では忠実なSW-PBSが実施され，児童生徒の**停学**や**専門機関への委託**が著しく減少しました。[38]

＊ 最近の研究の二つめは，1000校以上がプログラムを実施したイリノイ州でのSW-PBSの効果を調査しました。428校の実例が研究に含まれました。その結果，(a)ほとんどの学校でSW-PBSが忠実に実行され，時間を超えて児童生徒の成績が向上し維持された，(b)忠実に実行されると，社会生活面の成績を向

上させたが読みには効果はなかったことが示されました。[39]

* 三つめの米国の研究では，オルターナティブ・スクールでSW-PBSの段階1が実施されました。この学校では，5年生から12年生までの，多くが**ADHD**を併せもつ**情緒障害**の児童生徒に，安全な学習環境を提供するよう設計されています。全部で21人の教職員と44人の児童生徒がプログラムに参加しました。その結果，忠実な実施や児童生徒の適切な行動の増加というような好ましい成果が示されました。[40]
* 四つめの米国の研究は，SW-PBSと様々な民族的背景のある児童生徒の学科上の関係を分析しました。小学校では，教室でのSW-PBSの実行が**排除**を減少させるのにつながる一方で，高等学校では，教室外での実行が排除減少につながりました。全般的に排除は減少しましたが，白人の児童生徒が多くの恩恵を得る一方で，長期にわたって排除されてきたアフリカ系アメリカ人の多くは残されたままでした。アフリカ系アメリカ人の成果を尊重するために，後者の調査結果に関しては，著者達は文化に応じたやり方でのSW-PBSの実行の仕方や，民族的背景に関わらず，どうすれば全ての児童生徒の行動支援にもっと応え得るのかに関してさらなる研究が必要であると指摘しました。[41] 彼らは他の論文でもこの点を取り上げ，次の三点を示唆しています。(a)教職員の文化的知識と自己認識の組織的な促進，(b)文化的に関連性のある児童生徒への有効な支援実践義務，(c)文化的に妥当な意思決定。[42]
* ハワイ州とイリノイ州での小学生を対象としたSW-PBSの効果が，3年以上にわたって無作為に統制した試行により評価されました。SW-PBSの使用の向上は，学校環境の安全性への認識や州の読みの基準を満たす児童生徒の割合の増加と関係し

ていました。[43]

* 高校生178人を対象とした米国の研究は，外面的行動（例えば，反抗，離席行動，違反，攻撃），内面的行動（例えば，他の生徒とのコミュニケーションの欠落，回避，臆病），合併行動（つまり，外面的行動と内面的行動の両方が現れる），典型的な行動パターンなどへのSW-PBSの影響を調査しました。内面的行動問題のある児童生徒がプログラムに最も敏感に反応し，合併行動のある児童生徒は最も反応しませんでした。[44]
* 地方の中学校の6～8年生の児童生徒を対象に実施された研究では，児童生徒の適切な行動を定義し，指導し，強化するように計画されたSW-PBSプログラムが評価されました。プログラム実施1年目の最初に，学校で期待されることが教えられました（前出の「ソーシャル・スキルの指導」項を参照）。1年を通して，児童生徒は適切な行動への報酬を獲得し，違反者に対しては専門機関への委託がなされました。その結果，取組みが全くなされなかった前年度に比べて，**専門機関への委託**は42％減少したことが示されました。[45]
* 別の研究は，全ての児童生徒に対する効果的な行動支援モデル[46]，第2段階の暴力防止カリキュラム[47] にもとづいた，学校全体の規律計画を実行する小学校と中等学校への支援を目的としたプロジェクトについて報告しました。9校の取組み群と6校の比較群が研究の対象となりました。その結果，取組み群の学校では，**不適切な行動に対する専門機関への委託**が大きく減少し，児童生徒のソーシャル・スキルの理解を向上させました。[48]
* 規律を守らせるためのSW-PBSアプローチは，児童生徒の80～85％の支援に効果的であるという前提のもと，第1次予防

レベルでのSW-PBSアプローチで効果のなかった児童生徒に対して補完的に個別化された取組みを実施する研究が計画されました。その研究では，児童生徒が目標とする社会的行動を，その日を通じて教師と一緒に実施したりやめたりする「行動教育プログラム」が用いられました。その結果，**問題行動**の変動性が減少しただけでなく，そのような行動のレベルも低下しました。[49]

* 中学校での廊下での行動が次の研究の焦点でした。好ましい練習，言語的賞賛，不適切な行動の修正，積極的な助言，児童生徒の行動についての討議などを含んだSW-PBSの取組みが，**廊下での問題行動**を改善させることができるかどうか検証することを目的としました。950人の児童生徒に対し5週間の取組みを行った結果，問題行動の42.4%が減少しました。[50]
* 別の研究では，小学生の規律上の問題と学習成績に関するSW-PBSの効果が検討されました。そのアプローチでは，指導方法の改善，行動期待の明確な説明，教室での活発な取組みの強化，好ましい振る舞いの強化，行動の監視のような要素が強調されました。取組みによって，規律上の問題は減少し学習成績が向上しました。[51]
* 小学校でSW-PBSが2年以上に渡って実施されました。児童生徒の問題行動が減少した結果，指導時間が，初年度は一人当たり72.7日，2年目にはそれを超えて86.2日に増加しました。[52]
* また別の研究では，小学生の示す**問題行動**の頻度に対する，先を見越した全校での規律を守らせる取組みの効果が調査されました。その研究では，特に，問題行動への積極的な助言と直接的な取組みとを組み合わせたソーシャル・スキルの指導プ

ログラムの影響が，カフェテリア，休憩場所，渡り廊下への移動という具体的な3つの場面で検証されました。その結果，教育者はそれぞれの場所における問題行動の発生率を減少させることができたことを示しました。[53]

留意点

SW-PBSを実行する際に，3つの主たるリスクがあります。

- 取組みを受け入れてもらえないことがあります。少なくとも80%の教職員が参加することが必要です。[54]
- 取組みの監視が不適切な場合があります。これはSW-PBSの不可欠な構成要素です。それが効果を生むということを，そして，もしそうでないなら，実行する上での問題に対処しなければならないということを，参加者に納得させることが必要です。
- おそらく最も大きなリスクは，対処的で懲罰的なアプローチから，先を見越した予防的なアプローチに視点を変えることを嫌がる教職員がいることです。考え方を変えるためには，熟達したリーダーシップと納得できるデータが必要です。

結　論

SW-PBSは，先を見越した，段階的で，予防的で，チームにもとづいた組織的な取組みを実行することにより，児童生徒の問題行動を減らすことが期待できる方略です。

方略23．3：全員の成功[55]

格付け　★★★☆

方　略

支持者達によれば，「全員の成功（*Success for All*）」は，2006年には米国の47州の1200以上の学校で用いられ，同様に，英国，カナダ，イスラエルの学校でも用いられています。彼らは，それは，圧倒的な数の研究に基づいており，これまで存在してきた全校的な取組みの修正モデルだと主張しています。[56]

基本的な考え

簡潔に述べると，「全員の成功」は，どんなことがあっても全ての児童生徒がより早い段階で成功できるまたは成功しなければならないという考え方を中心に構成されています。

プログラムの背景的な考え方は，まず，学業的欠陥の出現を予防するという目標に向けて，学校や学級という組織のあらゆる面を管理するために，リスクを抱える児童生徒に対する効果的な指導について，私たちが知っている全てのものを活用することであり，出現するどの欠陥についても認識し，集中的な取組みを実施することであり，基本的技能の確かな基盤を構築するための豊富で十分なカリキュラムを提供することです。[57]

実　践

「全員の成功」の主たる構成要素について，以下でまとめたいと思います。

- **全校読書カリキュラム**：読書期間の間，児童生徒は，同じような読みレベルの児童生徒を組み合わせた読書クラスに，年齢を超えて再編成されます。
- **個人指導**：1年生～3年生までは，特別にトレーニングを受けた教師と助手が，読みでクラスメートに後れをとっている児童生徒に対してマンツーマンで指導します。個別指導は，通常の学級の指導に密接に組み込まれています。日に20分間行われます。
- **四半期ごとの評価**：読みの向上に関する情報を得ることができ，それを選択的指導方略の提案や，読書グループの交代，個別指導の提供などに役立てることができます。
- **解決チーム**：解決チームは，それぞれの学校で，保護者による教育，保護者の関与，出席者や児童生徒の行動などに注目しながら，児童生徒の成功を保障するための家族支援の手助けをします。
- **促進者**：促進者は，読書プログラムを実行し，四半期ごとの評価を管理し，解決チームを補助し，全ての教職員が互いにコミュニケーションを図っているかどうか確認し，全ての児童生徒の適切な向上を全体的に確かめるのを助けるために，教師と一緒に活動します。[58]

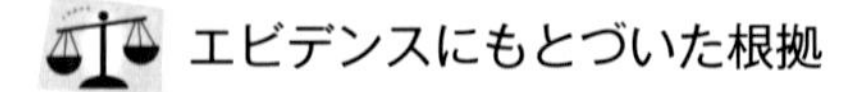

エビデンスにもとづいた根拠

* 「全員の成功」の支持者によれば，現存するモデルの中で，ほぼ間違いなく最も広範囲に評価されている学校改革モデルです。米国の18の大学と研究機関の研究者達と5カ国で実験的な統制による比較が行われました。同時に，50以上の研究が，「全員の成功」と，個別に標準テストを実施したり州が実施している測定を実施したりしている統制群の学校とを比較しました。[59]
* 初期の研究では，これらの著者達は，一般的な児童生徒に対する「全員の成功」の効果サイズは，全学年で，平均標準偏差の半分前後であることを見いだしました。重要なことには，学年の下位25%の児童生徒に対する効果サイズは特に大きく，1年生の1.03から4年生の1.68まで幅広かったと報告しました。[60]
* 29の総合中等学校の改革を対象とした研究のメタ分析は，有効性に関して最も有力な根拠のある3つのモデルの1つとして「全員の成功」を掲載しました。[61]
* 同じ著者は，米国教育省が資金提供した41のタイトル1の称号を獲得した米国の学校で他の研究を実行しました。学校は，「全員の成功」を使用するか，またはK-2レベルの読書プログラムを継続するかのどちらかに無作為に割り振られました。3年間の研究が終了し，「全員の成功」を採り入れた学校の児童生徒は統制群の児童生徒に比して，読書測定において著しく高いレベルに達しており，効果サイズは0.21～0.38でした。[62]
* 最近のレビューは，イングランド全国読み書き方略（NLS）の多くの必要条件に共鳴し合い対応していることから，英国で「全員の成功」に関してかなり関心が高まっていることを指摘

しました。[63]

＊ 多くの貧困地域における「全員の成功」に関する2年間のパイロット計画が，1997年ノッティンガムの5つの小学校と1つの中学校で実施されました。1年目から3年目までは，児童生徒は期待以上の成績を示しましたが，続く3年間は著しい成果は減少していきました。付け加えると，取組みした学校での行動改善は顕著でした。

＊ 3年生と5年生までの読み書き指導への「全員の成功」の影響に関する最近の米国の評価は，初期の成果とは対照的に，全般的にあるいは基本的な読解力が高いか低いかのどちらかの児童生徒と学校においては，5年生での読解力への効果はなかったたことが示されました。このことは，長期的な肯定的効果の構築を含む「全員の成功」の影響は，早い時期からの取組みに依拠していることを示唆しています。[65]

留意点

上述したように，学齢期の早い段階で実施されない限り，「全員の成功」の効果はありません。

結　論

「全員の成功」は，読み困難のリスクを予防し軽減するとても効果的な方略です。

第26章

方略24：機関間連携

—断片的なサービスから連携したサービスへの移行—

近年，社会福祉において，連携を指向する明確な傾向が見られるようになってきました。この傾向は，断片的なサービスから協力的なあるいは統合的なサービスへの，また，部分に特化した専門家指向のなわばり型サービスから包括的な連携型サービスへの移行に関する根本的なシステム転換を求めています。本章では，私がニュージーランド教育省で実施した最近のレビューを多く採り入れています。[1]

この方略は，「包括型取組み」(24.1) と「包括的サービスを提供する学校」(24.2) の２種類の補助方略で成り立っています。

方略24．1：包括型の取組み

格付け　★★★

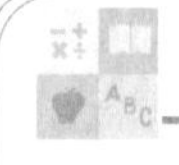

方　略

包括型取組みとは，まさに文字通り，生態学的に包括的で連携的な方法で，子どもたちや若者達およびその家族の抱える問題に対処するために，既存のサービスで「包み込む」ことを目的としたシステムレベルの取組みです。[2]

基本的な考え

包括型取組みは，重度な情緒障害や行為障害のある若者を家庭やコミュニティーで長期にわたり支援する手段として，1980 年代に米国で独自に開発されました。近年，州全体で実施される包括的取組み過程の数が毎年増加しており，米国のほぼ全ての州で，おおよそ1000の構想を通じて包括過程が入手できると推定されました。[3]

イングランドにおいて，子どもたちやその家族に発行される証明書が，単一評価だったステートメント（声明書）から教育や保健，介護サービスなどを組み合わせたステートメント（EHCP：*Education, Health and Care Plan*）に置き換えられたこともまた注目すべきことです。2014年に導入されるサービスは，幼少期から成人期までの家族の願いを反映した直接的な計画にするために，家族と一緒に考え，さらに，ニーズの変化が定期的に見直され，提供責任者も明確にされるでしょう。[4] 2つの異なった構想がEHCPと関連しています。一つめは，子どもたちの発達ニーズ，育児，家族の環境などに関する情報の集約や評価を行うために用いる幅広い分野の専門家からなる「一般的な評価枠組み」（CAF：*Common Assessment Framework*）が開発されました。二つめは，子どものニーズを査定し，必要なサービスの提供のための行動方針を家族と一緒に決めるなどの協力を行う「子どもを取り巻くチーム」（TAC：*Team Around the Child*）です。地方によっては，TACは「家族を取り巻く（TAF）」，「学校を取り巻く（TAS）」，「家を取り巻く（TAH）」（家や施設で取り組むとき）へと拡大しています。[5]

同様の包括型取組み過程は，シンガポールでは政府とNGOの両方に関与している「多くの支援の手アプローチ」として知られています。最も権威のある包括型取組みの定義は，米国の国立包括型取組み戦略機関でのエリック・ブルンズ，ジャネット・ウオーカーとその仲間達が書いた文献に示されています。彼らは，包括型取組み過程を概観して，以下のように定義づけました。

複雑な精神的康状態，および／または，他のニーズのある子どもや若者に対する，集中的なケアや計画そして管理の過程のことです。包括型取組みは，しばしば多様な児童支援機関と関係のある若者のために実施され，その家族はこれらのシステムから恩恵を被ることができるでしょう。包括型取組みはまた，コミュニティーの若者をしばしば狙いにしています。ところが彼らは，コミュニティーの若者に関係するシステムであるにも関わらず，包括型取組みとして家庭やコミュニティー以外の場に措置される恐れのある者達，またはそのような場からコミュニティーへと戻ろうとしている者達です。[6]

実　践

包括型取組みは，本来治療ではなく，むしろ上記の定義で示したような処理過程です。ですから，それは下記のような幾つかの手順を通して肯定的な成果に結びつけることを狙いとしています。

- 構造化された個別のチームによる計画過程を採り入れます。
- チームの目標，チームの団結，チームの評価を行います。
- 若者達や後見人そして兄弟姉妹などから確認されたニーズを満たすように設計された計画を展開します。
- 幅広い生活領域で取組みます。
- 若者達やその家族の問題解決スキル，対処スキル，自己有能感の向上を狙いとしたチームにもとづいた計画を重要視します。
- 一定の計画過程にチームを導くために，熟達した世話役を活用します。
- 若者達を彼らのコミュニティーに統合し，家族による自然な社会的支援ネットワークを構築します。
- 文化的に優れた実践を採り入れます。
- 若者達とその家族の長所を評価します。
- 処理過程の中にエビデンスにもとづいた取組みを採り入れます。
- 上達に向けた測定可能な指標の向上を監視し，必要に応じて計画を変更します。
- 柔軟な財政的支援を利用します。
- 成果に焦点化して説明責任を負います。[7]

包括型取組みを稼働させるための最優先事項だけに言及すると，役割の明確化，妥当に選択された仕組み（英国ではしばしば世話役や SENCO という人々）の組み合わせと専門家が関与したトレーニング，資料にもとづいた意思決定，適切で柔軟な財政的支援などが必要です。[8]

エビデンスにもとづいた根拠

包括型取組みが子どもや若者の学業成績に肯定的な影響を及ぼすエビデンスにもとづいた根拠の強さはかなりばらつきがありますが，他の伝統的な取組みと比べて包括型取組みを支持する傾向があります。私が確認することのできた研究は全て米国からのものです。

＊ 最近のメタ分析は，包括型取組みと**情緒障害や行為障害**のある児童生徒の統制群とを比較した研究から，7つの成果を確認しました。研究者は以下のような効果サイズを見いだしまし

た。生活場面(0.44)，精神保健面の成果(0.31)，全般的な若者としての機能(0.25)，学校の機能(0.27)，少年司法関連の成果(0.21)。[9]

* **重度の精神保健問題**のある4人の若者に対する多層ベースライン研究から，肯定的な結果のあることが報告されました。包括的取組み過程が，結果的に長期にわたって持続するような大きな変化をもたらすエビデンスにもとづいた根拠のあることが示されました。[10]
* 別の研究からは，包括型取組みサービスを受けている**情緒的なニーズや行為的なニーズ**のある児童生徒の学業成績の改善と同様に，情緒的機能と行為的機能に改善のあることが見いだされました。[11]
* **児童福祉で保護している若者**を対象とした比較研究は，33人の包括型取組みの結果と，精神保健サービスを受けた32人の結果を比較しました。8ヶ月後，包括型取組みを受けた33人の若者のうち27人が制約を緩和した環境へ移行し，32人の比較群の若者達はわずかに12人だけの移行にとどまりました。包括型取組み群の出席，懲戒，成績の平均点にもより好ましい成果が見いだされました。比較群を支持する大きな変化は見いだせませんでした。[12]
* 別の研究もまた，包括型取組みアプローチを支持する肯定的な成果を報告しました。これは，**少年司法に関係し精神保健サービスを受けている若者**を対象とした比較研究でした。包括型取組みを受けている110人と伝統的な精神保健サービスを受けている98人の比較でした。比較グループの若者は，包括型取組みグループの若者より重犯罪を犯す傾向が3倍以上ありました。また，伝統的な精神保健サービスを受けているグ

ループの若者は，包括型取組み群の若者より 3 倍長く犯罪を繰り返しました。[13]

* 最近の研究は，包括型取組みを受けた 93 人の**重度の情緒不安定な若者**の結果を，伝統的な児童福祉ケース・マネージメントを受けた 30 人のそれと比較しました。包括型取組みの結果は，機能評価尺度が著しく改善し，制約の少ない生活環境に向けて大きく移行していました。[14]
* **精神保健サービスを必要としている子ども**の成果を対象とした研究から，やや好ましくない結果が報告されました。包括型取組み群と通常の治療群との比較において，包括型取組み群は継続的に大きな配慮を受けましたが，機能性や症状，生活の重要性などの測定では両群の間に違いはありませんでした。臨床結果に影響を与える包括型取組みアプローチの明らかな失敗の原因が示されました。一つは，包括型取組みに導入されたサービスが臨床結果に至るまでの期間が長すぎたこと，二つめ目は，若者に適切なサービスを提供する機能の開発が不十分であったこと，三つめは，包括型取組みモデルを受けた若者の家族にもたらされたサービスが効果的でなかったことなどでした。[15]別の場所で，別の研究者が，包括型取組みの研究がどうして相反する結果を含んだのかに対する四つめの説明を行っています。彼らは，包括型取組みは，取組み計画がそれぞれの個人に対して個別的であるが故に，統制した方法を用いた研究は難しいと指摘しました。[16]
* 前の研究によく似た研究で，他の研究者は，情緒／行為障害のある養護施設に入所している若者 54 人の包括型取組み群と，養護施設での通常の実践を実施する 78 人の統制群との比較から，不確かな結論を見出しました。その結果，包括型取組みプ

ログラムの若者達に，著しい配置変更の減少や逃亡日数の減少，監禁日数の減少が見られました。統制群の約半分は，内在化した行動の測定を含む結果に変化は見られませんでした。外面的な行動への影響は，包括型取組みプログラムから男性が恩恵を被っているように見えたり，女性が有害効果を経験していたりするように，より複雑なものでした。[17]

留意点

主たるリスクは，包括型取組みの指針が忠実に守られていないことです。

結　論

包括型取組みは，生態学的に広範囲にわたる調整方法に問題のある子どもや若者（特に情緒障害や行為障害のある若者）やその家族に，既存のサービスで包みこむことを目的とした組織的な取組み方法です。包括型取組みを支えるエビデンスにもとづいた根拠の強さには，ばらつきがありますが，伝統的な手法と比べればまだ支持される傾向にあります。

方略24．2：あらゆるサービスを提供する学校

格付け　★★★

方　略

あらゆるサービスを提供する学校（FSS：*Full Service School*）は，簡単に利用できる学校という場所で，子どもたちや若者やその家族らのニーズに応えるために，教育，医療，社会的および／または人道的サービスを統合して提供できる機関です。彼らの住むコミュニティーの持つ特質と様々な機関の利便性や関与に応じて FSS の質が違ってきます。

FSS と本質的に同様の現象における他の記述の仕方には，「学校とリンクしたサービス」[18]「学校とつながる統合的サービス」[19]「協働的な学校とリンクしたサービス」[20]「包括的サービスを提供するコミュニティー・スクール」または簡単に「コミュニティー・スクール」[21] などがあります。これらには，機関間の情報共有，専門家の選定，共通した評価枠組みの開発，関係する専門家に対するトレーニングの共通中核部の創造などが共通して必要なことです。

基本的な考え

「あらゆるサービスを提供する学校」を提唱した，ジョイ・ドリフーズの初期の頃のものであり，おそらく最も使われている言葉を引用すると，

教育，医療，社会的および／または人道的サービスを統合した

FSSは，簡単に利用できる学校という場所で，子どもや若者やその家族らのニーズに応えるのに役立ちます。あらゆるサービスを提供する学校は，成功したいと願う子どもやその家族が必要とする予防，取組み，支援というようなサービスを提供します……。質の高い総合的なサービスを提供するために，州と地方，公的機関と私的法人間の協力事業から集約的共同協定に発展させた機関提携関係を構築します。[22]

 実　践

FSSはどのように見えますか？　どのように稼働されていますか？　一言で言えば，一つが全てに適合するわけではありません。提唱者の言葉を借りれば，「実践において，FSSは豊富で多様な内容に応じた実行とサービスを提供します。合衆国全体では，このような学校は，それらを支配している構造や稼働の様式，求められるサービスの調整などに関して，幅広く異なっています。」[23]

取り上げるのに値する二つの異なった区域があります。一つはカナダで，トロント地区教育委員会は全ての学校がFSSになり，「コミュニティーの力強い拠点」となるよう支援することを約束しました。この場合，FSSを「児童生徒やその家族，コミュニティーでの生活の質を高めるように設計された保健，教育，予防，社会的サービスを調整して提供することと定義しています。プログラムとサービスが学校の中に位置づけられて運用され，学校や児童生徒，コミュニティーに共通して役立っています。」[24]

二つめは英国のウェールズです。2004年児童法にもとづいた2006年の緑書（政策提案書）「全ての子どもの問題」で，「あらゆる

サービスに広げた学校」(FSES：*full service extended schools*) を推進することを明言しました。定義は以下のような表現になっています。

政府は，子どもたちのニーズを取り巻く教育，保健，社会的ケアサービスを統合することを求めます。これを達成するために，全ての学校を，子どもたちやその家族，コミュニティーの他のメンバーの支援拠点として活動する，あらゆるサービスに広げた学校にしたい。あらゆるサービスに広げた学校は，核となる教育的機能を超えて，コミュニティーや学校の児童生徒に対して，保育，生涯学習，健康とコミュニケーション機関のような幅広いサービスを提供します。(第 2 章 第 20 節)

これを書いている時点で，新たな英国政府が今まで通りこの方針を承認しているかどうかは明確ではありません。

最近のプログラムの見直しでも述べているように，教育技能省 (DfES：*Department for Education and Skills*) は，2003 年に FSES 戦略構想を早期に打ち出しました。独自の目標は，学習支援や午前 8 時から午後 6 時までの保育と同様に，保健サービスや生涯学習，コミュニティー活動などを含む総合的なサービスを提供するための学校を，全ての自治体で 1 校もしくは数校開発する支援をするというものでした。地方の FSES プロジェクトは，DfES から資金提供がなされました。ほとんどの FSES が不便な地域をカバーしており，初年度は行動改善プログラム地域に配置されました。構想の終わりまでに，138 の学校が「ロンドン・チャレンジ」を通して資金提供を受け，さらに 10 校が参加することになりました。[25]

いくつかの自治体によれば，FSSを創設するにあたっては，一連の問題に対して注意深い配慮がなされなければならないということでした。[26]

①**プログラムを管理する。**四つのモデルがあります。(a)全てのサービスを学校長一人が責任を持って管理する，(b)参加者全員が対等な立場で意思決定を行う新たな管理構造，(c)学校と単一の管理構造下に置かれたその他の機関とが独立して活動する，(d)学校，福祉，保健などそれぞれの機関が，独立して運営する。

②**協同の学び。**四つの管理モデルのいずれも，異なった機関の管理者と最前線の専門家は，異なった方法で取り組んでいることを学ばなければなりません。このことは，他の専門家の要求，文化，言語（専門用語），やり方，世界観などを調整することを意味しています。また，例えば，規律問題に関してあらゆるサービスを提供する学校の異なる関係者間で起きる避け難い緊張を管理することも意味しています。ニュージーランドでは，この点が脆弱な子どもに対する最近の緑書に反映されました。それは，政府はこのような子どもに対し，長期の分野横断的なエビデンスにもとづいた計画を開発し，分野を超えた統一方針による，共通の目標と共有できる枠組みを提供することだと提案しています。[27]

明らかに，このような見通しを共有した新たな「領域を超えた専門家」（多様な専門的または多様なトレーニング分野の役割とは異なった）のためのトレーニングの特質が慎重に考慮されなければなりません。[28]方法は，連携過程と同様，異なる分野からのが専門家が，それぞれ他の分野について学べるよう助ける「専門家間トレーニング」に見いだすことができます。

学校やコミュニティーレベルでの調整力を高める横軸的な水平型協同と，様々な地域や国家が管轄するレベルでの縦軸的な垂直型協同の両方が創造される必要があります。[29] そして，様々な専門家がもたらす専門的な技能に関心を払うのと同時に，こういったことが全て起こらなければなりません。

①**外側から構築する。**FSSの考えは，地方やコミュニティー事情に合致した解釈がなされなければなりません。最初は，学校とすぐそばのコミュニティーの，利用資源や，ニーズ，願いに注目します。このことは関係のある利害関係者との活動的で有意義な話し合いを意味します。

②**学校のコロニー化を避ける。**定義によれば，学校がFSSの中心になるので，主要で支配的な役割を担う傾向が強まる危険性があります。したがって，この潜在的なコロニー化を避け，全ての関係機関の力を利用することを保障するステップが必要です。それは多様な機関からもたらされ蓄積された，独特な贈り物の集まりとなるでしょう。

③**医療モデルによる支配を避ける。**あらゆるサービスを提供する学校を構成する主たる目的の一つは，特別な教育的ニーズのある児童生徒に対する，より連携調整が図られたサービスを展開することです。このことは，幾らかの研究者によれば，近接のあるいは遠位の背景よりもむしろ，個々の行動に焦点が当てられるという特有の危険性をもたらします。[30] それ故，医療モデルは，児童生徒および／またはその家族を病的な者として見なすという危険を冒してしまいます。

④**資金調達。**これは，あらゆるサービスを提供する学校の成功を妨げる主たる要因です。(a)それぞれの機関は，それぞれに個別予算を持っていますか？　(b)様々な予算の共同出資金は

ありますか？　(c)それぞれの機関が個別予算を持ち続けるだけの中心的な基金はありますか？　このような場合，中心的な基金はどこからもたらされるのでしょうか。それぞれの機関からの適切な額の出資でしょうか，それとも政府からでしょうか？

⑤**成果を評価する。**明らかに，FSSを構成するための決断は，取って代わるシステムよりも児童生徒に対しよりよい成果が獲得できそうであるという仮説に基づいています。このことは，成果の達成だけでなく，その追求にかかる費用に対してもまた説明責任があることを意味しています。短期的または長期的に望まれる成果が正確に定められ，その測定方法が決定されなければなりません。それはまた，FSSの中の誰が説明責任を負っているのかを決定することを意味しています。特に，上記にほのめかした管理モデルの可能なバリエーションで対応する挑戦的な問題に対しては必要です。

これら全ての問題の中心に，専門領域に導く力とその結果の分配があるのです。

エビデンスにもとづいた根拠

FSSの肯定的な結果を報告した2種類の英国の研究があります。

＊ 最初に，英国の報告は，3年間に及ぶ国立「あらゆるサービスに広げた学校」構想の最終年の成果を示しました。初期の報告によれば，この構想は2003年に教育技能省（DfES）によって始められました。これは「あらゆるサービスを提供する学校」

(FSS) の希少な評価の一つであるので，詳細に引用する価値があります。以下に主要ポイントを示します。[31]

- 多様に組み合わされた取組みが，3年間の構想に採り入れられました。この主たる構成要素は，17のプロジェクトの詳細なケース研究，全国児童生徒データベースの統計的分析，10のプロジェクトの標本におけるFSES供給の費用便益分析，FSES構想に参加していない比較群の学校の簡単なケース研究，児童生徒，保護者，FSESと比較群のケース研究のスタッフを対象とした2年間に亘る繰り返しのアンケート調査，全てのFSESを対象とした最終アンケート調査などでした。
- 概して学校はFSES構想を歓迎しました。持続性の問題や連携した働きの困難さが初期段階の評価で著しく目立ち，3年めに潜在的な問題として残りました。しかしながら，たくさんのFSESがこれらの困難さを克服できるものであるという示唆を与えてくれました。
- FSESの取組みは，事例研究校の児童生徒の成績に好ましい影響を及ぼしました。これらの影響は，**児童生徒が困難に直面している**場合に最も明らかとなりました。FSESは，学習への取組み，家族の信頼，人生のチャンスの強化などを含む，児童生徒の成果に幅広く影響を及ぼしました。児童生徒が困難に直面している場合，これらの成果は，しばしば密接に関係していました。
- FSESは，家族や地元の人々に対しても，特に困難と直面している人々に肯定的な成果を生み出しました。
- 費用便益分析は，FSESの取組みの費用と利益の両方が高かったことを示唆しました。しかしながら，利益が釣り合っているかまたはコストより利益が勝っているので，そして，特に大きな困難に直面している子どもや家族に利益をもたらすので，FSESの取組みはよい投資になっています。

- FSESの取組みは，一般的に学業の向上や地元のコミュニティーとの良好な関係，その地域の学校の地位向上と関係しています。
- FSESの展開にあたっては，教頭や学校の指導者達の力に強く依拠する傾向があります。
- FSESの経験は，同様の取組みを試みる時に以下のように役立つことを示唆しています。
  - □ 一貫性があり不変の方針が，学校の長期にわたる展開を可能にします。
  - □ FSESの取組みの本質と目的について協議することから，明白な概念化が新たに始まります。
  - □ 学校の成果と，よく似た問題に立ち向かっている他の組織や機関の成果とをつなげるために，地域レベルでの方略的枠組みを開発します。

* 二つめに，初期のスコットランドの「新たなコミュニティー・スクール」[32]という報告によれば，それはFSSと同じものであり，児童生徒への恩恵に以下のようなエビデンスにもとづいた根拠がありました。

- 出席率の向上
- テストの成績の向上
- 雇用状況の改善
- 薬物乱用の減少
- 10代での妊娠の減少

同様に，それらは，広くコミュニティーにも恩恵をもたらしました。

- コミュニティーでの犯罪や暴力の減少
- 家族の健康の全般的な改善
- 他ではすぐに利用できないサービスや利用資源のより良い活用
- 学校や保護者，より広いコミュニティー連携の一層の創出

学校にも恩恵をもたらしました。

- 学校で専門家のサービスやカウンセリングを提供するなど，様々なスタッフが一緒に働くことを通して教師や児童生徒を支援しました。
- 学校を基本とした一カ所に集中したサービスセンター化は，コミュニティーの中心拠点としての学校の役割を強化しました。
- 学校と家庭とのコミュニケーションが改善されました。
- 学校に対する保護者の疎外感や，学校や教師に対する保護者の不信感が減少しました。

留意点

FSSは，特別な教育的ニーズがあると思われている児童生徒に働きかける様々な機関を，いかに機能的に組織的にするかということからの根本的な変化を意味しているので，それらを創設し維持するために大きな配慮がなされなければなりません。私が最初に概説した，プログラム管理，協同の学び，地元コミュニティーへの導入，学校が支配的になることを避ける，医療モデルが支配的になることを避ける，適切な資金調達モデルを開発し成果を評

価するなどの問題に慎重な注意が払われなければなりません。これらのどれか一つでも対応を失敗すると，FSSの考え方を危険にさらすことになります

結　論

FSSは，特別な教育的ニーズのある児童生徒を扱う様々な機関の機能や組織に関する認識を根本的に変更することを意味しているので，それらがどのように創設され維持されるかに大きな注意が払われなければなりません。

第27章

方略25：インクルーシブ教育

―全員を対象とした学級プログラムへの適応―

格付け　★★★

方　略

最も基本的なこととして，インクルーシブ教育は，特別な教育的ニーズのある児童生徒を通常教育の場面で教育することを意味しています。しかしながら，単にそこに位置づけられる以上のことを意味しています。それどころか，修正カリキュラムの提供，修正指導方法の提供，評価技術の変更，利用しやすい配置などを含む，全般的な一連の必要条件を導入することを意味しており，それらは，実際の教室で指導者が授業をする際に必要なものです。簡単に言えば，インクルーシブ教育とは，多様な構成要素を持つ方略，または，おそらく最大の方略です。

近年，全ての子どもたちを包含するものとして，インクルーシブ教育の概念は広げられています。ユネスコの発表によれば，インクルーシブ教育は，

学校を，少年少女，民族的・言語的に少数の児童生徒，農村部の児童生徒，HIV や AIDS に冒されている児童生徒，学習困難や学習障害の児童生徒を含む，全ての子どもに対応するための教育の中心的施設へと転換させていく過程のことです。[1]

インクルーシブ教育は「統合教育」とは区別されており，私は，特別な教育的ニーズのある児童生徒が通常の学級で一時的（パートタイム）に学習することと定義しています。インクルーシブ教育は，「メインストリーミング」と表現されることもありますが，この用語は今や好まれないようになってきています。

基本的な考え

インクルーシブ教育の考えには，主に二つ，ことによると三つの要素が影響しています。一つは，この教育が適切に行われるならば，特別な教育的ニーズのある児童生徒は，学問的かつ社会的な成果を獲得し，彼らの自尊感情を高めることができるでしょうし，他の児童生徒もまた，多様な社会の理解，社会的公正や公平に対する一層の認識，さらなる思いやりの姿勢を獲得するとともに，学問的な成果を獲得することができるでしょう。二つめに，特別な教育的ニーズのある児童生徒が特別なニーズのないクラスメートと並んで学習を受ける権利があることは，今や大多数の国々で一般的に受け入れられています。三つめの論点は，時折提起されることですが，児童生徒を特別支援学校に移動させ就学させる費用を考えれば，インクルーシブ教育は，特に田舎において経済的な負担が少なくてすむということです。

インクルーシブ教育の考えの進歩には，いくつかの重要な出来事が関わっています。その考えが最初に現れたのは，ほぼ 40 年前，スカンジナビア半島の国々で「ノーマライゼーション」の原理が叫ばれるようになってきた時です。「ノーマライゼーション」とは，「可能な限り通常社会の生活状況や方法に近い日常生活様式や生活状態を障害者にも可能にしていく過程」と定義されています。[2]

インクルージョンに推進力を与えた二つの出来事が，1960 年代と 1970 年代の米国で起こりました。一つは人種平等を中心とした公民権運動であり，もう一つは 1975 年の全障害児教育法（*Education of All Handicaped Children Act*）の成立です。この法律には，障害のある子どもたちが「最も制約の少ない環境」で教育されることの必要性が盛り込まれました。

三つめの出来事は，1994年6月，92の政府代表と25の国際的組織がスペインのサラマンカ市に集まりました。[3]「サラマンカ宣言」として知られる大会決議は，初めてインクルーシブ教育に国際的に関与することを表明しました。それには以下のような合意が盛り込まれました。

- 特別な教育的ニーズのある人々は，そのニーズに応え得る子ども中心の教育が配慮された普通学校で教育されなければなりません。
- インクルーシブな方向性を持つ普通学校こそが，差別的な態度と闘い，誰もが喜んで受け入れられる地域を創り，インクルーシブな社会を建設し，万人のための教育を達成するための，最も効果的な手段です。さらに，こうした学校は，大多数の子どもたちに対し効果的な教育を提供し，効率性を高め，最終的には教育システム全体の経費節約をもたらすのです。

サラマンカ宣言は，全ての政府に対し，他の方法を用いるやむにやまれぬ理由がない限り，全ての子どもを通常の学校に在籍させるというインクルーシブ教育の原理を，法制度化するよう求めました。

ごく最近では，2006年12月の第61回国連総会において，インクルーシブ教育に関わる重大な内容を含んだ「障害者の権利に関する条約（*United Nations Convention on the Rights of Disabled Persons*）が採択されました。[4] 2012年12月現在，合計155の国が条約に署名し，126カ国が批准しました（際だっているのは米国が批准していないことです）。国連は，国々が条約実行の準備で変化することを認めており，したがって，インクルーシブ教育の原理と考えを斬新的に実現していくためのエビデンスにもとづいた根拠の必要性について言及しています。

障害者の権利条約は，2008年ジュネーブで開かれた教育に関するユネスコの国際会議第48回大会で発効されました。この会議には，153加盟国から教育閣僚や代表が，20の政府間組織，25のNGO，基金，他の市民社会機関などの代表らとともに参加しました。参加者は，「すべての人は教育を受ける権利を有する」と述べた国連世界人権宣言の第26条を思い出し，インクルーシブで質の高い教育が人間的，社会的，経済的成長を達成するための基本であることを確認しました。宣言は，全ての児童生徒の多様なニーズに応じたインクルーシブ教育の重要性を認識するよう勧告し，計画，実行，監視，教育理念の評価などにインクルーシブ教育アプローチを適用するよう求めました。[5] インクルーシブ教育のさらなる文脈として，2015年までに全ての子どもや若者，成人者の学習ニーズに応じる事を目的とした，ユネスコの世界的動向である「万人のための教育」(EFA：Education For All) があります。EFAの目標は，8つの国連ミレニアム開発目標の追求に貢献することであり，特に，普遍的な初等教育に関する2番目の目標です。[7] これらの目標は達成されたのでしょうか。最近の動向では達成されていないようです。非就学児童数の平均年率の減少が1999年から2009年まではおおよそ6パーセントであったのに対し，2004年から2009年までは毎年ほんの3%までに減少していました。長期的な傾向としては，非就学児童数は2015年には2900万人に減少するでしょう。一方，短期予測では，非就学児童数は2015年までに4000万人から4300万人増加するかもしれません。

しかしながら，特筆すべきは，上記のいずれの文書も，教育システムの全ての段階において，特別な教育的ニーズのある全ての児童生徒が完全に統合された場面で教育される権利をはっきりと主張しているものはないということです。

多くの国々がインクルーシブ教育の原理を受け入れる方向に進む一方で，競争原理も残っています。ニュージーランドと英国では，それぞれ自国の考えと比較して幾つか見解の相違をまとめることができます。ニュージーランドにおける特別支援教育のねらいは，全ての子どもや児童生徒に公平な質の学習機会を提供する世界レベルのインクルーシブ教育システムを達成することです。[9] そのため，政府は2014年までに全ての学校でインクルーシブな実践を実施することを目標に設定しました。一方，この章を執筆していた2012年－2013年頃に，英国連合政府は「インクルージョンに対する偏見を取り除く」と宣言しました。[10]

最近，例えばアジア，エチオピア，南アフリカ，北アフリカなどで私が見聞きしたところによると，国際的には，インクルーシブ教育の実施を大きく阻んでいる所もあります。[11] こうした国々では，大人数の教室，障害に対する否定的な態度，テスト指向型の教育システム，支援サービスの欠如，指導方法の硬直化，医療モデルに支配されたアセスメント，保護者関与の欠落が見られ，幾つかの国では明らかな国家政策の欠落というような要因も見られました。他で指摘したように，多くの国々は，弁舌巧みにあるいは立法的な政策として，インクルーシブ教育に取り組んでいるように見えますが，実際多くの場合不十分です。インクルーシブ教育の理念と実践との乖離の理由は多様であり，社会的価値や信頼に起因する障壁，経済的要因，理念を順守させるための対策の欠如，教育に対する責任の分散，教師や教師を教育する者および教育研究者らの間にある保守的な伝統，保護者の抵抗，教師集団のスキル不足，硬直化したカリキュラムと試験制度，脆弱な民主主義制度，不適切な教育基盤，特に農村部や遠隔地，人数の多い学級，特別支援教育部門からの抵抗（特に特別支援学校），学校やコミュニティーで十分に準備せずにトップダウン方式でインクルーシブ教育を導入することなどが含まれます。さらに，文化的価値や信念，経済的な富のレベルや歴史などが，インクルーシブ教育の考えに影響を与えるため，異なった国々であるいは同じ国の中でさえ異なった意味を帯びてきます。ある国でとられているインクルーシブ教育の形態は，(a)集団的団結や集団的同一性，集産主義，全体のイメージ，運命論，社会の階層的順序付けのような伝統的価値観と，(b)普遍的な福祉，公平と平等，民主主義，人権，社会的公正，個人主義，保護者の選択というような現代的価値観の間で，必然的に帰着した中身にどんな時も影響されます。利用できる資源が十分にある国においてさえ，インクルーシブ教育の考えは普遍的な支援を得られるものではありません。例えばオーストラリアの最近のレビューを見てみると，

- 保護者と教師が，別々の異なった施設においても連続するサービスを強く支持しました。
- もしも通常の学級に問題があると分かったら，保護者は，特別支援教育場面に子どもを移動させたいと希望します。
- 保護者と教師は，いじめ，仲間からの拒否，不適切なカリキュラム，対応の失敗／不能，教師の時間不足，不適切な教師トレーニング，限られた予算と利用資源，障害のある児童生徒は特に中学校では助手に指導されているなどを報告しました。

保護者の中には，以下のような利点を挙げて，特別支援学校または学級への支持的な意見を述べる者もいました。

- 肯定的な期待
- 薬物管理のしやすさ
- 物理的環境への完全な利用可能
- よりよい行動管理
- 専門家の利用
- 学校のための安全弁としての機能

このように，私たちは，教育の有効性の実証にもとづいたエビデンスにもとづいた根拠の向こうにある，インクルーシブ教育でない場面こそ正当だとする他の複雑な動機にも目をやらなければならないのです。

実　践

インクルーシブ教育の成功の鍵は，それが，教室からより広範な社会にまで至るシステムの一部分として見なされているかどうかにかかっていると信じています。その成功は，毎日毎日，毎分毎分，教室や運動場で起きていることに依拠しています。それは，学校レベルでは教育者の技能にかかっており，翻って，国家や州または地域レベルでは教育省や教育委員会のリーダーシップにかかっています。結局のところ，それは，必要な法律の制定や適切な利用資源の提供を行う立法府議員の展望にかかっているのです。本章では，教育者の役割に注目しています。

インクルーシブ教育の中心的特徴は，特別な教育的ニーズのある児童生徒を，近隣の学校の年齢相応の通常学級に在籍させることですが，これにとどまるわけではありません。多くの国々でのインクルーシブ教育（IE：*Inclusive Education*）に関する講義で，私は関連している要素を示すために以下のような「公式」を用いています。

インクルーシブ教育＝V＋P＋5As＋S＋R＋L

V＝展望（Vision）

P＝配置（Placement）

5As＝適応したカリキュラム（Adapted curriculum），適応した評価（Adapted Assessment），適応した指導（Adapted Teaching），受容（Acceptance），利用のしやすさ（Access）

S＝支援（Support）

R＝利用資源（Resources）

L＝リーダーシップ（Leadership）

インクルーシブ教育が成功するためには，これら全ての要素が存在していなければなりません。これらの要素が，全ての児童生徒に対する質の高い教育を明らかにするものであることに皆さんも気づかれたことでしょう。これは驚くべきことではなく，本書の「はじめに」でも示したように，特別な教育的ニーズのある児童生徒は，幾つかの特別な方略も必要とはしていますが，単に彼らの認知や感情や社会的能力に応じた指導を必要としているだけなのです。ある意味では，インクルーシブ教育はトロイの木馬のようです。それは，障害のある児童生徒のためだけでなく，全ての児童生徒のために教育を転換する潜在能力を持っているのです。上記の要素を，それぞれ順に取り上げていきましょう。

展　望

インクルーシブ教育は，システムの全ての段階において，教育者が基本哲学を持って意欲的に実行することを必要としています。

配　置

最初にも言いましたが，児童生徒を近隣の学校の年齢相応の教室に配置することは，インクルーシブ教育にとって必要条件（十分条件ではありませんが）です。さらには，インクルーシブ教育では，通常の学級に在籍している特別な教育的ニーズのある児童生徒が，教室内での分離指導の形式を生み出してしまう全ての活動で，能力別グループに分けられないようにすることが重要です。そのような児童生徒に可能な限り個別の注意を払いながら，一斉指導や能力混合グループ，能力別グループなどを柔軟に組み合わせて参加させていく方がむしろよいと私は考えています。

適応したカリキュラム

適切にカリキュラムを適応させ修正することは，インクルーシブ教育の中心であり，インクルーシブな教室の創造において，教育者が直面するおそらく最大の課題だろうと思われます。

インクルーシブな教室のカリキュラムには，以下のような特徴があります。

- 児童生徒の多様な特性とニーズに対して，柔軟性があり，関連性があり，調整可能なものです。[13]
- 可能な限り，特別な教育的ニーズのある児童生徒を含む全ての児童生徒が利用可能な，単一のカリキュラムです。（逆に，特別な教育的ニーズは，カリキュラムを全ての児童生徒が利用できない時に生まれるものなのです。）
- 年齢相応ですが，発達に応じた適切なレベルに調整された活動を含みます。
- インクルーシブな教室の中には，カリキュラムの2または3レベルで機能している児童生徒がいます。このことは，多様なレベルの指導をしなければならないことを意味しているかもしくは，最低限，教室の中の多様性に注意を払ってカリキュラムを適合させなければならないことを意味しています。
- カリキュラムを利用しやすくするために，内容や教材，児童生徒に期待される反応に関係する以下の選択肢を考慮します。
  - □ 変更：例えば，口頭での応答の代わりとなるコンピューターを用いた応答
  - □ 代用：例えば，書字教材に対する点字
  - □ 省略：例えば，とても複雑な作業を省略する
  - □ 補償：例えば，自助スキル，職業スキル[14]

南アフリカで最近気づいた分化型カリキュラムの例を示しましょう。そこでの「段階別カリキュラム」は，個々の児童生徒の知的能力やニーズに応じた学習の選び方が示されています。例えば，書字では，

- □ 第1ステップ：教育者は，児童生徒がクラスメートと同じレベルの学習ができるかどうかを確かめ

ます。

□ 第2ステップ：児童生徒は，目標の変更を行います（例えば，単語を減らす）が，同じ活動を行うことができます。

□ 第3ステップ：児童生徒は，目標や教材の変更を行います（例えば，絵と文字のマッチングなど）が，同じ活動を行うことができます。

□ 第4ステップ：児童生徒は，期待される事柄の変更を行います（例えば，児童生徒の環境に適合した言語への置き換え）が，ほとんど同様の活動を行うことができます。

□ 第5ステップ：児童生徒は，教材の変更を行います（例えば，書字指導へのコンピューターの使用）が，ほとんど同様の活動を行うことができます。

□ 第6ステップ：児童生徒は，異なった活動（例えば，スペルチェックのついたコンピューター・プログラムで学習する）を平行して行うことができます。

□ 第7ステップ：児童生徒は，支援を受けながら実際的で機能的な活動（例えば，言葉パズルでの遊びやフラッシュカードの他，クラスメートや指導補助員による可能な支援）を行うことができます。[15]

同じように米国の研究者は，著しい認知障害のある児童生徒が通常のカリキュラムで学ぶことを可能にする4段階プロセスを示しました。第1段階は，適切な内容基準を確認し，基準が規定する最も基本的な内容または評価機能を明確にします。第2段階では，全ての児童生徒を対象とした特定単元の指導に対する学習成果を定め，求められる内容の複雑さを，著しい認知障害のある児童生徒に適応させるための方法を考慮していきます。第3段階は指導活動を確認し，著しい認知障害のある児童生徒が他の児童生徒に提供される指導やカリキュラムに公平に参加できるようにします。第4段階では，単元の指導に対して，IEPに記されている明確な目標に照らし合わせる必要があります。彼らは，段階ごとのカリキュラム基準に加えて，著しい認知障害のある児童生徒は，基礎的なコミュニケーション，運動能力，社会的スキルのような領域の指導が必要であると指摘しました。一般的な教育活動内容にこれらのスキルを組み込み，必要不可欠な基本スキルに関する指導を継続して行いながら，教師は，2004年障害児教育法と2001年落ちこぼれを作らない運動によって必要とされるカリキュラムに，児童生徒を参加させることができると主張しました。[16]

適応した評価

カリキュラムと評価は，コインの裏表の関係です。評価は，児童生徒が今の教育を継続した方がよいのかどうかを分類し識別するための道具ではありません。また，児童生徒にノルマを課して彼らを格付けしようとする手段でもありません。評価が選別や格付けに用いられるなら，特別な教育的ニーズのある児童生徒は「落第者」という汚名を着せられ，意欲を失ってしまうような最悪の事態を招いてしまうでしょう。評価は，学習を促進させ指導を導くことにより教育効果をもたらすと考えられることが増えてきています（**方略21**）。言い換えれば，「学習の評価」であると同時に，「学習のための評価」であるべきです。それは，児童生徒の知っていること，できること，あるいは経験してきたことに対する最高の可能性を提供しなければならないということです。

インクルーシブな教室では，評価は以下のような基準を満たさなければなりません。

- 全ての児童生徒にカリキュラムや指導方法を適応させるよう皆さんを助けます。言い換えれば，児童生徒が個々の課題を習得できていないことが明らかになった時，どうしてそのようなことが起こったのか原因を突き止め，そして，学習機会を再設定することができるのです。これは，評価の形成的目的と言われています（**方略15**）。
- 児童生徒と保護者にフィードバックされます。
- 児童生徒の成績での序列化（つまり，ノルマ参照評価）ではなく，児童生徒が何を達成できて何が達成できていないのか（つまり，基準参照評価）を識別することに重点が置かれるべきです。この点に関連して，私は，教育の様々な時点で，全ての児童生徒は何を学習し何を達成したのかを明確に記載した認定書または証明書を取得する機会を保障されるべきだと考えています。
- 特別な教育的ニーズのある児童生徒の評価方法は，彼らの個々の障害が考慮されるべきです。（例えば，視覚障害のある児童生徒は，口頭もしくは点字でテストされる必要があり，聴覚障害のある児童生徒は，手話を使用してテストされる必要があり，学習障害のある児童生徒は，テスト時間の延長が必要です。)

- 特別な教育的ニーズのある児童生徒のアセスメントの結果は，個別教育計画（IEPs）に記載されます。これらのIEPsは定期的に見直され（例えば，6カ月ごと），その際には保護者や教育者や専門家が関わらなければなりません。IEPは，児童生徒に個別の指導がなされることを必要としているのではありません。むしろ，教育者が児童生徒の個別ニーズに常に気づいておくことを意味しているのです。

適応した指導

インクルーシブ教育は，教育者に幅広い指導方略のレパートリーを開発することを求めています。もちろん，これらは本書の中心課題であり，協同的グループ指導（**方略1**），仲間同士による指導（**方略2**），学級風土（**方略22**）の重要な役割を強調することを除いて，この点について現時点で詳細に議論することは避けます。カリキュラムの変更を可能にするために果たす役割を理由として，はじめに二つの方略を選択し，次に，全ての児童生徒に対する尊重と挑戦の雰囲気を創造することの重要性を理由として三つめの方略を選択しました。

受　容

インクルーシブ教育は，特別な教育的ニーズのある児童生徒が，通常の学級で教育され公平に資源を享受する権利があることを，教育者や児童生徒，保護者が受け入れることによって支えられています。ニュージーランドやその他の国々での個人的な経験から，そのような受け入れは広がってきてはいるものの，未だ普遍的なものになっていないことに気がつきました。また，特別な教育的ニーズのある児童生徒と顔を合わせて日々向き合うことが，肯定的な態度へと転換する重要な要素であることにも気がつきました。教育者である皆さんは，特に，児童生徒が多様な学習を行う場合に起こる何らかの困難な出来事を解決するような時，自らの行動を通して受容的態度のモデルとなる重要な役割を担っているのです。

利用のしやすさ

身体障害のある児童生徒が，適切に教室に入ることができるように配慮しなければなりません。このことは，スロープやエレベーター，トイレの改修，車椅子で通れる十分な広さの出入り口，教室内で車椅子を操作できる十分な空間というような機能を用意することを意味しています。

支　援

インクルーシブ教育には，専門家チームからの支援が必要です。理想的には，このチームには，(a)助言や指導を受ける一般的教育者，(b)専門的助言者（英国のような国々ではSENCOsと呼ばれ，ニュージーランドではRTLBsと呼ばれています），(c)適切な治療士や他の専門家（例えば，心理学者，手話通訳者，ソーシャルワーカー，理学療法士，言語聴覚士，作業療法士），(d)教育補助員（国によっては，助手，学習支援員，補助教員などと呼ばれています）などで構成されます。しかし，そのようなチームの構成員は，インクルーシブな教室の個々の児童生徒のニーズに応じて異なってきます。ただ，利用資源が乏しいような場合には，こうした考えを遂行することは難しく，活用できるものを有効利用しなければならないかもしれません。インクルーシブ教育は，保護者 / 介護者の積極的な支援もまた必要としています（**方略 5**）。

このように，インクルーシブな教室で働く教育者として，皆さんは，チームワーク技能を獲得する必要があるでしょう。これには，他の人々が行った貢献に対し敬意を払う，特別な教育的ニーズのある児童生徒（実際には全ての児童生徒）への指導を新たな視点で見る，自分自身の考えを説明し正当化する用意ができていることなどが含まれます（**方略 4**）。

利用資源

明らかに，インクルーシブ教育には高度な資源活用が必要です。しかし，特別支援学校に在籍する特別な教育的ニーズのある児童生徒の支援に役立てられていないのと同様，利用資源はあまり必要とされていないと私は思います。言い換えれば，「児童生徒に応じた利用資源」の政策を進展させてきた多くの国々で起きているような，利用資源の再分配が必要なのです。

リーダーシップ（方略 23.1 を参照）

上述してきたような要素全てを考え合わせ，政府，国家教育省，州政府，行政区，校長，学級担任などあらゆる段階でのリーダーシップが必要です。誰もが基本原理を説明することができ，インクルーシブ教育の成果を伴った実践に尽力していることを活動によって示すことができるべきです。校長は，教師とともに彼らの学校にインクルーシブな文化を形成する責任があります。例えば，カナダの研究からは，インクルーシブ教育場面における効果的な指導の最強の予測因子は，多様性のある教室に対する校長の姿勢によって操作することができるという主観的な学校規範であることを見いだしました。[17]

エビデンスにもとづいた根拠

インクルージョンが特別な教育的ニーズのある児童生徒とない児童生徒の成績にどのように影響を及ぼすかという問題に関して驚くほど多くの研究があります。これらの研究を解釈するにあたっては，いくらかの注意が必要です。それらは以下のような内容を含みます。

(a)初期の研究の中には，現在の状態に関連していないものがあります。

(b)研究の多くは，児童生徒が受ける教育プログラムの本質を掘り下げずに，単に比較しているだけです。

(c)多くの研究が理路整然としていません。

(d)全ての研究に，それがなされた特有な背景があります。

さらに，独立変数としてインクルージョンを用いた実践に，エビデンスにもとづいた根拠の欠落が見いだされた，自閉スペクトラム症のある児童生徒のインクルージョンに関するレビューが指摘しているように，研究には乖離があります。[18]

一般的に，研究は入り交じった結果として現れており，大多数はインクルージョンに対する肯定的な効果があるか，もしくは大きな違いはないかのいずれかを報告しています。(幾つかの報告は，もし大きな違いがないのであれば，これもまたインクルージョンの論拠だと主張しています。通常の学級に在籍するのと差がないのであれば，何故，分離した教育プログラムがあるのでしょうか？）以下は，この分野で実行された典型的な見本です。[19]

● 肯定的な結果

* 初期のメタ分析では，1975年から1984年の間に実施された11の実験研究が分析されました。通常の学級に統合された障害のある児童生徒（**知的障害，学習障害，聴覚障害，重複障害**）は，特別支援学級で学んでいる児童生徒よりも一貫して成績が優れていました。統合の二つのタイプとして，たまに通級教室に取り出すパートタイム統合と，通常の学級で常に過ごすフルタイム統合とがありました。予測された115の効果サイズのうち，2/3は統合の全般的な肯定的効果を示しました。全体的な効果サイズは0.33であり，それは，統合された場面にいる児童生徒の13％に効果をもたらすものでした。[20]
* 障害リスクの高い特徴（例えば，**学習障害，行動障害**）を有する3年生の児童を対象としたカナダの研究では，多面的なインクルーシブ教育プログラムの結果に対する影響が比較されました。取組み群（N = 34）は通常の学級において全ての指導と支援を受けました。一方，比較群（N = 38）は通級教室に取り出されて支援を受けました。取組み群は，協力的指導（**方略4**）をはじめ，協同的な指導（**方略1**），保護者の関与（**方略5**），そして，読み・書き・計算の指導を受けました。比較群は，一斉指導に特徴づけられる一般的教育指導法が継続され，一般教師と特別教師との連携は最小限にとどめられました。取組

み群の作文の得点に重大な効果が見出されました。一般的な児童生徒は，教室にハイリスク児がいることで成績が下がることはなく，逆に，彼らの読みや算数の得点は，プログラムによって提供された付加的な取組みの結果，成績が上がっていました。[21]

* 米国の研究は，**軽度または重度の学習障害**のある2年生から6年生までの児童の学業成績に関するインクルーシブな学校プログラムの効果を見ました。実験群がインクルーシブな教育を行う3学級の71人で構成されました。これらの教室では，特別支援教育教師が通常教育教師と連携しながら働いており，それぞれの児童のプログラムは通常教育カリキュラムによって構成され，特別な教育的ニーズのある児童を支援するために指導補助員が活用されました。学習障害のある児童73人で構成された統制群は，特別支援学級に在籍し，伝統的な特別支援教育プログラムを受けていました。その結果，特別支援学級の児童と比べて，インクルーシブな教室に在籍する軽度の学習障害のある児童に，読みに大きな進歩が見られ，算数にも同等の進歩が見られました。重度な学習障害のある児童は，両方の学級で読みと算数に同等の進歩が見られました。[22]
* ハワイで行われた研究では，**重度障害**のある児童生徒の社会的関係について，通常の学級で学習する場合と独立した特別支援学級で学習する場合の効果が報告されました。9人の同じような児童生徒が，それぞれ2つに分けられて実験されました。その結果，通常の学級に位置づけられた児童生徒は障害のないクラスメートとより多く触れあい，より多くの支援が提供され，より広い交友関係を持つことが示されました。[23]
* **重度障害**のある児童生徒へのインクルージョンの効果に関す

る別の米国の研究では，インクルーシブ・プログラムと独立した特別支援学級プログラムの二つのグループに分けられた 40 人の児童生徒が，2 年間にわたって評価されました。インクルーシブ群は，独立群に比して，発達度と社会能力において，大きな進歩のあったことが示されました。[24]

* オランダの研究は，特別支援教育と統合教育にそれぞれ在籍している落第のリスクが高い児童生徒の学習面や心理的社会面の発達に相違のあることを報告しました。特別支援学級の児童生徒は学業成績の向上がより小さくなり，年齢が高くなるほどその差は大きくなることが見出されました。心理的社会面の発達においては，社会的行動や学習態度というような変数もまた通常の学級の児童生徒が優位でした。[25]
* キプロスでの特別支援教育の研究では，社会的無視を招きやすいような分離された場所で障害のある児童生徒が教育を受けていることが報告されました。これら 14 人の児童生徒への面接が行われ，彼らの社会生活と通常の学級で教育を受けている統制群の 14 人の社会生活とが比較されました。研究者は，前者はクラスメートらと交わる機会がほとんどなく，彼らの学校生活は特別支援教育に関わる子どもたちや大人によって支配されていることを見出しました。彼らは，インターネット上の人たちを重要な友達として認識していました。一方，通常の教育を受けている子どもたちはクラスや学校の中にいる者を重要な友達として認識していました。[26]
* 英国の研究では，通常の学校と特別支援学校で教育を受けている同じような能力を持つダウン症の青年の成績が比較されました。その結果，生徒に対する教師の比率が高いにもかかわらず，分離された場面での教育的効果の根拠は示されません

でした。近隣の普通学校に通っていた者は，言語表現や学業成績において，特別支援学校に通っていた者よりも大きな進歩（２～３年）がありました。[27]

* インググランドで2004年に実施された研究では，地方教育局段階において，普通学校に比較的多く在籍する**特別な教育的ニーズのある児童生徒**（障害種別による分析はなされていません）の存在が，一般の児童生徒の成績に否定的な影響を及ぼさないことを示しました。むしろ，インクルーシブ教育の程度にほとんど関係なく結果が出ているようでした。社会的経済的な地位や性別，民族性，言語というような他の要因が一層重要になってきているように思われます。おまけに，研究者は，特別な教育的ニーズのある児童生徒が，学習面，個人面，社会面などにおいて進歩しているというエビデンスにもとづいた根拠を見出しました。彼らはまた，インクルージョンには，特にソーシャル・スキルや理解力において，全ての児童生徒の向上に対して好ましい効果があるというエビデンスにもとづいた根拠（主に教師と児童の視点で）も見出しました。しかし，その一方で，特別な教育的ニーズを持つことが，孤立感や自尊感情の低下を招く危険性も持ち合わせているという兆候もまた見出しました。[28]
* 同じ研究者は，**特別な教育的ニーズ**のある児童生徒が通常の学校にいることで，特別な教育的ニーズのない児童生徒の学習面や社会面の結果に影響を及ぼすかどうかに関するエビデンスにもとづいた根拠を示した文献の組織的なレビューを行いました。全部で26の研究が選ばれました。その結果，特別な教育的ニーズのない児童生徒に及ぼす特別な教育的ニーズのある教育者の悪影響はなく，81％の結果が肯定的かまたは中

立的な効果であったと示唆しました。[29]

* 英国の研究から，中学校での**特別な教育的ニーズ**（これもまた障害種別による分析はなされていません）のある生徒の割合の増加が，通常教育の生徒の成績を低下させるエビデンスにもとづいた根拠はないとする同様の結果が示されました。確かに，以前の研究でも，中学校の多くの教育者は，インクルーシブ教育方略の実際的な使用は全般的な教育成果の向上に資すると確信していました。[30]
* 通常の小学校児童の成績に対するインクルージョンの影響もまた，米国の研究によって調べられました。5人の**学習障害**のある児童を含む35人のクラスと，**特別な教育的ニーズ**のあるクラスメートのいない108人の，二つのグループが研究の対象になりました。インクルージョンの前，インクルージョン中，インクルージョン後の3点について3年間，学業成績の測定が続けられました。研究者は，言語や，読み，算数などの基礎的スキルに関して，二つのグループの間に重大な相違を見出すことはできませんでした。インクルーシブな場面における児童生徒の学習や行動の成績が，いくらかでも低下するという確かなエビデンスにもとづいた根拠はありませんでした。[31]
* 南アフリカでの研究は，三つの学校でインクルージョンを実施するための基準として，英国の「インクルージョンのための指標」が用いられました。「①インクルーシブな学校理念」「②民主的なリーダーシップ，組織，過程，価値観」「③児童生徒の多様性と行動への対処」「④資源の活用」というような重要な構成要素となる4つのテーマが見いだされました。[32]

● 混合的／中立的な結果

* ハッティーの，最近のインクルーシブ教育に関する総合的な5つのメタ分析に従えば，平均効果サイズは0.28でした。彼は読み（0.12）よりも算数の結果（0.22）により大きな効果が示されたと報告するとともに，学習障害のある児童生徒（0.13）よりも知的障害のある児童生徒（0.47）の方がより大きな効果があったと報告しました。[33]
* 最も初期の頃のメタ分析（ハッティーの総合的メタ分析を含む）の1つに，通常の学級（つまりインクルーシブな学級）と特別支援学級に位置づけられた児童生徒を比較した50の研究があります。通常の学級に在籍している**軽度の知的障害**のある児童生徒によりよい成果が見られた一方で，通常の学級に在籍している**学習障害**もしくは**行動/情緒問題**のある児童生徒の成果は芳しくなかったことが見いだされました。[34]
* **自閉症**の児童生徒に関するインクルージョン研究の総合的レビューでもまた，混合した結果が報告されました。一組の研究では，完全に統合された者は，(a)高度な関わりや社会的相互作用を発揮し，(b)高度な社会的支援を提供し受容し，(c)より大きな交友関係を持っていました。しかし，他の研究によると，こうした児童生徒はしばしば社会的相互作用を与える側よりも受ける側の方が多く，上記の望ましい結果はこれと相殺されるものでした。さらに，自閉症児童生徒の言語能力に関して，分離教育と比較することで，インクルーシブ教育の効果が評価されました。二つの配置の間に差はなかったという事実は，分離されたクラスへの配置に効果のないことを示しており，インクルージョンの考えを支持するものと解釈されました。[35]

* 幾つかの研究は，場の配置よりも指導の質が児童生徒への成績に最も重要であることを見出しました。例えば，**聴覚障害**のある児童生徒の算数の成績に関するある研究では，通常の学級か特別支援学級かというような場の配置が成績に影響を与えているようには見えませんでした。むしろ，支援的な教師，一般的で広範な教材の見直し，実際的な指導，認め合う教室環境などと言う特徴を含む質の高い指導が重要であることが見出されました。[36]
* **学習障害**のある児童生徒への180の取組みに関する報告では，抽出プログラムが児童生徒に与える恩恵はほとんどないことが示されました。研究者は，指導の場所ではなく，指導の質の結果であると説明しています。[37]
* 最近のレビューは，**障害**のある児童生徒と障害のない児童生徒の体育（PE：*Physical Education*）におけるインクルージョンの影響を調べた15の研究に注目しました。体育におけるインクルージョンでは，支援が与えられる時やしっかりとしたカリキュラムが用いられている時には，障害のない者の学習結果への影響は見られませんでした。しかしながら，障害のある児童生徒は障害のない者よりも運動に取り組む量が少なく，社会面での成果も入り交じっていました。[38]
* 別のオランダのレビューでは，障害のあるクラスメートに対する障害のない児童生徒の態度に注目しました。全部で7カ国20研究が対象となりました。その結果，障害のない児童生徒は大方の者が**障害**のあるクラスメートに対して中立的な態度を示し，幾人かは肯定的な態度を示し，幾人かは否定的な態度を示しました。行動問題のある児童生徒や知的障害のある児童生徒（特に前者）は，クラスメートの態度に対して特に傷つ

きやすいことが見いだされました。[39]

● 否定的な見解

インクルーシブ教育に批判がないわけではなく，インクルーシブ教育に否定的な者の多くは次のように主張します。

(a)インクルーシブ教育を正当化するための十分なエビデンスにもとづいた根拠がない。

(b)インクルーシブ教育は，美辞麗句を加えた純粋なイデオロギー的領域（主に市民権の主張）に支えられているだけだ。

(c)インクルーシブ教育は，普通学校に対し，特別な教育的ニーズのある児童生徒に質の高い教育を提供するだけの能力があると過信している。

(d)インクルーシブ教育は，常に全ての障害種別に対して適しているものではない（例えば，**重度の学習障害**や**重篤な聴覚障害**のある児童生徒）。

(e)児童生徒がどこで学ぶかよりも，何を学ぶかの方が重要であるはずだ。

(f)児童生徒の権利と教育の有効性との間のバランスが保たれる必要がある。[40]

これらの論について，正当な関心事を述べてはいるものの，これらの主張を詳細に吟味するだけの紙面に余裕はなく，私がこの章で概説した基準に見合うインクルーシブ教育は，哲学的見地からも経験的見地からも正当化されると信じています。

留意点

注意しなければならない二つのリスクがあります。

- インクルーシブ教育に関する主たる問題は，それが部分的な形に限られて実行されるということです。何度も強調してきたように，インクルーシブ教育を成功させるためには，特別な教育的ニーズのある児童生徒を通常の学級に在籍させることだけでなく，うまくいくことを望むことです。
- 二つめの問題は，特に特別な教育的ニーズのある個々の児童生徒が，この時，この場所で受けることのできる最良の学習は何かを問うことなしに，実行されてしまうことです。最終的に，我々は，全ての児童生徒の最良な人生の質を保障する教育を提供することに注意を払わなければなりません。インクルーシブ教育が普通教育に最高の希望を提供すると信じる一方で，ある限られた状況においては，それは最良の選択肢ではないかもしれないことも認識しています。

結　論

インクルーシブ教育は，特別な教育的ニーズのある児童生徒の教育に対し，複雑で議論の余地のある取組みです。もしも，適切に実行されるならば，全ての児童生徒の学習面や社会面に大きな利益をもたらすことができます。

第28章

方略26：教育制度の事例研究

—フィンランド—

世界で最も優れた教育システムの1つであるという評判があり，特に下位1/4の児童生徒に高水準の向上が見られるということで，今回の改訂版にフィンランドを採り入れることにしました。

本章では，国際学習到達度調査（PISA：*Programmme for Internatioanl Student Assessment*）[1] のフィンランド児童生徒の成績に関する情報を概説し，なぜそのようにうまくいくのかを突き止めてみたいと思います。

● フィンランドという国

フィンランドは，338,000km^2 の国土に526万人の人々が住んでいる北欧の国です。出生率は1.73と比較的低いですが，幼児死亡率は100の出生に対して3.43と低くなっています。ジニ係数は26.8であり，所得格差は比較的低くなっています。[2]

● PISAの成績

PISAの結果に関する入手できる豊富なデータから，特に注目すべき四つを選びました。

一つめは，表28.1から，PISAが始まって以来，フィンランドの児童生徒は，数学，読解，科学の三教科の成績で常に世界のトップ5に入っていることが窺えます。彼らは何度も1位または2位を記録しています。

二つめに，本書のテーマにとって大変重要なことは，PISAテストの下位5%の得点におけるフィンランド児童生徒の高水準な成績です。表28.2に見られるように，これらの児童生徒は三教科全てにおいて常に世界トップの成績でした。

三つめの特筆すべき結果は，フィンランドの学校間格差は，PISA に参加したあらゆる国々の中で最も低かったことです。言い換えれば，学校のある場所や組織構成に関わらず，教育の質が全国均一であるということです。

四つめは，おそらく先の点とも関係していますが，社会的／経済的地位（SES：*socio-economic status*）がフィンランド児童生徒の PISA の成績に大きく影響しているとは思われないということです。例えば，2006 年の読解のテストでは，SES とテストの成績との関係は各国のうち 3 番目に低いものでした。この結果を詳述すると，フィンランドのある機関は，SES の一部が増加しているのは，読解成績への 31 点の追加得点があったから指摘しています。一方，スウェーデン，英国，フランスの追加得点は，それぞれ 43 点，44 点，45 点でした。[3]

表 28.1　PISA におけるフィンランドの成績（2000-2009）

教科	2000	2003	2006	2009
数学	4位	2位	2位	5位
読解	1位	1位	2位	3位
科学	3位	1位	2位	2位

表 28.2　下位 5％の児童生徒たちの PISA におけるフィンランドの成績（2006, 2009）

教科	2006	2009
数学	1位	1位
読解	1位	2位
科学	1位	1位

● フィンランドの児童生徒の成績が高い理由

フィンランドの教育システム[4]に関する多くの書物や2011年と2012年に2回訪問した際の観察や聞き取りから，児童生徒の高水準の成績について幾らか説明が可能となってきました。以下に21の仮説を記載し，結論に達する前に関連するエビデンスにもとづいた根拠をまとめてみました。

仮説 #1：フィンランドは，教育に高額の支出をしています。

エビデンスにもとづいた根拠：2008年，フィンランドはGDPの5.9%を教育に費やしており，OECD諸国中12番目でした。

評定：疑わしい解釈です。

仮説 #2：フィンランドの児童生徒は，学校で長く過ごします。

エビデンスにもとづいた根拠：フィンランドの児童生徒は，多くの国と同様7歳で学校に就学します。1日に4～5時間，年間に800時間学習します。OECD諸国では最も少ない時間です。（当然の結果として，フィンランドの小学校教師の年間指導時間は677時間で，OECD諸国中最も少ない時間でした。）

評定：全く疑わしい解釈です。

仮説 #3：フィンランドの児童生徒は，相当な量の宿題があります。

エビデンスにもとづいた根拠：フィンランドの児童生徒は宿題がほとんど無く，高校でさえ1日に1時間半ほどの内容です。

評定：全く疑わしい解釈です。

仮説 #4：フィンランドの児童生徒は，たびたび留年します。

エビデンスにもとづいた根拠：原級留置は滅多に発動されません。16歳の学年を留年しているのはフィンランドの児童生徒のわずか2%以下であり，フランス，ベルギー，オランダの40パーセントや，ドイツ，スイスの25パーセントと比べてもかなり低いです。
評定：全く疑わしい解釈です。

仮説 #5：フィンランドの教育システムは能力別編成が用いられており，多様性対応の教育方法があります。

エビデンスにもとづいた根拠：能力別編成は1985年に廃止され，フィンランドの99パーセントの学校は公立であり地方自治体によって運営されています。2～3の半官半民の学校（ほとんどの学校が語学学校か，例えばシュタイナー学校のような教授法を選択できる学校）があります。
評価：全く疑わしい解釈です。

仮説 #6：フィンランドでは，児童生徒のための高度な競争テストが採り入れられています。

エビデンスにもとづいた根拠：フィンランドでは，通常の後期中等教育学校生に対して，18歳から19歳の大学入学資格試験まで全国的な高度な競争テストはありません。階層的な無作為抽出の調査が6年生と9年生で実施され，さらに多くの診断テストがあります。この点に関して，フィンランドは教育に新自由主義的な競争市場を受け入れてはいません。むしろ，教師に対する伝統的な尊敬の念が反映しています。
評価：全く疑わしい解釈です。

仮説 #7：学校は，定期的に査察されています。

エビデンスにもとづいた根拠：フィンランドは，1980年以来，国または地方の査察を行っていません。代わりに，自己評価や同僚による評価を重要視しています。「支配の文化」よりも「信頼の文化」，そして「規範による指導」よりも「情報による指導」があります。

評価：全く疑わしい解釈です。（見た目には，ありそうな解釈です。）

仮説 #8：フィンランドの児童生徒は，低年齢期の能力にしたがって，2種類の進路に分けられます。

エビデンスにもとづいた根拠：1968年まで，低年齢児のシステムに，専門コースと職業コースという2つの進路がありました。しかしながら今は，コース選択は16歳で行われ，54.5%は後期中等教育学校より上の学校に行き，38.5%が職業学校に行きます。このことは，10歳でコース選択が始まるオーストリアやドイツ，11歳で始まるチェコ共和国，12歳で始まるベルギーやオランダのような国々と比較することができます。

評価：全く疑わしい解釈です。

仮説 #9：フィンランドの学級規模は，少数です。

エビデンスにもとづいた根拠：フィンランドの学級規模はOECD平均よりも小さめです。例えば，1年生から6年生までの平均学級規模は19.8人であり，OECDの平均は21.4人となっています。フィンランドの過疎地に多くの小規模な学校があることが，小さな学級規模の要因です。

評価：可能な解釈です。

仮説＃10：フィンランド語は，子どもにとって学習したり読んだりすることが容易です。

エビデンスにもとづいた根拠：方略18で指摘したように，フィンランド語は規則正しい綴りを持っていることで高い透明性があります。つまり，綴り方は語音と密接に関係しています。この仮説を支持する二つの要因があります。一つはエストニアです。エストニアはフィンランドと同じような言語構造を持っており，2006年からPISAに参加し，多くの人々が驚いたように読解で第5位になりました。もう一つはフィンランドに少数のスウェーデン人がいることで，その数は2009年には人口の5.6％にあたりました。このグループの人々は，他の者よりもSES（社会的／経済的地位）が高かったにもかかわらず，児童生徒のPISAの成績はフィンランド語を母語とする者よりも低い得点でした。しかしながら，この解釈に対して，スペイン語やイタリア語もまた規則性のある言語であるにも関わらず，それらの国の児童生徒はフィンランドほどよい結果ではなく，一方，綴り方に規則性のない英語のニュージーランドの方が，それらの国よりもPISAの得点が高かったというのが事実です。

評価：可能な解釈です。

仮説＃11：フィンランドの児童生徒は，粘り強いです。

エビデンスにもとづいた根拠：PISAテストでは，項目を残さない（NIL：*No Item Left*）ためにテスト得点が保存されます。これは，テストへの達成意欲や義務を表す代用データとして見ることができますが，フィンランドの児童生徒のNILに関する得点は，他の国々の児童生徒よりも高いことが窺えます。

評価：可能な解釈です。

仮説＃12：フィンランドは，柔軟な国定カリキュラムがあります。

エビデンスにもとづいた根拠：フィンランドの国定カリキュラムは，広範囲な目標を持っていますが，現場のニーズを考慮する余地も残しています（指導時間の10%）。国家教育委員会は国定カリキュラムの策定に責任を持っており，毎年就学人口の5%～10%の標本で評価しています。

評価：可能な解釈です。

仮説＃13：フィンランドの保護者は，高い水準の基礎教育を受けています。

エビデンスにもとづいた根拠：フィンランドの保護者は，高い水準の教育を受けています。高い割合（60～70%）で高等教育を受けています。図書館の利用率や児童書の生産数は，とても高い水準にあります。歴史的に，読み書き能力は家庭に責任があり，例えばルーテル教会は，教会員になるために聖書が読めなければなりません。

評価：とても適切な解釈です。

仮説＃14：フィンランドは，文化的に同質な社会です。

エビデンスにもとづいた根拠：フィンランドの人口は，人口の93.4パーセントがフィンランド人であり，スウェーデン人が5.6%，ロシア人が0.5%，エストニア人が0.3%，ローマ人とサーミ人が0.1%で構成されています。

評価：とても適切な解釈です。

仮説＃15：フィンランドは，インクルーシブな総合学校での，「万人のための教育」という理念を持っています。

エビデンスにもとづいた根拠：1921年の義務教育法以来，そしてより具体的な1970年の総合学校法以来，フィンランドの教育システムは，「万人のための教育」という理念に基づいています。しかしながら，並行した2種類の進路選択システムから移行するのに長い時間がかかりました。重度の知的障害のある児童生徒の教育が福祉から教育に移行したのは1997年のことです。今や，全ての児童生徒（障害のある者を含む）は地元の学校に通う権利があります。フィンランドでは，毎日，無料の学校給食，無償の教科書そして通学手段を提供しています。例えば，デンマークも同じような平等主義をとっています（一方で，強い私立学校入学の動きもあります）が，2006年のPISAでは科学（24位），読解力（19位），数学（15位）とフィンランドを下回ったことを説明するのに，十分ではないもののこの理念が必要なのです。

評価：とても適切な解釈です。

仮説＃16：フィンランドは，教育の中央コントロールと地域コントロールとが，適切にバランスがとれています。

エビデンスにもとづいた根拠：フィンランドでは，国家教育委員会が国定必修カリキュラムを提供しますが，地方教育委員会や学校や教師は，高いレベルでの同僚による評価をしながら，高い自律性を持っています。これは，教師の自主性に強く依存し，同僚による評価を重要視していないデンマークのボトムアップ・モデルと対照的です。

評価：適切な解釈です。

仮説 # 17：フィンランドには，質の高い教師がいます。

エビデンスにもとづいた根拠：教師教育が，1971年～1973年以来大学に位置づけられました。教師は修士号を持っています。中等教育学校の教師は，主教科に対して基本，中級，上級レベルの，副教科に対しては初級と中級レベルの学士号を持っています。修士プログラムには，専門的能力に関する要素や教育学研究が含まれ，何種類かの教授法の有効性評価に関する研究の実施が必須となっています。小学校の教師は，専攻の教育科学，加えて全ての教科，複数の教科にまたがったテーマに関して修士号を持っています。特別支援教育教師は，修士取得後もう1年勉強をします。研究にもとづいた教師教育が強調されています。教師教育プログラムのための授業料は無料であり，児童生徒には学習手当が支給されます。応募者の10％だけが教師教育プログラムの受講を許可されます。教師は，高い地位の専門職であると認められています。実際，教師は結婚相手として高く求められています。教師教育の選抜は2回に分けて行われます。1次試験は知識，計算，課題解決などに関する試験であり，2次試験（個々の大学で実施）はコミュニケーション・スキル，学習指導，一般教養教育力，指導意欲などに関する試験です。

評価：とても適切な解釈です。

仮説 # 18：フィンランドは，良質な幼年期を保障します。

エビデンスにもとづいた根拠：フィンランドでは，母親と幼児のための無料の健康管理が利用できます。保護者はまた，共に利用できる12ヶ月間全額有給の育児休暇をとることができ，幼児が3歳になるまで仕事を失うことなく育児休暇を延長する権利があります。新生児の保護者は，母親に1冊，父親に1冊，赤ん坊に1冊の計3冊の本が与えられます。子どものための日常的なデイサービスを8ヶ月から5歳まで無料で利用することができ，そのまま6歳で1年間幼稚園に入ります（95％が参加しています）。子どもの成長は，多様な専門家チームによって定期的にチェックされており，最初の年は9回の訪問が，次の5年間は年1回の訪問があり，4歳で発達上のリスクの総合的な適性審査（スクリーニング）が行われます。小学校1年生に入学する際に，子ども，保護者，幼稚園の先生，小学校1年生の先生らが参加した協議会が開かれ，特別な注意が払われます。ポートフォリオやスクリーニングの記録などの情報が共有されます。さらに，保護者の一人は，小学校へ移行するまでの間，短時間労働（6時間）を利用することができます。
評価：とても適切な解釈です。

仮説＃19：特別な教育的ニーズのある児童生徒は，総合的な支援が活用できます。

エビデンスにもとづいた根拠：考慮すべき二つの要素があります。一つめは，フィンランドは特別支援教育に関係する児童生徒の割合が高いということです。2010年現在，22.8％の児童生徒が定時的に特別支援教育を利用しており，7.96％の児童生徒は全時間特別支援教育を利用しています（1.28パーセントが特別支援学校に，2.60％が通常の学校の特別支援学級に，1.95％が通級教室に，2.12％がインクルーシブ・クラス[5]にそれぞれ在籍しています）。「1968年総合学校法」で導入された定時的な特別支援教育は，一般的に週に1時間ないしは2時間，4週間から10週間の間，特別支援教育教師によってなされる教育で，同室による協同指導かまたは通級教室での指導となります。（フィンランドでは，より小さな学校では複数校兼任になりますが，7人の巡回教師につき1人の全時間特別支援教育を行う教師がいます。）さらに，通常の学級の教師は，通常の授業日の前後に，個別にまたは小グループに対して追加の支援を行います（教師は，これに対して追加支援手当てが支給されます）。高水準の支援が年少期に特別に提供されます。定時的な特別支援教育で強調されているのは個別のニーズにあった指導です。児童生徒は支援を受けるために障害を診断される必要はなく，普通に利用できることが特別支援教育にかぶされた汚名をそそいできたことを示唆することに幾分かつながっています。

二つめは，全ての学校に，校長，学校心理士，学校看護師，特別支援教育教師，地方自治体の社会福祉機関の代表などで構成する「生徒福祉会」があります。この会は，最低1年に1回それぞれの学級（時にはそれぞれの児童生徒）の学習成績を見直します。IEPをチェックし個々のニーズに応じたサービスをまとめます。また，この会は月に1～2回開催され，個々の学級や児童生徒の問題と同様に学校全体の課題を協議します。

評価：とても適切な解釈です。

仮説＃20：フィンランドは，高水準の男女平等を達成しています。

エビデンスにもとづいた根拠：フィンランドの教育と福祉政策を支えているものは何かと尋ねると，フィンランド教育システムの主たる支持者の一人は，簡単に「女性」と答えます。1980年以来，全ての公的な理事会，委員会，議会は，そのメンバーの少なくとも40％ずつはそれぞれの性別で構成されなければなりません。彼は，「優れた男女平等は，家庭や学校での子どもの幸福や全体的な成長に十分投資するという合意形成をし，その結果，教育と社会政策として受け入れることに貢献している」と公言しています。[6]

評価：とても適切な解釈です。

仮説＃21：フィンランド児童生徒の優れた成績には，多様な要素が原因しています。

エビデンスにもとづいた根拠：フィンランドの児童生徒の優れた成績には，以下の要素の組み合わせがおそらく関係しているだろうと考えています。

- 教育の中央コントロールと地域コントロールのバランス
- 高品質の教師
- 総合学校での「万人のための教育」の理念
- 良質な幼年期の保障
- 特別な教育的ニーズのある児童生徒への総合的支援

評価：かなり適切な解釈です。

結　論

フィンランドでの経験は，公平さを目指した教育政策の取組みが質の向上につながるということを実証していると，フィンランドのある学者によって総括されています。

第29章

方略27：学習の機会

—学習のための十分な時間の量と質の提供—

格付け　★★★★

方　略

学びの機会（OTL：*Opportunities to Learn*）は，本書で私が示す最後の方略（実際にはメタ方略）です。これは，十分に活動的な学習時間を軸とした新たな方略であると同時に，これまで述べてきた他の方略の，全てではないにしても，そのほとんどをまとめたものに相応します。そのため，その方略は，第2章で示した「学習と指導モデル」の全体と関係があり，その章で概説した全部で3つの学習に対するアプローチを採り入れています。

基本的な考え

特別な教育的ニーズのある児童生徒が，一年を通じて授業中の学習機会が少ないことによって，彼らが抱える課題を悪化させてしまわないよう保障することが不可欠です。言い換えれば，学習に対する障壁を取り除くかもしくは減らし，エビデンスにもとづいた指導方略に基づいて，彼らの教育経験を刺激的で質の高いものにすることです。そのことを踏まえ，皆さんの主たる課題の一つは，学級にいるあらゆる児童生徒の指導のために十分な時間が必ず充てられるようにすることです。[1]

実　践

特別な教育的ニーズのある児童生徒に対して，OTLには四つの側面があります。

① 彼らは教育の機会に恵まれている。

② 当該学年の必須カリキュラムを学ぶことができる。
③ 指導の質が高い。
④ 十分に活動的な学習時間が提供されている。

教育の機会を保障する

ごく基本的なことですが，全ての子どもは，少なくとも小学校段階においては，無償の教育を受けられるべきです。最近の南アフリカの報告によれば[2]，このことは，教育に関わる以下の内容を国家が保障することだとしています。

*物理的に利用可能である。*この「物理的」という言葉は，児童生徒が通わなければならない学校までの距離を意味しており，その行程が安全であることもまた意味しています。これは，少女は暴行や性的虐待を受けやすいというジェンダー的側面と同様に，貧困の側面も併せ持っています。

経済的に利用可能である。無償の教育とは，無料または最小限の支払いを意味するだけでなく，子どもたちが学校に通えることを保障するために，保護者や保護者が負担する多くの間接的経費を最小限に抑えることもまた意味しています。これらの間接的経費には，制服，交通費，学用品とともに，家族のための子どもの労働負担も含まれます。

少数者が利用可能である。学校は，難民，児童移民，働いている子ども，障害のある子どものような少数者や弱い立場の者を含む，全ての子どもたちが利用可能であるべきです。

言語的に利用可能である。明らかに，教育を行うためには，児童生徒と教育者の両方が同じ言語または方言を話せなければばなりません。不幸にも，このことはあたりまえのことではありません。例えば，最近の南アフリカの報告では，貧しい田舎や非白人居住区にある学校に通う42%の子どもたちが，教師の言っていることを理解するのが難しいと答えています。[3]

熟達した教師による指導が提供される。児童生徒は，カリキュラムにある様々な科目の指導法や内容のトレーニングを十分に受けてきた教師によって指導されることが必要です。これも不幸にも決してあたりまえのことではなく，米国のような先進国でさえ，1996年のデータによると，新しく採用された教師の27%が完全な免許を持っておらず，中学校のほぼ25%の教師が，主に指導している教科を大学で専攻もしくは副専攻していなかったことが明らかとなりました。[4]

必須カリキュラムの受講を可能にする

方略25で強調したように，特別な教育的ニーズのある全ての児童生徒は，彼らの認知や技能に合わせて，例え修正された形態であったとしても，彼らの国のコア・カリキュラムを学ぶべきだと私は考えています。言い換えれば，カリキュラムは全ての児童生徒が学べるように設計されるべきであるということです。つまり，それがインクルーシブ・カリキュラムなのです。さらに，カリキュラムと達成基準も，全ての児童生徒にとって合理的で適切なものであるべきだと提言しています。

関連のある点としては，「社会的昇進（成績が芳しくなくても進級させること）」の問題を扱う必要があります。ここでの問題は，成績の芳しくない児童生徒を原級留置させるのか，あるいは同年齢のクラスメートたちと一緒に次の学年へと進級させるのかどうかということです。この問題の米国のレビューは，「社会的昇進への批判を支持するエビデンスにもとづいた根拠は幾つかあるが，反論するエビデンスにもとづいた根拠はほとんどない」，また「原級留置は助けになる場合もあるが，年少での原級留置は有害であり，全体的に原級留置は危険性が高い。」と結論付けています。[5]

高品質な指導を保障する

ここでは，この基準に関する主なポイントを示します。

- 特別な教育的ニーズのある児童生徒の大多数は，適切に設計されたインクルーシブ教育プログラムから成果を上げることができます。それは，適切な指導内容，評価，指導方法であり，特別支援教育アドバイザーによって十分に支援されているというものです（**方略25**）。
- 協同的グループ指導やピア・チュータリングは，特に復習をする時に全ての児童生徒に効果を発揮します（**方略1と方略2**）。
- 指導を計画し実践するためには，責任を明確に示しながら，様々な専門家や保護者との活発な協働が必要です（**方略4と方略5**）。
- 好ましい学習環境は，多様性を受け入れ称賛する学校文化を必要としており，文化的問題に敏感で，しかも，高度であっても現実的な基準が用意されている環境です（**方略23.1**）。それは，高度であっても合理的な期待にあふれ，わかりやすい言葉が用いられる，肯定的で意欲的な学級風土を保障します（**方略22**）。それは，物理的に利用しやすく，適切な採光，ほどよい静けさ，健康な空気に適切に換気ができる教室を用意することです（**方略19**）。教育プログラムとそれに伴う指導教材は，昔ながらの方法ではなく，最初からユニバーサルデザインの原則にしたがって計画されます（**方略20**）。

- 行動面に関する問題は，学校全体での望ましい予防的な行動支援を行うことにより，減少させることができます（**方略23.2**）。
- 特別な教育的ニーズのある児童生徒の多くは，他者との肯定的なやりとりを生み出し，維持するのを助けるソーシャル・スキル・トレーニングを必要としています（**方略3**）。
- 特別な教育的ニーズのある児童生徒の多くは，認知方略（**方略6**），自己調整学習（**方略7**），記憶スキル（**方略8**）を身につけるための支援が必要です。
- 読解の助けが個別に必要な児童生徒もいれば，相互指導（**方略10**）によって成果を得る者もいます。さらに，読み学習の初期段階において，音韻認識や音韻処理のトレーニング（**方略18**）が必要な者もいます。
- 不安または憂うつの経験があり，他の情緒面や行動面に障害のある年長の児童生徒の中には，自己認識方法を変える手助けをする認知行動療法で成果を得ることのできる者がいます（**方略13**）。
- 挑発的な行動をとる児童生徒の大多数は，行動の前後条件の体系的な分析にもとづいた取組みにより効果を上げることができます（**方略11と12**）。
- 全ての児童生徒は，多面的な直接指導，明確で系統的な指導（**方略14**），反応への十分な時間の保障（**方略27**），最初に学んだことの系統的な復習や練習の機会（**方略9**）や，学習過程の形成的アセスメントやフィードバック（**方略15**）により成果を得ることができます。
- 身体障害や感覚障害のある児童生徒の中には，補助的支援技術（**方略16**）により成果を得ることができる者がいる一方で，言語的コミュニケーションに困難さのある他の児童生徒は，拡大代替コミュニケーション機器（**方略17**）の利用を必要としています。
- 学校段階では，取組みへの反応（**方略21**），学校全体での肯定的行動支援（**方略23.2**），万人のための成功（**方略23.3**）のような方略を配慮しながら実行しなければなりません。肯定的で支援的な学校文化を創造し維持することは，特別な教育的ニーズのある児童生徒に対するプログラムの成功にとって不可欠です（**方略23.1**）。広範なシステムやレベルにおいて，包括型サービス（**方略24.1**），あらゆるサービスを提供する学校（**方略24.2**），フィンランド教育システムの特徴（**方略26**）などを発展させることが利益につながります。

十分に活動的な学習時間を児童生徒に保障する

この方略では，授業中の児童生徒の学習時間を，一日を通してまた一年を通して，効果的に管理することを強調しています。[6] 別の言い方をすれば，このことは，必要以上に労力や資源を用いることなく望ましい結果を生み出す方法として，教室での指導と管理と定義づけた「指導の有効性」を向上させることを目的としています。このために，児童生徒が与えられた時間でどれほど学習しているのかを参照することで測定することができます。[7]

ここでは，児童生徒の学習時間を最大限にする方法をいくつか紹介します。

- 児童生徒の学習目標を明らかにし（普通は高いニーズのある児童生徒のためのIEPを用います），どれほどうまく達成されているかを定期的に評価します。
- 授業に先だって指導教材を十分に準備し，それらを利用できるよう児童生徒をトレーニングし，授業終了後は取り替えます。
- 学習を最適化するために，教室の物理的空間を整えます（**方略19**参照）。
- 消極的な反応よりも積極的な反応を強化します。[8]
- 授業中のキビキビとしたペースを維持します。ここでは，遅すぎず，早すぎず，個々の児童生徒のニーズに適した「ゴルディロックス（*Goldilocks*）の法則」を応用するのがよいでしょう。例えば，指導と指導との間の時間の長さ（「試行相互間隔」と呼ばれることもあります）を比較した**自閉症児童生徒**を対象とした研究では，長い間隔よりも短い間隔（2秒間程度）の方が，学習や課題への集中にとって効果があるという結果が示されました。[9]
- 授業中は，質問や説明に反応するための十分な時間を児童生徒に保障してください。研究の結果，教育者は児童生徒に質問をした後，児童生徒の反応に対して，一般的には1秒も待っていないことが見出されました。さらに，児童生徒が話し終わった後1秒もかからないうちに，教育者は別の質問を出すか応答することも見出されました。これらの沈黙の時間（「待ち時間」あるいは「思考時間」と呼ばれています）が3秒から5秒続くと，多くの恩恵がもたらされるものと思われます。児童生徒にとっては，彼らの反応の長さや正しさを増やし，「わからない」や無反応の数を減らし，学力テストの得点を高めることにつながります。教育者にとってもまた得るものがあります。例えば，質問方略がより豊富になったり柔軟になったり，また，児童生徒に対して高度な思考を必要とする追加の質問ができるようになったりすることです。皆さん自身のやりとりにもこの3～5秒ルールを応用し，児童生徒もまたそれを確実に観察できるようにするべきです。[10]

英国においては，待ち時間の概念が，初等教育国家戦略に導入されました。[11]それはまた，児童生徒が教育者や保護者やクラスメートと一緒に大きな声で音読する時に，「中断」「手がかり」「賞賛」を用いる，ニュージーランドで開発された指導プログラムが土台となっています。[12]簡単にこの形態について説明すると，「中断」は，児童生徒が失敗した時に自己修正をするために少なくとも5秒待つことであり，「手がかり」は，もしも単語を児童生徒がわかっていないようであれば，その単語を言う前に2～3ヒントを与えることであり，「賞賛」は，その単語を言おうと試みることに対して賞賛を与えることです。

● 可能な限り，効率よく活動間や教室間の移動を行ってください。**方略22**で強調したように，移動がうまくいかないと，破壊的な行為をする児童生徒には破壊の機会を，課題を逃れようとする児童生徒には次の課題の始まりを遅らせる機会を多く与えてしまうこととなります。したがって，皆さんの重要な役割は，問題管理や行動修正が最大限可能となるよう，決まり切った手順を作り上げることです。[13]皆さんは，授業中または活動中の移動の時間をできる限り短くしてください。例えば，明確な日常活動を構築し，移動のための行動を予測し，活動や授業が終わりに近づいていることを知らせることができます。移動時間を単に指導時間外として見るのではなく，指導の重要な目標として見るべきです。目標は，児童生徒が課題に対して最大の時間を費やせるようにすることです。

- 学校全体での肯定的な支援（**方略23.2**参照）や，機能的行動分析（**方略12**）のような方略を展開することにより，学校での懲戒問題の頻発や無断欠席を減らすための措置をとることです。

エビデンスにもとづいた根拠

OTL のエビデンスにもとづいた根拠を説明するにあたって，この章では従事時間という変数に注目しました。一つの例外として，学習に対する影響のうち指導量は四番目にランクされ，0. 84の効果サイズのあった大規模なメタ分析があります。これは，特別な教育的ニーズのある児童徒だけでなく，全ての児童生徒たちに及んでいました。[14]

＊ 児童生徒の学習時間の効果に関する，ハッティーの4つの総合的メタ分析は，平均効果サイズ0.38を生み出しました。二つめの分析は，児童生徒の成績への集中／関与の効果に関して0.48の効果サイズを見いだしました。どちらのケースにおいても，特別な教育的ニーズのある生徒に対する別の分析は行われていません。

この結果について議論する中で，ハッティーは，児童生徒は総授業時間のおよそ半分だけ集中しているので，学年進行とともに授業時間を短くしていった研究を引用しています。[16]何人かの著者によれば，多くの児童生徒が体はそこにあるが心ここにあらずだったと指摘しています。[17]さらに，教室にあるほとんどの教材を学生達は既に知っているというエビデンスにもとづいた根拠があります。[18]ハッティーは，利用可能な指導時間の内容をより実り多いものにすることが，指導日数や指導年数の延長よりも優先されるべきだと主張し続けています。彼は成果プラス努力プラス参加意欲が学校での成功の鍵だと主張することで自分の見解を総括しました。[19]

* 最近の組織的レビューは，指導日数や指導年数の延長が児童生徒の成績に効果的であるかどうかに関する15の研究を参照しました。指導時間の延長は，特に**落第の危険性**の高い児童生徒に対していかに時間を活用するかを考慮するような場合，児童生徒の学びを支援するための効果的な方法であると結論づけました。[20]
* しかしながら，指導日や指導年の長さが他の国々よりも比較的短い，フィンランド教育システム（**方略26**）に対する私の論評もまた参照してください。
* 9歳の子どもたちへの科学の指導を対象としたニュージーランドの研究では，関連したカリキュラム内容に関係する時間の総量が，高い成績，中間の成績，**低い成績**に大きく関係することが見出されました。[21]
* 47人の**軽度障害**の児童生徒の読み指導を対象とした米国の研究では，彼らの在籍が通常の学級かインクルーシブ学級かに関わらず，彼らは，反応の機会に費やされる学習時間が，障害のないクラスメート達（N = 30）に比して著しく少ない経験をしていることが見出されました。[22]
* 異なったタイプの特別支援教育サービスを受けている**学習障**

害のある26人の児童生徒を対象とした米国の別の研究から，学習中の活発な応答機会（つまり，観察可能な積極的な学習反応に使われる時間のことであり，受動的に聞いていることは含まない）が，一日につき45分もないことが見出されました。このことは，活発な学習反応と成果との間に肯定的な関係があることを考え合わせれば，懸念される事項であるように思われます。[23]

* さらなる米国の研究は，4人の**重複障害**のある児童生徒の作業成績に関する，様々な試行課題に対する待ち時間の間隔と，教育者の待ち時間の長さの影響を調査しました。その結果，児童生徒の成績は，試行間の間隔の長さに関係なく，待ち時間が長いほど優れていたことが示されました。[24]
* 待ち時間に関する別の研究としてのオーストラリアの調査では，待ち時間が3秒以上の時に，教育者と児童生徒のやりとりに変化が生じ，小学校・中学校・高等学校の科学の授業で，より高い認知レベルの成績が獲得されることを見出しました。この結果は，教育者と児童生徒ともに，思考のために追加的な時間が持てるようになったことに起因すると考えられました。特別な教育的ニーズのある児童生徒に特化した結果は報告されませんでした。[25]
* 小規模な英国の研究では，キーステージ4（学校段階での説明）に相当する**中度の学習障害**のある児童生徒のための中等特別支援学校における，同年齢の仲間によるピア・チュートリングに，「中断」「手がかり」「賞賛」の方法が用いられました。その結果，指導を受けた児童生徒の自己修正率は上がり，チューターは指導技術と自信を向上させたことが示されました。[26]

* 米国の研究では，学校全体での行動支援を二年間実施しました。その結果，児童生徒の**行動問題**が減少し，学校全体の指導時間が一年め72.7日であったのに対し，二年めは基準を超えて86.2日へと増加しました。[27]
* **学習障害**のある4年生と5年生の児童生徒が，ピア・チュートリングの時間を3秒遅らせることで，書字指導に効果が示されるというエビデンスにもとづいた根拠があります。[28]
* **学習障害**があると分類された児童生徒に学習機会を提供する最近の***エスノグラフィックな***研究では，幾つかの重要な点が挙げられています。これらには，(a)教師と児童生徒とによって一緒に構成される「集団と個の関係」の力学を考慮することの必要性，(b)実際の学習活動を観察することによって，一般的な評価の結論に依存しないことの重要性，(c)全ての児童生徒が全ての科目を共通して受講できることを保障する必要性などが含まれています。[29]

留意点

主たるリスクは，指導時間の量に注目することで，その時間内の指導内容の質が無視される可能性のあることです。学習時間は必要な条件ではありますが，学習を実行するための十分な条件とは言えません。

結　論

学びの機会は，カリキュラムの内容を児童生徒が学習するための適切質の時間を提供するだけでなく，学習内容の質を可能な限り最高のものにすることが重要です。当然の結果として，学びの機会は指導の機会でもあり，そのことは，特別な教育的ニーズのにすることを意味します。言い換えれば，本書で概説した方略を実行することです。

私たちの旅も終わりになってきました。最後に，フランスの詩人ギョーム・アポリネールの言葉を残しておきましょう。

崖っぷちに来なさい。
　　できません。こわいです。
崖っぷちに来なさい
　　できません。落ちてしまいます。
崖っぷちに来なさい。
　　彼らは来ました。
彼は，彼らを押しました。
　　彼らは飛びました。
あなたにもできますよ！

参考文献

まえがき

【参考文献】

1 URLs：www.educationcountsgovt.nz/publications/special_education;www.minedu.
govt.nz/˜/media/MinEdu/Files/TheMinistry/Consultation/JoinedUp.pdf

第１章 （序論）

【参考文献】

1 No Child Left Behind Act of 2001, Pub.L.No.107-110,115 Stat.1425. Part A, Subpart 1, Sec.1111, 2［c］URL:www.ed.gov/legislation/ESEA02/(accessed 2 January 2013). But Note recent criticism of the extent to which practice occurring since the passage of NCLB actually follow scientific evidence: Slavin,R.E.(2006). 'Evidence-based reform and No Child Left Behind: Next time use what works'.*Teachers college Record*, December 12,2006: URL:www.tcrecord.org(accessed 2 January 2013)

2 See, for example, the Best Evidence Encyclopedia. URL:www.bestevidence.org/index.cfm(accessed 15 November 2012); What Works Clearinghouse. URl:www.whatworks.ed.gov(accessed 14 November 2012); The Coalition for Evidence-Based Policy(URL:http://coalition4evidence.org(accessed 15 November 2012); the National Autism Center.URL:www.nationalautismcenter.org/ especially the findings of the National Standards Project (accessed 23 December 2012);and The Cochrane collaboration, with an emphasis on health care (URL:www.cochrane.org(accessed 15 March 2013)

3 Michael Gove, Speech to the National College Annual Conference, Birmingham, 16 June 2010.

4 URL:www.education.gov:uk/schools/leadership/schoolperformance/

a0019926/achievement for all (accessed 10 March 2013)

5 National inquiry into the Teaching of Literacy (2005). Teaching Reading: National inquiry into the Teaching of Literacy. Canberra: Department of Education, Science, and Training, p9. URL:www.curriculum.edu.au/leader/report_of_the_national_inquiry_into_the_teaching_0, 12633. Html? issue ID=9803 (accessed 20 March 2013)

6 OECD(2007). *Evidence in education: Linking research and policy.* Paris: author.

7 URL: www.eipee.eu/ (accessed 10 November 2012)

8 See, for example, Volkmar (eds) *Evidence-based practices and treatments for childen with autism* (pp365-392). New York: Springer; Heward, W.L. (2003). 'Ten faulty Notions about teaching and learning that hinder the effectiveness of special education'. *The Journal of Special Education, 36*(4), 186-205; Mostert, M.P. and Crokett, J.B. (1999-2000). 'Reclaiming the history of special education for more effective practice'. *Exceptionality*, 8(2),133-143; Mostert, M.P. and Kavale,K. (2001). 'Evaluation of Research for usable knowledge in behavioral disorders: ignoring the irrelevant, considering the germane'. *Behavioral Disorders,* 27(1), 53-68; and Sasso, G.M. (2001). 'The retreat from inquiry and knowledge in special education'. *The Journal of Special Education, 34*(4), 1278-193.

9 Upton, D, and Upton, P, (2006). 'Knowledge and use of evidence-based practice by allied health and health science professionals in the United Kingdom'. *Journal of Allied Health, 35*(3), 127-133; Pagato, S.L. Spring, B, Coups, E.J., Mulvaney, S, Coutu, M.F. and Ozakinci, G.(2007). 'Barriers and facilitators of evidence-based practice perceived by behavioural science professionals'. *Journal of Clinical Psychology*, 63, 695-705

10 President's Commission on Excellence in Special Education (2002). *A new era: Revitalizing special education for children and their*

families. Jessup MD: U.S. Department of Education. 11 Lendrum, A. and Humphrey, N. (2012). 'The importance of studying the implementation of interventions in school settings'. *Oxford Review of Education, 38*(5), 635-652.

12 Fixen, D,, Naoom, S.F., K.A., Friedman, R.M. and Wallace, F/ (2005). *Implementation research: A synthesis of the literature*. The National Implementation Research Network (FMHI Publication #231).

Tampa FL: Louis de la Parte Florida Mental Health Institute, University of South Florida.

13 Wiggins, M., Austerberry, H. and Ward, H. (2012). *Implementing evidence-based programmes in children's services: Key issues for success*. Report DFE-RR245. London: Department for Education.

14 Based on a definition of 'empirically supported therapies' by Chambless, D.L. and Hollon, S.D. (1998). 'Defining empirically supported therapies'. *Journal of Consulting and Clinical Psychology, 66*(1), 7-18.

15 These figures are average s; there is evidence that teachers vary in their effectiveness. One study, for example, showed that during one year with very effective maths teachers, learners gained forty per cent more in their learning than those with poorly performing maths teachers. The Sutton Trust (2011). *Improving the impact of teachers on pupil achievement in the UK-interim findings*. URL: www. Suttontrust.com/public/documents/1teachers-impact-report-final.pdf (accessed 18 April 2013)

16 Hattie, J. (2003). 'Teachers make a difference: What is the research evidence? Paper presented at Australian Council for Educational Research Conference on Building Teacher Quality.

17 Davis, P. (1999). 'What is evidence-based education? *British Journal of Education Studies, 47*(2), 108-121.

18 Swanson, H.L. (2000). What instruction works for students with learning disabilitiies? From a meta-analysis of intervention studies.

In R. Gersten, E.P. Schiller and S.Vaughn (eds), *Contemporary special education research: Syntheses of knowledge base on critical instructional issues* (pp1-30).
Mahwah, NJ: Lawrence Erlbaum Associates.

19 Woodward, J. and Rieth, H. (1997). 'A historical review of technology research in special education'.
Review of Educational Research, 67(4), 503-536.

20 Lovett, M.W., Steinbach, K.A. and Frijters, J.C.(2000) 'Remediating the core deficits of developmental reading disability: A double-deficit perspective'. *Journal of Learning Disabilities, 33(*4), 334-358.

21 Swanson, op. cit.

22 Saint-Laurent, L, Dionne, J., Giasson, J., Royer, E., Simard, C. and Pierard, B. (1998). 'Academic achievement effects of an in-class service model on students with and without disabilities'. *Exceptional Children, 64*(2), 239-253.

23 Siraj-Blatchford, I., Shepherd, D.L., Melhuish, E., Taggart, B., Sammons, P. and Sylva, K. (2011).
Effective primary pedagogical strategies in English and Mathematics in Key Stage 2: A study of Year 5 classroom practice drawn from EPPSE 3016 longitudinal study. DFE-RB 129. London: Department for Education.
URL:www.educationan.gov.uk/publications/stndard/AIIPublications/Page9?viewAs=full&sortBy=DateIssued_Descending (accessed 20 December 2012)

24 United Nations (2006). *Convention on the Rights of persons with Disabilities.* Preamble. New York: United Nations.

25 Mutua, K. and Szymanski, C.S. (2012). Advances in research and praxis in special education in Africa, Caribbean, and the Middle East Charlotte, NC: Information Age Publishing.

26 See, for example, Brestan, E.V. and Eyberg, S.M. (1998). 'Effective psychosocial treatments of conduct-disordered children and adolescents: 29 years, 82 studies, and 5,272 kids'. *Journal of*

Clinical Child Psychology, 27(2), 180-189; Eddy, J.M., Dishion, T.J. and Stoolmilker, M. (1998). The analysis of intervention change in children and families: Methodological and conceptual issues embedded in intervention studies'. *Journal of Abnormal Child Psychology, 26*(1).53-69; Goldstein, H. (2002).
'Communication intervention for children with autism: a review of treatment efficacy'. *Journal of Autism and Developmental Disorders, 32*(5), 373-396, Hargreaves, D. (1997) 'In defence of research for evidence-based teaching: A rejoinder to Martyn Hammersley'. British Education Research Journal 24(4), 405-419; Van de Wiel, N., Mattys,W., Cohen-Kettenis, P.C. and Van Engeland (2002). 'Effective treatments of school-aged conduct disordered children: Recommendations for changing clinical and research practices'. *European Child and Adolescent Psychiatry, 11*(2), 79-84; and Wolery, M. and Garfinkle, A.N. (2002)) 'Measure in intervention research with young children who have autism'. *Journal of Autism and Developmental Disorders, 32*(5), 463-478.

27 While Meta-analysis is undoubtedly a powerful tool, it is not without weaknesses. For critiques, see, for example: Lipsey, M.W. and Wilson, D.B. (1993). 'The efficacy of psychological, educational, and behavioral treatment: Confirmation from meta-analysis'. *American Psychologist, 48*(12), 1181-1209; Lloyd, J.W., Forness, S.R. and Kavale, K.A. (1998). 'Some methods are more effective than others'. *Intervention in School and Clinic, 33*(4), 195-200; and Mostert, M/P/ (2001). 'Characteristics of meta-analyses reported in mental retardation, learning disabilities, and emotional and behavioural disorders'. *Exceptionality, 9*(4), 199-225.28 Glass, G. (1976). 'Primary, secondary, and meta-analysis of research'. *Educational Research*, 5, 3-8

29 See, for example, the comprehensive meta-analyses in Hattie, J. (2009), op. cit. and LIpsey and Wilson, op. cit.

30 To explain further, an efficient size of 1.0 indicates an increase of

one standard deviation, which means that the average learners receiving the intervention would achieve better than eighty-four per cent of those who did not receive the interventions. To put it another way, an effect size of 1.0 would increase scores from, for example, the 50th to the 84th percentile. An effect size of 0.80 indicates a rise from the 50th to the 79th percentile, 0.70 to the 76th percentile, 0.60 to the 73rd percentile, 0.50 to the 69th percentile, 0.40 to the 66th percentile, and 0.30 to the 62nd percentile. (Best Evidence Encyclopedia URL:www.bestevidence.org (accessed 11 November 2012)

31 See also the notion of 'levels of certainly disciused by Simeonsson, R.J. and Bailey, D.B. (1991).
'Evaluating programme impact: Levels of certainty'. In D, Mitcell and R. Brown(eds) Early intervention studies for young children with special needs (pp280-296). London: Chapman and Hajj: and the 'hierarchy of evidence' outlined by Schlosser, R.W. and Raghavendra, P. (2004). 'Evidence-based practice in augmentative and alternative communication'. Augmentative and Alternative Communication, 20(1), 1-21. Also, it is worth nothing that in his recent book, Hattie notes that ninety per cent of all effect sizes in education are positive. As he says, 'Almost everything works'. He therefore sets the bar, or 'hinge-point', at an effect size of 0.40, which are 'worth having', but they should be greater than that level to be considered above average, and greater than 0.60 to be considered excellent. I will be referring often to Hattie's 'meta-meta-analyses' in the remainder of this book so it is useful to know where he is coming from (Hattie (2009), op. cit).

32 See Hirsh, E.D. (2002). 'Classroom research and cargo cults'. *Policy Review*,No.115.

33 See Kratochwill, T.R. and Stoiber, K.C. (2000). 'Empirically supported interventions and school psychology: Conceptual and practice issues. Part Ⅱ'. *School Psychology Quality, 15*(2), 233-

253 34 For a discussion, see Banks, G.C. and Banks, K.P. (2012). 'Publication bias: The antagonist of meta-analytic reviews and effective policymaking'. *Educational Evaluation and Policy Analysis, 34*(3), 259-277

35 Gersten, R., Fuchs, L.S., D, Coyne, M., Greenwood, C. and Innocenti, M.S. (2005). Quality indicators for group experimental and quasi-experimental research in special education'. *Exceptional Children*, 71, 149-179.

36 Homer, R.H., Carr, E.G., Halle, J., McGee, G., Odom, S. and Wolery, M. (2005). The use of single-subject research to identify evidence-based practice in special education'. *Exceptional Children*, 75, 165-179

37 Lipsey and Wilson op. cit., 1198-1199.

38 For example, in a comprehensive review of research on inclusive education programmes involving learners with low-incidence disabilities, US scholars McGregor and Vogelsberg (1998) found that only 36 of 112 studies met their criteria of valid scientific evidence. In a European analysis, Van Wyk and Meijer (2001) reported an even lower proportion, nothing that only 13 of over 100 studies they reviewed were evidence-based. Similarly, writing from a UK perspective, Dockrell et al. (2002) noted that there have been few attempts to evaluate outcomes of provisions for learners with special educational needs and that there are considerable methodological in comparing outcomes of different forms of provisions for such students (Dockrell, N. and Lunt,I. (2002). 'Literature review: Meeting the need of children with special educational needs'. In Adult Commission. *Special educational needs: A mainstream issue* (pp36-43). London: Adult Commission; McGregor, G. and Vogelsberg, R.T. (1998). Inclusive schooling practices: Pedagogical and research foundations. Baltimore: Paul H. Brookes; and Van Wijk, C.J.F. and Meijer, C.J.W. (2001). 'international literature review'. In C.J.W. Meijer (ed.) Classroom

and school practice Report of first phase: effective practices (pp19-33, 244). Middelfart, Denmark: European Agency for Development in Special Needs Education.

39 I recognize that these criteria tend to favour quantitative, or positivistic, over qualitative research studies. I will, however, give consideration to studies carried out in the latter tradition, where I judge them to provide trustworthy evidence. For the most part, however, qualitative research's main value is in providing rich insights into educational processes in natural settings and in suggesting testable hypotheses for future empirical research (Wheldall, K. (2005). 'When will we are ever learn? *Educational Psychology*, 25(6). 573-584). My own research has straddled both methodologies and has often included a mix of both.

40 For a comprehensive analysis, see Nutley, S., Powell, A. and Davies,H. (2012). 'What counts as good evidence?' St Andrews: Research Unit for Research Utilization, University of St Andrews. URL:www.ruru.ac.nz (accessed 14 March 2013); and Hardie, J. (2012). *Evidence-based policy: A practical guide to doing it better.* Oxford University Press.

41 Chambless, D.L. and Ollendick, T.H. (2001). 'Empirically supported psychological interventions: Controversies and evidence'. *Annual Review of Psychology,* 52, 685-716.

42 Cook, C.R., Gresham, F.M., Kern, L., Barreras, R.B., Thoronton, S. and Crews,S.D. (2008). 'Social skills training for secondary students with emotional and/or behavioural disorders: A review and analysis of the meta-analytic literature'. *Journal of Emotional and Behavioral Disorders, 16*(3), 131-144; and van Kraayenoord, C.E. (2006). 'Special education, evidence-based practices and policies: Rethink? Re-value? Respond?'. *Australasian journal of Special Education, 30*(1), 4-20; American Psychological Association Presidential Task on Evidence-based Practice (2006). 'Evidence-based practice in psychology'. American psychologist, 61, 271-285.

43 What Works Clearinghouse (2011). Procedures and standards handbook (Version 2.1).
URL:http://ies.ed.gov/ncee/wwc/DocumentSum.aspx?sid=19 (accessed 30 March 2013).

44 National Center for Technology Innovation.
URL:www.nationaltechnocenter.org/index.php/products/at-research-matters/quasi-experimental-study/ (accessed 5 November 2012).

45 Biesta, G. (2007). 'Why "What works" won't work: Evidence-based practice and democratic deficit in educational research'. *Education Theory,* 57(1), 1-22, p5.

46 See, for example, Lewis, A. and Norwich B. (2001). 'Mapping a pedagogy for special educational needs'.
British Education Research Journal, 27(3), 313-3 and Norwich, B. (2003). 'Is there a distinctive pedagogy for learning difficulties?' ACCP *Occasional Papers,* No.20.

47 For a provocative analysis of Asian models of disablement, see Miles, M. (2000). 'Disability on a different model: Glimpses of an Asian heritage'. *Disability and Society, 15*(4), 603-618.

48 Nguyen, P.-M., Elliot, J.G., Terlouw, C. and Pilot, A. (2009). 'Neocolonialism in education: Cooperative learning in an Asia context'. *Comparative Education,* 45(1), 109-130.

49 Bevan-Brown, J. (2003). *The cultural self-review: Providing culturally effective, inclusive, education for Mori learners,* Wellington: New Zealand Council for Educational Research; and Grant, C.A., Hue, M.-T. and Kennedy, K.J. (2012). 'Creation of culturally responsive classrooms: teachers' conceptualization of a new rationale for cultural responsiveness and management of diversity in Hong Kong secondary schools'. *Intercultural Education,* 23(2), 119-132; and Sleeter, C.E. (2007). *Doing multicultural education for achievement and equity.* Second edition. New York: Routledge.

50 A good start would be to undertake some action research in your school, referring to Armstrong, F. and Moore, M. (eds) (2004). Action research for inclusive education: Changing places, changing practices, changing minds. London: Routledge-Farmer.

第2章 (学習と指導モデル)

【参考文献】

1 The model represents of ideas drawn from a range of sources, particularly: Ames, C(1992). 'Classrooms: Goals, structures, and student motivation'. *Journal of Educational psychology, 84*(3), 261-271; Ashman, A.F. and Conway, R.N.F.(1997). An introduction to cognitive education: Theory and application. London: Routledge; Borkowski, J.G., Johnston, M.B. and Reid, M.K.(1986). 'Metacognition, motivation, and the transfer of control processes'. In S.J. Ceci(ed.) *Handbook of cognitive, social, and neuropsychological aspects of learning disabilities.* Hillsdale, NJ: Lawrence Erlbaum Associates; Detterman, D.K.(1979). 'Memory in the mentally retarded'. In N.R. Ellis(ed.) Handbook of mental deficiency, psychological theory and research(2nd ed.). Hillsdale NJ: Lawrence Erlbaum Associates; Dockrell, J. and McShane, J.(1993). *Children's learning difficulties: A cognitive approach.* Oxford: Blackwell; Ford, M.E.(1992). *Motivating humans*, Newbury Park, CA: Sage; and Muijs, D. and Reynolds, D.(2011). *Effective teaching: Evidence and practice. Third edition.* London: Sage.

2 Muijs and Reynolds, op. cit.

3 Banikowski, A.K. and Mehring, T.A.(1999). 'Strategies to enhance memory based on brain-research'.
Focus on Exceptional on Children, 32(2), 1-16

4 See, for example, the National Institute of Neurological Disorders and Strike. URL: www.ninds.nih.gov/index.htm (accessed 14 March 2013); Stein, J.(2012). 'The brain and learning' In P. Jarvis and M. Watts (eds) *The Routledge international handbook of*

learning(pp419-432). Abingdon, Oxon: Routledge; Hudson,R.F., High, L. and Al Otaiba, S.(2007).' Dyslexia and the brain: What does current research tell us?' *The Reading Teacher, 60*(6), 506-515; Fischer, K.W.(2009). 'Mind, brain, and education: Building a scientific groundwork for learning and teaching'. *Mind, Brain, and Education, 3*(1), 3-16.

5 Fischer, op. cit.

6 OECD.(2007). Understanding the brain: The birth of a learning science. Paris: OECD. URL: www.oecd.org/edu/ceri/38813448.pdf (accessed 16 March 2013). See also URL:www.brainline.org/multimedia/interactive_brain/the?human_brain.html (accerssed 19 April 2013).

7 See Stein, op. cit.

8 OECD, op. cit.

9 Hudson et al., op. cit.

10 Coyne, M.D., Kame'enui, E.J. and Simmons, D.C.(2001). 'Prevention and intervention in beginning reading: Two complex systems'. *Learning Disabilities Research and Practice,16*(2), 62-73.

11 This section is based mainly on Ford, op. cit. and Ford, M.(1995). 'Motivation and competence development in special and remedial education'. *Intervention in School and Clinics, 31*(2), 70-83; and Hidi, S. and Harackiewicz, J.M.(2000). 'Motivating the academically unmotivated: A critical issue for the 21st century'. *Review of Educational Research, 70*(2), 151-179.

12 Anderman, E.M. and Maehr, M.L.(1996). 'Motivation and schooling in the middle grades'. *Review of Educational Research. 64*(2), 287-309.

13 Ames, op. cit.; Dweck, C>S.(1986). 'Motivational processes affecting learning'. *American Psychologist, 41*(10), 1040-1048; and Blumenfeld, P.C.(1992). 'Classroom learning and motivation: Clarifying and expanding goal theory'. *Journal of Educational Psychology, 84*(3), 272-281.

14 Reiss, S.(2009). 'Six motivational reasons for low school achievement'. *Child and Youth Care Forum*, 38, 219-225.

15 Michell, D.(2001). 'Japanese schools' accommodation to student diversity'. *The Journal of School Education*, 14, 159-178.

16 Shimizu, H.(1998). 'Individual differences and the Japanese education system'. In R.W. Riley, T. Takai, and J.C. Conaty(eds), *The educational system in Japan: Case study findings*(pp79-134). Washington DC: National Institute on Student Achievement, Curriculum, and Assessment, office of Educational Research and Improvement, U.S. Department of Education.

17 Sato, N.(1998). 'Honoring the individual'. In T. Rohlen and G. LeTendre(eds). *Teaching and learning in Japan* (pp119-153). Cambridge University Press; and White, M.(1987).. *The Japanese education challenge: A commitment to students*. New York: The Free Press.

18 Immordino- Yang, M.H. and Damasio, A.(2007). 'We feel, therefore we learn: The relevance of affective and social neuroscience to education'. *Mind, Brain, and Education, 1*(1), 3-10.

19 Blair, C. and Diamond, A.(2008). 'Biological processes in prevention and intervention: The promotion of self-regulation as a means of preventing school failure'. *Development and Psychopathology.*, 20, 899-911.

20 White, S.J.(2013). 'The Triple I Hypothesis: Taking another('s) perspective on executive dysfunction in autism'. *Journal of Autism and Developmental Disorders,* 43, 114-121; and Miyake, A., Friedman, N.P. Emerson, M.J., Witzki, A.H., Howete4r, A. and Wager, T.D.(2000). 'The unity and diversity of executive functions and their contributions to complex "frontal lobe" tasks: A latent variable analysis'. *Cognitive Psychology*, 41, 49-100.

21 Altemeier, L.E., Abbott, R.D. and Berninger, V.W.(2008). 'Executive functions for reading and writing in typical literacy development and dyslexia'. *Journal of Clinical and Experimental*

Neuropsychology, 30, 588-606; Welsh, J.A., Nix, R.L., Blair, C., Bierman, K.L. and Nelson, K.E.(2010). 'The development of cognitive skills and gains in academic school readiness for children from low-income families'. *Journal of Education Psychology*, 102, 43-53.

22 Chung, K.K.H. and McBride-Chang, C.(2011). 'Executive functioning skills uniquely predict Chinese word reading'. *Journal of Educational Psychology, 103*(4), 909-921.

23 Sabbagh, M.A., Xu, F., Carlson, S.M., Moses, L.J. and Lee, K.(2006). 'The development of executive functioning and theory of mind: A comparison of Chinese and U.S. preschoolers'. *Psychological Science,* 17, 74-81; and Oh, S. and Lewis, C.(2008). 'Korean preschoolers' advanced inhibitory control and its relation to other executive skills and mental state understanding'. *Child Development*, 79, 80-99.

24 Sugden, D.(1989). 'Skill generalization and children with learning difficulties'. In D. Sugden(ed.) *Cognitive approaches in special education*. London: Falmer Press.

25 Harris, K.R. and Presley, M.(1991). 'The nature of cognitive strategy instruction: Interactive strategyconstruction'. *Exceptional Children, 57*(5), 392-404.

26 Miyake, A. and Shah, P.(eds) (1999). *Models of working memory: Mechanisms of active maintenance and executive control.* Cambridge: Cambridge University Press.

27 Archibald, L.M.D. and Gathecole, S.E.(2006). 'Short-term and working memory in specific language impairment'. *International Jornal of Language and Communication Disorders, 41*(6), 675-693.

28 Clark, J.M. and Paivio, A.(1991). 'Dual coding theory and education'. *Educational Psychology Review, 3*(3), 149-210.

29 Foster, J.K.(2011). 'M3emory'. *New Scientist,* 212(2841), i-vill.

30 Banikowski and Mehring, op. cit.

31 Dockrell and McShane, op. cit., p.73.

32 Swanson, H.L.(1988). 'Memory subtypes in learning disabled readers'. *Learning Disability Quarterly, 11*(4), 342-357.

33 Sugden, op. cit., p.85.

34 For information on these and other theories of learning, see Kauchak, D. and Eggen, P.(2012). *Learning and teaching: Research-based methods. Sixth edition.* Boston: Allyn and Bacon; Jonassen, D. and Land, S.(eds) (2012). *Theoretical foundations of learning environments.* Abingdon, Oxon: Routledge; and Muijs, and Reynolds, op. cit.

35 Vygotsky, L.S.(1978). *Mind in society: The development of higher psychological processes.* Cambridge MA: Harvard University Press.

第3章 （方略1：協同的グループ指導）

（関連図書）

・Dunne, E and Bennett, N.(1990). *Talking and learning in groups.* London: Macmilan Educational.

・Johnson, D.W> and Johnson, R.T.(1991). *Learning together and alone (3_{rd} edition).* Englewood Cliffs, NJ: Allyn and Bacon.

【参考文献】

1 Johnson, D.W. and Johnson, R.T.(1991). *Learning together and alone(3_{rd} edition).* Englewood cliffs, NJ: Allyn and Bacon.

2 Slavin, R.E.(1995). *Cooperative learning: Theory, research and practice,* 2_{nd} edition. Boston: Allyn and Bacon.

3 Topping, K.J.(2005). 'Trends in peer learning'. *Education Psychology, 25*(6), 631-645.

4 Johnson, D.W., Johnson, R.T. and Stanne, M.B.(2000). 'Cooperative learning methods: A meta-anlysis'. URL:http://jamyang.wikispaces.com/file/view/Cooperative+Learning+Methods.doc.(accessed 2 January 2013).

5 Hattie, J.(2009). *Visible learning: A synthesis of over 800 meta-analysis relating to achievement.* Abingdon, Oxon: Routledge, p78.

6 Kagan,S. *Cooperative learning.* San Clemente: Resources for

Teachers.

7 Institute of Education London(2011). One in six UK children being taught in ability streams by age 7, study files. URL:www.ioe.ac.uk/53420.html (accessed 23 December 2012).

8 Rubin, B.(2008). 'Deracking in context: How local constructions of ability complicate equity-geared reform'. *Teachers Collage Record, 110*(3), 646-699; and Loveless, T.(1998). *The tracking and ability grouping debate*. Washington, D.C.: Thomas B. Fordham Foundation.
URL:www.edexcellence.net/publications/tracking.html (accessed 20 March 2013).

9 Houtveen, T. and Van de Grift, W.(2001). 'Inclusion and adaptive instruction in elementary education'. *Journal of Education for Students Placed at Risk, 6*(4), 389-409.

10 Maclver, D.J., Reuman, D.A. and Main, S.R.(1995). 'Social structuring of the school: Studying what is, illuminating what could be' *Annual Review of Psychology*, 46, 375-400.

11 Rainsberry, M. and Battye, C.(2013). *In school ability grouping and the month of birth effect: Preliminary evidence from the Millennium Cohort Study*. London: Centre for Longitudinal Studies, Institute of Education, University of London.

12 Slavin, R.E.(1996). *Education for all: Contexts of learning*. Lisse, France: Swets and Keitlinger.

13 Riley, R.W., Takai, T. and Conaty, J.C.(eds), *The educational system in Japan: Case study findings*.
Washington DC: National Institute on Student Achievement, U.S. Department of Education.

14 Hattie, op. cit.

15 As I noted in Chapter 1, I have retained the original nomenclature throughout the studies reported in this book.

16 Kaufman,M., Agard, T.A. and Semmel, M.I.(1985). *Mainstreaming: Learners and Their environmen*t. Cambridge, MA: Brookline

Books.

17 Stevens, R., Madden, N., Slavin, R. and Farnish, A.(1987). 'Cooperative integrated reading and composition'. *Reading Research Quarterly, 22*(4), 433-454.

18 Antia, S.D., Stinson, M.S. and Gaustad, M.G.(2002). 'Developing membership in the education of deaf and hard of hearing students in inclusive settings'. *Journal of Deaf Studies and Deaf Education, 7*(3), 214-229.

19 Johnson,D. and Johnson, R.(1986). 'Mainstreaming hearing impaired students: The effects of effort in communicating on cooperation and interpersonal attraction'. *Journal of Psychology,119*(1), 31-44.

20 Hunt, P., Staub, D., Alwell, M and Goetz, L.(1994). 'Achievement by all students within the context of cooperative learning groups'. *Journal of the Association for Persons with Severe Handicaps, 19*(4), 290-301.

21 Xin, J.F.(1999). 'Computer-assisted cooperative learning in integrated classroom for students with and without disabilities'. *Information Technology in Childhood Education, 1*(1), 61-78.

22 Gillies, R.M. and Ashman, A.F.(2000). 'The effects of cooperative learning on students with learning difficulties in the lower elementary school'. *The Journal of Special Education, 34*(1), 19-27.

23 Duckworth, K., Akerman, R., Gutman, L.M. and Vorhaus, J.(2009). *Influence and leverages on low levels of attainment: A review of literature and policy initiatives.* Research report 31. London: Centre for Research on the Wider Benefits of learning, Institute of Education, University of London.

24 Houtveen and Van de Grift, op. cit.

25 For example, Gamoran, A.(1992). 'Is ability grouping equitable?: Synthesis of research'. *Educational Leadership, 50*(1), 11-17; and Hallam, S. and Touttounji, I.(1996). *What do we know about the ability grouping of pupils by ability? A research review.* London: Institute of Education, University of London.

26 Loveless, op. cit.

27 Maclver, et al., op. cit.

28 Ireson, J., Hallam, S. and Plewis, I.(2001). 'Ability grouping in secondary schools: Effects on pupils' self concepts'. *British Journal of Educational Psychology, 71*(2), 315-326.

29 Hattie, op. cit.

30 Lipsey, M.W. and Wilson, D.B.(1993). 'The efficacy of psychological, educational, and behavioral treatment: Confirmation from meta-analysis'. *American Psychologist, 48*(12), 1181-1209.

31 Kulik, J.A. and Kulik, C.L.C.(1992). 'Meta-analytic finding on grouping programs'. *Gifted Child Quarterly, 36*(2), 73-77.

32 Schofield, J.W.(2010). 'International evidence on ability grouping with curriculum, differentiation and the achievement gap in secondary schools'. *Teachers College Record, 112*(5), 1492-1528.

33 Kelly, S. and Turner, J.(2009). 'Rethinking the effects of classroom activity structure on the engagement of low-achieving students'. *Teachers College Record, 111*(7), 1665-1692.

34 Siraj-Blatchford, I., Shepherd, D.L., Melhuish, E., Taggart, B., Sammons, P. and Sylva, K.(2011).
Effective primary pedagogical strategies in English and Mathematics in Key Stage 2: A study of Year 5 classroom practice drawn from EPPSE3016 longitudinal study. DFE-RB129. London: Department for Education. URL:www.education.gov.uk/publications/standard/AllPublications/Page9?viewAs=full&sortBy=Datelssued_Descending (accessed 20 December 2012).

35 For a review, see Sutherland, K.S., Wehby, J.H. and Gunter, P.L.(2000). 'The effectiveness of cooperative learning with students with emotional and behavioural disorders'. *Behavioral Disorders, 25*(3), 225-238.

36 Swanson, H.L. and Hoskyn, M.(1998). 'Experimental intervention research on students with learning disabilities: A meta-analysis of

treatment outcomes'. *Review of Educational Research, 68*(3), 277-321.

第4章 （方略2：仲間同士による指導〈ピア・チュータリング〉とその影響）

（関連図書）

- Carter, E.W., Cushing, L.S. and Kennedy, C.H.(2009). *Peer support strategies for improving all students' social lives and learning.* Baltimore: Paul H. Brookes.
- Fulk, K. and King, K.(2001). 'Classwide peer tutoring at work'. *Teaching Exceptional Children, 34*(2), 49-53.
- Janes, K. and Charlton, T. (eds)(1996). Overcoming learning and behavior difficulties: *Partnership with pupils.* London: Routledge.
- Kalkowski, P. 'Peer and cross-age tutoring'. In School Improvement Research Series(SIRS). NW Regional Education Laboratory. URL: http://educationnorthwest.org/search/apachesolr_search/Kalkowski (accessed 2 January 2013).
- Topping, K. And Ehly, S. (eds)(1998). *Peer assisted learning.* Mahwah, NJ: Lawrence Erlbaum Associates.

【参考文献】

1 Wenger, E.(2006). *Communities of practice: a brief introduction.* URL: www.eweng-er.com/theory/ (accessed 20 March 2013)

2 Mentoring and Befriending Foundation(2010). *A review of the evidence base of the benefits of peer mentoring in schools including finding from the MBF Outcomes Measurement Programme.* Manchester: Author. URL: www.mandbf.org/wp-content/uploads/2011/03/Peer_Mentoring_in_Schools1.pdf (accessed 18 March 2013). For a useful guide for schools in setting up peer mentoring programmes, see the URL:www.school-portal.co.uk/GroupDownloadFile.asp?Groupld=1002390&ResourceID=3538715 (accessed 18 March 2013).

3 Greenwood,C.R., Maheady, L. and Delquadri,J.(2002). 'Class-wide peer tutoring'. In G. Stoner, M.R. Shinn and H. Walker (eds).

Intervention for achievement and behavior problems (2nd ed.) (pp611-649). Washington: DC. National Association of School Psychologists.

4 For a theoretical model how peer learning works, see Topping K.J.(2005). 'Trends in peer learning'. Topping K.J.(2005). 'Trends in peer learning'. Educational Psychology, 25(6), 631-645.(6), 631-645.

5 Wheldall, K. and Colmar, S.(1990). 'Peer tutoring for low progress readers using 'pause, prompt and praise". In H.C. Foot, M.J. Morgan and R.H. Shute (eds). *Children helping children* (pp117-134). London: John Wiley.

6 Hattie, J.(2009). Visible learning: A synthesis of over 800 meta-anlyses relating to achievement'. Oxon: Routledge, pp105, 225-6; Kauchak, D. and Eggen, P.(2012). Learning and teaching: Research-based methods (6th editon). Boston: Allyn and Bacon. Pp395-398; Giangreco, M.F., Carter, E.W., Doyle, M.B. and Suter, J.C.(2010). 'Supporting students with disabilities in inclusive classrooms: Personnel and peers'. In R. Rose (ed.). *Confronting obstacles to inclusion: International responses to developing inclusive education.* (pp247-263). Abindon, Oxon: Routredge; and Carter, E.W. and Kennedy, C.H.(2006). 'Promoting access to the general curriculum using peer support strategies'. *Research and Practice for Persons with Severe Disabilities, 30*(1), 284-292.

7 Hattie, op. cit.

8 Cook, S.B., Scruggs, T.E., Mastroperi, M.A. and Cast, G.C.(1985). 'Handicapped students as tutors'. *Journal of Special Education, 19*(4), 483-492.

9 Elbaum, B., Vaughn, S., Hughes, M.T. and Moody, S.W.(2000). 'How effective are one-to-one tutoring programs in reading for elementary students at risk for reading failure? A meta-analysis of the intervention research'. *Journal of Education Psychology, 92*(4), 605-619.

10 Cohen, P.A., Kulik, J.A. and Kulik, C.C.(1982). 'Educational outcomes of tutoring:

A meta-analysis of findings'. *American Educational Research Journal*, 19(2). 237-248.

11 Kavale, K.A. and Forness, S.R.(2000). 'Policy decisions in special education : the role of meta-analysis'. In R. Gersten, E.P. Schiller and S. Vaughn (eds). *Contemporary special education research : Syntheses of knowledge base on critical instructional issues*(pp.281-326). Mahwah, NL : Lawrence Erlbaum Associates.

12 Mathes, P. and Fuchs, L.(1994). 'The efficacy of peer tutoring in reading for students with disabilities : A best-evidence synthesis'. *School Psychology Review*,23(1),59-80

13 Rohrbeck, C.A., Ginsburg-Block, M.D., Fantuzzo, J.W. and Miller, T.R.(2003). 'Peer-assisted learning interventions with elementary school students: A meta-analytic review'. *Journal of Educational Psychology*, 95, 240-257.

14 Van Keer, H.(2004). 'Foresting reading comprehension in fifth grade by explicit instruction in reading strategies and peer tutoring'. *British Journal of Educational Psychology*, 74, 37-70.

15 Fuchs, D., Fuchs, l., Mathes, P.G. and Simmons, D.C.(1997). 'Peer-assisted learning strategies : making classroom more responsive to diversity'. *American Educational Research Jourunal*,34(1),174-206.

16 Haring, T.G., Breen, C., Pitts-Conway, V., Lee, M. and Gaylord-Ross, R.(1987). 'Adolescent peer tutoring and special friend experiences'. *Journal of the Association for Persons with Severe Handicaps*,12,280-286.

17 For reviews, see Maheady, G.f.., Harper, G.F. and Mallette, B.(2003). 'Class wide peer tutoring : Go for it'. Current Practice Alerts, Issue 8 ; Hall, T. and Stegila, A.(2003). *Peer mediated instruction and intervention*. Wakefield, MA : National Center on Accessing the General Curriculum.
URL: www.cast.org/publications/ncac/ncac_peermii.html. (accessed 2 January 2013).

18 Greenwood, et al., op. cit.

19 Kamps, D.M., Barbetta, P.M., Leonard, B.R. and Delquadri, J.(1994). 'Classwide peer tutoring : An integration strategy to improve reading skills and promote peer interactions among learners with autism and general education peers'. *Journal of Applied Behavior Analysis,27*(1),49-61.

20 Fuchs, D., Fuchs, L., Mathes, P.G. and Martinez, E.A.(2002). 'Preliminary evidence on the social standing of learners with learning disabilities in PALS and No-PALS classroom'. *Learning Disabilities Research and Practice,17*(4),205-215.

21 Saenz, L., Fuchs, L.S. and Fushs,D.(2005). 'Peer-Assisted Learning Strategies for English language learners with learning disabilities'. *Exceptional Children,71*(3), 231-247.

22 Fuchs, L.S., Fuchs, D., Phillips, N.B. and Hamlett, C.L.(1995). 'Acquisition and transfer effects of classwide Peer-Assisted Learning Strategies in mathematics for students with varying learning histories'. *School Psychology Review,24*(4), 604-620.

23 McDonnell, J., Mathot-Buchner, C., Thorson, N. and Fister, S.(2001). 'Supporting the inclusion of learners with moderate and severe disabilities in junior high school general education classes : The effects of classwide peer tutoring, multi-element curriculum, and accommodations'. *Education and Treatment of Children,24*(2), 141-160.

24 Medcalf, J., Glynn, T. and Moore, D.(2004). 'Peer tutoring in writing : A school systems approach'. *Educational Psychology in Practice,20*(2), 157-178.

25 Topping, K.J., Thurston, A., McGavock, K. and Conlin, N.(2012). 'Outcomes and processes in reading tutoring'. *Educational Research,54*(3), 239-258.

26 Telecsan, B.L., Slaton, D.B. and Stevens, K.B.(1999). 'Peer tutoring : Teaching learners with learning disabilities to deliver time delay instructions'. *Journal of Behavioral Education,9*(2),133-154.

27 Hattie, op. cit., p105.

28 Hattie, op. cit., p226, and Lou, Y., Abrami, P.C. and Apollonia, S.(2001). 'Smallgroup and individual learning with technology'. *Review of Educational Research,66* (4), 449-521.

29 Prinz, R.J., Blechman, E.A. and Dumas, J.E.(1994). 'An evaluation of peer coping skills training for childhood aggression'. Journal Clinical Psychology, 23, 93-203. See also Durlak, J.A. and Wells, A.M.(1997). 'Primary prevention mental health programs for children and adolescents: A meta-analytic review'. *American Journal of Community Psychology,25*(2), 15-52.

30 Zhang, J. and Wheeler, J.J.(2011). 'A meta-analysis of peer-mediated interventions For young children with autism spectrum disorders'. *Education and Training in Autism and Developmental Disabilities,46*(1), 62-77. For a summary of studies of training peers to work with children with autism spectrum disorders, see Reichow, B., Doehring, P., Ciccetti, D.V. and Volkmar, F.R. (eds) (2011). *Evidence-based practices and treatments for children with autism*. New York: Springer, p180.

31 Moroz, K.B. and Jones, K.M.(2002). 'The effects of positive peer reporting on children's social involvement'. *School Psychology Review,31*(2), 235-245.

32 Carter, E.W., Hughes, C., Guth, C.B. and Copeland, S.R.(2005). 'Factors influencing social interaction among high school students with intellectual disabilities and their general education peers'. *American Journal of Mental Retadation*, 110, 366-377.

33 Nuthall, G.A.(2007). *The hidden lives of learners*. Wellington: New Zealand Council for Education Research.

34 Hattie, J., op. cit., pp131-134

35 Gan, M.(2011). *The effects of prompts and explicit coaching on peer feedback quality*. Unpublished doctoral dissertation, University of Auckland.
URL: http://researchspace.auckland.ac.nz/handle/2292/6630 (accessed 2 January 2013).

第5章　(方略3：ソーシャルスキル・トレーニング)

(関連図書)

・Le Messurier, M. and Parker, M.N.(2011). *What's the buzz? A social skills enrichment progarmme for primary students.* Abington, Oxford: Rutledge.

・McConnell,S.(2002). 'Interventions to facilitate social interaction for young children with autism：review of available research and recommendations for educational intervention and future research'. *Journal of Autism and Developmental Disorders,32*(5),351-372.

【参考文献】

1　Mathur,S.R. and Rutherford,R.B.(1996). 'Is social skills training effective for students with emotional or behavioral disorders? Research issues and needs'.
Behavioral Disorders,22(1),21-28.

2　Based on a synthesis presented by Black, R.S. and Langone, J.(1997). 'Social awareness and transition to employment for adolescents with mental retardation' *Remedial and Special Education, 18*(4), 214-222.
This draw heavily on the work of Greenspan and his colleagues, e.g., Greenspan, S.R.(1981). 'Defining childhood social competence：A proposed working model'. In B.K. Keogh (ed.) *Advances in special education：VOL 3. Socialization influence on exceptionality*(pp1-39). Greenwich, CT.：JAI Press.

3　Cook, C.R., Gresham, F.M., Kerm, L., Barreras, R.B., Thornton, S. and Crews, S.D.(2008). 'Social skills training for secondary students with emotional and/or behavioural disorders: A review and analysis of the meta-analytic literature'. *Journal of Emotional and Behavioral Disorders, 16*(3), 131-144; and McGrath, H.(2005). 'Direction s in teaching social skills to students with specific EBD'. In P. Clough, P. Garner, J.T. Pardeck and F. Yuen (eds) *Handbook of emotional and behavioural difficulties* (pp325-352). London: Sage.

4 Wilson, B.A.(1999). 'Inclusion : Empirical guidelines and unanswered questions'. *Education and Training in Mental Retardation and Developmental Disabilities*, *34*(2),119-133.

5 Lopez, C. and DuBois, D.L.(2005). 'Peer victimization and rejection: Investigation of an integrative model of effects on emotional, behavioural, and academic adjustment in early adolescence'. *Journal of Clinical Child and Adolescent Psychology*, 34, 25-36.

6 Collett-Klingenberg, L. and Chadsey-Rusch, J.(1991). 'Using a cognitive-process approach to teach social skills'. *Education and Training in Mental Retardation*, 26, 258-270.

7 Cook et al., op. cit.

8 Margolis, H. and Freund, L.(1996). 'Implementing cooperative learning with mildly handicapped students in regular classrooms'. *International Journal of Disability, Development and Education*,*38*(2),117-133.

9 For a detailed description of such methods, see Merrell, K.W.(2001). 'Assessment of children's social skills : Recent developments, best practices, and new directions'. *Exceptionality*,*9*(1-2),3-18. For a description of a useful checklist, described as 'Assessment of Social Competence'. See Fisher, M. and Meyer, L.H.(2002). 'Development and social competence after two years for students enrolled in inclusive and self-contained educational programs'. *Research and Practice for Persons with Severe Disabilities*,*27*(3),165-174.

10 Nuthall, G.(1999). 'Learning to learn : The evolution of students' minds through the social processes and culture of the classroom'. *International Journal of Educational Research*,*31*(3),139-256.

11 Farell, P.(1997). 'The Integration of children with severe learning difficulties : A review of the recent literature'. *Journal of Applied Research in Learning Disabilities*, *10*(1),1-14.

12 Vaughn, S., Kim, A.-H., Morris Sloan, C.V., Hughes, M.T., Elbaum, B. and Sridhar, D.(2003). 'Social skills interventions for young

children with disabilities'. *Remedial and Special Education*, 24, 2-15.

13 http://en.wikipedia.org/wiki/Theory_of_mind. (accessed 12 January 2007).

14 Baron-Cohen, S.(2004). 'Autism : Research into causes and intervention'. *Paediatric Rehabilitation,7*(2),73-78.

15 See, for example, Howlin, P., Baron-Cohen, S. and Hadwin, J.(1999). *Teaching children with autism to mind-read : A practical guide.* New York : John Wiley and Sons.

16 See for example, Boucher, J.(2012). 'Putting theory of mind in its place: Psychlogical explanations of the socio-emotional-communicative impairments in autistic spectrum disorder'. *Autism, 16*(3), 226-246.

17 Gresham, F.M., Sugai, G. and Horner, R.H.(2001). 'Interpreting outcomes of social skills training for students with high-incidence disabilities'. *Exceptional Children, 67*(3), 331-345.

18 Quinn, M.M., Kavale, K.A., Mathur, S.R., Rutherford, R.B. and Forness, S.R.(1999). 'A meta-analysis of social skill interventions for students with emotional or behavioral disorders'. *Journal of Emotional and Behavioral Disorders,7*(1), 54-64.

19 Cook et al., op.cit.

20 Horowitz, J.L. and Garber, J.(2006). 'The prevention of depressive symptoms in children and adolescents: A meta-analytic review'. *Journal of Consulting and Clinical Psychology, 74*(3), 401-415.

21 Mathur, S.R., Kavare, K.A., Quinn, M.M., Forness, S.R. and Rutherford, R.B.(1998). 'Social skills interventions with students with emotional and behavioural problems : A quantitative synthesis of single-subject research'. *Behavioral disorders,23*(3),193-201.

22 Cook et al., op.cit.

23 McConnnel, S.(2002). 'Interventions to facilitate social interaction for young children with autism : Review of available research

and recommendations for educational intervention and future research'. *Journal of Autism and Developmental Disorders, 32*(5), 351-372. For a more recent review of the literature on SST with ASD, see Ferraioli, S.J. and Harris, S.L.(2011). 'Treatments to increase social awareness and social skills'. In B. Reichow. P. Doehring, D.V. Cicchetti and F.R. Volkmar (eds) *Evidence-based practices and treatments for children with autism* (pp171-196). New York: Springer.

24 Killian, J.M., Fish, M.C. and Maniago, E.B.(2006). 'Making schools safe: A system-wide school intervention to increase student prosocial behaviors and enhance school climate'. *Journal of Applied School Psychology, 23*(1), 1-30.

25 Killan, J.M. and Killan, D.W.(2011). 'A school intervention to increase prosocial behavior and improve academic performance of at-risk students'. *Improving Schools, 14*(1), 65-83.

26 Daunic, A., Smith, S. Garvan, C., Barber, B., Becker, M., Peters, C., Taylor, G., Van Loan, C. and Naranjo, A.(2012). 'Reducing developmental risk for emotional /behavioral problems: A randomized controlled trial examining the Tools for Getting Along curriculum'. *Journal of School Psychology, 50*(2), 149-166.

27 Learner, M.D and Mikami, A.Y.(2012). 'A preliminary randomized controlled trial of two social skills interventions for youth with high functioning autism spectrum disorders'. *Focus on Autism and Other Developmental Disorders, 27*(3), 147-157.

28 Denham, A., Hatfield, S., Smethurst, N., Tan, E. and Tribe, C.(2006). 'The effect of social skills interventions in the primary school'. *Educational Psychology in Practice, 22*(1), 33-51.

29 Berger, S., Gevers, C., Clifford, P., Verhoeve, M., Kat, K., Hoddenbach, E. and Boer, F.(2006). 'Theory of mind training in children with autism: A randomized controlled trial'. *Journal of Autism and Developmental Disorders, 41*(8), 997-1006.

30 Steerneman, P., Jackson, S., Pelzer, H. and Muris, P.(1996). 'Children

with social handicaps: An intervention programme using a theory of mind approach'. *Clinical Child Psychology and Psychiatry, 1*(2), 251-263.
31 Cooper, P. and Jacobs, B.(2011). Evidence of best practice models and outcomes in the education of children with emotional disturbance/behavioural difficulties: *An international review*. Dublin: National Council for Special Education.
32 Kokina, A. and Kern, L.(2010). 'Social Story interventions for students with autism spectrum disorders: A meta-analysis'. *Journal of Autism and Developmental Disorders*, 40, 812-826.
33 Reynhout, G. and Carter, M.(2006). 'Social Stories for children with disabilities'. *Journal of Autism and Developmental Disorders*, 3, 232-251.

第６章 (方略４：協力的指導)

(関連図書)

・*Journal of Educational and Psychological Consultation*
・Ekins, A.(2012). *The changing face of special educational needs: Impact and implications for SENCOs and their schools*, Abingdon, Oxon: Routledge.
・Friend, M. and Cook, L.(2010). Interactions: *Collaboration skills for school professionals*, Columbus, OH: Merrill.
・Potts, E.A. and Howard, L.A.(2011). *How to co-teach: A guide for general and special educators*. Baltimore, MD: Paul H. Brookes.
・Walther-Thomas, C.S., Korinek, L., McLaughlin, V.L. and Williams, B.T.(2000). *Collaboration for inclusive education: Developing successful programs*. Boston: Allyn and Bacon.

【参考文献】

1 Idol, L., Nevin, A. and Paolucci-Whitcomb, P.(1994). 'The collaborative consultation model'. *Collaborativeconsultation*. 2nd edition(pp1-15). Autism, TX：Pro-ed
2 Rainforth, B. and England, J.(1997). 'Collaboration for inclusion'.

Education and Treatment of Children,20(1), 85-105.

3 For the UK, see DfEE(1998). *Meeting special educational needs : A programme of action.* London : DfEE.

4 Milteniene, L. and Venclovaite, I.(2012). 'Teacher collaboration in the context of inclusive education'. *Baltic Journal of Special Education, 2*(27), 111-123.

5 See URL: www.rbs.org/Special-Topics/Lesson-Study/Lesson-Study-FAQ/213/ (accessed 19 April 2013); Stinger, J.W. and Hiebert, J.(1999). The teaching gap: Best ideas from the world's teachers for improving education in the classroom. New York: The Free Press; and Yoshida, M. and Fernandez, C.(2004). *Lesson study: A Japanese approach to improving mathematics teaching and learning.* Abington, Oxon: Routledge.

6 See also Friend, M. and Cook, L.(1992). *Interactions : Collaborative skills for school professionals.* White Plains, NY : Longman s ; and Idol *et al.*, op. cit.

7 See Dieker, L.A. and Barnett, C.A.(1996). 'Effective co-teaching'. *TEACHING Exceptional Children,*29(1),5-7 ; Reeve, P.T. and Hallahan, D.P.(1996). 'Practical questions about collaboration between general and special educators'.In E.L. Meyen, G.A. Vergason and R.J. Whelan (eds) *Strategies for teaching exceptional children in inclusive settings*(pp.401-418). Denver, CO : Love Publishing ; Walter-Thomas, C., Bryant, M. and Land, S.(1996). 'Planning for effective co-teaching : The key to successful inclusion'. *Remedial and Special Education,*17(4),255.

8 See Elliott, D. and McKenney, M.(1998).Four inclusion models that work. *TEACHING Exceptional Children,30*(4),54-58.

9 For a summary of strategies for increasing teachers' consultation time, see Idol, L.(1997). 'Key questions related to building collaborative and inclusive schools'. *Journal of Learning Disabilities,30*(4),384-394.

10 See also Freschi, D.F.(1999). 'Guidelines for working with one-to-

one aides'. *TEACHING Exceptional Children*,31(4),42-45 ; Marks, S.U., Schrader, C. and Levine, M.(1999). 'Paraeducator experiences in inclusive settings : Helping, hovering, or holding their own?'. *Exceptional Children*,65(3),315-328 ; French,N.K.(1998). 'Working together : Resource teachers and paraeducators'. *Remedial and Special Education, 19*(6), 357-368.

11 Blatchfold, P., Russel, A. and Webster, R.(2012). Reassessing the impact of teaching assistants: *How research challenges practice and policy*. Abington, Oxon: Routledge.

12 Adelman, H.S. and Taylor, L.(1998). 'Involving teachers in collaborative efforts to better address the barriers to student learning'. *Preventing School Failure*,42(2),55-60.

13 Department of Education(2001). *Education White Paper 6 : Special Needs Education*. Pretoria : Department of Education.

14 Adelman, H.S. and Taylor, L., op. cit.

15 Hatteie, J.(2009). *Visible learning: A synthesis of over 800 meta-analyses relating to achievement*. Abingdon, Oxon: Routledge.

16 Armstrong, D.G.(1977). 'Team teaching and academic achievement'. *Review of Educational Research, 47*(1), 65-86, p83.

17 Scruggs, T.E., Mastropieri, M.A. and McDuffie, K.A.(2007). 'Co-teaching in inclusive classroom: A meta-synthesis of qualitative research'. *Exceptional Children*, 73, 392-416.

18 Murawski, W.W. and Swanson, H.L.(2001), 'A meta-analysis of co-teaching research: Where are the data?' *Remedial and Special Education, 22*(5), 258-267.

19 Cook, B.G., McDuffie-Landrum, K.A., Oshita, L. and Cook, S.C.(2011). 'Co-teaching for students with disabilities: A critical analysis of the empirical literature'. In J.M. Kauffman and D.P. Hallahan (eds) *Handbook of special education* (pp147-159). New York: Routledge.

20 Medway, F.J. and Updyke, J.F.(1985). 'Meta-analysis of consultation outcome studies'. *American Journal of Community Psychology*,13(5),489-505.

21 Sheridan, S.M. and Welch, M.(1996). 'Is Consultation effective?'. *Remedial and Special Education, 17*(6),341-355.

22 Hoagwood, K. and Erwin, H.D.(1997). 'Effectiveness of school-based mental health services for children：A 10-year research review'. *Journal of Child and Family Studies, 6*(4),435-451.

23 Yocom, D.J. and Staebler, B.(1996). 'The Impact of Collaborative consultation on special education referral accuracy'. *Journal of Educational and Psychological Consultation, 7*(2),179-192.

24 Fuchs, D., Fuchs, L.S. and Bahr, M.W.(1990). 'Mainstream assistance teams：A scientific basis for the art of consultation'. *Exceptional Child, 57*(2),128-139.

25 Erchul, W.P., Hughes, J.N., Meyers, J., Hickman, J.A. and Braden, J.P.(1992). 'Dyadic agreement concerning the consultation process and its relationship to outcome'. *Journal of Educational and Psychological Consultation, 3*(2),119-132.

26 Luckner, J.L.(1999). 'An examination of two coteaching classroom'. *American Annals of the Deaf, 144*(1),24-34.

27 Arthaud, T.J., Aram, R.J., Breck, S.J. Doelling, J.E. and Bushrow, K.M.(2007). 'Developing collaborative skills in pre-service teachers: A partnership between general and special education'. *Teacher Education and Special Education*, 1, 1-12.

第７章 （方略５：保護者の関与と支援）

（関連図書）

・Dunst, C.J.(2002). 'Family-centered practices：Birth through high school'. *The Journal of Special Education,36*(3), 139-147.

・Hornby, G.(2011). Parental involvement in childhood education. New York: Springer.

・Turnbull, A.P. and Turnbull, H.R.(2001). *Families, professionals and exceptionality：Collaborating empowerment* (4th edition). Upper Saddle River, New Jersey：Prentice Hall.

・The Pacer Center provides links to workshops, newsletters and parent outreach publications. URL:*www.pacer.org/ec/index.asp* (accessed 15 November 2012).

【参考文献】

1 The term 'pearent' encompasses a rabge of people, including natural parents, adoptive or foster parents, guardians, extended family, carers and caregivers. Here I will use 'parent' to cover all categories of such relationships.

2 See, for example, Kauffman, J.M., Mostert, M.P., Trent, S.C. and Hallahan, D.P. (1998). *Managing classroom behavior : A reflective case-based approach*. 2nd ed. (Chapter 7). Needlham Heights, MA: Allyn and Bacon.

3 Singer, G.(2011). 'Parent and family issues in special education'. In J.M. Kauffman and D.P. Hallahan (eds), *Handbook of special education* (pp637-638). New York: Routledge; and Bateman, B.D.(2011).

'Inclusive Education Programs for children with disabilities'. In Kauffman and Hallahan, op.cit., pp91-106.

4 Mitcell, D.(1986). 'A development systems approach to planning and educating services for persons with handicaps'. In R.1.Brown(ed.) *Rehabilitation Education, Volume 2*(pp.126-156). Beckenham, Kent : Croom Helm.

5 Brpwn,R.C.(2005). 'Inclusive education in Middle Eastern cultures: The challenge of tradition'. In D. Mitchel (ed.). *Contextualizing inclusive education: Evaluating old and new international perspectives* (pp253-278). Abington, Oxon: Routledge.

6 For a discussion of providing parents of children with advocacy training, see Buke, M.M.(2013).

'Improving parental involvement: Training special advocates'. *Journal of Disability Policy Studies, 23*(4), 225-234.

7 Mitchell, op. cit.

8 United Code of Low (USCS 7801 (32)).

9 Department of Education(1998). *Getting started on consultation.*

Wellington：Curriculum Review Action Unit, Department of Education.

10 See Kalyanpur, M. and Harry, B.(1997). 'A posture of reciprocity: A practical approach to collaboration between professionals and parents of culturally diverse backgrounds'. *Journal of Child and Family Studies, 6*(4), 487-509; Kalyanpur, M. and Harry, B.(1999). *Culture in special education: Building reciprocal family provider relationships*. Baltimore: Paul H. Brookes; and Bevan-Brown, J.(2003). *The cultural self-review: Providing culturally effective inclusive education for Maori learners*. Wellington: New Zealand Council for Educational Research.

11 OECD(2013). *Trends shaping education*. Paris: Author.

12 Jeynes, W.(2010). 'The salience of the subtle aspects of parental involvement and encouraging that involvement: Implications for school-based programs'. *Teachers College Record, 112*(3), 747-774.

13 Stalker, K.D., Brunner, R., Maguire, R. and Mitchell, J.(2011). 'Tackling the barriers to disabled parents' involvement in their children's education'. *Educational Review, 63*(2), 233-250.

14 親の管理トレーニングに関する膨大な文献の幾らかの再調査のために、see, for example, Cooper, P. and Jacobs, B.(2011). *An international review of the literature on evidence of best practice models and outcome in the education of children with emotional disturbance/behavioural difficulties*. Dublin, Ireland: National Council for Special Education; Kazdin, A.E. and Weisz, J.R.(1998). 'Identifying and developing empirically supported child and adolescent treatments'. *Journal of Consulting and Clinical Psychology, 66*(1), 19-36; and McCart, M.R., Priester, P.E., Davies, W.H. and Azen, R.(2006). 'Differential effectiveness of behavioral parent training and cognitive behavioural therapy for antisocial youth'. *Journal of Abnormal Child Psychology, 34*(4), 525-541.

15 Webster-Stratton, C. and Reid, M.J.(2012). 'The Incredible Years: Evidence-based parenting programs for families involved

in the child welfare system'. In A. Rubin (ed.), *Programs and interventions for maltreated children and families at risk* (pp11-30). New Jersey, John Wiley & Sons.

16 Webster-Stratton, C. and Reid, M.J.(2004). 'Strengthening social and emotional competence in young children – The foundation for early school readiness and success: Incredible Years classroom social skills and problem-solving curriculum'. *Infants and Young Children, 17*(2), 96-113.

17 Webster-Stratton, C., Reid, M.J. and Hammond, M.(2001). 'Preventing conduct problems, promoting social competence: A parent and teacher training partnership in Head Start'. *Journal of Clinical Child and Adolescent Psychology, 30*(3), 283-302.

18 Eyberg, S.M., Boggs, S.R. and Algina, J.(1995). 'Parent-child interaction therapy : A psychosocial model for the treatment of young children with conduct problem behavior and their families'. *Psychopharmacology Bulletin, 31*(1), 83-92.

19 Sanders, M.(1999). 'Triple P-positive parenting program : Towards an empirically validated multilevel parenting and family support strategy for the prevention of behavior and emotional problems in children'. *Clinical Child and Family Psychology Review, 2*(2) 71-90.

20 Hattie, J.(2009). *Visible learning: A synthesis of over 800 meta-analyses relating to achievement.*
Abingdon, Oxon: Routledge. Chapter 5.

21 Jeynes, W.(2012). 'A meta-analysis of the efficacy of different types of parental involvement programs for urban students'. *Urban Education, 47*(4), 706-742.

22 Spence, S.H., Donovan, C. and Breechman-Toussaint, M.(2000). 'Social skills, social outcomes and cognitive features of childhood social phobias'. *Journal of Child Psychology and Psychiatry,41*(6),713-726.

23 PISA 2009 results: Overcoming social background: Equity in learning opportunities and outcomes (Volume II). Reported in

Borgonovi, F.(2011). *PISA in Focus 2011/10.* Paris OECD. 24 Brestan, E.V. and Eyberg, S.M.(1998). 'Effective psychosocial treatments of conduct disordered children and adolescents : 29 years, 82 studies and 5,272 kids'.
Journal of Clinical Child Psychology,27(2),180-189.

25 Furlong, M., McGilloway, S., Bywater, T., Hutchings, J., Smith, S.M. and Donnelly, M.(2012).
'Behavioural and cognitive-behavioural group-based parenting programmes for conduct problems in children aged 3 to 12 years'. Cochrane Database of Systematic Reviews 2012, Issue 2. Art. No.: CD008225.DOI:10.1002/14651858.DC008225.pub2. Published online: 15 February 2012.

26 Webster-Stratton, C., Reid, M.J. and Hammond, M.(2004). 'Treating children with early-onset conduct problems: Intervention outcomes for parent, child, and teacher training'. *Journal of Clinical Child and Adolescent Psychology, 33*(1), 105-124.

27 Cooper and Jacobs, op. cit.

28 Kaminsky, J.W., Valle, L.A., Filene, J.H. and Boyle, C.L.(2008). 'A meta-analytic review of components associated with parent training program effectiveness'. *Journal of Abnormal Child Psychiatry, 36*(4), 567-589.

29 Serketich, W.J. and Dumans, J.E.(1996). 'The effectiveness of behavioural parent training to modify antisocial behavior in children : a meta-analysis'. *Behavior Therapy, 27*(2), 171-186.

30 McCart et al., op. cit.

31 Anastopolous, A.D., Shelton, T.L., DuPaul, G.J. and Guevremont, D.C.(1993). 'Parent training for attention-deficit hyperactivity disorder : its impact on parent functioning'*Journal of Abnormal Child Psychology,21*(5),581-597.

32 Matson, J.L., Benavidez, D.A., Compton, L.S., Paclawskyj, T. and Baglio, C.(1996). 'Behavioral treatment of autistic persons : A review of research from 1980 to the present'. *Research in*

Developmental Disabilities, 17(6),433-465.

33 Krantz, P.J., Macduff, M.T. and McClannahan, L.E.(1993). 'Programming participation in family activities for children with autism : Parents' use of photographic activity schedules'. *Journal of Applied Behavior Analysis*,26,137-138.

34 Patterson, S.Y., Smith, V. and Mirenda, P.(2012). 'A systematic review of training programs for parents of children with autism spectrum disorders: Single subject contributions'. *Autism, 16*(5), 498-522.

35 Koegel, R.L., Symon, J.B. and Koegel, L.K.)2002). 'Parent education for families of children with autism living in geographically distant areas'. Journal of Positive Behavior Interventions, 4, 88-103; and Symon, J.B.(2005). 'Expanding interventions for children with autism: Parents as trainers'. *Journal of Positive behavior Interventions,* 7, 159-173.

36 Wikipedia http://en.wikipedia.org/wiki/Pivotal_resonse_therapy.

37 Cooper and Jacobs, op. cit.

38 Reid, M.J. and Webster-Stratton, C.(2001). 'The incredible years parent, teacher, and child intervention: Targeting multiple areas of risk for a young child with pervasive conduct problems using a flexible, manualized treatment program'. Cognitive and Behavioral Practice,8(4), 377-386; and Webster-Stratton, C., Reid, M.J. and Hammond, M.,(2001). 'Preventing conduct problems, promoting social competence: A parent and teacher training partnership in Head Start'. *Journal of Clinical Child and Adolescent Psychology. 30*(3), 283-302.

39 Reid, M.J., Webster-Stratton, C. and Beauchaine, T.(2002). 'Parent training in Head Start: A comparison of program response among African American, Asian American, Caucasian, and Hispanic mothers'.
Prevention Science, 2, 209-226.

40 Gardner, F., Burton, J. and Klimes, I.(2006). 'Randomized controlled

trial of a parenting intervention in the voluntary sector for reducing child conduct problems: Outcomes and mechanisms of change'. *Journal of Child Psychology and psychiatry, 47*(11), 1123-1132.

41 Fergusson, D., Stanley, L. and Horwood, L.J.(2009). 'Preliminary data on the efficacy of the Incredible Years basic parent programme in New Zealand'. *Australian and New Zealand Journal of Psychiatry*, 43, 76-79.

42 Hutchings, J., Bywater, T., Gardner, F., Whitaker, C.J. Jones, K., Eames, C. and Edward, R.T.(2007).
'Parenting intervention in Sure Services for children at risk of developing conduct disorders: Pragmatic randomized controlled trial'. *British Medical Journal, 334*(7595), 678-685.

43 Little, M., Berry, V., Morpeth, L., Blower, S., Axford, N., Taylor, R., Bywater, T., Lehtonen, M. and Tobin, K.(2012). 'The impact of three evidence-based programmes delivered in public systems in Birmingham, UK'. *International Journal of Conflict and Violence, 6*(2), 260-272.

44 Hood, K.K. and Eyberg, S.M.(2003). 'Outcomes of parent-child interaction therapy : mothers' reports of maintenance three to six years after treatment'. *Journal of Clinical Child and Adolescent Psychology, 32*(3), 419-429.

45 McIntosh, D.E., Rizza, M.G. and Bliss, L.(2000). 'Implementing empirically supported interventions : Teacher-child interaction therapy'. *Psychology in the Schools*, 37(5), 453-462.

46 Sanders, op. cit.

第8章 （方略6：認知方略指導）

（関連図書）

・Ashman, A.F. and Conway, R.N.F. (1997). *An introduction to cognitive education: Theory and application*. London: Routledge.

・Brownell, M.T., Smith, S.J., Crockett, J.B. and Griffin, C.C.(2012).

Inclusive instruction: Evidence-based practices for teaching students with disabilities. New York: The Guilford Press. Chapte7.
・Dockrell, j. and McShane, J. (1993). *Children's learning difficulties: A cognitive approach*. Oxford: Blackwell.
・Presley, M. and Woloshyn, V. (1995). *Cognitive strategy instruction that really improves children's academic performance*. Cambridge, MA: Brookline Books.
・Reid, R. and Lienemann, T.O.(2006). Strategy instruction for students with learning disabilities. New York: Guilford Press.
・University of Kansas Center for Research on Learning. URL: www.kucrl.org/ (accessed 5 December 2012).

【参考文献】

1 Ashman, A.F. and Conway, R.N.F. (1997). *An introduction to cognitive education: Theory and application*. London: Routledge, p.43.

2 For example, poor cognitive strategies for learning are listed among the most common features of students with high-incidence disabilities by Lerner, J. and Johns, B.(2009). *Learning disabilities and related mild disabilities: Characteristics, teaching strategies, and new directions*(11th edition). Boston: Houghton Mifflin Harcourt.

3 For example, CSI has been found to be particularly useful for learners with childhood traumatic brain injury. See Glang, A., Ylvisaker, M., Stein, M. Ehlhardt, L., Todis, B. and Tyler, J.(2008). 'Validated instructional practices: Application to students with traumatic brain injury' *Journal of Head Trauma Rehabilitation, 23*(4), 243-251.

4 According to one writer, cognition is 'a broad term including everything that has to do with knowledge, thinking, reason and understanding', and is traditionally placed in opposition to the other elements of the mind: the affective, which has to do with feelings and emotions, and the conative, which has to do with volition (Illes, K. (2012). 'Learning and cognition'. In P. Jarvis and

M. Watts (eds) *The Routledge international handbook of learning* (pp18-27). Abingdon, Oxon: Routledge, p18).

5 Chia, N.K.H.(2012). 'What is LD in special needs education?' Journal of the American Academy of Special Education Professionals, Spring-Summer, 78-86; and Chia, N.K.H.(2010). *Counseling students with special needs*. Singapore: Pearson/ Prentice Hall.

6 Sugden, D. (1989). *'Skill generalization and children with learning difficulties'*. In D. Sugden (ed.) *Cognitive approaches in special education*. London: Falmer Press.

7 Troia, G.A. and Graham, S. (2002). 'The effectiveness of a highly explicit, teacher-directed strategy instruction routine: Changing the writing performance of students with learning disabilities'. *Journal of Learning Disabilities, 35* (4), 290-305.

8 Scruggs, T.E. and Mastropieri, M.A. (1993). 'Special education for the twenty-first century: Integrating learning strategies and thinking skills'. *Journal of Learning Disabilities, 26*(6), 392-398.

9 Montgomery, D.(2010). 'Gifted and talented children with special educational needs'. In B. Wallace, S. Leyden, D. Montgomery, C. Winstanley, M. Pomerantz and S. Fitton (eds) Raising the achievement of all pupils within an inclusive setting (pp68-100). Abingdon, Oxon: Routledge.

10 Ellis, E.S. (1993). 'Teaching strategy sameness using integrated formats'. *Journal of Learning disabilities, 26*(6), 448-481.

11 Purdie, N. and Hattie, J. (1996). 'Cultural differences in the use of strategies for self-regulated learning'. *American Educational Research Journal, 33*(4), 845-871.

12 Schraw, G.(1998). 'Promoting general metacognitive awareness'. *Instructional Science*, 26,113-125.

13 Englert, C.S. and Marriage, T.V.(1991). 'Making students partners in the comprehension process: Organizing the reading "POSSE". Learning Disability Quarterly, 14, 123-138.

14 Harris, K.R. and Presley, M. (1991). 'The nature of cognitive strategy instruction: Interactive strategy construction'. Exceptional Children, 57(5), 392-404; and Harris, K.R. and Graham, S. (1999). 'Programmatic intervention research: Illustrations from the evolution of self-regulated strategy development'. *Learning Disability Quarterly, 22*(4), 251-262.

15 De La Paz, S. (1997). 'Strategy instruction in planning: Teaching students with learning and writing disabilities to compose persuasive and expository essays'. *Learning Disability Quarterly, 20*(3), 227-248.

16 Bransford, J. and Stein, B. (1984). *The IDEAL problem solver: A guide for improving thinking, learning, and creativity*. New York: W.H. Freeman.

17 *For an extensive review of the* literature, Gersten, R., Fuchs, L.S., Williams, J.P. and Baler, S. (2001).
'Teaching reading comprehension strategies to students with learning disabilities: A review of research'. *Review of Educational Research, 71*(2), 279-320.

18 Hattie, J.(2009). *Visible learning: A synthesis of over 800 meta-analyses relating to achievement*, Abingdon, Oxon: Routledge.

19 Lavery, L.(2008). 'Self-regulated learning for academic success: An evaluation of instructional techniques'. Unpublished PhD thesis, University Auckland. Cited by Hattie, op. cit.

20 Hattie, J., Biggs, J. and Purdie, N. (1996). 'Effects of learning skills interventions on student learning'. *Review of Educational Research, 66*(2), 99-137.

21 Swanson, H.L. (2000). 'What instruction works for students with learning disabilities? From a meta-analysis of intervention studies'. In R. Gersten, E.P. Schiller and S. Vaughn (eds.) *Contemporary special education research: Syntheses of the knowledge base on critical instruction issues* (pp. 1-30). Mahwah, NJ: Lawrence Erlbaum Associates.

22 Montague, M. (1997). 'Cognitive strategy instruction in mathematics for students with learning disabilities'. *Journal of Learning Disabilities, 30*(2), 164-177.

23 Montague, M., Enders, C. and Dietz, S.(2011). 'Effects of cognitive strategy instruction on math problem solving of middle school students with learning disabilities'. *Journal of Special Education, 34*(4), 262-272.

24 Hutchinson, N.L. (1993). 'Effects of cognitive strategy instruction on algebra problem solving of adolescents with learning disabilities'. *Learning Disability Quarterly, 16*(1), 34-63.

25 Hoek, D.J., Terwel, J. and Van Der Eeden, P. (1997). 'Effects of training in the use of social and cognitive strategies: An intervention study in secondary mathematics in cooperative groups'. *Educational Research and Evaluation, 3*(4), 364-389.

26 Hoek,D., Van Den Eeden,P. and Terwel,J. (1999). 'The effects of integrated social and cognitive strategy instruction on the mathematics achievement in secondary education'. *Learning and Instruction, 9*(5), 427-448.

27 Swing, S.R., Stoiber, K.C. and Peterson, P.L. (1988). 'Thinking skills versus learning time: Effects of alternative classroom-based interventions on students mathematics problem solving'. *Cognition and Instruction, 5*(2), 123-131.

28 Mastropieri, M.A., Scruggs, T.E. and Shiah, S. (1991). 'Mathematics instruction for learning disabled students: A review of research'. *Learning Disabilities Research and practice, 6*(1), 89-98.

29 Jenkins, J.R., Heliotis, J.D., Stein, M.L. and Haynes,M.C. (1987). 'Improving reading comprehension by using paragraph restatements'. *Exceptional Children, 54*(1), 54-59.

30 Lovett, M.W., Steinbach, K.A. and Frijters, J.C. (2000). 'Remediating the core deficits of developmental reading disability: A double-deficit perspective'. *Journal of Learning Disabilities, 33*(4), 334-358.

31 Troia and Graham, op. cit.

32 Wong, B.Y.L. (1997). 'Research on genre-specific strategies for enhancing writing in adolescents with learning disabilities'. *Learning Disability Quarterly*, 20(2), 140-159.
33 Graham,S., Harris,K.R., MacArthur,C.A. and Schwartz,S.S. (1991). 'Writing and writing instruction with students with learning disabilities: A review of a problem of research'. *Learning Disability Quarterly*, *14*(2), 89-114.
34 Hughes, C. and Schumaker, J.B. (1991). 'Test-taking strategy instruction for adolescents with learning disabilities'. *Exceptionality*, *2*(44), 205-221.
35 Woodward, J. and Rieth, H. (1997). 'A historical review of technology research in special education'.
Review of Educational Research, *67*(4), 503-536.
36 Harris and Presley, op. cit., p. 394.
37 Harris and Presley, op. cit., p. 401

第９章 （方略７：自己管理型学習）

（関連図書）

・Duckworth, K., Akerman, R., MacGregor, A., Salter, E. and Vorhaus, J. (2009). *Self-regulated learning: A literature review, Research Report 33*. London: Center for Research on the Wider Benefits of Learning, Institute of Education, University of London.
・Vohs, K.D. and Baumeister, R.F. (eds)(2011). *Handbook of self-regulation: Research, theory and applications* (2nd edition). New York: Guilford Press.
・Wehmeyer, M., Agran, M., Hughes, C., Mithaug, D.E. and Palmer, S.(2007). *Promoting self-determination in students with developmental disabilities*. New York: Guilford.

【参考文献】

1 Derived from Zimmerman, B.J. (2000). 'Attaining self-regulation: A social-cognitive perspective'. In M. Boekarts, P. Pintrich and M. Zeidner (eds.) *Self-regulation: Theory, research, and applications*

(pp. 13 - 39). Orlando, FL: Academic Press.

2 Rueda, M.R., Posner, M.I. and Rothbart, M.K.(2011). 'Attentional control and self-regulation'. In K.D. Vohs and R.F. Baumeister (eds) *Handbook of self-regulation: Research theory, and applications* (2nd edition) (pp284-299). New York: Guilford Press.

3 While most Western cultures place a high value on autonomy, individuality and self-regulation, other cultures, such as Japanese, other Asian, African and Latin American, tend to place more emphasis on 'self-in-relation-to-others', according to Markus, H.R. and Kitayama, S. (1991). 'Culture and self: Implications for cognition, emotion and motivation'. *Psychological Review, 98*(2), 224 - 253.

4 Bjork, R.A., Dunlosky, J. and Kornell, N.(2013). 'Self-regulated learning: Beliefs, techniques, and illusions'. *Annual Review of Psychology,* 64, 417-444.

5 Bjork et all., op. cit.

6 Based on the following sources: Paris, S.G. and Paris, A.H. (2001). 'Classroom applications of research on self-regulated learning'. *Educational Psychologist,* 36(3), 89 - 102; and Wehmeyer, M.L. (1999). 'A functional model of self-determination: Describing development and implementing instruction'. *Focus on Autism and Other Developmental Disabilities,* 14(1), 53 - 61.

7 Two recent papers present an argument that SRL is both individually and social constructed. One of these reported on how, in collaborative learning groups, it is crucial that motivation be regulated which, in turn, impacts on self-regulation among the group participants (Järvelä, S. and Järvenoja, H.(2011). 'Socially constructed self-regulated learning and motivation regulation in collaborative learning groups'. *Teachers Collage Record, 113*(2), 350-374). See also Järvelä, S. & Järvenoja, H.(2010). 'Research on motivation in collaborative learning: Moving beyond the cognitive-situative divide and combing individual and social processes'.

Educational Psychologist, 45, 15-27.
8 Paris and Paris, op. cit.
9 Agran, M., Blanchard, C. and Wehmeyer, M. (2000). 'Promoting transition goals and self-determination through student self-directed learning: The self-determined learning model of instruction'. *Education and Training in Mental Retardation and Developmental Disabilities, 35*(4), 351 - 364.
10 Hadwin, A.and Oshige, M.(2011). 'Self-regulation, co-regulation, and socially shared regulation: Exploring perspectives of social in self-regulated learning theory'. *Teachers College Review, 113*(2), 240-264.
11 Strayhorn, J.M.(2002). 'Self-control: Toward systematic training programs'. *Jornal of the American Academy of Child and Adolescent Phychiatry, 41*(1), 17-27.
12 Hattie, J.(2009). Visible learning: *A synthesis of over 800 meta-analyses relating to achievement*. Abingdon, Oxon: Routledge.
13 Dignath, C., Buettner, G. and Langfeldt, H.-P.(2008). 'How can primary school students learn self-regulated learning strategies most effectively? A meta-analysis on self-regulation training programmes'. *Educational Research Review*, 3, 101-129.
14 Stage, S.A. and Quiroz, D.R. (1997). 'A meta-analysis of interventions to decrease disruptive classroom behavior in public education settings'. *School Psychology Review, 26*(3), 333 - 369.
15 Duckworth, K., Akerman, R., MacGregor, A., Salter, E. and Vorhaus, J.(2009). Self-regulated learning: *A literature review. Research Report 33*. London: Centre for Research on the Wider Benefits of Learning, Institute of Education, University of London.
16 Webber, J., Scheuermann, B., McCall, C. and Coleman, M. (1993). 'Research on self-monitoring as a behavior management technique in special education classrooms: A descriptive review'. *Remedial and Special Education, 14*(2), 38 - 56.
17 Harrower, J.K. and Dunlap, G. (2001). 'Including children with

autism in general education classrooms: a review of effective strategies'. *Behavior Modification, 25*(5), 762 - 784; and Matson, J.L., Benavidez, D.A., Compton, L.S., Paclawskyj, T. and Baglio, C. (1996). 'Behavioral treatment of autistic persons: A review of research from 1980 to the present'. *Research in Developmental Disabilities, 17*(6), 433 - 465.

18 Pierce, K.L. and Schreibman, L. (1994). 'Teaching daily living skills to children with autism in unsupervised settings through pictorial self-management'. *Journal of Applied Behavior Analysis, 27*(3), 471 - 481.

19 Mechiling, L.C.(2007). 'Assistive technology as a self-management tool for prompting students with intellectual disabilities to initiate and complete daily tasks: A literature review'. *Education and Training in Developmental Disabilities, 42*(3), 252-269.

20 Graham, S. and Harris, K.R. (1989). 'Improving learning disabled students' skills at composing essays: Self-instructional strategy training'. *Exceptional Children,* 56(3), 201 - 214.

21 Harris, K.R., Graham, S., Reid, R., McElroy, K. and Hamby, R. (1994). 'Self-monitoring of attention versus self-monitoring of performance: Replication and cross-task comparison'. *Learning Disability Quarterly, 17*(2), 121 - 139.

22 Wehmeyer, M.L., Palmer, S.B., Agran, M., Mithaug, D.E. and Martin, J.E. (2000). 'Promoting causal agency: the self-determined learning model of instruction'. *Exceptional Children, 66*(4), 439 - 453.

23 Wehmeyer, M. and Schwartz, M. (1997). 'Self-deteimination and positive adult outcomes: A follow-up study of youth with mental retardation or learning disabilities'. *Exceptional Children, 63*(2), 245 - 255.

24 Wood, S.J., Murdock, J.Y., Cronin, M.E., Dawson, N.M. and Kirby, P.C. (1998). 'Effects of self-monitoring on on-task behaviours of at-risk middle school students'. *Journal of Behavioral Education, 8*(2),

263 - 279.

25 Wolfe, L.H., Heron, T.E. and Goddard, Y.L. (2000). 'Effects of self-monitoring on the on-task behaviour and written language performance of elementary students with learning disabilities'. *Journal of Behavioural Education, 10*(1), 49 - 73.

26 Kellner, M.H., Bry, B.H. and Colletti, L.(2001). 'Teaching anger management skills to students with severe emotional or behavioral disorders'. *Behavioral Disorders, 27*(4), 400-407.

27 Kern, L., Dunlap, G., Childs, K.E. and Clarke, S. (1994). 'Use of a classwide self-management program to improve the behavior of students with emotional and behavioral disorders'. *Education and Treatment of Children, 17*(4), 445 - 458.

28 Gardber, H.(2009). *Multiple intelligences across the world*. San Francisco: Jossey-Bass.

29 Mowat, J.G.(2010). 'Towards the development of self-regulation in pupils experiencing social and emotional behavioural difficulties (SEBD)'. *Emotional and Behavioural Difficulties, 15*(3), 189-206.

30 Hughes, C., Copeland, S.R., Wehmeyer, M.L., Agran, M., Rodi, M.S. and Presley, J.A.(2002). 'Using self-monitoring to improve performance on general education high school classes'. *Education and Training in Mental Retardation and Development Disabilities, 37*(3), 262-272.

31 Gilberts, G.H., Agran, M., Hughes, C. and Wehmeyer, M. (2001). 'The effects of peer delivered self-monitoring strategies on the participation of students with severe disabilities in general education classrooms'. *Journal of the Association for Persons with Severe Handicaps, 26*(1), 25 - 36.

32 Gureasko-Moore, S., Dupaul, G. and White, G.P.(2007). 'Self-management of classroom preparedness and homework: Effects on school functioning of adolescent with Attention Deficit Hyperactivity Disorder'. School Psychology Review, 36(4), 647-664.

33 Schuitema, J., Peetsma, T. and van der Veen, I.(2012). 'Self-

regulated learning and students' perceptions of innovate and traditional learning environments: A longitudinal study in secondary education'.
Educational Studies, 38(4), 397-413.

第10章 (方略8：記憶方略)

(関連図書)

・Banikowski, A.K. and Mehring, T.A,(1999). 'Strategies to enhance memory based on brain research'. *Focus on Exceptional Children, 32*(2), 1-16.
・Klingberg, T.(2012). *The learning brain: Memory and brain development in children.* Oxford: Oxford University Press.
・Scruggs, T.E., Mastropieri, M.A., Berkeley, S.L. and Marshak, L.(2010). 'Mnemonic strategies: Evidence -based and practice-based evidence'. *Intervention in School and Clinic, 46*(2), 79-86.
・Uberti, H.Z., Scruggs, T.F. and Mastropieri, M.A. (2003). 'Keywords make the difference! Mnemonic instruction in inclusive classrooms'. *TEACHING Exceptional Children, 35*(3), 56 - 61.

【参考文献】

1 Scruggs, T.E. and Mastropieri, M.A. (2000). 'The effectiveness of mnemonic instruction for students with learning and behavior problem: An update and research synthesis'. *Journal of Behavioral Education, 10*(2/3), 163-173.
2 Yates, F.A. (1966). *The art of memory.* Chicago, IL: The Chicago University Press.
3 McIntosh, R., Vaughn, S. and Bennerson, D. (1995). 'FAST social skills with a SLAM and a RAP: Providing social skills training for students with learning disabilities'. *TEACHING Exceptional Children, 28*(1), 37-41.
4 http://en.wikipedia.org/wiki/Mnemonic (accessed 5 December 2012).
5 Beaudoin, M.and Desrichard, O.(2011). 'Are memory self-efficacy

and memory performance related? A meta-analysis'. *Psychological Bulletin, 137*(2), 211-241; and Dougall, G.J.(2009). 'A framework for cognitive interventions targeting everyday memory performance and memory self-efficacy'. *Community Health, 32*(1), 15-26.

6 Banikowski, A.K. and Mehring, T.A.(1999). 'Strategies to enhance memory based on brain research'.
Focus on Exceptional Children, 32(2), 1-16.

7 Bloom, B.(1987). *The closing of the American mind*. New York: Simon and Schuster.

8 Sousa, D.A.(2009). 'Brain-friendly learning for teachers'. *Educational Leadership*, 66. 1-6.

9 Sousa, op. cit. and Willis, J.(2007). *Brain-friendly strategies for the inclusive classroom: Insights from a neurologist and classroom teacher*. Alexandria, VA: ASCD.

10 Banikowski and Mehring, op. cit.

11 See Buzan, T. (1991). *The mind map book*. New York: Penguin.

12 Harris, K.R. and Presley, M. (1991). 'The nature of cognitive strategy instruction: Interactive strategy construction'. *Exceptional Children, 57*(5), 392-404.

13 Liddell, G.A. and Rasumussen, C.(2005). 'Memory profile of children with nonverbal learning disability (NLD)'. *Learning Disabilities Research and Practice, 20*(3), 137-141.

14 Bjork, R.A., Dunlosky, J. and Kornell, N.(2013). 'Self-regulated learning: Beliefs, techniques, and illusions'. *Annual Review of Psychology*, 64, 417-444, pp419-420.

15 Sweller, J.(1994). 'Cognitive Lord Theory, learning difficulty, and instructional design'. *Learning and Instruction, 4*(4), 295-312.

16 Mastropieri, M.A. and Scruggs, T.E. (1989). 'Constructing more meaningful relationships: Mnemonic instruction for special populations'. *Educational Psychology Review, 1*(2), 83-111.

17 Lloyd, J.W., Forness, S.R. and Kavale, K.A. (1998). 'Some methods are more effective than others'.

Intervention in School and Clinic, 33(4), 195-200. The authors cite Mastropieri, M.A. and Scruggs, T.E. op.cit. In the latter study, a total of 24 experiments involving mnemonics were analyzed. These studies involved students with learning disabilities, mild mental retardation and behavioral disorders.

18 Scruggs and Mastropieri, op. cit.

19 Wolgemuth, J.R., Cobb, R.B. and Alwell, M.(2008). 'The effects of mnemonic intervention on academic outcomes for youths with disabilities: A systematic review'. *Learning Disabilities Research and Practice*, 23, 1-10.

20 Bennerson, D., McIntosh, R. and Vaughn, S. (1991). 'Increasing positive interpersonal interactions: A social intervention for students with learning disabilities in the regular classroom'. Paper presented at the annual conference of the Council for Exceptional Children, Atlanta, Georgia. (ERIC Document Reproduction Service No. ED 333 666).

21 Bulgren, J.A., Deshler, D.D. and Schumaker, J.B. (1997). 'Use of a recall enhancement routine and strategies in inclusive secondary classes'. *Learning Disabilities Research and Practice, 12*(4), 198-208.

22 Mastropieri, M.A., Sweda, J. and Scruggs, T.E. (2000). 'Teacher use of mnemonic strategy instruction'.
*Learning Disabilities Research and Practice, 1*5(2), 69-74.

23 Fulk, B.J.M., Lohman, D. and Belfiore, P.J. (1997). 'Effects of integrated picture mnemonics on the letter recognition and letter-sound acquisition of transitional first grade students with special needs'. *Learning Disability Quarterly, 20*(1), 33-42.

24 Torgesen, J., Murphy, H. and Ivey, C.(1979). 'The influence of an orienting task on the memory performance of children with reading problems'. *Journal of Learning Disabilities, 6*(12): 396-401.

第11章 （方略9：復習と練習）

【参考文献】

1 Valch, H.A. and Sanhofer, C.M.(2012). 'Distributed learning over time: The spacing effect on children's acquisition and generalization of science concepts'. *Child Development, 83*(4), 1137-1146.

2 Rosenshine, B.(1983). 'Teaching functions in instructional programs'. *The Elementary school Journal,83*(4),335-351.

3 Burns, M. and Sterling-Turner, H.(2010). 'Comparison of efficiency measures for academic interventions based on acquisition and maintenance'. *Psychology in the Schools, 47*(2), 126-134.

4 Bjork, R.A., Dunlosky, J. and Kornell, N.(2013). 'Self-regulated learning: Beliefs, techniques, and illusions'. *Annual Review of Psychology*, 64, 417-444; and Roediger, H.L. and Butler, A.C.(2011). 'The critical role of retrieval practice in long-term retention'. *Trends in Cognitive Science*, 15, 20-27.

5 Gladwell, M.(2008). *Outliers: The story of success*. London: Penguin Books.

6 Riley, R.W., Takai,T. and Conaty, J.C. (eds)(1998). *The educational system in Japan: Case study findings.*
Washington DC: National Institute on Student Achievement, Curriculum, and Assessment, Office of Educational Research and Improvement, U.S. Department of Education.

7 Rohrer, D., Taylor, K., Pashler, H., Wixed, J.T. and Cepeda, N.J.(2005). 'The effect of overlearning on long-term relation'. *Applied Cognitive Psychology*, 19361-374.

8 For a review, see Balota, D.A.., Duchek, J.M. and Logan, J.M.(2007). 'Is expanded retrieval practice a superior form of spaced retrieval?' In J.S. Nairne (ed.) *The foundations of remembering* (pp83-105). New York: Psychology Press.

9 Vlach and Sandhofer, op. cit.

10 Carpenter, S.K., Cepeda, N.J., Rohrer, D., Kang, S.H.K. and Pashler,

H.(20120). 'Using spacing to enhance diverse forms of learning: Review of recent research and implications for instruction'. *Educational Psychology Review*, 24, 369-378.

11 Gregory, S.(2013). 'Practice, made perfect?' *TIME, 181*(14),46.

12 Rohrer, D.(2012). 'Interleaving helps students distinguish among similar concepts'. *Educational Psychology Review*, 24, 355-367.

13 Vlach and Sandhofer, op. cit.

14 Wozniak, P.A.(1995). Economics of learning. Doctoral dissertation, University of Economics, Wroclaw,
Poland. URL:www,supermemo.com./english/ol/background. htm (accessed 6 December 2012).

15 Nuthall, G. and Alton-Lee, A.(1994). 'How pupils learn'. *Set*, 2. Wellington：New Zealand Council for Educational Research.

16 See Rosenshine, op. cit；Swanson, H.L. and Deshler, D.(2003). 'Instructing adolescents with learning ddisabilities：Converting a meta-analysis to practice'. *Journal of Learning Disabilities,36*(2),124-136；Pacchiano, D.M.(2000). 'A review of instructional variables related to student problem behavior' .*Preventing School Failure,44*(4),174-178; and Carpenter, et al., op. cit.

17 Ysseldyke, J. and Christensen, S.(1993-1998). The Instructional Environment System- Ⅱ：A system to identify a student's instructional needs. Fifth printing. Longmont, CA, Sopris West; Greeno, J., Moore, J.L. and Smith, D.R.(1993). 'Transfer of situated learning'. In D.K. Detterman and R.J. Sternberg (eds) *Transfer on trial：Intelligence, cognition and instruction*(pp.99-167). Norwood, NJ：Ablex；Council for Exceptional Children(1997). *CEC Code of Ethics and Standards of Practice*. Reston, VA：CEC.

18 Hattie, J.(2009). *Visible learning: A synthesis of over 800 meta-analyses relating to achievement.*
Abingdon, Oxon: Routledge, p185.

19 Swanson, H.L. and Hoskyn, M.(2001). 'Instructing adolescents with learning disabilities：A component and composite analysis'.

Learning Disabilities Research and Practice,16(2),109-119.

20 Chard, D., Vaughn, S. and Tyler, B.J.(2002). 'A synthesis of research on effective interventions for building reading fluency with elementary students with learning disabilities'. *Journal of Learning Disabilities,35*(5),386-406.

21 Epstein, J., Sanders, M. and Sheldon, S.(2007). *Family and community involvement: Achievement effects.* URL:www.csos.jhu.edu/p2000/FamCommonly_AE.hym (accessed 20 April 2013).

22 Van Voorhis, F.(2003). 'Interactive homework in middle school: Effects on family involvement and science achievement'. *Journal of Educational Research*, 96, 323-338.

23 Bailey, L.(2006). 'Interactive homework: A tool for fostering parent-child interactions and improving learning outcomes for at-risk young children'. *Early Childhood Education Journal, 34*(2), 155-167.

24 Alton-Lee, A.(2003).*Quality teaching for diverse students in schooling* : Best Evidence synthesis.
Wellington : Ministry of Education.

25 Cooper, H.(2001). 'Homework for all-in moderation'. *Educational Leadership, 58*(7), 34-38.

26 Cooper, H., Robinson, J.C. and Patall, E.A.(2006). 'Does homework improve academic achievement? A synthesis of research'. *Review of Educational Research,7*6(1),1-62.

27 Cooper, H. and Nye, B.(1994). 'Homework for students with learning disabilities: The implications of research for policy and practice'. *Journal of Learning Disabilities, 27*(8), 470-479.

28 Bryan, T. and Burstein, K.(2004). 'Improving homework completion and academic performance: Lessons from special education'. *Theory into Practice, 43*(3), 213-219.

29 For an expansion of this point, see Heward, W.L.(2003). 'Ten faulty notions about teaching and learning that hinder the effectiveness of special education'. *The Journal of Special Education,*36(4),186-205

30 See for example, Kelly, L.(2003). 'Considerations for designing practice for deaf readers'. *Journal of Deaf Studies and Deaf Education*,*8*(2),172-186.

第12章 (方略10:相互指導)

(関連図書)

・Oczkus, L.(2010). *Reciprocal reading at work: Powerful strategies and lessons for improving reading comprehension*. Second edition. Newark, DE: International Reading Association.
URL: *www.reading.org/Liraries/book-supplements/pub_507_PD_guide.pdf* (accessed 23 December 2012).

・Palincsar, A.S. and Brown, A.(1984), 'Reciprocal teaching of comprehension-fostering and Comprehension-monitoring activities'. *Cognition and Instruction*,1(2),117-175.

・Pilonieta, P. and Medina, A.L.(2009). 'Reciprocal teaching for the primary grades: "We can do it, too!"' *The Reading Teacher, 63*(2), 120-129.

【参考文献】

1 Palincsar, A.S. and Brown, A.L.(1984). 'Reciprocal teaching of comprehension-fostering and monitoring strategies'. *Cognition and Instruction*, *1*(2), 117-175.

2 Vygotsky, L.S.(1978).*Mind in society : The development of higher psychological processes*. Cambridge MA: Harvard University Pres, p57.

3 Weltsch, J.V. and Stone, C.A.(1979). 'A social interaction analysis of learning disabilities remediation'. Paper presented at the International Conference of the Association for Children with Learning Disabilities, San Francisco. Cited by Rosenshine, B. and Meister, C.(1994). 'Reciprocal teaching : A review of the research'. *Review of Educational Research*, *64*(4), 479-530.

4 Wood, D.J., Bruner, J.S. and Ross, G. (1976). 'The role of tutoring in problem solving'. *Journal of Child Psychology and*

Psychiatry,17,89-100.

5 Based on Palincsar and Brown, op. cit., plus Lederer, J.(2000). 'Reciprocal teaching in inclusive elementary schools'. *Journal of Learning Disabilities*,*33*(1),91-106 ; Kelly, M. and Moore, D.(1993). " 'I've found my memory' Reciprocal teaching in a primary school". *Set* 2, item 8, 1-4 ; Moore, D.(1988). 'Reciprocal teaching and reading comprehension : A review'. *Journal of Research in Reading, 11*(1), 3-14.

6 Winn, J.A.(1994). 'Promises and challenges of scaffolded instruction'. *Learning Disability quarterly, 17*(1), 89-104.

7 See, for example, Swanson, H.L.(1999). 'Instruction components that predict treatment outcomes for students with learning disabilities : Support for a combined strategy and direct instruction model'. *Learning Disabilities Research and Practice, 14*(3),129-140 ; Larkin, M.J.(2001). 'Providing support for student independence through scaffolded instruction'. *TEACHING Exceptional Children, 34*(1),30-35 ; Coyne, M.D., Kame'enui, E.J. nad Simmons D.C.(2001). 'Prevention and intervention in beginning reading : Two complex systems'. *Learning Disabilities Research and Practice, 16*(2), 62-73 ; and Winn, J.A.(1994). 'Promises and challenges of scaffolded instruction'. *Learning Disability quarterly, 17*(1),89-104.

8 Partly based on Laklin, op. cit. and Presley, M., Hogan, K., Whartron-McDonald, R., Mistretta, j. and Ettenberg, S.(1996). 'The challenges of instructional scaffording. The challenges of instructional that supports student thinking'. *Learning Disabilities Research and Practice, 11*(3),138-146.

9 Hattie, J.(2009). *Visible learning: A synthesis of over 800 meta-analyses relating to achievement.*
Abingdon, Oxon: Routledge.

10 Rorenshine and Meister, op. cit.

11 What Works Clearinghouse, September 2010. URL: http://

ies.ed.gov/ncee/wwc/reports/adolescent_literacy/rec_teach/research.asp (Accessed 30 November 2012).
12 Palincsar and Brown, op. cit.
13 This was a re-analysis of a study by Labercane and Battle(1987) carried out by Rousenshine and Meister, op. cit.
14 Palincsar, A.S. and Klenk, l.(1992). 'Fostering literacy learning in supportive contexts'. *Journal of Learning Disabilities, 25*(4), 211-225,229.
15 Ledere, op. cit.
16 Klinger, J.K. and Vaughn, S.(1996). 'Reciprocal teaching of reading comprehension strategies for students with learning disabilities who use English as a second language'. *The Elementary School Journal, 96*(3), 275-293.
17 Le Fevre, D.M., moore, D.W. and Wilkinson, A.G.(2003). 'Tape-assisted reciprocal teaching : Cognitive bootstrapping for poor decoders'. *British Journal of Educational Psychology, 73*(1), 37-58.
18 Kelly, M., Moore, D.W. and Tuck, B.F.(1994). 'Reciprocal teaching in a regular primary school classroom'. *Journal of Educational Research, 88*(1), 53-61.
19 Lysynchuk, L.M., Pressley, M. and Vye, N.J.(1990). 'Reciprocal instruction improves standardized reading comprehension performance in poor grade-school comprehenders'. *Elementary School Journal,* 90, 469-484.
20 Alfassi, M., Weiss, I. and Lifshitz, H.(2009). 'The efficacy of reciprocal teaching in fostering the reading literacy of students with intellectual disabilities'. *European Journal of Special Needs Education, 24*(3), 291-305.

第13章 （方略11：行動に関わるアプローチ）

（関連図書）

・Dunlap, G., Iovannone, R., Kincaid, D., Christiansen, K., Strain, P. and English, C.(2010). *Prevent-Teach- Reinforce: A school-based model of individualized positive behavior support.* Baltimore: Pail H. Brookes.

・Gardner, R., Sainato, D.M., Cooper, J.O., Heron, T.E., Heward, w.l., Eshleman, J. and Grossi, T.a. (eds) (1994). *Behavior analysis in education : Focus on measurably superior instruction,* Monterey, CA : Brooks/Cole.

・Troutman, A. and Alberto, P.A.(2005). *Applied behaviour analysis for teachers.* 7th edition. Upper Saddle River, NJ : Pearson/Prentice Hall.

《雑誌》

Behavior Modification

Journal of Applied Behavior Analysis

Journal of Behavioral Education

【参考文献】

1 Skinner, B.F.(1938). *The behavior of organisms: An experimental analysis.* New York: Appleton- Century - Crofts.

2 US Department of Health and Human Services(1999). *Mental health : A report of the surgeon general.*
Rockville, MD : US Department of Health and Human Services.

3 Drasgow, E., Wolery, M., Halle, J., and Hajiaghamohseni, Z.(2011). 'Systematic instruction of students with severe disabilities'. In J.M. Kauffman and D.P. Hallahan (eds), *Handbook of special education* (pp516-531). New York: Routledge.

4 See, for example, Conroy, M.A. and Stichter, J.P.(2003). 'The application of antecedents in the functional assessment process : Existing research, issues, and recommendations'. *The Journal of Special Education* , *37*(1), 15-25.

5 Pashler, H., McDaniel, M., Rohre, D. and Bjork, R.(2008). 'Learning styles: Concepts and evidence'.
Psychological Science in the Public Interest, 9(3), 105-119.

6 Drasgow et al., op. cit.

7 Beaman, R. and Wheldall, K.(2000). 'Teachers'use of approval and disapproval'. *Educational Psychology, 20*(4), 431-446.

8 Cameron, J. and Pierce, W.D.(1994). 'Reinforcement, reward, and

intrinsic motivation'. *Review of Educational Research, 64*(3), 363-423.

9 Hattie, J.(2012). Visible learning for teachers: *Maximizing impact on learning.* Abingdon, Oxon: Routledge, pp120-121.

10 Wikipedia. URL: www.answers.com/negative-reinforcement (accessed 2 January 2013).

11 Sources: Oliver, C., Moss, J., Petty, J., Sloneem, J., Arron, K. and Hall, S.(2003). *A guide for parents and cares : Self-injurious behaviour in Cornelia de Lange Syndrome.* Birmingham : University of Birmingham and Community fund ; Carr, J. *Behaviour management.* London : St Gerge'University of London. URL : www. Intellectualdisability. info/ mental-health/behaviour_management (accessed 2 January 2013); BBB Autism Support Network. URL : www.bbbautism.com/aba_shaping_and_chaining.htm (accessed 2 January 2013).

12 Barrish, H.H., Saunders, M. and Wolf, M.W.(1969). 'Good behavior game: Effects of individual contingencies for group consequences on disruptive behavior in a classroom'. *Journal of Applied Behavior Analysis*, 2, 119-124.

13 Tingstrom, D.H., Sterling-Turner, H.E. and Wilczynski, S.M.(2006). 'The Good Behavior Game 1969-2002'. *Behavior Modification, 30*(2), 225-253.

14 Dunlap, G., Iovannone, R., Wilson, K.J. Kincaid, D.K. and Strain, P.(2009). 'Prevent-Teach-Reinforce: A standardized model of school-based behavioural intervention'. *Journal of Positive Behavior Interventions, 12*(1), 9-22; and Iovannone, R., Greenbaum, P.E., Wang, W., Kincaid, D., Dunlap, G. and Strain, P.(2009). 'Randomized controlled trial of the Prevent-Teach-Reinforce(PTR) tertialy intervention for students with problem behaviors: Preliminary outcomes'. *Journal of Emotional and Behavioral Disorders, 17*(4), 213-225.

15 Forness, S.(2001). 'Special education and related services : What

have we learned from meta-analysis?'
Exceptionality, 9(4), 185-197. ; White, W.A.T.(1988). 'A meta-analysis of effects of direct instruction in special education'. *Education and Treatment of Children, 11*(4), 364-374.

16 Doyle, W.(1989). 'Classroom management techniques'. In O.C. Moles(ed.) *Strategies to reduce student misbehavior*(pp.11-3). Washington, DC : Office of Educational Research and Improvement.

17 Brophy, J.E.(1983). 'Classroom organization and management'. *The Elementary School Journal, 83*(4), 265-285.

18 Volmer, F.R., Reichow, B. and Doehring, P.(2011). 'Evidence-based practices in autism: Where we are now and where we need to go'. In B. Reichow, P. Doehring, D.V. Cicchetti and F.R. Volkmar (eds) *Evidence-based practices and treatments for children with autism* (pp365-389), New York: Springer.

19 Eldevic, S., Hastings, R.P. Hughes, J.C., Jahr, E., Eikeseth, S. and Cross, S.(2009). 'Meta-analysis of early intensive for children with autism'. *Journal of Clinical Child and Adolescent Psychology, 38*(3), 439-450.

20 See also Reinchow, B.(2012). 'Overview of meta-analyses on early intensive behavioural intervention for young children with autism spectrum disorders'. *Journal of Autism and Developmental Disorders, 42*(4), 512-520.

21 Horner, R.H., Carr, E.G., Strain, P.S., Todd, A.W. and Reed, H.K.(2002). 'Problem behavior interventions for young children with autism : a research synthesis'. *Journal of Autism and Developmental Disorders, 32*(5), 423-446.

22 Matson, J.L., Benavidez, D.A., Compton, L.S., Packlawskyj, T. and Baglio, C.(1996). 'Behavioral treatment of autistic persons : A review of research from 1980 to the present'. *Research in Developmental Disabilities, 17*(6), 433-465.

23 Foster, M., Sundell, K., Morris, R.J., Karlberg, M. and Meilin,

L.(2012). 'A randomized controlled trial of a standardized behavior management intervention for students with externalizing behavior'. *Journal of Emotional and Behavioral Disorders, 20*(3), 169-183.

24 Van Lier, P.A.C., Muthen, B.O., van der Sar, R.M. and Crijnens, A.A.M.(2004). 'Preventing disruptive behavior in elementary schoolchildren: Impact of a universal classroom-based intervention'. *Journal of Consulting and Clinical Psychology, 72*(3), 467-478.

25 Iovannone et al., op. cit.

第14章 （方略12：機能的行動アセスメント）

（関連図書）

・Chandler, L.K. and Dahlquist, C.M.(2002). *Functional assessment : Strategies to prevent and remediate challenging behavior in school settings(3rd edition).* Upper Saddle River, NJ. : Pearson Education.

・Cooperative Educational Service Agency 12 and FBA Task Force. (1999). *Functional behavioral assessment : A study guide.* URL : *http//sped.dpi..wi.gov/files/sped/doc/fba-study.doc.* (accessed 2 January 2013).

・Crone, D.A. and Horner, R.H.(2003). *Building positive behavior support systems in schools : Functional behavioral assessment.* New York : The Guilford Press.

・Loman, S. and Borgmeier, C.(2010). Practical functional behavioural assessment training manual for school-based personnel. Portland, OR: Portland State University. Distributed by OSEP's Technical Assistance Center on Positive Behavior Intervention and Support. URL: *www.pbis.org/pbis_resource_detail_page.aspx?PBIS_ResourceI=887* (accessed 12 October 2012).

・Steege, M.W. and Watson, T.S.(2003). *Conducting school-based functional behavioral assessments* : A practitioner's guide. New York : Guilford Press.

【参考文献】

1 Zirpoli, T.J. and Melloy, K.J.(1997). *Behaviour management : Application for teachers and parents.* 2nd edn. Upper Saddle River, NJ : Merrill/Prentice Hall ; OSEP center on Positive Behavioral Intervention : Sugai, G., Horner, R.H., Dunlap, G., Hieneman, M., Lewis, T.J., Nelson, C,M,, Scott, T., Liaupsin, C., Sailor, W., Turnbull, A.P., Turnbull, H.R., Wickham, D., Wilcox, B. and Ruef, M.(2000). 'Applying positive behavioral support and functional behavioral assessment in schools'. *Journal of Positive Behavior Interventions, 2*(3),131-143.

2 Baer, D.M., Wolf, M.M. and Risely, T.R.(1968). 'Some current dimensions of applied behavior analysis'.
Journal of Applied Behavior Analysis, 1(1), 91-97.

3 Carr, E.G.(1977). 'The motivation of self-injurious behavior: A review of some hypotheses'. *Psychological Bulletin,* 84, 800-816.

4 P.L. 105-17, Section 615 (K)(L)(B)(i).

5 See Killu, K.(2008). 'Developing effective behavior intervention plans: Suggestions for school personnel'.
Intervention in School and Clinic, 43(3), 140-149.

6 OSEP Center on Positive Behavioral Intervention, op. cit.

7 Carr, E.G.(1994). 'Emerging themes in the functional analysis of problem behavior'. *Journal of Applied Behavior Analysis, 27*(2),393-399 ; Miller, J.A., Tansy, M., and Hughes, T.L.(1998). 'Functional behavioural assessment : The link between problem behavior and effective intervention in schools'. *Current Issues in Education, 1*(5). URL : www.uiowa,edu/˜c07p224/abstracts/week11/miller.htm (accessed 2 January 2013)

8 See Miller et al., op. cit. ; OESP, op. cit. ; Cooperative Educational Service Agency 12 and FBA Task Force (1999). *Functional behavioral assessment : A study guide.*
URL : www. dpi.state.wi.us/een/doc/fba-study.doc.(accessed 25 January 2007); And Loman, S. and Borgmeire, C.(2010). *Practical*

Functional Behavioral Assessment training manual for school-based personnel. Portland Or: Portland State University.
URL: www.pbis.org/pbis_resource_detail_page.aspx?PBIS_ResourceID=887 (accessed 11 October 2012).

9 Cooperative Educational Service Agency 12 and FBA Task Force, op. cit.

10 Goh, A.E. and Bambara, L.M.(2012). 'Individualized positive behavior support in school settings: A meta -analysis'. *Remedial and Special Education, 33*(5), 271-286.

11 Gage, N.A., Lewis, T.J. and Stichter, J.P.(2012). 'Functional behavioural assessment-based interventions for students with or at risk for emotional and/or behavioural disorders in school: A hierarchical linear modeling meta-analysis'. *Behavior Disorders, 37*(2), 55-77.

12 Herrzinger, C.V. and Campbell, J.M.(2007). 'Comparing functional assessment methodologies: A quantitative synthesis'. *Journal of Autism and Developmental Disorders,* 37, 1430-1445.

13 Reid, A.R. and Nelson, R.(2002). 'The utility, acceptability, and practicality of functional behavioral assessment for students with high-incidence problem behavior'. *Remedial and Special Education, 23*(1), 15-23.

14 Heckaman, K., Conroy, M., Fox, J. and Chait, A.(2000). 'Functional assessment-based intervention research on students with or at risk for emotional and behavioural disorders in school settings'. *Behavioural Disorders, 25*(3),196-210.

15 Solnic, M.D. and Ardin, S.P.(2010). 'A quantitative review of functional review of functional analysis procedures in public school settings'. *Education and Treatment of Children,* 33, 153-175.

16 Ervin, R.A., Radfold, P.M., Bertsh, K., Piper, K., Andrew, L., Erhardt, K.E. and Poling, A.(2001). 'A descriptive analysis and critique of the empirical literature on school-based functional assessment'.

School Psychology Review, 30(2), 193-210.

17 Schumate, E.D. and Wills, H.P.(2010). 'Classroom-based functional analysis and intervention for disruptive and off-task behaviors'. *Education and Treatment of Children,* 33(1), 23-48.

18 Iwata, B.A., Dorsey, M.F., Slifer, K.J., Bauman, K.E. and Richman, G.S.(1982). 'Toward a functional analysis of self-injury'. *Analysis and Intervention in Developmental Disabilities, 2*(1),3-20.

19 For a discussion of some of the limitations affecting the wide-scale use of FBA by schools, see Iovannone, R., Grenbaum, P.E., Wang, Kincaid, D., Dunlap, G. and Strain, P.(2009). 'Randomized controlled trial of the Prevent-Teach-Reinforce (PTR) tertiary intervention for students with problem behaviors: Preliminary outcomes'. *Journal of Emotional and Behavioral Disorders, 17*(4), 213-225; and Forster, M., Morris, R.J., Karlberg, M. and Melin, L.(2012). 'A randomized controlled trial of a standardized behavior management intervention for students with externalizing behavior'. *Journal of Emotional and Behavioral Disorders, 20*(3),169-183.

第15章 （方略13：認知行動療法）

（関連図書）

・Kendall,P.C. (ed.) (2005). *Child and adolescent therapy*：Cognitive-Behavioral procedures. 3rd edn. New York：Guilford publications.

・Mennuti, R.B., Freeman, A. and Christner, R.W. (eds)(2006). *Cognitive-behavioral interventions in educational settings: A handbook for practice.* New York: Routledge.

・Reinecke,M.A., Dattilio,F.M. and Freeman,A. (eds) (2003). *Cognitive therapy with children and adolescents：A casebook for clinical practice.* 2nd edition. New York：Guilford Publications.

【参考文献】

1 National Association of Cognitive- Behavioral Therapists：URL: www.nacbt.org/whatiscbt. htm (accessed 17 December 2012).

2 Meichenbaum, D.H.(1977). *Cognitive-behavior modification : An integrative approach*. New York : Plenum press ; Meichenbaum,D. H. and Goodman,J.(1971). 'Training impulsive children to talk to themselves : A means of developing self-control'. *Journal of Abnormal Psychology*, 77, 115-126.

3 Van de Wiel, N., mattys, W., Cohen-Kettenis, P.C. and Van Engrand, W.(2002). 'Effective treatments of school-aged conduct disordered children : Recommendations for changing clinical and research practices'. *European child and Adolescent psychiatry*, 11, 79-84.

4 Ellis, A.(1975). A new guide to rational living. New York : Prentice Hall.

5 Meichenbaum, op. cit. ; Meichenbaum and Goodman, op. cit.

6 Stallard, P., Simpson, N., Andersoon, S. and Goddard, M.(2008). 'The FRIENDS emotional health prevention programme'. *European Child and Adolescent Psychiatry, 17*(5), 283-289.

7 Etscheidt, S.(1991). 'Reducing aggressive behavior and increasing self-control. A cognitive-behavioral training program for behaviorally disordered adolescents'. *Behavioral Disordes,16*(2), 107-115.

8 Robinson, T.R.(2007). 'Cognitive behavioural interventions: Strategies to help students make wise behavioural choices'. *Beyond Behavior*, 17, 7-13.

9 Pattison, S. and Harris, B.(2006). 'Added value to education through improved mental health : A review of the research evidence on the effectiveness of counseling for children and young people'. *The Australlian Educational Researcher, 33*(2). 97-121.

10 Robinson, T.R., Smith, S.W., Miller, M.D. and Brownell, M.T.(1999). 'Cognitive behavior modification of hyperactivity-impulsivity and aggression : A meta-analysis of school-based studies'. *Journal of Educational Psychology, 91*(2),195-203.

11 Ghafooli, B. and Tracz, S.M.(2001). 'Cognitive-behavioral therapy as

a clinical intervention for childhood disruptive behaviours: A meta-analysis'. ERIC Document Reproduction Service. No. ED 457 182.

12 Van de Wiel et al., op. cit.

13 Lipsey, M.W. and Wilson, D.B.(1993). 'The efficacy of psychological, educational, and behavioral treatment : Confirmation from meta-analysis'. *American psychologist, 48*(12), 1181-1209.

14 Pattison and Harris, op. cit.

15 Compton, S.N.B., Burn, B.J. Egger, H.L. and Robertson, E.(2002). 'Review of the evidence base for treatment of childhood psychopathology : Internalising disorders'. *Journal of Consulting and Clinical Psychology, 70*(6), 1240-1266.

16 Compton et al., op. cit.

17 Breslin, C., Li, S., Sdao-Jarvie, K., Tupker, E. and Ittig-Deland, V.(2002). 'Brief treatment for young substance abusers : A pilot study in an addiction treatment setting'. *Psychology of Addictive Behaviours*,16(1),10-16.

18 James, A., Soler, A. and Weatherall, R.(2005). 'Cognitive behavioural therapy for anxiety disorders in children and adolescents'. *The Cochrane Database of Systematic Reviews*, Issue 4, Art. No. : CD004690.
DOI : 10.1002/14651858.CD004690.

19 Fulong, M., McGilloway, S., Bywater, T., Hutchings, J., Donnelly, M., Smith, S.M. and O'Neill, C.(2010).
'Behavioral/cognitive-behavioral group-based parenting interventions for children age 3-12 with early onset conduct problems (Review)'. *The Cochrane Library 2010*, Issue 1.

20 Barrett, P.M., Dadds, M.R. and Rapee, R.M.(1996). 'Family treatment of childhood anxiety : A controlled Trial'. *Journal of Consulting and Clinical Psychology*,64,333-342.

21 National Child Traumatic Stress Network(USA). URL : www.NCSNet.org. (accessed 2 January 2013).

22 Wood, J., Piacentini, J.C., Southam-gelow, M., Chu, B.C. and Sigman,

M.(2006). 'Family cognitive behavioural therapy for child anxiety disorders'. *Journal of the American of Child and Adolescent osycaiatry*, 45(3), 314-321.

23 Pavuluri, M.N., Graczyk, P.A., Henry, D.B., Cabray, J.A., Heidenreich, J.L. and Miklowitz, D.J.(2006).
'Child- and family-focused cognitive-behavioral therapy for pediatric bipolar disorder'. *Journal of the American Academy of Child and Adolescent Psychiatry*, *43*(5), 528-537.

24 Flannery-Schroeder, E.C. and Kendall, P.C.(2000). 'Group and individual cognitive behavioural treatment for youth with anxiety disorders : A randomized clinical trial'. *Cognitive Therapy and Research*, 24(3), 251-278.

25 Miranda, A. and Presentacion, M.J.(2000). 'Efficacy of cognitive-behavioral therapy in the treatment of children with ADHD, with and without aggressiveness'. *Psychology in the Schools*, *37*(2), 169-182.

26 Miller, L.T., Polatajko, H.J., Missiuna, C.A., Mandich, A.D. and MacNab, J.J.(2001). 'A pilot trial of a cognitive treatment for children with developmental coordination disorder'. *Human Movement Science*, 20, 183-210

27 Bywater, T. and Sharples, J.(2012). 'Effective evidence-based interventions for emotional well-being:
Lessons for policy and practice'. *Research Papers in Education, 27*(4), 2389-408.

28 Shirk, S.R., Kaplinski, H. and Gudmundsen, G.(2009). 'School-based cognitive-behavioral therapy for adolescent depression: A benchmark study'. *Journal of Emotional and Behavioral Disorders, 17*(2), 106-117.

29 White, S.W., Ollendick, T., Albano, A.M., Oswald, D., Johnson, C., Southam-Gerow, M.A., Kim, I. and Scahill, L.(2013). 'Randomized controlled trial: Multimodal Anxiety and Social Skill Intervention for adolescents with autism spectrum disorder'. *Journal of Autism*

and Developmental Disorders, 43, 382-394.

30 Stallard, P., Simpson, N., Anderson, S., Hibbert, S. and Osborn, C.(2007). 'The FRIENDS emotional health programme: Initial findings from a school-based project'. *Child and Adolescent Mental Health, 12*(1), 32-37.

31 Stallard, P., Simpson, N., Anderson, S., Carter, T., Osborn, C. and Bush, S.(2005). 'An evaluation of the FRIENDS programme: A cognitive behavior therapy intervention to promote emotional resilience'.
Archives of Disorders of Childhood, 90(10), 1016-1019.

32 Stallard, P., Richardson, T., Velleman, S. and Attwood, M.(2011). 'Computerized CBT (Think, Feel, Do) for depression and anxiety in children and adolescents: Outcomes and feedback from a pilot randomized controlled trial'. *Behavioural and Cognitive Psychotherapy, 39*(3), 273-284.

33 Wood, J.J., Fujii, C. and Renno, P.(2011). 'Cognitive behavioural therapy in high- functioning autism: Review and recommendations for treatment development'. In B. Reichow, P. Doehring, D.V. Cicchetti and F.R. Volkmar (eds) *Evidence-based practices and treatments for children with autism*. (pp 197-230). New York: Springer.

34 Pelham, W.E. and Gnagy, E.M.(1999). 'Psychosocial and combined treatments for ADHD'. *Mental Retardation and Developmental Disorders, 5*(3), 225-236.

第16章　(方略14：指示的な指導)

(関連図書)

・Archer, A.L. and Hughes, C.A.(2011). *Explicit instruction: Effective and efficient teaching*. New York: The Guilford Press.

・Carnine, D., Sibert, J., Kame'enui, E. and Tarver, S.(2004). *Direct instruction reading*, 4th edn. Upper Saddle River, NJ：Pearson.

・*Journal of Direct Instruction*

・Marchand-Martella, N.E., Slocum, T.A. and Martella, R.C.(eds)(2004). *Introduction to direct instruction.*
Boston, MA: Allyn and Bacon.
〈Web sites〉 (accessed 22 December 2012)
・Association for Direct Instruction：www.adihome.org/phpshop/member.php
・National Institute for Direct Instruction:www.nifdi.org/#top
・What the Data Really Show：Direct Instruction Really Works！:www.jeffindsay.com/ EduData.shtml.
・Zig Engelmann：www.zigsite.com

【参考文献】

1 Hattie, J.(2009). Visible learning: *A synthesis of over 800 meta-analyses relating to achievement.*
Abingdon, Oxon: Routledge, p243.

2 Bereiter, C. and Kurland, M.(1981). 'A constructive look at Follow Through results'. Interchange, 12(1). 1-22. For a commentary, see also, Grossen, B.(1999). *What does it mean to be a research-based profession?* URL：http://personalweb.donet.com/~eprice/resprf.htm. (accessed 20 December 2012).

3 Engelmann, S. and Carnine, D.W.(1982). Theory of instruction：*Principles and applications*. New York：Irvington. Cited by Binder, C. and Watkins, C.L.(1990). 'Precision Teaching and Direct Instruction：Measurably superior instructional technology in schools'. *Performance Improvement Quarterly, 3*(4), 74-96.

4 Sources: Wikipedia. URL：http://en.wikipedia.org/wiki/Direct_instruction (accessed 22 December 2012)；Association for Direct Instruction：www.adihome.org/phpshop/members.php (accessed 2 January 2013)；Kozloff, M.A., LaNunziata, L., Cowardin, J. and Bessellieu, F.B.(2000). *Direct Instruction：Its Contributions to high school achievement.* URL：http://people.uncw.edu/kozloffm/dihighschool.html (accessed 20 December 2012); Marchand-Martella, N., Kinder, D. and Kubina, R.(N.D.). 'Special education

and direct instruction : An effective combination'. Journal of Direct Instruction, 5, 1-36; Watkins, C.L. and Slocum, T.A.(2004). 'The components of Direct Instruction'. Journal of Direct Instruction, 3,75-110; and Hattie, op. cit.

5 www.specialconnections.ku.edu/?q=instruction/teacher_tools/direct_instruction_writing_and_spelling (accessed 30 March 2013)

6 Kameenui, E.J. and Carnine, D.W.(1998). *Effective teaching strategies that accommodate diverse learners.* Upper Saddle River, NJ : Merrill.

7 Ibid.

8 Hattie, op. cit.

9 Coughlin, C.(2011). Research on the effectiveness of Direct Instruction programs: An updated meta-analysis. National Institute for Direct Instruction.

10 White, W.A.T.(1988). 'A meta-analysis of effects of direct instruction in special education'. *Education And Treatment of Children, 11*(4), 364-374.

11 Adams, G.L. and Engelmann, S.(1996). *Research on Direct Instruction : 25years beyond DISTAR.*
Seattle, WA : Educational Achievement Systems.

12 Swanson, H.L.(2000). 'What instruction works for students with learning disabilities? From a meta-analysis of intervention studies'. In R. Gersten, E.P. Schiller and Vaughn, (eds) *Contemporary special education research : Syntheses of the knowledge base on critical instructional issues* (pp.1-30).
Mahwah, NJ : Lawrence Erlbaum Associates.

13 Swanson, H.L. and Sachs-Lee, C.(2000). 'A meta-analysis of single-subject design intervention research for students with LD'. *Journal of Learning Disabilities, 33*(2), 114-136.

14 Gersten, R., Chard, D.J., jayanthi, M., Baker, S.K., Morphy, P. and Flojo, J.(2009). 'Mathematics instruction for students with learning disabilities: A meta-analysis of instructional components'. *Review*

of Educational Research, 79(3), 1202-1242.
15 Marchand-Martella, et al., op. cit.
16 Gersten,R.(1985). 'Direct instruction with special education students : A review of evaluation research'.
The Journal of Special Education, 19(1), 41-58.
17 Becker, W. and Carnine, D.W.(1981). 'Direct Instruction : A Behavior theory model for comprehensive educational intervention with the disadvantaged'. In S.W. Bijou and Ruiz (eds) *Behavior modification : Contributions to education* (pp. 145-210). Hillsdale, NJ : Lawrence Erlbaum Associates.
18 Meyer, L.(1984). 'Long-term academic effects of the Direct Instruction Project Follow Through'.
Elementary School Journal, 84(4), 380-394.
19 Flores, M.M. and Ganz, J.B.(2009). 'Effects of Direct Instruction on the reading comprehension of students with autism and developmental disabilities'. *Education and Training in Developmental Disabilities, 44*(1), 39-53.
20 Engelmann, S., Haddon, P., Hanner, S. and Osborn, J.(2002). *Corrective reading thinking basics: Comprehension level A.* Columbus OH: SRA McGraw-Hill.
21 Schweinhart, L., Weikart, D. and Larner, M.(1986). 'Consequences of three preschool curriculum models through age 15'. *Early childhood Research Quarterly, 1*(1), 15-45.
22 Mills, P.E., Cole, K.N., Jenkins, J.R. and Dale ,P.S.(2002). 'Early exposure to direct instruction and subsequent juvenile delinquency : A prospective examination'. *Exceptional Children, 69*(1), 85-96.
23 Grossen, B.(2004). 'Success of a Direct Instruction model at a secondary level school with high risk students'. *Reading and Writing Quarterly, 20*(2), 161-178.
24 See Skinner, C.H.(2010). 'Applied comparative researchers must measure learning rates: A commentary of efficiency articles'.

Psychology in the Schools, 47, 166-172.

第17章 (方略15：形成的アセスメントとフィードバック)

(関連図書)

・Campbell, D.M., Cignetti, P.B., Melenyzer, B.J., Nettles, D.H. and Wyman, R.M.(2006). *How to develop a professional portfolio：A manual for teachers.* Boston, MA：Pearson Education.

【参考文献】

1 Watkins, A. and Meijer, C.(2010). 'The development of inclusive teaching and learning: A European perspective'. In R. Rose (ed.) *Confronting obstacles to inclusion: International response to developing inclusive education.* (Chapter 16). Abingdon, Oxon: Routledge.

2 Weston, C., McAlpine, L. and Bordonaro, T.(1995). 'A model for understanding formative evaluation in instructional design'. *Educational Technology Research and Development, 43*(3), 29-49.

3 Englert, C.S., Tarrant, K.L. and Mariage, T.V.(1992). 'Defining and redefining instructional practices in special education：Perspectives on good teaching'. *Teacher Education and Special Education, 5*(2), 62-86；Florian, L. and Rouse, M.(2000). 'Investigating effective classroom practice in inclusive secondary schools in England'. Paper presented at the Special Education World Congress, Vancouver, Canada, April 2000；Stanovich, P.J. and Jordan, A.(1998).' Canadian teachers' and principals' beliefs about inclusive education as predictors of effective teaching in heterogeneous classroom'. *The Elementary School Journal, 98*(3), 221-238.

4 Hattie, J. and Timperley, H.(2007). 'The power of feedback'. *Review of Educational Research,* 77, 81-112, p81.

5 Shute, V.J.(2008). 'Focus on formative feedback'. *Review of Educational Research, 78*(1), 153-189. P154.

6 Hattie, J.(1999). *Influences on student learning.* Inaugual lecture, University of Auckland, New Zealand.

7 Brown, G.(2001). *Assessment：A guide for lectures.* Nottingham：LTSN Generic Centre.
8 Werts, M.G., Caldwell, N.K. and Wplery, M.(2003). 'Instructive feedback: Effects of a presentation variable'. Journal of Specific Education, 37, 124-133.
9 Schunk, D.H. and Cox, P.D.(1986). 'Strategy training and attributional feedback with learning disabled students'. *Journal of Educational Psychology, 78*(3), 201-209.
10 Woodward, J. and Rieth, H.(1997). 'A historical review of technology research in special education'.
Review of Educational Research, 67(4), 503-536.
11 Shute, op. cit.
12 Ibid.
13 Ibid.
14 Hattie, J.(2009). Visible learning: *A synthesis of over 800 meta-analyses rating to achievement.*
Abingdon, Oxon: Routledge.
15 Fuchs, L.A. and Fuchs, D.(1986). 'Effects of systematic formative evaluation：A meta-analysis'.
Exceptional Children, 53(3), 199-208.
16 Ysseldyke, J.E.(2001). 'Reflections on a research career：Generalizations from 25 years of research on assessment and instructional decision making'. *Exceptional Children, 67*(3), 295-308.
17 Bloom, L.A., Hursh, D., Weinke, W.D. and Wold, R.K.(1992). 'The effects of computer-assisted data collections on students' behaviours'. *Behavioral Assessment, 14*(2), 173-190.
18 Fuchs, L.S., Deno, S.L. and Mirkin, P.K.(1984). 'The effects of frequent curriculum-based measurement and evaluation on pedagogy, student achievement, and student awareness of learning'. *American Educational Research Journal*, 21, 449-460.
19 Hattie, op. cit., p173.
20 Hattie, J.(2003). *Teachers make a difference：What is the research*

evidence? Presentation to Australian Council for Educational Research Annual Conference on Building Teacher Quality.
21 Hattie(1999), op. cit.
22 Gersten, R., Chard, D.J., Jayanthi, M., Baker, S.K., Morphy, P. and Flojo, J.(2009). 'Mathematics instruction for students with learning disabilities: A meta-analysis of instructional components'. *Review of Educational Research, 79*(3), 1202-1242.
23 Lysakowski, R.S. and Walberg H.J.(1982). 'Instructional effects of cues, participation and corrective feedback : A quantitative synthesis'. *American Educational Research Journal, 19*(4), 559-578.
24 Smith, H. and Higgins, S.(2006). 'Opening classroom interaction : The importance of feedback'.
Cambridge Journal of Education, 36(4), 485-502.
25 Ysseldyke, op. cit.
26 Hays, M.J., Kornell, N. and Bjork, R.A.(2010). 'The costs and benefits of providing feedback during learning'. *Psychometric Bullentin and Review, 17*(6), 797-801.

第18章 （方略16：支援技術）

（関連図書）

- Brandt, A., Alwin, J., Antilla, H., Samuelsson, K. and Salminen, A-L. (2012). 'Quality of evidence of assistive technology interventions for people with disability: An overview of systematic reviews'. *Technology and Disability, 24*(1), 9-48.
- Edyburn, D., Higgins, K. and Boone, R. (eds) (2005). Handbook of special education technology research and practice. Whitefish Bay, WI: Knowledge by Design.
- McKeown, S. and McGlashan, A.(2012). *Brilliant ideas for using ICT in the inclusive classroom*. Abingdon, Oxon: Routledge.
- Sadao, K.C. and Robinson, N.B.(2010). *Assistive technology for young children: Creating inclusive environments*. Baltimore, MD: Paul H. Brookes.

（雑誌）

Assistive Technology Outcomes and Benefits
Journal of Educational Computing
Journal of Special Education Technology
Special Education Technology Practice

ウエブサイト（2012年11月14日アクセス）

●オーストラリア：

http://education.qld.gov.au/curriculum/learning/students/ disabilities/process/dssu.html

●英国：

http://callcentre.education.ed.ac.uk/
www.inclusive.co.uk/infosite/index.shtml,www.abilitynet.co.uk/
www.abilitynet.co.uk/

●米国：

www.seat.ilstu.org/
www.fctd.info/webboard/index.php
http://assistiveteach.net/

●ニュージーランド：

www.inclusive.org.nz/atr

【参考文献】

1 Individuals with Disabilities Education Act of 1990,20 USC. 1401 definitions,(a)(25).
2 Estevez, M.M.(2009). D.3.1. Report on current Assistive Technologies situation at the Eu level.
Tecforlife. URL:www.tecforlife.eu/media/D.3.1.AT_Situation_at_the_EU_level.doc (accessed 30 March 2013).
3 Alper, S. and Raharinirina, S.(2006). 'Assistive technology for individuals with disabilities: A review and synthesis of the literature'. *Journal of Special Education Technology, 21*(2), 47-64.
4 The good news, however, is that a project called 'One Laptop Per Child' aims to have cheap laptops available for developing countries from 2007 onwards. They will be sold to governments

and issued to children by schools. They will be rugged, open source, and so energy efficient that a child can power them manually. Mesh networking will give many machines internet access from one connection. The pricing goal started near $U100 and is planned to steadily decrease. By mid-2007, several million were expected to reach Brazil, Argentina, Uruguay, Nigeria, Libya, Pakistan, Thailand and Palestinian territory. For updates, see the One Laptop Per Child website: www.laptop.org/ (accessed 3 January 2013).

Another recent development revolves around the use of mobile technology. It is estimated that by 2015 sub-Saharan Africa will have more people with mobile phone network access than access to electricity in their homes (Cisco Global Mobile Data Traffic Forecast for2010-2015). Capitalizing on this development, many teachers in this region are now downloading video content using their mobile phones, which are connected to televisions in their classrooms. Similarly, links between schools (some in developing countries) using mobile phones are increasing. See URL www.guardian.co.uk/teacher-network/teacher-blog/2012/nov/06/technology-global-learning-teaching (accessed 15 November 2012).

5 Technology-Related Assistance for Individuals with Disabilities Act of 1989,PL 100-407 Title 29, Usc 2201 *et seq* : *US Statues at Larege*, 102, 1044-1065.

6 OECD(2103). *Trends shaping education*. Paris: Author.

7 See the following: Emiliani, P>L., Stephanidis, C. and Vanderheiden, G.(2011). 'Technology and inclusion- Past, present and foreseeable future'. *Technology and Disability,* 23, 101-114; Nisbet, P. and Poon, P.(1998). *Special access technology*. Edinburgh: CALL Centre; and Wikipedia: http://en.wikipedia.org/wiki/Assistive_technology (accessed 2 January 2013).

8 Shane, H.C., Blackstone, S., Vanderheiden, G., Williams, M. and

DeRuyter, F.(2012). 'Using AAC technology to access the world'. Assistive Technology, 24, 3-13; Beukelman, D.R. and Mirenda, R.(2005).
Augmentative and alternative communication: Management of severe communication disorders in children and adults. Baltiomre, MD: Paul H. Brookes; Wilson, M.(2011). 'APPSolutely accommodating'.
Assistive Technology, 26(2), 55-60; Zickuhr, K.(2011). Generations and their gadgets. Pew Research Center's Internet and American Life Project. URL:http://pewinternet.org/Reports/2011/Generations-and-gadgets.aspx (accessed 17 October 2012); and Cumming T., Rodriguez, C.D. and Strnadova, I.(2013).
Aligning iPad applications with evidence-based practices in inclusive and special education.
URL: www.igi-global.com/shapter/aligning-ipad-applications-evidence-based/74905 (accessed 30 March 2013)

9 Emiliani et al., op. cit.

10 See URL: www.technology.org.uk/ (accessed 30 March 2103).

11 Scherer, M.J.(1996). *Living in a state of stuck : How technology impacts the lives of people with disabilities.* 2nd edn. Cambridge : Brookline Books.

12 Zaidman-Zait, A. and Jamieson, J.R.(2007). 'Providing Web-based support for families of infants and young children with established disabilities'. *Infants and Young Children, 29*(1), 11-25.

13 Smith, D.D. and Tyler, N.C.(2011). 'Effective inclusive education: Equipping education professionals with necessary skills and knowledge'. Prospects, 41, 323-229.

14 Zaidman-Zait and Jamieson, op. cit.

15 Nisbet and Poon, op. cit.

16 Hattie, J(2009). Visible learning: A synthesis of over 800 meta-analyses relating to achievement.
Abingdon, Oxon: Routledge.

17 Schmidt, M., Weinstein, T., Niemic, R. and Walberg, H.J.(1985/1986). 'Computer-assisted instruction with exceptional children'. *The Journal of Special Education, 19*(4), 493-501.

18 Fitzgerald, G. and Koury, K.(1996). 'Empirical advances in technology –assisted instruction for students with mild and moderate disabilities'. *The Journal of Research on Computing in Education*,28(4),526-553；Howell, R.(1996). 'Technological aids for inclusive classroom'. *Theory into Practice*,35(1),58-65.

19 Heimann, M., Nelson, K.E., Tjus, T. and Gillberg, C.(1995). 'Increasing reading and communication skills in children with autism through an interactive multimedia computer program'. *Journal of Autism and Developmental Disorders, 25*(5), 459-480.

20 Shaw, R. and Lewis, V.(2005). 'The impact of computer-mediated and traditional academic task presentation on the performance and behaviour of children with ADHD'. Journal of Research in Special Educational Needs, *5*(2), 47-54.

21 McDonald, N., Trautman, T. and Blick, L.(2005). 'Computer-assisted middle school mathematics remediation intervention：An outcome study'. The American Education Corporation. URL：www.amered.com/ docs/ buhl_ research.pdf.(accessed 15 January 2007).

22 Raskind, M.H. and Higgins, E.L.(1999). 'Speaking to read：The effects of speech recognition on the reading and spelling performance of children with learning disabilities'.*Annals of Dyslexia*,49,251-281.

23 Schere, op. cit.

24 Kintsch, A. and DePaula, R.(2002).

第19章 （方略17：拡大代替コミュニケーション：AAC）

（関連図書）

・*Augmentative and alternative communication* (Journal)

・Beukelman,D.R. and Mirenda,P.(1999). *Augmentative and alternative communication：Management of severe communication disorders in*

children and adults. 2nd edn. Baltimore, MD：Paul H.Brookes.
・Milenda, P. and Iacono, T. (eds)(2009). *Autism spectrum disorders and AAC*. Baltimore, MD: Paul H. Brookes.
・Shlosser,R.W.(2003). *The efficacy of augmentative and alternative communication：Toward evidence-based practice*. San Diego, CA：Academic Press.

【参考文献】

1 It is estimated that between 2.5 per cent and 6 per cent of learners with special educational needs could benefit from using augmentative or alternative communication systems (Lue, M.S.(2001). *A survey of communication disorders for the classroom teacher*. Toronto：Allyn and Bacon,p.213.)

2 UN Convention on the Rights of Disabled Persons, Article 24(3)(a)(b).

3 Lund, S.K. and Light, J.(2006). 'Long-term outcomes for individuals who use augmentative and alternative Communication：Part Ⅰ - What is a "good" outcome? *Augmentative and Alternative Communication, 22*(4), 284-299.'

4 Shane, H.C., Blackstone, S., Vanderheiden, G., Williams, M. and DeRuyter, F.(2012). 'Using AAC technology to access the world'. Assistive Technology, 24, 3-13; Bekelman, D.R. and Milenda, R.(2005).
Augmentative communication: Management of severe communication disorders in children and adults.
Baltimore, MD: Paul H. Brookes; and Zickuhr, K.(2011). *Generations and their gadgets*. Pew Research Center's Internet and American Life Project. URL: http://pewinternet.org/Reports/2011/Generations-and-Gadgets.aspx (accessed 17 October 2012).

5 Sigafoos, J.(2010). 'Introduction to the special issue on Augmentative and Alternative Communication'.
Journal of Developmental Physical Disabilities, 22, 101-104.

6 Beukelman, D.R. and Mirenda, P.(1999). *Augmentative and*

Alternative communication : Management of severe communication disorders in children and adults. 2nd edn. Baltimore, MD : Paul H. Brookes.

7 Ganz, J.B., Earles-Vollrath, T.L., Heath, A.K., Parker, R.I., Rispoli, M.J. and Duran, J.B.(2012). 'A meta-analysis of single case research studies on aided augmentative and alternative communication systems with individuals with autism spectrum disorders'. Journal of Autism and Developmental Disorders, 42, 60-74.

8 Milar, D., Light, J.C. and McNaughton, D.B.(2004). 'The effect of direct instruction and writer's workshop on the early writing skills of children who use augmentative and alternative communication'. *Augmentative and Alternative Communication, 20*(3), 164-178.

9 Dyslexia Association of Ireland(2004). *Computers and assistive technology*. URL : www.dyslexia.ie/comp.htm.

10 Sennott, S. and Bowker, A.(2009). 'Autism, AAC and Proloquo2Go'. *Perspectives on Augmentative and Alternative Communication,* 18, 137-145.

11 For a more detailed explanation and examples of individual graphic sign systems, see von Tetschner, S. and Martinsen, H.(1992). *Introduction to symbolic and augmentative communication.* San Diego, CA : Singular Publishing Group.

12 Bondy, A. and Frost, L.(1994). 'The Picture Exchange Communication System'. *Focus on Autistic Behavior*, 9, 1-19. URL : www.pecs.com. (accessed 3 January 2013).

13 Sigafoos, J. and Drasgow, E.(2001). 'Condition use of aided and unaided AAC : A review and clinical case demonstration'.*Focus on Autism and Other Developmental Disabilities, 16*(3), 152-161.

14 Schlosser, R.W. and Lee, D.L.(2000). 'Promoting generalization and maintenance in augmentative and alternative communication : A meta-analysis of 20 years of effectiveness research'. *Augmentative and Alternative Communication*, 16(4), 208-226.

15 Goldstein,H.(2002). 'Communication intervention for children with

autism : A review of treatment efficacy'. *Journal of Autism and Developmental Disorders, 32*(5),373-396.

16 Light, J. and McNaughton, D.(2012). 'Supporting the communication, language, and literacy development of children with complex communication needs: State of science and future research priorities'. *Assistive Technology*, 24, 34-44; and Schlosser, R.W. and Wendt, O.(2008). 'Effects of augmentative Effects of augmentative and alternative communication intervention on speech production in children with autism: A systematic review'. *American Journal of Speech-Language Pathology,* 17, 212-230.

17 Mirenda,P.(2001). 'Autism, augmentative technology and assistive technology. What do we really know?' *Focus on Autism and Other Development Disabilities, 16*(3), 141-152.

18 Bondy, A. and Frost, L.(1998). 'The Picture Exchange Communication System'. *Topics in Language Disorders*,19,373-390.

19 Schwartz, I., Garfinkle, A. and Bauer, J.(1998). 'The Picture Exchange Communication System : Communicative outcomes for young children with disabilities'. *Topics in Early Childhood Special Education, 18*(3), 144-159.

20 Gantz, J.B. and Simpson, R.L(2004). 'Effects on communicative requesting and speech development of the Picture Exchange Communication System in children with characteristics of autism'. *Journal of Autism and Developmental Disorders*, 34(4), 395-409.

21 Schlosser, R.W., Wendt, O. and Beretvas, S.N.(2007). The effects of the Picture Exchange Communication System(PECS) on prelinguistic behaviors, speech production, and expressive social regulation and communicative functions in children with Autism Spectrum Disorders(ASD).
URL: www.campbellcollaboration.org (accessed 18 October 2012)

22 Doehring, P. and Winterling, V.(2011). 'The implementation of evidence-based practices in public schools'. In B. Reichow, P. Doehring, D.V. Ciccetti and F.R. Volmar (eds), *Evidence-based*

practices and treatments for children with autism (pp343-363). New York: Springer.

23 Ganz, et al., op. cit.

24 Machalicek, W., Sanford, A., Lang, R., Rispoli, M., Molfenter, N. and Mbeseha, M.K.(2010). 'Literacy interventions for students with physical and developmental disabilities who use aided AAC devices: A systematic review'. *Journal of Developmental and Physical Disabilities*, 22, 219-240.

25 Cafiero, J.M.(2001). 'The effects of an augmentative communication intervention on the communication, behavior, and academic program of an adolescent with autism'. *Focus on Autism and other Developmental Disorders, 16*(3), 179-189.

26 Carter, M. and Maxwell, K.(1998). 'Promoting interaction with children using augmentative communication through a peer-directed intervention'. *International Journal of Disability, Development and Education, 45*(1), 75-96.

27 VanderMeer, L., Kagohara, D., achmadi, D., Green, V.A., O' Reilly, M.F., Lancioni, G.E., Lang, R., Rispoli; M., Herrington, C. and Sigafoos, J.(2011). 'Teaching functional use of an iPod-based speech generating device to individuals with developmental disabilities'. *Journal of Special Education Technology, 26*(3), 1-11.

28 Flores, M., Musgrave, K., Renner, S., Hinton, V., Strozier, S., Franklin, S. and Hil, D.(2012). 'A comparison of communication using the Apple iPad and a picture-based system'. *Augmentative and Alternative Communication, 28*(2), 74-84.

29 Clarkle, M., McConachie, H.,Price,K. and Wood, P.(2001). 'Views of young people using augmentative and alternative communication systems'. *International Journal of Language and Communication Disorders, 36*(1), 107-115.

30 Mathis, H., Sutherland, D. and Mcauliffe, M.(2011). 'The effect of pause time upon the communication interactions of young people who use augmentative and alternative communication'.

International Journal of Speech-Language Pathology, 13(5), 411-421.
31 See for example, Lund, S.K. and Light, J.(2007). 'Long-term outcomes for individuals who use AAC: Part II communication interaction'. *Augmentative and Alternative Communication, 23*(1), 1-15
32 Hall, L.J., McClannahan, L.E. and Krantz, P.J.(1995). 'Promoting independence in integrated classrooms by teaching aides to use activity schedules and decreased prompts'. *Education and Training in Mental Rtardation, 30*(3), 208-217.
33 Grycman, M.(2009). *Wplyw komunikacji alternatywnej na efekttwnosc*… PhD thesis, Uniwersytet Kazimieza Wielkiego in Bygdoszcz, Poland. As summarized by Daniel Makos, May 2012.
34 Schlosser, R.W. and Sigafoos, J.(2006). 'Augmentative and alternative communication interventions for persons with developmental disabilities : Narrative review of comparative single-subject experimental studies'. *Research in Developmental Disabilities, 27*(1), 1-29.
35 Reddington, J. and Coles-Kemp, L.(2011). 'Trap hunting: Finding personal data management issues in next generation AAC devices'. Processing of the 2nd Workshop on Speech and Language Processing for Assistive Technologies (pp32-42), Edinburgh, Scotland, UK, 30 July 2011, Association for Computational Linguistics.
36 Clarke, et al., op. cit.
37 American Speech- Language- Hearing Association(1997-2004). Augmentative and Alternative Communication Decisions.
URL : www. ashs. org/ public/ speech/ disorders/ Communication + Decisions.htm. (accessed 9 January 2007).
38 Mirenda,P.(2003). 'Toward functional augmentative and alternative communication for students with autism : Manual signs graphic symbols, and voice output communication aids'. *Language, Speech, and Hearing Services in Schools*, 34, 203-216.

39 Beukelman and Mirenda, op. cit.
40 For example, account should be taken of the 'cultural needs' of teenagers with complex communication needs as they negative transitions to adult roles. This means helping them access the increasingly wide range of technology such as iPads and iPhones and social media tools such as texting, Facebook and Twitter (see McNaghton, D., Bryen, D., Williams, M. and Kennedy, P.(2012). 'Young adults complex communication needs: Research and development in AAC for a "diverse" population'. *Assistive Technology*, 24, 45-53).
41 Beukelman and Mirenda, op. cit.
42 Reddington and Coles-Kemp, op. cit.

第20章 （方略18：音韻認識と音韻処理）

（関連図書）

・Adams, M., Foorman, B., Lundberg, I. And Beeler, T.(1998). *Phonemic awareness in young children.*
Baltimore, MD : Paul H. Brookes.
・Gillon, G.(2004). *Phonological awareness: From research to practice.* New York: The Guilford Press.
・Goldsworthy, C.L.(1998). *Sourcebook of phonological awareness activities : Children's Classic Literature.*
San Diego, CA : Singular Publishing Group.
・Kamli, M.L., Pearson, P.D., Moje, E.B. and Afflerbach, P. (eds)(2011). *Handbook of reading research (Vol.4).*
New York: Routledge.
・McCormic, C., Throneburg, R. and Smitley, J.(2002). *A sound start : Phonemic awareness lessons for reading success.* New York : The Guildford Press.

【参考文献】

1 Torgesen, J. and Mathes, P.(1998). *What every teacher should know about phonological awareness.*

Florida Department of Education : Bureau of Instructional Support, Division of Public Schools and Community Education. URL : www.firn.edu/commhome/pdf/phon9872.pdf. (accessed 8 January 2007).

2 Adams, M.J., Foorman, B.R., Lundberg, I. And Beeler, T.D.(1998). 'The elusive phoneme : Why phonemic awareness is so important and how to help children develop it'. *American Educator*,22(1 and 2),18-29.

3 Smith, S.B., Simmons, D.C. and kame' enui, E.J. *Synthesis of research on phonological awareness : principles and implication for reading acquisition.* Eugene, OR : University of Oregon.
URL: http://idea.uoregon.edu/˜ncite/documents/techrep/tech21.html. (accessed 8 January 2007).

4 ibid.

5 Aaron, P.G., Joshi, R.M., Gooden, R. and Bentum, K.E.(2008). 'Diagnosis and treatment of reading disabilities based on the component model reading: An alternative to the discrepancy model of LD'.
Journal of Leading Disabilities, 41, 67-84.

6 Tunmer, W.E. and Chapman, J.W.(2012). 'The simple view of reading redux: Vocabulary knowledge and the independent components hypothesis'. *Journal of Learning Disabilities, 47*(5), 453-466; and Gough, P.B. and Tunmer, W.E.(1986). 'Decoding, reading and reading disability'. *Remedial and Special Education,* 7, 6-10.

7 Everatt, J.E. and Reid, ag.(2009). 'Dyslexia: An overview of recent research'. In G. Reid, G. Elbeheri, J. Wearmouth and D. Knight (eds), *The Routledge companion to dyslexia* (pp3-21). Abingdon, Oxon: Routledge.

8 Shu, H., Chen, X., Anderson, R.C., Wu, N. and Xuan, Y.(2003). 'Properties of school Chinese: Implications for learning to read'. *Child Development,* 74, 27-47.

9 Chung, K.K.H., McBride-Chang, C., Cheung, H. and Wong, S.W.L.(2013). 'General auditory processing, speech perception and phonological awareness skills in Chinese-English biliteracy'. *Journal of Research in Reading, 36*(2), 202-222.

10 Alba, L.(2002). 'Glossary of speech- and language-related terms'. Children's Speech Care Center.
Torrance, Ca. URL : www. childspeech. net/ glossary. html. (accessed 6 January 2013).

11 Goldsworthy, C.L.(1998). *Sourcebook of phonological awareness activities : Children's Classic Literature.*
San Diego, CA: Singular Publishing Group.

12 Tunmer, W.E., Chapman,J .W., Greaney,K.T. and Prochnow, J.E.(2002). 'The contribution of educational psychology to intervention research and practice'. *International Journal of Disability, Development and Education,49*(1),11-29.

13 Based on Goldsworthy, op. cit. ; Learning Disabilities Association of America.
URL : www. Idamerica. org/ aboutld/ teacher/ teaching_reading/ phonology. Asp (accessed 23 December 2006).

14 Coyne, M.D., Kame'enui, E.J. and Simmons, D.C.(2001). 'Prevention and intervention in beginning reading : Two complex systems'. *Learning Disabilities Research and Practice, 16*(2), 62-73.

15 Clendon, S., Gillon, G. and Yoder, D.(2005). 'Initial insights into phoneme awareness intervention for children with complex communication needs'. *International Journal of Disability, Development and Education,52*(1),7-31.

16 National Reading Panel(2000). *Report of the National Reading Panel : Teaching children to read.*
Washington, DC. : National Institute of Child Health and Human Development.
URL : www.nichd.nih.gov/new/releases/nrp.htm/

17 Hattie, J.(2009). Visible learning: A synthesis of over 800 meta-

analyses relating to achievement Abingdon, Oxon: Routledge.

18 Bus, A.G. and Ijzendoorn, M.H.(1999). 'Phonological awareness and early reading: A meta-analysis of experimental training studies'. *Journal of Educational Psychology, 91*(3), 403-414.

19 What Works Clearinghouse. URL : www. whatworks. ed. gov ; Baker, T. and Torgesen, J.K.(1995). 'An evaluation of computer-assisted instruction in phonological awareness with below average readers'.
Journal of Educational Computing Research, 13(1), 89-103.

20 Gillon, G. and Dodd, B.(1997). 'Enhancing the phonological processing skills of children with specific reading disability'. *Europe Journal of Disorders in Communication, 32*(2), 67-90.

21 Gillon, G. and Dodd, B.(1995). 'The effects of training phonological, semantic, and syntactic processing skills in spoken language on reading ability'. *Language, Speech and Hearing Services in Schools, 26*(1), 58-68.

22 Research carried out by Bradley and Bryant, as summarized by Meyer, R.E.(2001). 'What good is educational psychology? The care of cognition and instruction'. *Educational Psychologist, 36*(2), 83-88.

23 Hurford, D.P., Johnston, M., Nepote, P., Hampton, S., Moore, S., Neal, J., Mueller, A., McGeorege, K., Huff, L., Awad, A., Tatro, C., Juliano, C. and Huffman, D.(1994). 'Early identification and remediation of phonological processing deficits in first-grade children at risk for reading disabilities'. *Journal of Learning Disabilities, 27*(10), 647-659.

24 Torgeson, J.K., Wagner, R.K., Rashotte, C.A., Rose, E., Lindamood, P., Conway, T. and Garvan, C.(1999).
'Preventing reading failure in young children with phonological processing disabilities : Group and individual responses to instruction'. *Journal of Educational Psychology, 91*(4), 579-593.

25 Hatcher, P.J., Hulme, C.K. and Snoling, M.(2004). 'Explicit phoneme

training combined with phonic reading instruction helps young children at risk of reading failure'. *Journal of Child Psychology and Psychiatry and Allied Disciplines, 45*(2), 338-358.

26 Bowyer-Crane, C., Snowling, M.J. Duff, F.J., Feldsend, E., Carroll, J.M., Miles, J., Gotz, K. and Hulme, C.(2008). 'Improving early language and literacy skills: Differential effects of an oral language versus a phonology with reading intervention'. Journal of Child Psychology and Psychiatry and Allied Disciplines, 49(4), 422-432.

27 Greaney, K., Tunmer, W. and Chapman, J.(1997). 'The effects of rime-based orthographic analogy training on the word recognition skills of children with reading disability'. *Journal of Educational Psychology, 89*(4), 645-651.

28 Summarized in Tunmer et al., op. cit.(2002). 'The contribution of educational psychology to intervention research and practice'. *International Journal of Disability, Development and Education, 49*(1), 11-29.

29 Ryder, J., Tunmer, W. and Greaney, K.(2008). 'Explicit instruction in phonemic awareness and phonemically based decoding skills as an intervention strategy for struggling readers in whole language classrooms'. *Reading and Writing,* 21, 349-369.

第21章 （方略19：室内の物理環境の質）

（関連図書）

・De Gregori, A.(2011). *Re-imagining the classroom: Opportunities to link recent advances in pedagogy to physical settings*. New York: McGraw Hill Research Foundation.

・Higgins,S., Hall,K., Woolner,P. and McCaughey,C.(2005). *The impact of school environments: A literature review*. Produced for the Design Council by Centre for Learning and Teaching, University of Newcastle, UK.

・National Clearing House for Educational facilities : URL:www.ncef (Note: this clearing house is not operating from September 2012, but its very useful archive is available.)

【参考文献】

1 For a discussion of these factors, see Mitchell, D. and Karr, V.(2014). *Conflict, disaster and disability.*
Abingdon, Oxon: Routredge.

2 See, for example, Shettler, T.(2001). 'Toxic threats to neurologic development of children'.
Environmental Health Perspectives, 109 (supplement 6), 813-816.

3 For example, in 1999 in the USA, fifty per cent of schools reported that at least one of nine critical building features at their school was in less than adequate conditions, while three-quarters of them had more than one building feature in a less-than-adequate condition. Schools with the highest concentration of poverty were more likely to report that at least one building feature was in a less-than-adequate condition. Source: National Center for Educational Statistics, *Conditions of America's public school facilities.* URL: http://nces.ed.gov/pubs99/1999048.pdf (accessed 2 January 2013).
URL: http://nces.ed.gov/surveys/frss/publications/2000032/index.asp?sectionID=2 (accessed 2 December 2013).

4 Most developed countries and some developing countries have building codes that require accessibility to the built environment. For example, in New Zealand, the Building Act 2004 includes the need to provide 'reasonable and adequate provisions' for disabled people to 'enter and carry out normal activities and processes' in a building. (Section 118). The Australian Disability Discrimination Act of 1992 makes it unlawful to refuse access to, or use of, a building or premise because of a person's disability. In the US, the American with Disabilities Act of 1990 was the first piece of legislation in the world to guarantee disabled people access similar to that of non-disabled people to a wide range of public facilities.
In Contrast, there is ample evidence to show that the lack

of accessibility of the built environment is one of the main impediments to participation of people with disabilities in most developing countries. See, for example, Banda-Chalwe, M., Nitz, J.C. and de Jonge, D.(2012). 'Grobalising accessibility: Drawing on the experiences of developed countries to enable the participation of disabled people in Zambia'. *Disability and Society, 27*(7), 917-934.

5 Vogel, C.L.(2008). 'Classroom design for living and learning with autism'. Autism, Aspergerer's Digest, May/June.

6 Department for Education and Employment(2009). Building Bulletin 102(BB102) Designing for disabled children and children with special educational needs. London: Author.

7 Council for Exceptional Children(1997).*CEC Code of Ethics and Standards of Practice*. Reston, VA : CEC.

8 Lang, D.(1996).Essential criteria for an ideal learning environment. NEW Horizons for learning.
URL:www.newhorizons.org/strategies/learning_environments/lang.htm. (accessed 28 December 2006).

9 Ibid.

10 Crowther, I.(2003). *Creating effective learning environments*. Scarborough : Thompson Canada.

11 General Accounting Office(1996). School facilities: America's schools report differing conditions. GAO Report Number HEHS-96-103. Washington, DC: Author.

12 Ministry of Education (nd). Designing quality learning spaces: Heating and insulation. Wellington: Author. URL: www.minedu.govt.nz/~/media/MinEdu/Files/EducationSectors/PrimarySecondary/PropertyToolbox/ModernLearning/HeatingInsulation.pdf (accessed 18 April 2013).

13 URL: www.ppta.org.nz/index.php/resources/publication-list/2175-temperature-health-safety (accessed 18 April 2013).

14 The Collaborative for High Performance Schools. Best Practices Manual, 2002 Edition. Ⅲ : Criteria.

2002. URL：www.chps.net/manual/documents/2002_updates/CHPSvⅢ.pdf (accessed 28 December 2006).

15 Lang, op. cit.

16 www.epilepsy.org.uk/info/photo_other.html (accessed 2 January 2013).

17 Anshel, J.R.(2000). Kids and computers：*Eyes and visual systems.* The RSI Net-work, Issue 42.
URL：www.tifaq.org/articles/kids & computers-jan00-jeffrey_anshel.html (accessed 2 January 2007).

18 Schmidt, C., Andrews, M. and McCutcheon, J.(1998). 'An acoustical and perceptual analysis of the vocal behaviour of classroom teachers'. *Journal of Voice,12*(4), 434-443.

19 Blake, P. and Busby, S.(1994). 'Noise levels in New Zealand junior classrooms：Their impact on hearing and teaching'. *New Zealand Medical Journal,107*(985),357-358.

20 ASHA Working Group on Classroom Acoustics (2005). *Acoustics in educational Settings: TechnicalReport*: and ASHA Special Interest Division 16, and Educational Audiology Association(2002).
'Appropriate school facilities for students with speech-language-hearing disorders7. Technical Report,
ASHA Supplement 23.

21 A decibel is a 'unit of measurement of the loudness or strength of a signal. One decibel is considered the smallest difference in sound level that the human ear can discern. A whisper is about 20dB. A normal conversation is typically from 60 to 70dB, and a noisy factory from 90 to 100dB. Loud thunder is approximately 110dB, and 120dB boarders on the threshold of pain'. www.answers.com (accessed 2 January 2013).

22 The World Health Organization recommends that to be able to hear and understand spoken messages in classrooms, the *background sound level* should not exceed 35dB during teaching sessions; for hearing impaired children, a still lower sound level

may be needed. For outdoor playgrounds the sound level of the noise from external sources should not exceed 55dB, the same value given for outdoor residential areas in daytime. It further recommends that the *reservation time* in classrooms should be about 0.6 seconds, and preferably lower for hearing impaired children; for assembly halls and cafeterias inschool buildings., it should be less than 1 second (World Health Organization(1999). Guidelines for community noise. Geneva: WHO).

In a similar vein, US regulations state that background noise should not exceed 35dB for core (classroom) learning spaces, 40dB for ancillary learning spaces such as cafeteria and gyms, and 45dB for other ancillary learning spaces, such as corridors if no formal instruction takes place there. Reverberation times for unoccupied, furnished core learning spaces is 0.6 seconds or 0.7 seconds, depending on the size of the room (ANSI SI2.60-200X, Acoustical Performance Criteria, Design Requirements and Guidelines for Schools, Final draft submitted to ASA/S12 in September, 2001 for second ballot).

For the UK, refer to the DfES *Building Bulletin 93* (2003), which specifies acoustic design for schools under the following headings; indoor ambient noise levels, airborne sound insulation, reverberation time, sound absorption in corridors and stairwells, and speech intelligibility in open plan spaces.

23 Bennetts, L.K. and Flynn, M.C.(2002). 'Improving the classroom listening skills of children with Down syndrome by using sound-field amplification'. *Down Syndrome Research and Practice, 8*(1), 19-24.

24 See also a news item about a US district installing an audio enhancement system.
URL: http://staugustine.com/stries/012307/news_new0123.shtml (accessed 10 January 2013).

25 But note that some counties (e.g., Switzerland) do not recommend

carpet in classrooms because their use results in a significant rise in the incidence of asthma and allergies in children.

26 Crowther, op. cit.

27 Florian, L. and Rouse, M.(2000). *Investigating effective classroom practice in inclusive secondary schools in England*. Paper presented at the Special Education World Congress, Vancouver, Canada, April 2000.

28 Rivela-Batiz, F.L. and Marti, L.(1995). *A school system at risk：A study of the consequence of overcrowding in New York City public schools*. New York：Institute for Urban and Minority Education, Teachers College, Columbia University.

29 National Center for Educational Statistics (1999). *Condition of America's public school facilities*.
URL: http://nces.ed.gov/surveys/frss/publications/2000032/index.asp?section ID=5. (accessed 2 January 2013).

30 Rosen, K.G. and Richardson, G.(1999). Would removing indoor air particulates in children's environments reduce rate of absenteeism – a hypothesis'. *The Science of the Total Environment, 234*(3), 87-93.

31 Wargocki, P., Wyon, D.P., Matysiak, B. and Irgens, S.(2005).*The effects of classroom air temperature and outdoor supply rate on the performance of school work by children*. URL:www..ie.dtu.dk/ (accessed 2 January 2013).

32 Leach, K.(1997). 'In sync with nature: Designing a building with improved indoor air quality could pay off with improved student health and performance'. *School Planning and Management, 36*(4), 32-37.

33 Higgins, S., Hall, E., Wall,K., Woolner, p. and McCaughey, C.(2005). *The impact of school environments：A literature review*. Produced for the Design Council. Newcastle, UK：The Centre for Learning and Teaching, University of Newcastle.

34 Afoot candle is a 'unit of measure of the intensity of light falling

on a surface, equal to one lumen per square foot and originally defined with reference to a standardized candle burning at one foot from a given surface'. www.answers. Com (accessed 28 December 2006).

35 Fielding, R.(2006). *Lightning and design for schools and universities in the 21st century.*
URL: http://designshare,com (accessed 20 December 2006).

36 Heschong Mahone Group. URL: www.chps.net_schools/heschong.htm (accessed 20 December 2006).

37 See URL:www.info.com.au/Computer%20Sybdrome?cb=1&cmp=2312&gclid=CLamz7qM07YCFYU5 Qgodzi4Asg (accessed 18 April 2013).

38 Bennetts and Flynn, op. cit.

39 Good, P.V.(2009). 'An investigation of the effectiveness of integrating sound-field amplification and classroom-based phonological awareness intervention on the early reading development of young school children'. A thesis submitted in partial fulfillment of the requirements for the Degree of Masters of Audiology in the Department of Communication Disorders at the University of Canterbury, Christchurch, New Zealand. URL: http://ir.canterbury.ac.nz/bitstream/10092/4249/1/thesis_fulltext.pdf (accessed 5 April 2013)

40 Allcock, j.(1997). *Repoert of FM Soundfield study, Paremata School 1997. Oticon.*
URL: www.oticon.org.nz/pdf/OTICONParemataresearchreport.pdf (accessed 30 December 2012).

41 Massier, R. and Dillon, H.(2006). 'The impact of sound-field amplification in mainstream cross-cultural classrooms: Part 1 educational outcomes'. *Australian Journal of Education, 50*(1), 62-77.

42 Flexer, C., Millin, J.P. and Brown, L.(1990). 'Children with developmental disabilities : The effects of sound field amplification

on word identification'. *Language, Speech, and Hearing Services in Schools* 21, 177-182.

43 Rosenberg, G.G., Blake-Rahter, P., Heavner, J., Allen, L., Redmond, B.M., Philips, J. and Stigers, K.(1999). 'Improving classroom amplification study'. *Journal of Educational Audiology*, 7, 8-28.

44 Shield, B., Dockler, J., Jeffrey, R. and Tatchmatzidis, I.(2002). *The effects of noise on the attainments and cognitive performance of primary children: Report to the DoH and DEFRA*. London：South Bank University.

45 Shield, B. and Dockrell, J.(2005). *Environmental noise and children's academic attainments*. Paper presented at ASA/CAA 05 Meeting, Vancouver, Canada, May 2005.

46 Bronzaft, A.I. and McCarthy, D.P.(1975). 'The effect of elevated train noise on reading ability'.
Environmental Behavior, 7(4), 517-528.

47 Evans, G.W. and Maxwell, L.(1999). 'Chronic noise exposure and reading deficits: The mediating effects of language acquisition'. *Environment and Behavior, 29*(5), 638-656.

48 Barrett, P., Zhang, Y., Moffat, J. and Kobbacy, K.(2013). 'A holistic, multi-level analysis identifying the impact of classroom design on pupils' learning'. *Building and Environment,* 59, 678-689.

49 Schneider, M.(2002). *Do school facilities affect academic outcomes?* Washington, DC: National Clearing House for Educational Facilities.

第22章 （方略20：学習のユニバーサルデザイン）

（関連図書）

・CAST(2011). *Universal Design for Learning Guideline version 2.0.* Wakefield, MA: Author.

・Gargiulo, R.M. and Metcalf, D.(2010). Teaching in today's inclusive classroom: *A universal design for learning approach.* Independence, KY: Wadsworth Cengage Learning.

・Rose, D.H. and Meyer, A.(2006). *A practical reader in universal design for learning.* Cambridge, MA: Harvard Education Press.
・Rose, D.H. and Meyer, A.(2002). *Teaching every student in the digital age: Universal design for learning.* Alexandria VA: Association for supervision and Curriculum Development.

【参考文献】

1 Higher Education Opportunity Act of 2008(PL 110-315) §13(a)(24).
2 Emilian, P.L., Stephanidis, C. and Vanderheiden, G.(2011). 'Technology and inclusion – Past, present and foreseeable future'. *Technology and Disability*, 23, 101-114.
3 Sopko, K.M.(2009). *Universal Design for Learning: Policy challenges and recommendations.* Alexandria, VA: National Association of State Directors of Special Education.
4 Tomlinson, C.A.(2001). *How to differentiate instruction in mixed ability classroom.* 2nd edition. ASCD.
5 Center for Universal Design. URL: www.design.ncsu.edu/cud (accessed 20 October 2012).
6 Council of Europe(2007). *Achieving full participation through Universal Design.* Resolution ResAP (2007) 3. URL: https://wcd.coe.int/ViewDoc.jsp?id=1226267 (accessed 3 January 2013).
7 Ginnerup, S.(2009). *Achieving full participation through Universal Design.* Strasbourg: Council of Europe Publishing.
8 Imrie, R. and Kumar, M.(1998). 'Focusing on disability and access in the built environment'. *Disability and Society. 13*(3), 357-374.
9 McGuire, J.M., Scott, S.S.and Shaw, S.F.(2006). 'Universal design and its applications in educational environments'. *Remedial and Special Education*, 27, 166-175.
10 Center for Applied Special Education Technology(2012). URL: www.cast.org/research/faq/index.html (accessed 25 October 2012).
11 Center for Universal Design for Learning(2012). URL: www.udlcenter.org (accessed 27 October 2012); and CAST(2911). *Universal Design for Learning Guidelines version 2.0.* Wakefield,

MA: Author.
12 Chingos, M.M. and Whitehurst, G.L.(2012). Choosing blindly: *Instruction materials, teacher effectiveness and the common core.* Washington, DC: Brown Center on Education Policy, The Bookings Institution.
13 Lance, G.D. and Wehmeyer, M.L.(2001). *Universal design checklist.* Lawrence, KS: Beach Center on Disability, University of Kansas; and Wehmeyer, M.L., Lance, G.D. and Bashinski, S(2002). 'Promoting access to the general curriculum for students with mental retardation: A multi-level model'. *Education and Training in Mental Retardation and Developmental Disabilities, 37*(3), 223-234.
14 CAST(2011), op. cit.

第23章 (方略21：取組みへの反応)

(関連図書)

・RTI Action Network: URL: www.rtinetwork.org/about-us (accessed 20 December 2012).
・Brown-Chidsey, R. and Steege, M.W.(2005). Response to intervention: Principles and methods for effective practice. New York: Guilford.

【参考文献】

1 Battsche, L., Elliot, J., Graden, J.L., Grimes, J., Kovalski, J.F. and Frase, D.(2005). *Response to intervention: Policy considerations and implementation.* Alexandria, VA: National Association of State Directors of Special Education.
2 The material relating to RtI is synthesized from the following sources: Ervin, R.A., Radford, P.M., Bertsh, K., Andrew, L., Erhardt, K.E. and Poling, A.(2001). 'A descriptive analysis and critique of the empirical literature on school-based functional assessment'. *School Psychology Review, 30*(2), 193-210; Fuchs, L.S. and Vaughn, S.(2012). 'Responsiveness-to-intervention: A decade later'. *Journal of Learning Disabilities, 45*(3), 195-203; Gerber,

M.(2010). *Early identification of learning difficulties.* Presentation at Pacific Rim Planning Meeting, Shanghai, June 2010; National Association of State Directors of Special Education and the Council of Administrators of Special Education(2006). *Response to intervention.* URL: www.casecec.org/ryi.htm (accessed 20 December 2012); the RtI Action Network: URL: エラー！ハイパーリンクの参照に誤りがあります。(accessed 20 December 2012); and Shaddock, A., MacDonald, N., Hork, J., Giorcelli, L. and Arthur-Kelly, M.(2009). *Disability, diversity and tides that lift all boats: Review of special education in the ACT.* Chiswick, NSW: Services Initiatives.

3 As of 2013, fourteen US states had mandated that RtI be used as a method to determine specific learning disability, while the rest of the states, following federal special education law, permitted RtI to be used for that purpose. See Samuels, C.(2013). 'Response to Intervention policy and practice inconsistent across states'. *Educational Week's blogs.* URL: http://blogs.edweek.org/edweek/speced/2013/04/response_to_intervention_polic.html?print=1 (accessed 21 April 2013).

4 McIntosh, K., MacKay, L.D., Anderou, T., Brown, J.A., Mathews, S., Gietz, C. and Bennett, J.L.(2011).
'Response to Intervention in Canada: Definitions, the evidence base, and future directions'. *Canadian Journal of School Psychology, 26*(1), 18-43.

5 P.L. 108-446, _614(b)(6)(B).

6 See, for example, Hawken, L.S., Vincent, C.G. and Schumann, J.(2008). 'Response to Intervention for social behavior: Challenges and opportunities'. *Journal of Emotional and Behavioral Disorders, 16*(4), 213-225.

7 National Association of State Directors of Special Education and Council of Administrators of Special Education, op. cit.

8 Some writers have even suggested a two-level approach. The first

level would be 'a mainstream classroom in which the teacher has been supported… to implement research-validated instruction. At the second level, small groups of three to six non-responsive students would participate in a demonstrably effective standard-treatment protocol'. (Fuchs, D., Mock, D., Morgan, P.L. and Young, C.L.(2003). 'Responsiveness-to-intervention: Definitions, evidence, and implications for the learning disabilities construct'. *Learning Disabilities Research and Practice. 18*(3), 157-171.

9 See Gerber, op. cit.

10 Department for Education and Skills(2001). *Special educational needs: Code of Practice.* Sherwood Park Annesley: DfES Publications, p48.

11 Department for Education and Skills, op. cit., p52. Emphasis in the original.

12 Department for Education and Skills, op. cit., p56.

13 Department for Education(2011). Support and aspiration: *A new approach to special educational needs and disability*: A consultation. London: Author, p18.

14 Department for Education, op. cit. See also Ekins, A.(2012). *The changing face of special educational needs: Impact and implications for SENCOs and their schools.* Abingdon, Oxon: Routledge.

15 See URL: www.teachfind. Com/national-strategies/waves-intervention-model-0 (accessed 21 April 2013).

16 Madelaine, A. and Wheldall, K.(2009). 'Musec briefings: Response to intervention'. *AASE NSW Chapter Newsletter*, 4 July (cited by Shaddock et al., op. cit.).

17 McIntosh, K., Chard, D.J., Boland, J.B. and Horner, R.H.(2006). 'Demonstration of combined efforts in school-wide academic and behavioural systems and incidence if reading and behavior challenges in early elementary grades'. *Journal of Positive Behavior Interventions*, 8, 146-154.

18 VanDerHeyden, A.M., Witt, J.C. and Gilbertson, D.(2007). 'A multi-

year evaluation of the effects of a response to intervention (RtI) model on identification of children for special education'. *Journal of School Psychology,* 45, 225-256.
19 Marston, D.(2001). 'A functional and intervention-based assessment approach to establishing discrepancy for students with learning disabilities'. Paper presented at the LD Summit, Washington, DC (cited by Gerber, op. cit.)
20 Fairbanks, S., Sugai, G., Guardino, D. and Lathrop, M.(2007). 'Response to intervention: Examining classroom behavior support in second grade'. *Exceptional Children, 73*(3), 288-310.
21 See Fuchs and Vaughn, op. cit.
22 Ofsted(2006). 'Inclusion: Does it matter where pupils are taught?' URL: www.ofsted.gov.uk (accessed 21December 2012).
23 Reynolds, C.R. and Shaywitz, S.E.(2009). 'Response to intervention: Ready or not? Or, from wait-to-fail to watch-them-fail'. *School Psychology Quality,* 24, 130-145.
24 Ferri, B.A.(2012). 'Undermining inclusion? A critical reading of response to intervention (RTI)'.
International Journal of Inclusive Education, 16(8), 863-880.

第24章 （方略22：学級風土）

（関連図書）

・Fraser, B.J. and Walberg, H.J. (eds)(1991). *Educational Environments*: *Evaluation, antecedents and consequences.* Oxford：Pergamon Press.
・Freiberg, H.J.(ed.)(1999). *School climate*：*Measuring, improving and sustaining healthy learning environments.* London：Falmer Press.
・Hughes, M., Thompson, H.L. and Bradford, J.B. (eds)(2009). The handbook for developing emotional and social intelligence. New York: Wiley.

（雑誌）

・*Learning Environments Research*
・*School Effectiveness and School Improvement*

【参考文献】

1 Adelman, H.S. and Taylor, L.(2005). 'Classroom climate'. In S.W. Lee, P.A. Lowe and E. Robinson(eds) *Encyclopedia of school psychology*. Thousand Oaks, CA：Sage

2 Fraser, B.J.(1998). 'Classroom environment instruments：development, validity and applications'. *Learning Environments Research*,1(1),7-33.

3 Moos, R.H.(1979).*Evaluating educational environments*. San Francisco, CA：Jossey-Bass.

4 Sousa, D.A.(2009). 'Brain-friendly learning for teachers'. *Educational Leadership*, 66.

5 Ford, M.E.(1995). 'Motivation and competence development in special and remedial education'.
Intervention in School and clinic, 31(2), 70-83.

6 Okano, K. and Tsuchiya, M.(1999). *Education in contemporary Japan：Inequality and diversity*. Cambridge：Cambridge University Press.

7 OECD (1994). in tea Quality teaching. Paris：OECD；Garbarino,J.(1995). *Raising children in a socially toxic environment*. San Francisco, CA：Jossey-Bass.

8 Ramsay, P. and Oliver, D.(1995). 'Capacities and behaviour of quality teachers'. *School Effectiveness and School Improvement, 6*(4), 332-336; and Downy, J.A.(2008). 'Recommendations for fostering educational resilience in the classroom'. *Preventing School Failure, 51*(1), 56-64.

9 Jackson, L., Ryndak, D.L. and Billingsley, F.(2000). 'Useful practices in inclusive education：A preliminary view of what experts in moderate to severe disabilities are saying'. *The Journal of the Association for Persons with Severe Handicaps, 25*(3), 129-141.

10 Hattie, J.(2009). Visible learning: A synthesis of over 800 meta-analyses relating to achievement. Abingdon, Oxon: Routledge.

11 Cotton, K.(1990). *Schoolwide and classroom discipline*. Washington,

DC : School Improvement Research Series(SIRS), Office of Educational Research and Improvement.

12 Lewis, C.C.(1998). 'Fostering social and intellectual development: the roots of Japanese educational success'. In T. Rohlen and G. Le Tendre (eds) *Teaching and learning in Japan* (pp79-97). Cambridge University Press; and Shimihara, N.K. and Sakai, A.(1992). 'Teacher internship and the culture of teaching in Japan'. *British Journal of the Sociology of Education, 12*(2), 147-162.

13 Maclver, D.J., Reuman, D.A. and Main, S.R.(1995). 'Social structuring of the school : Studying what is, illuminating what could be'. *Annual Review of Psychology*, 46, 375-400.

14 Ford, M.E.(1995). 'Motivation and competence development in special and remedial education'.
Intervention in School and Clinic, 31(2), 70-83.

15 Sousa, op. cit.

16 Sipert, D.J.(1996). 'Motivation and instruction'. In D.C. Berliner and R.C. Calfee (eds) *Handbook of educational psychology* (pp.85-113). New York : Macmillan Library Reference.

17 Teacher Training Agency(1996). Teaching as a research-based profession : Promoting excellence in teaching, London : Teacher Training Agency.

18 Ames, R. and Ames, C.(1991). 'Motivation and effective teaching'. In L. Idol and B.F. Jones (eds) *Educational values and cognitive instruction : Implications for educational* (pp.247-271). Hillsdale, NJ : Lawrence Erlbaum Associates.

19 Downy, op. cit.

20 Downy, op. cit.

21 Englert, C.S., Tarrant, K.L. and Mariage, T.V.(1992). 'Defining and redefining instructional practices in special education : Perspectives on good teaching'.*Teacher Education and Special Education*,5(2)62-86 ; Reynolds, A.(1992). 'What is competent beginning teaching? A review of the literature'. *Review of*

Educational Research, 62(1). 349-359.

22 Kehle, T.J., Bray, M.A., Theodore, L.A., Jenson, W.R. and Clark, E.(2000). 'A multi- component intervention designed to reduce disruptive classroom behavior'. *Psychology in the Schools, 37*(5), 475-481.

23 West, M., Hopkins, D. and Beresford, J.(1995). *Conditions for school and classroom development.* Paper presented at British Educational Research Association Annual Meeting and European Conference on Educational Research Bath, UK, September 1995.

24 Lewis, T.J. and Sugai, G.(1999). 'Effective behavior support : A systems approach to proactive schoolwide Management'. *Focus on Exceptional Children, 31*(6), 1-24.

25 Englert, Tarrant and Mariage, op. cit.

26 Kehle et al. op. cit.

27 Hattie, op. city., pp102-103, 118-119.

28 Marzano, R.J.(2000). A new era of school reform: Going where the research takes us. Aurora, CO: Mid-Continent Research for Education and Learning.

29 Cornelius-White, J.(2007). 'Learner-centred teacher-student relationships: A meta-analysis'. *Review of Educational Research, 77*(1), 113-143.

30 Roorda, D.L., Koomen, H.M.Y., Spiolt, J.L. and Oort, F.J.(2011). 'The influence of affective teacher-student relationships on students' school engagement and achievement: *A meta-analytic approach*'. *Review of Educational Research, 81*(4), 493-529.

31 Givens Rolland, R.(2012). 'Synthesizing the evidence on classroom goal structures in middle and secondary schools: A meta-analysis and narrative review'. *Review of Educational Research, 82*(4), 396-435.

32 Haertel, G.D., Walberg, H.J. and Haertel, E.H.(1981). 'Socio-psychological environments and learning : a quantitative synthesis'. *British Educational Research Journal, 7*(1), 27-36.

33 Wang, M.C., Haertel, G.D. and Walberg, H.J.(1997). 'Learning influences'. In H.J. Walberg and G.D. Haertel (eds) *Psychology and educational practice*. Berkeley, CA : McCuthan.

34 Durlak, J.A., Weissberg, R.P., Dymnicki, A.B., Taylor, R.D. and Schellinger, K.B.(2011). 'The impact of enhancing students' social and emotional learning: A meta-analysis of school-based universal interventions'. *Child Development, 82*(1), 405-432.

35 Fraser, B.J.(1994). 'Research on classroom and school climate'. In D. Gabel(ed.) *Handbook of research on science teaching and learning* (pp493-541). New New York: Macmillan.

36 Myers, S.S. and Pianta, R.C.(2008). 'Developmental commentary: Individual and contextual influences on student-teacher relationships and children's early problem behaviors'. *Journal of Clinical Child and Adolescent Psychology, 37*(3), 600-608.

37 Well-being has been defined by as the general evaluation of one's quality of life. The concept has been conceptualized as three components: (1)a cognitive appraisal that one's life was good (life satisfaction); (2) experiencing positive levels of pleasnt emotions; (3) experiencing relatively low levels of negative moods (Diener, E.(2009). 'Sujecting Well-Being'. In E. Diener (ed.) The Science of Well- Being (Vol. 37, pp11-58). Ney York: Springer. URL: http://dx.doi.org/10.1007/978-90-481-2350-6_2 (accessed 2 January 2013).

38 Gutman, L.M. and Vorhaus , J.(2012). *The impact of pupil behavior and wellbeing on educational outcomes*. Research Report DFE-RR253. London: Department for Education.

39 Wubbels, T., Breckelmans, M. and Hooymayers, H.(1991). 'Interpersonal teacher behaviour in the Classroom'. In B.J. Fraser and H.J. Walberg (eds) *Educational environments : Evaluation, antecedents and consequences*. Oxford : Pergamon Press.

40 Manti, E., Scholte, E.M. and Van Berckelaer-Onnes, I.(2013). 'Exploration of teaching strategies that stimulate the growth of academic skills of children with ASD in a special education school'.

European Journal of Special Needs Education, 28(1), 64-77.

41 Dorman, J.(2001). 'Associations between classroom environment and academic efficacy'. *Learning Environments Research, 4*(3), 243-257.

42 Anderson, A., Hamilton, R.J. and Hattie, J.(2004). 'Classroom climate and motivated behaviour in secondary schools'. *Learning Environments Research, 7*(3), 211-225. 43 Fraser, B.J.(1999). 'Using learning environment assessments to improve classroom and school Climate'. In H.J. Freiberg (ed.) *School climate : Measuring, improving and sustaining healthy learning environments.* London : Falmer Press.

44 Kounin, J.S.(1970). *Discipline and group management in classrooms.* New York : Holt, Rinehart and Winston.

45 For a review of other similar research see Cotton, op. cit.

46 Bishop, R., Baerryman, M., Tiakiwai S. and Richardson, C.(2003). *Te Kotahitanga : The experiences of year 9 and 10 Maori students in mainstream classrooms.* Wellington : Ministry of Education.

47 Bishop, R., Berryman, M., Wearmouth, J., Peter, M. and Clapham, S.(2012). 'Professional development, changes in teacher practice and improvements in indigenous students' educational performance: A case study from New Zealand'. *Teaching and Teacher Education,* 28, 694-705.

48 Rimm-Kaufman, S.E. and Chiu, Y-J.J.(2007). 'Promoting social and academic competence in the classroom: An intervention study examining the contribution of the Responsive Classroom Approach'.
Psychology in the Schools. 44(4), 397-413.

49 Brachett, M.A., Rivers, S.E. Reyes, M.R. and Salovey, P.(2012). 'Enhancing academic performance and social and emotional competence with the RULER feeling words curriculum'. *Learning and Individual Differences,* 22, 218-224.

50 Larusso, M.D., Romer, D. and Selman, R.L.(2008). 'Teachers as

builders of respectful school climates: Implications for adolescent drug use norms and depressive symptoms in high school'. *Journal of Youth and Adolescence, 37*(4), 386-398.

第25章　(方略23：全校的方略)

23. 1　　学校文化

(関連図書)

・Clark, C., Dyson, A. and Millward, A. (eds)(1995). *Towards inclusive schools*? London：David Fulton.

・Ekins, A. and Grimes, P.(2009). *Inclusion : Developing an effective whole school approach*. Maidenhead, Berkshire: Open University Press.

23. 2　　学校全体での肯定的行動支援

(関連図書)

・*Journal of Positive Behavioral Interventions*

・Lewis, T.J. and Newcomer, L.L.(2005). 'Reducing problem behavior through school-wide systems of positive behavior support' In P. Cough, P. Garner, J.T. Pardeck and Yuen (eds) *Handbook of emotional and behavioural difficulties* (pp.261-272). London：Sage.

・National Technical Assistance Center on Positive Behavioral Interventions and Supports(PBIS)：URL：www.pbis.org/ (accessed 19 January 2013).

・Sugai, G. and Pruitt, R.(1993). *Phases, steps and guidelines for building school-wide behavior management programs：A practitioner's handbook*. Eugene, OR：Behavior Disorders Program.

【参考文献】

1　Durlak, J.A., Weissberg, R.P., Dymnicki, A.B., Taylor, R.D. and Schellinger, K.B.(2011). 'The impact of enhancing students' social and emotional learning: A meta- anlysis of school-based universal interventions'. *Child Development, 82*(1), 405-432; and Payton, J., Weissberg, R.P., Durlak, J.A., Dymnicki, A.B., Taylor, R.D., Schellinger, K.B. and Pachan, M.(2008). *The positive impact of social*

and emotional learning for kindergarten to eight-grade students: Findings from three scientific reviews.
Chicago, Ⅱ : Collaborative for Academic, Social, and Emotional Learning.

2 Hinde, E.R.(2004). 'School culture and change: An examination of the effects of school culture on the process of change'. *Essays in Education*, 12, Winter.

3 Lindsay, G. and Muijs, D.(2006). 'Challenging underachievement in boys'. *Educational Research, 43*(3), 313-332.

4 Based on Heller, M.F. and Fireston, W.A.(1995). 'Who's in charge here? Sources of leadership for change in eight schools'. *Elementary School Journal, 96*(1), 65-86.

5 Mayrowetz, D. and Weinstein, C.S.(1999). 'Sources of leadership for inclusive education : Greating schools for all children'. *Educational Administration Quarterly, 35*(3), 423-449.

6 Hattie, J.((2009). Visible learning: A synthesis of over 800 meta-analyses relating to achievement.
Abingdon, Oxon: Routledge.

7 Wolery, M. and Jones, K.B.(1998). 'Class size reduction : Do the politicians' statements match research findings? *Journal of Behavioral Education, 8*(4), 393-395.

8 Hattie, op. cit.

9 Brand, S., Felner, R.D., Shim, M., Seitsinger, A. and Dumas, T.(2003). 'Middle school improvement and reform: Development and validation of a school-level assessment of climate, cultural pluralism, and school safety'. Journal of Educational Psychology, 95, 570-588.

10 Patton, G.C., Bond, L., Carlin, J.B., Thomas, L., Butler, H., Glover, S. and Bowes, G.(2006). 'Promoting social inclusion in schools: A group-randomized trial of effects on student health risk behavior and well-being'. *American Journal of Public Health,* 96, 1582-1587.

11 Voght, A., Austin, G. and Hanson, T.(2013). A climate for academic

success: How school climatedistinguishes schools that are beating the achievement odds (Full Report). San Francisco: WestEd. URL: www.wested.org/online_pubs/hd-13-10.pdf (accessed 10 May 2013).

12 Hattie, op. cit.

13 Robinson, V.M.J., Lloyd, C. and Rowe, K.J.(2008). 'The impact of educational leadership on student outcomes: An analysis of the differential effects of leadership types'. Educational Administration Quarterly, 44(5), 635-674. See also Robinson, V., Hohepa, M. and Lloyd, C.(2009). School leadership and student outcomes: Identifying what works and why. Wellington: Iterative Best Evidence Synthesis Progrmme, Ministry of Education. URL: http://educationcounts.govt.nz/goto/BES (accessed 23 December 2012).

14 Johnson, B. and Stevens, J.J.(2006). 'Student achievement and elementary teachers' perceptions of school climate'. *Learning Environment Research*, 9, 111-122.

15 Johnson, S.M., Kraft, M.A. and Papey, J.P.(2012). 'How context matters in high-need schools: The effects of teacher working conditions on their professional satisfaction and their students' achievement'.
Teachers College Record, 114(10), 1-39.

16 Lindsey and Muijs, op. cit.

17 Clarke, C., Dyson, A., Milward, A. and Robson, S.(1999). 'Inclusive education and schools as organizations'. *International Journal of Inclusive Education, 3*(1), 37-51.

18 Zollers, N.J., Ramanathan, A.K. and Yu, M.(1999). 'The relationship between school culture and inclusion : How an inclusive culture supports inclusive education'. *Qualitative Studies in Education, 12*(2), 157-174.

19 Mayrowetz and Weinstein, op. cit.

20 Stanovich, P.J. and Jordan, A.(1998). 'Canadian teachers' and principals' beliefs about inclusive education as predictors of

effective teaching in heterogeneous classrooms'. *The Elementary School Journal, 98*(3), 221-238.

21 Hattie, J.(1999). *Influences on student learning.* Inaugural lecture, University of Auckland, New Zealand.

22 Hattie, J.(2009), op. cit., pp85-88.

23 Horner, R.H., Sugai, G., Todd, A.W. and Lewis-Palmer, T.(2005). 'School-wide positive behavior support : An alternative approach to discipline in schools'. In L. Bambara and L. Kern (eds) *Individualized supports for students with problem behavior : Designing positive behavior plans* (pp359-390). New York : Guildford Press.

24 Carr, E.G., Dunlap, G., Horner, R.H., Koegel, R.L., Turnbull, A.P., Sailor, W., Anderson, J., Albin, R.W., Koegel, L.K. and Fox, L.(2002). 'Positive behavior support : Evolution of an applied science'. *Journal of Positive Behavior Intervention, 4*(1), 4-16.

25 This section is based on the following sources : Hawken, L.S. and Horner, R.H.(2003). 'Evaluation of a targeted intervention within a school-wide system of behavior support'. *Journal of Behavioral Education, 12*(3), 225-240 ; Lewis, T.J. and Newcomer, L.L.(2005). 'Reducing problem behavior through school-wide systems of positive behavior support'. In P. Clough, P. Garner, J.T. Pardeck and F. Yuen (eds) *Handbook of emotional and behavioural difficulties* (pp.261-272). London : Sage ; Lewis, T.J. and Sugai, G. (1999). 'Effective behavior support : A systems approach to proactive schoolwide mangement'. *Focus on Exceptional Children, 31*(6), 1-24; Lewis, T.J., Sugai, G. and Colvin, G.(1998). 'Reducing problem behavior through a school-wide systems of effective behavioral support: Investigation of a school-wide social skills training program and contextual interventions'. *School Psychology Review, 27*(3), 446-459 ; OSEP Center on Positive Behavioral Interventions and Supports(2004). *School-wide positive behavior support: Imprementers' blueprint and self-assessment.* Eugene

OR: Center on Positive Behavioral Interventions and Supports, University of Oregon. URL : www.osepideasthatwork.org/toolkit/pdf/behvr_pos.asp (accessed 20 January 2013); and Sprague, J., Walker, H., Golly, A., White, A., Myers, D.R. and Shannon, T.(2001). 'Translating research into effective practice : The effects of a universal staff and student intervention on indicators of discipline and school safety'. *Education and Treatment of Children, 24*(4), 495-511.

26 In a summary of research into negative outcomes, points such as these were made in relation to US schools.
- problem behavior is the single most common reason why students are removed from regular school and home settings;
- only half of American school children report feeling safe in their schools;
- eighty-two per cent of crimes are committed by people who have dropped out of school;

  and
- school discipline is one of the top concerns of American educators.

  Source: Lewis and Sugai, op. cit.

27 Sprague et al., op. cit.

28 Horner, R.(2009). *Extending the science, values and vision of Positive Behavior Support.* Presentation at Sixth International Conference on Positive Behavior Support, Jacksonville, Florida,

29 See endnote 22 for sources.

30 Freeman, R., Eber, L., Anderson, C. Irvin, L. Horner, R., Bounds, M. and Dunlap, G.(2006). 'Building inclusive school cultures using school-wide PBS : Designing effective individual support systems for students with significant disabilities'. Research and Practice for Persons with Severe Disabilities, 31(1), 4-17 ; OSEP Technical Assistance Center on Positive Behavioral Interventions and Support; and .Lewis and Sugai, op. cit.

31 As I noted in Chapter 23, these three levels are very similar to the three tiers utilized in Response to Intervention (Strategy 21).

32 This group of learners could well have intervention plans that are guided by functional behavioural assessment (Strategy 12). Which identify the events that predict and maintain problem behaviours.

33 Turnbull, A., Edmonson, H., Griggs, P., Wickman, D., Sailor, W., Freeman, R., Guess, D., Lassen, S., McCart, A., Park, J., Riffel, L., Turnbull, R. and Warren, J.(2002). 'A blueprint for schoolwide positive behavior support : Implementation of three components'. *Exceptional Children, 88*(3), 377-402.

34 Turnbull et al., op. cit.

35 Taylor-Green, S., Brown, D., Nelson, L., Longton, J., Gassman, T., Cohen, J., Swartz, J., Horener, R.H., Sugai, G.M. and Hall, S.(1997). 'School-wide behavioral support : Starting the year off right'. *Journal of Behavioral Education, 7*(1), 99-112.

36 Kauffman, J.M., Nelson, C.M., Simpson, R.L. and Mock,D.R.(2011). 'Contemporary issues'. In J.M.
Kauffman and D.P. Hallahan (eds) *Handbook of special education* (pp15-26). New York: Routlrdge.

37 Carr, E.G., Horner, R.H., Turnbull, A.P. et al.(1999). *Positive Behavior Support for people with developmental disabilities : A research synthesis*. Washington, DC : AAMR.

38 Bradshaw, C.P., Mitchell, M.M. and Leaf, P.J.(2010). 'Examining the effects of Schoolwide Positive Behavioral Interventions and Supports on student outcomes: Results from a randomized controlled effectiveness trial elementary schools'. *Journal of Positive Behavior Interventions,* 12, 133-148.

39 Simons, B., Eber, L., Black, A.C., Sugai, G., Lewandowski, H., Sims, B. and Myers, D.(2011). 'Illinois statewide behavioural interventions and supports: Evolution and impact on student outcomes across years'. *Journal of Positive Behavior Interventions, 14*(1), 5-16.

40 Farkas, M.S., Simonsen, B., Migdole, S., Donovan, M.E., Clemens, K.

and Cicchese, V.(2012).
'Schoolwide Positive Behavior Support in an alternative school setting: An evaluation of fidelity, outcomes, and social validity of Tire 1 implementation'. *Journal of Emotional and Behavioral Disorders, 20*(4), 275-288.

41 Vincent, C.G. and Tobin, T.J.(2011). 'The relationship between implementation of Scool-wide Positive Behavior Support (SWPBS) and disciplinary exclusion of students from various ethnic backgrounds with and without disabilities'. *Journal of Emotional and Behavioral Disorders, 19*(4), 217-232.

42 Vincent, C.G., Randall, C., Tobin, T,J, and Schoolwide Positive Behavior Support'. *Journal of Positive Behavior Interventions, 3*(4), 219-229, p219.

43 Horner, R.H., Sugai, G., Smolkowski, K., Eber, L., Nakasato, J., Todd, A.W. and Esperanza, J.(2009). 'A randomized controlled effectiveness trial assessing Scoll-wide Positive Behavior Support in elementary schools'. *Journal of Positive Behavior Interventions, 11*(3). 133-144.

44 Lane, K.L., Wehby, J.H., Robertson, E.J. and Rogers, L.A.(2007). 'How do different types of high school students respond to Schoolwide Positive Behavior Support programs? Characteristics and responsiveness of teacher-identified students'. *Journal of Emotional and Behavioral Disorders, 15*(1), 3-20.

45 Taylor-Greene et al., op. cit.

46 Sugai, G. and Horner, R.(1994). 'Including students with severe behavior problems in general education settings : Assumption, challenges, and solutions'. *Oregon Conference Monograph*, 6, 102-120.

47 Grossman, D.C., Neckeman, H.J., Koepsell, T.D., Liu, P., Asher, K.N., Bedlant, K., Frey, K. and Rivara, F.P.(1997). 'Effectiveness of a violence prevention curriculum among children in elementary school : A randomized controlled trial'. *The Journal of the*

American Medical Association, 277(20), 1605-1612.

48 Sprague et al., op. cit.

49 Hawken, L.S. and Horner, R.H.(2003). 'Evaluation of a targeted intervention within a schoolwide system of behavior support'. *Journal of Behavioral Education, 12*(3), 225-240.

50 Oswald, K., Safran, S. and Johanson, G.(2005). 'Prevention trouble : Making schools safer using positive behavior supports'. *Education and Treatment of Children, 28*(3), 265-278.

51 Luiselli, J.K., Putman, R.F., Handler, M.W. and Feinberg, A.B.(2005). 'Whole-school positive behavior support : Effects on student discipline problems and academic performance'. *Educational Psychology, 25*(2/3), 183-198.

52 Scott, T.M. and Barrett, S.B.(2004). 'Using staff and student time engaged in disciplinary procedures to evaluate the impact of school-wide PBS'. *Journal of Positive Behavior Interventions, 61*(1), 21-27.

53 Lewis, et al., op. cit.

54 OSEP Technical Assistance Center on Positive Behavioral Interventions and Support, op. cit.

55 The UK has a similar programme, Achievement for all, which will not be reviewed. See Humphrey, N. and Squires, G.(2010). *Achievement for All national evaluation: Final report.* London: Department for Education; and Blandford, S. and Knowles, C.(2013). *Achievement for All: Raising aspirations, access and achievement.* London: Bloomsbury Academic.

56 Slavin, R.E. and Madden, N.A.(2007). 'Success for all: Prevention and early intervention in school-wide reform'. In R.E. Slavin and N.A mMadden, *Two million children: Success for All.* Thousand Oaks CA: Corwin, p38.

57 Slavin and Madden, op. cit., p4.

58 Slavin and Madden, op. cit., p38.

59 Slavin and Madden, op. cit., pp16-17.

60 Slavin and Madden(2004). *Success for All/ Roots and Wings: Summary of research on achievement outcomes.* Report No.41. Center for Research on the Education of Students Placed at Risk.

61 Borman, G.D., Hewes, G.M., Overman, L.T. and Brown, S.(2003). 'Comprehensive school reform and achievement: A meta-analysis'. *Review of Educational Research, 73*(2), 125-230.

62 Borman, G.D., Slavin, R.E., Cheung, A.C.K., Chambelain, A.M., Madden, N.A. and Chambers, B.(2005).
'The national randomized field trial of success for all: Second-year outcomes'. *American Educational Research Journal, 42*(4), 673-696; and Borman, G.D., Slavin, R.E., Cheung, A., Chamberlain, A., Madden, N. and Chambers, B.(2007). 'Final reading outcomes of the national randomized field trial of Success for All'. *American Educational Research Journal,* 44, 701-731.

63 Cooper, P. and Jacobs, B.(2011). *An international review of the literature on evidence of best practice models and outcomes in the education of children with emotional disturbance/ behavioural difficulties.*
Dublin, Ireland: National Council for Special Education, p90.

64 Hopkins , D., Harris, A., Youngman, M., Wordsworth, J., Hartas, D. and Slavin, R.(1998). An evaluation of the initial effects of Success for All in Nottingham. Nottingham: Centre for School and Teacher Development.

65 Hanselamn, P. and Borman, G.D.(2013). 'The impacts of Success for All on reading achievement in Grades 3-5: Does intervening during the later elementary grades produce the same benefits as intervening early? Education Evaluation and Policy Analysis, 35(2), 237-251.

第26章 (方略24：機関間連携)

24. 1　包括型取組み

(関連図書)

・Bruns, E. and Walker, J.(2010). 'The wraparound process: An overview of implementation essentials'. In E.J. Bruns and J.S. Walker (eds) *The resource guide to wraparound.* Portland, OR: National Wraparound Intiative.

24. 2　あらゆるサービスを提供する学校

(関連図書)

・Cummings, C., Dyson, A. and Todd, L.(2011). *Beyond the school gates: Can full service and extended schools overcome disadvantage?* Abingdon, Oxon: Routledge.

・Dyson, A.(2011). 'Full service and extended schools, disadvantage, and social justice'. *Cambridge Journal of Education, 41*(2), 177-193.

【参考文献】

1 Mitchell, D.(2012). Joined-up: *A comprehensive ecological model for working with children with complex needs and their families/whanau: A review of the literature carried out for the New Zealand Ministry of Education.* Wellington, New Zealand: Ministry of Education. Available at www.minedu.govt.nz/～/media/MinEdu/Files/TheMinistry/Consultation/JoinedUp.pdf.

2 Mitchell op. cit.

3 Bruns, E.J., Sather, A., Pullmann, M/D. and Stambaugh, L.F.(2011). 'National trends in implementing wraparound: Results from the state wraparound survey'. *Journal of Child and Family Studies,* 20, 726- 735.

4 Department for Education(2011). *Support and aspiration: A new approach to special educational needs and disability: A consultation.* London: Author. See also URL: www.education.gov.uk/inthenews/a00208753/childrens-bill-family-support (accessed 20 April 2013).

5 See URL: www.education.gov.uk/childrenandyoungpeople/strategy/integratedworking/a0068944/team-around-the-child-tac

(accessed 20 April 2013).

6 Bruns, E. and Walker, J.(2010). 'The resource guide to wraparound process: An overview of Implemen-tation essentials'. In E.J. Bruns and J.S. Walker (eds) *The resource guide to wraparound*. Portland, OR: National Wraparound Initiative.

7 Bruns and Walker, op. cit.; Bruns, E.J. and Walker, J.S.(2011). 'Research on the wraparound process: intervention components and implementation supports'. *Journal of Child and Family Studies*, 20, 709-712; Eber, L., Nelson, C.M. and Miles, P.(1997). 'School-based wraparound for students with emotional and behavioral challenges'. *Exceptional Children*, 63, 539-555; and Fleming, J.L. and Monda-Amaya, L.E.(2001). 'Process variables critical for team effectiveness: A Delphi study of wraparound team members'. *Remedial and Special Education, 22*(3), 156-171.

8 Bruns and his colleagues have developed a Wraparound Fidelity Index that reflects these processes (Bruns, E.J., Suter, J.C. and Levedrentz-Brady, K.M.(2006). 'Relations between program and system variables and fidelity to the wraparound process for children and families'. *Psychiatric Services, 57*(13), 1586-1593.), while a detailed wraparound implementation guide has also been published (Miles, P., Brown, N. and The National Wraparound Initiative Implementation Workgroup(2011). *A handbook for administrators and managers*. Portland, OR: National Wraparound Initiative).

9 Suter, J.C. and Bruns, E.J.(2009). 'Effectiveness of the wraparound process for children with emotional and behavioural disorders: A meta-analysis'. *Clinical Child and Family Psychology Review*, 12, 336-351.

10 Myaard, M.J., Crawford, C., Jackson, M. and Alessi, G.(2000). 'Applying behavior analysis within the wraparound process: A multiple baseline study'. *Journal of Emotional and Behavioral Disorders*, 8, 216-229.

11 Eber, L. and Nelson, C.M.(1997). 'School-based wraparound planning: Integrating services for students with emotional and behavioral needs'. *American Journal of Orthopsychiatry,* 67, 385-395.

12 Bruns, E.J., Rast, J., Peterson, C., Walker, J. and Bosworth, J.(2006). 'Spreadsheets, service providers, and the Statehouse: Using data the wraparound process to reform systems for children and families'.
American Journal of Psychology, 38, 201-212.

13 Pullman, M.D., Kerbs, J., Koroloff, N., Veach-White, E., Gaylor, R. and Sieler, D.(2006). 'Juvenile offenders with mental health needs: Reducing recidivism using wraparound'. *Crime and Delinquency,* 52, 375-397.

14 Mears, S.L., Yaffe, J. and Harris, N.J.(2009). 'Evaluation of wraparound services for severely emotion-ally disturbed youths'. *Research on Social Work practice,* 19, 678-685.

15 Bickman, L., Smith, C.M. Lambert, E.W. and Andrade, A.R.(2003). 'Evaluation of a Congressionally mandated wraparound demonstration'. *Journal of Child and Family Studies, 12*(2), 135-156, p152.

16 Stambaugh, L.F., Mustillo, S.A., Burns, B.B., Edwards, D. and Dekraai, M.(2007). 'Outcomes from wraparound and multisystemic therapy in a center for mental health services system-of-care demonstration site'. *Journal of Emotional and Behavioral Disorders, 15*(3), 143-155.

17 Clark, H.B., Prange, B.L., Stewart, E., McDonald, B.B. and Boyd, L.A.(1998). 'An individualized wraparound process for children in foster care with emotional/behabioral disturbances: Follow-up findings and implications from a controlled study'. In M.H. Epstein, K. Kutash and A. Duchnowski (eds) *Outcomes for children and youth with behavioral and emotional disorders and their families: Programs and evaluation best practices* (pp513-542). Austin, Texas:

Pro-Ed.

18 Volpe, R., Batra, A., Bomio, S. and Costin, D.(1999). *Third generation school-linked services for at-risk children*. Dr R.G.N Laidlaw Research Centre, Institute of Child Study, OISE, University of Tronto.

19 Sailor, W. and Skrtic, T.M.(1996). School-community partnerships and educational reform, *Remedial and Special Education, 17*(5), 267-270, 283.

20 Wang, M.C., Haertel, G.D. and Walberg, H.J.(1995). *Effective features of collaborative school-linked services for children in elementary school: What do we Know from research and practice?* (Publication Series #95-16). Philadelphia, PA: National Center on Education in the Inner Cities. (ERIC Document Reproduction Service No. ED 399 309.

21 Campbell-Allen, R., Shah, M.P.A., Salender, R. and Zazave, R.(2009). 'Full-service schools: Policy review and recommendations'. In Harvard Graduate School of Education, *Wiki Project, GSE A100. Introduction to educational policy*. Cambridge MASS: Harvard Graduate School of Education.

22 Dryfoos, J.(1994). *Full-service schools: A revolution in health and social services for children, youth and families*. San Francisco: Jossey-Bass, p142.

23 Campbell-Allen, R., Shah, M.P.A., Salender, R. and Zazave, R.(2009). 'Full-service schools: Policy review and recommendations'. In Harvard Graduate School of Education, *Wiki Project, GSE A100. Introduction to educational policy*. Cambridge, MA: Harvard Graduate School of Education, p17.

24 Toronto District School Board(2010). Full service schools. Toronto: Toronto District School Board.

25 Cummings, C., Dyson, A., Muiji, D., Papps, I., Pearson, D., Raffo, C., Tiplady, L., Todd, L. and Crowther, D.(2007). *Evaluation of the Full Service Extended Schools Initiative: Final report. Research Report.*

RR852. London: Department for Education and Skills.

26 Adelman, H.S. and Taylor, L.(1997). 'Ideas for a comprehensive, integrated, school-wide approach: System reform to address barriers to learning: beyond school-linked services and full-service schools'.
American Journal of Orthopsychiatry, 67(3), 408-421; Adelman, H. andTaylor, L.(2002). *School-community partnerships: A guide.* Los Angeles: UCLA Center for Mental Health in Schools; and Smith, M.K.(2000,2004). Full service schooling. *Encyclopedia of informal Education,* URL: www.Infed.org/schooling/f-serv.htm (accessed 20 December 2012).

27 New Zealand Government(2012). *Every child thrives, belongs, achieves. The Green Paper for Vulnerable Children.* Wellington: New Zealand Government. p14.

28 Cooper and Jacobs, op.cit.

29 Adelman and Taylor, op. cit. and Campbell-Allen et al., op. cit.

30 Smith, op.cit.

31 Cummings et al., op. cit., pp2-3.

32 Scottish Office(1999). *New Community Schools. The prospectus.* Edinburgh: The Scottish Office.

第27章 (方略25：インクルーシブ教育)

(関連図書)

・Ainscow, M., Booth, T. and Dyson, A.(2006). *Improving schools, developing inclusion. Abingdon* : Routledge

・Andrews, J. and Lupart, J.(2000). The inclusive classroom : *Educating exceptional children.* University of Calgary : Nelson Thomas Learning.

・Armstrong, A.C., Armstrong, D. and Spandagou, I.(2010). *Inclusive education: International policy and practice.* London: Sage.

・Artiles, A.J., Kozleski, E.B. and Waitlloer, F.R.(2011). *Inclusive education: Examining equity on five continents.* Cambridge, MA:

Harvard Education Press.
- Baglieri, S. and Shapiro, A.(2012). *Disability studies and the inclusive classroom: Critical practices for creating least restrictive attitudes.* New York: Routledge.
- Booth, T. and Ainscow, M.(2011). *Index for inclusion.* (Third edition) Bristol: Centre for Studies on Inclusive Education.
- Borg, G., Hunter, J., Sigurjonsdottir, B. and D'Alessio, S.(2011). *Key principles for promoting quality in inclusive education.* Odense, Denmark: European Agency for Development in Special Needs Education.
- Brownell, M.T., Smith, S.J., Crocket, J.B. and Griffin, C.C.(2012). *Inclusive instruction: Evidence-based practices for teaching students with disabilitie*s. New York: The Guilford Press.
- Carrington, S. and MacArthur, J.(2012). *Teaching in inclusive school communities.* Milton, Old: John Wiley and Sons.
- Hyde, M., Carpenter, L. and Conway, R.N.(2010). *Diversity and inclusion in Australian schools.* Melbourne: Oxford University Press.
- Karten, T.J.(2005). *Inclusion strategies that work ! Research-based methods for the classroom.* Thousand Oaks, CA : Corwin Press.
- Mitchell, D. (ed.) (2005). *Contextualizing inclusive education : Evaluating old and new international perspectives.* Abingdon : Routledge.
- Rose, R. (ed.) (2010). *Confronting obstacles to inclusion: International responses to developing inclusive education.* Abingdon, Oxon: Routledge.
- UNESCO(2001). *Understanding and responding to children's needs in the inclusive classroom : A guide for teachers.* Paris : Author.
- Watkins, A. (ed.) (2012). *Teacher education for inclusion: Profile of inclusive teachers.* Odense, Denmark: European Agency for Development in Special Needs Education.

〈Web sites〉

- Alliance for Inclusive Education URL: www.allfie.org.uk (accessed 27

December 2012).
・Centre for Studies in Inclusive Education. URL: www.csie.org.uk (accessed 27 December 2012).

【参考文献】

1 UNESCO(2009). Policy guidelines on inclusion in education. Paris: Author, p4.

2 Nirje, B.(1969). 'The normalization principle and its human management implications'. In R .Kugel and W. Wolfensberger (eds) *Changing patterns in residential services for the mentally retarded.* Washington, DC：President's Committee on Mental Retardation.

3 UNESCO(1994). *The Salamanca Statement and Framework for Action on Special Needs Education.*
Paris：Author.

4 The full text of Article 24 includes the following:

1. States Parties recognize the right of persons with disabilities to education. With a view to realizing this right without discrimination and on the basis of equal opportunity, States Parties shall ensure an inclusive education system at all levels, and life-long learning, directed to:
   (a)The full development of the human potential and sense of dignity and self worth, and the strengthening of respect for human rights, fundamental freedoms and human diversity;
   (b)The development by persons with disabilities of their personality, talents and creativity, as well as their mental and physical abilities, to their fullest potential;
   (c)Enabling persons with disabilities to participate effectively in a free society.
2. In realizing this right, States Parties shall ensure that:
   (a)Persons with disabilities are not excluded from the general education system on the basis of disability, and that children with disabilities are not excluded from free and compulsory primary education, or from secondary education, on the basis of

disability;

(b)Persons with disabilities can access an inclusive, quality, free primary education and secondary education on an equal basis with others in the communities in which they live;

(c)Reasonable accommodation of the individual's requirements is provided;

(d)Persons with disabilities receive the support required, within the general education systems, to facilitate their effective education;

(e)Effective individualized support measures are provided in environments that maximize academic and social development, consistent with the goal of full inclusion.

5 UNESCO/IBE(2009). Defining an inclusive education agenda: Reflections around the 48_{th} session of the *International Conference on Education*. Geneva: UNESCO IBE.

6 UNESCO(2000). *The Darker Framework for Action: Education for All: Meeting our collective commitments*. Paris: UNESCO.

7 See http:// en.wikipedia.org/wiki/Millennium_Development_Goals (accessed 24 December 2012).

8 UNESCO(2011). *EFA global monitoring report: The hidden crisis: Armed conflict and education*. Paris: UNESCO.

9 Ministry of Education(2010). Success for All: Every School, Every Child. URL: www.minedu.govt.nz/NZ Education/ EducationPolicies/SpecialEducation/OurWorkProgramme/ SuccessForAll.aspx (accessed 2 January 2013).

10 Cabinet Office(2010). The Coalition: Our programme for government. London: Cabinet Office.
URl: http://programmeforgoverment.hmg.gov.uk/schools/ (accessed 2 January 2013).

11 Mitchell, D.R. and Chen. Y.(1996). 'Special education in Asia'. In R.Brown, A. Neufeld and D. Baine (eds) *Beyond basic care : Special education and community rehabilitation in low-income countries* (pp.8-42).

North York, ONT : Captus Press.

12 Shaddock, A., MacDonald, N., Hook, J., Giorcelli, L. and Arthur-Kelly, M.(2009). *Disability, diversity and tides that lift all boasts: Review of special education in the ACT*. Chiswick, NSW: Services Initiatives.

13 Opertti, R. and Brady, J.(2011). 'Developing inclusive teachers from an inclusive curricular perspective'. *Prospects,* 41, 459-472.

14 Jőnsson, T. (1993). *Toward an inclusive school.* Geneva : UNDP.

15 Department of Education(2005). *Guidelines for inclusive learning programmes.* Pretoria : Education Department, Republic of South Africa.

16 Clayton, J., Burdoe, M., Denham, a., Kleinert, ah.al. and Kearns, j.(2006). 'A four-step process for assessing thew general curriculum for students with significant cognitive disabilities'. *Teaching Exceptional Children, 38*(5), 20-27, p24.

17 Stanovich, P.J. and Jordan, A.(1998). 'Canadian teachers' and principals' beliefs about inclusive education as predictors of effective teaching in heterogeneous classrooms'. *The Elementary School Journal, 98*(3), 221-238

18 Von der Embose, N., Brown, A. and Fortain, J.(2011). 'Facilitating inclusion by reducing problem behaviors for students with autism spectrum disorders'. *Intervention in School and Clinic, 47*(1), 14-21.

19 For comprehensive reviews of the literature, see Katz, J. and Mirenda, P.(2002). 'Including students with development disabilities in general education classrooms : social benefits'. *International Journal of Special Education, 17*(2), 25-35 ; Katz, J. and Mirenda, P.(2002). 'Including students with developmental disabilities in general education classrooms : educational benefits'. *International Journal of Special Education, 17*(2), 14-24 ; Nakken, H. and Pijl, S.J.(2002). 'Getting along with classmates in regular schools : a review of the effects of integration on the development

of social relationship'. *International Journal of Inclusive Education, 6*(1), 47-61 ; Salend, S.J and Duhaney, L.M.G.(1999). 'The impact of inclusion on students with and without disabilities and their educators'. *Remedial and Special Education, 20*(2), 114-126.

20 Wang, M.C. and Baker, E.T.(1986). 'Mainstreaming programs : Design features and effects'. *Journal of Special Education*, 19, 503-526

21 Saint-Laurent, L. Dionne, J., Giasson, J., Royer, E., Simard, C. and Pierard,B.(1998). 'Academic achievement effects of an in-class service model on students with and without disabilities'. *Exceptional Children, 64*(2), 239-253

22 Waldron, N.L. and McLeskey, J.(1998). 'The effects of an inclusive school program on students with mild and severe learning disabilities'. *Exceptional Children, 64*(4), 395-405.

23 Fryxell, D. and Kennedy, C.(1995). 'Placement along a continuum of services and its impact on students' social relationships'. *Journal of the Association for Persons with Severe Handicaps, 20*(4), 259-269.

24 Fisher, M. and Meyer, L.H.(2002). 'Development and social competence after two years for students enrolled in inclusive and self-contained educational programs'. *Research and Practice for Persons with Severe Disabilities*, 27(3), 165-174.

25 Karsten, S., Peetsma, T., Roeleveld, J. and Vergeer, M.(2001). 'The Dutch policy of integration put to the test : Differences in academic and psychosocial development of pupils in special and mainstream education'. *European Journal of Special Needs Education, 16*(3), 193-205.

26 Angelides, P. and Michailidou, A.(2007). 'Exploring the role of 'special units' in Cyprus schools: A case study'. *International Journal of Special Education, 22*(2), 87-95.

27 Buckley, S.(2006). 'Reflections on twenty years of scientific research'.Portsmouth : The Down Syndrome Educational Trust.

http://downsed.org/research/history/20years/ (accessed 20 September 2006).

28 Dyson, D.A., Farrell, P., Polat, F. and Hutcheson, G.(2004). *Inclusion and pupil achievement.* Research Report No.RR578. London : DfES.

29 Kalambouka, A., Farrell, P., Dyson, A. and Kaplan, I.(2007). 'The impact of placing pupils with special educational needs in mainstream schools on the achievement of their peers'. *Education Research, 49*(4), 365-382.

30 Rouse, M. and Florian, L.(2006). 'Inclusion and achievement : student achievement in secondary schools with higher and lower proportions of pupils designated as having special educational needs'.
International Journal of Inclusive Education, 10(6), 481-493.

31 Sharpe, M.N., York, J.L. and Knight, J.(1994). 'Effects of inclusion on the academic performance of classmates without disabilities : A preliminary study'. *Remedial and Special Education, 15*(5), 281-287.

32 Engelbrecht, P., Oswald, M. and Forlin, C.(2006). 'Promoting the implementation of inclusive education in primary schools in South Africa'. *British Journal of Special Education,* 33(3), 121-129.

33 Hattie, J.(2009). *Visible learning: A synthesis of over 800 meta-analyses relating to achievement.*
Abingdon, Oxon: Routledge.

34 Calberg, C. and Kavale, K.(1980). 'The efficacy of special versus regular class placement for exceptional children : A meta-analysis'. *Journal of Special Education, 14*(5), 295-309.

35 Harrower, J.K. and Dunlap, G.(2001). 'Including children with autism in general education classrooms : A review of effective strategies'. *Behavior Modification, 25*(5), 762-784.

36 Kluwin, T.N. and Moores, D.F.(1989). 'Mathematics achievement of hearing impaired adolescents in different placements'. *Exceptional Children, 55*(4), 327-335.

37 Swanson, H.L. and Hoskyn, M.(1998). 'Experimental intervention research on students with learning disabilities: A meta-analysis of treatment outcomes'. *Review of Educational Research, 68*(3), 277-321.

38 Oi, J. and Ha, A.S.(2012). 'Inclusion in physical education: A review of literature'. *International Journal of Disability, Development and Education, 59*(3), 257-281.

39 De Boer, A., Piji, S.J. and Minnaert, A.(2012). 'Students' attitudes toward peers with disabilities: A review of the literature'. *International Journal of Disability, Development and Education, 59*(4), 379-392.

40 Sasso, G.M.(2001). 'The retreat from inquiry and knowledge in special education'. *The Journal of Special Education, 34*(4), 178-193 ; Kavale, K.A. and Mostert, M.P.(2003). 'River of ideology, islands of evidence'.

Exceptionality, 11(4), 191-208. Kauffman, J.M., Nelson, C.M., Simpson, R.L. and Mock, D.R.(2011).

'Contemporary issues'. In J.M. Kauffman and D.P. Hallahan (eds) *Handbook of special education* (pp15-26). New York: Routledge; and Lindsay, G.(2003). 'Inclusive education: A critical perspective'. *British Journal of Special Education, 30*(1), 3-12.

第28章 (方略26：教育制度の事例研究 －フィンランド－)

(関連図書)

・Kyro, M.(2012). *International comparisons of some features of Finnish education and training*. Helsinki: Finnish National Board of Education.

・Sahlberg, P.(2011). *Finnish lessons: What can the world learn from educational change in Finland?* New York: Teachers College Press.

【参考文献】

1 The programme for International Student Assessment(PISA) is organized under the auspices of the Organization for Economic

Co-operation and Development(OECD). It occurs every three years (data are available for 2000, 2003, 2006 and 2009) and involves the thirty-four OECD countries together with forty-one partner countries. Assessments are carried out of fifteen-year-old students in schools (age range 15y 3m – 16y 2m) who have completed at least six years of formal schooling. Schools are stratified by regions, rural/urban, and school types and include public, private and international schools. Within each school, thirty-five students are randomly selected. Students with intellectual disabilities or limited language proficiency or with functional disabilities preventing performance may be excluded, such exclusions ranging from 0.00 to 5.20 per cent (Finland excluded 2.62 per cent in 2006).

2 The Gini coefficient refers to the inequality of distribution of income, with 0= total equality and 1= total equality. According to the CIA's *World Factbook* in 2008, Sweden had a Gini index of 23, Norway 25, Austria 26, the UK 34, New Zealand36.2 and the USA 45.

3 Kyro, M.(2012). *International comparisons of some feature of Finnish education and training*. Helsinki: Finnish National Board of Education.

4 Based on the following references:

Anstasiou, D. and Keller, C.(2011). 'International differences in provision for exceptional learners'.

In J.M. Kauffman and D.P. Hallinan (eds) Handbook of special education (pp773-786). New York: Routledge; Graham, L. and Jahnukainen, M.(2011). 'Wherefore art thou, inclusion? Analysing the development of inclusive education in New South Wales, Alberta and Finland'. *Journal of Education Policy, 26*(2), 263-288; Hausstatter, R.S. and Takala, M.(2008). 'The core of special teacher education: A comparison of Finland and Norway'. *European Journal of Special Needs Education, 23*(2), 121-134.; Hautamaki, J., Harjunen, E.,

Hautamaki, A., Karjalainen, T., Kuplainen, S., Laaksonen, S., Lavonen, J., Pehkonen, E., Rantanen, P., Scheinen, P., Halinen, I. and Jakku-Sihvonen, R.(2008).

PISA 06 Finland: Analysis, reflections, explanations. Helsinki: Ministry of Education; Kivirauma, J. and Ruoko, K.(2007). 'Excellence through special education? Lessons from the Finnish school reform'. *Review of Education,* 53, 283-302; Rpthman, R. and Dahling-Hammond, L.(2011). *Teacher and school leader effectiveness: Lessons learned from high-performing systems. Issue Brief.*

Washington, DC: Alliance for Excellent Education; Sabel, C., Saxenian, A.L., Miettinen, R., Kristensen, P.H. and Hauttamaki, J.(2010). *Individualized service provision the new welfare state: Lessons from special education in Finland.* Report prepared for SITRA, Helsinki; Savolainen, H.(2009). 'Responding to diversity and striving for excellence: An analysis of international comparisons of learning outcomes with a particular focus on Finland'. In UNESCO/IBE. *Defining an inclusive education agenda: Reflections around the 48_{th} session of the International Conference on Education* (pp49-59). Geneva: UNESCO/IBE; Simola, H.(2005). 'The Finnish miracle of PISA: Historical and sociological remarks on teaching and teacher education'. *Comparative Education*, 41, 455-470; and Nuoret, T.(2010). *Why does Finnish give better PISA results?* URL: *http://finnish-and-pisa.blogspot.com/* (accessed 20 December 2010).

See also You Tube

www.youtube.com/watch?v=bcC218ziolw&feature
www.youtube.com/watch?v=rlYHWpRR4yc&feature
www.youtube.com/watch?v=ntdYxqRce_S&feature

5 2007 data from European Agency for Development in Special Needs Education(2009). *Special needs education: Country data,*

Middlefart, Denmark: Author.
6 P.Sahlberg(2012). www.washingtonpost.com/blogs/answer-sheet/post/what-the-us-cant-learn-from-Finland-about-ed-reform/2012/04/16/glQAGlvVMT_blog.html (accessed 1 January 2013).
7 Savolainen, op. cit., p59.

第29章 (方略27：学習の機会)

【参考文献】

1 Brophy, J.E. and Good, T.L.(1986). 'Teacher behavior and student achievement'. In M.C. Wittrock(ed).
Handbook of research on teaching. 3rd edn. New York：Macmillan.
2 South Africa Human Rights Commission(2006). *Report of the public hearing on the right to basic education*. Pretoria：South Africa Human Rights Commission.
3 Nelson Mandela Foundation(2005). *Emerging voices：A report on education in South African rural communities*. A report researched by the Human Sciences Research Council(HSRC) and the Education Policy Consortium(EPC). Pretoria：HSRC Press.
4 National Commission on Teaching and America's Future(1996). *What matters most：Teaching for America's future*. New York：Author.
5 Thompson, C.L. and Cunningham, E.K.(2000). 'Retention and social promotion: Research and implications for policy'. *ERIC Clearinghouse on Urban Education,* Number 161, EDU-UD-00-0.
6 Arlin, M.(1984). 'Time equality, and mastery learning'. *Review of Educational Research, 54*(1), 65-86；Gaskins, R.W.(1998). 'The missing ingredients：Time on task, direct instruction and writing'. *The Reading Teacher, 41*(8), 750-755；Newmann, F., Marks, H.M. and Gamoran, A.(1996). 'Authentic pedagogy and student performance'. *American Journal of Education, 104(*4), 280-312；Yair, G.(2000).

'Not just about time : instructional practices and productive time in schools'. *Educational Administration Quarterly, 36*(4), 485-512 ; Ysseldyke, J. and Christensen, S.(1993-1998). *The Instructional Environment System- Ⅱ : A system to identify a student's instructional needs.* Fifth Printing. Longmont, CA : Sopris West.

7 Konrad,M., Helf, S. and Joseph, L.M.(2011). 'Evidence-based instruction is not enough: Strategies for increasing instructional efficiency'. *Intervention in School and Clinic, 47*(2), 67-74.

8 Christenson, S.L., Ysseldyke, J.E. and Thurlow, M.L.(1989). 'Critical instructional factors for students with mild handicaps : An integrative review'. *Remedial and Special Education, 10*(5), 21-31.

9 Dunlap, G., Dyer, K. and Koegel, R.L.(1983). 'Autistic self-stimulation and intertribal interval Duration'. *American Journal on Mental Deficiency, 88*(2), 194-202.

10 See a review by Stahl, R.J.(1994). 'Using "think-time" and "wait-time" skillfully in the classroom'. ERIC ED370885. In Particular, note the originator of the wait-time idea : Rowe, M.B.(1986). 'Wait-time : slowing down might be a way of speeding up ! '. *Jornal of Teacher Education, 37*(1), 43-50.

11 DfES(2004). *Primary National Strategy excellence and enjoyment : Learning and teaching in the primary years.* Cambridge : Cambridge University Press.

12 For example, see Glynn, T.(1995). 'Pause, prompt, praise : Reading tutoring procedures for home and school partnership'. In S. Wofendale and K. Topping (eds), *Parent Involvement in literacy : Effective partnerships in education.* London : Cassell.

13 Ysseldyke and Christensen, op. cit. ; Englert, C.S., Tarrant, K.L. and Mariage, T.V.(1992). 'Defining and redefining instructional practices in special education : Perspectives on good teaching'. *Teacher Education and Special Education,* 5(2), 62-86 ; Stanovich, P.J. and Jordan, A.(2000). Exemplary teaching in inclusive classrooms. Paper presented at the Annual Meeting of the

Council for Exceptional Children, Vancouver, Canada, April 2000 ; McIntosh, K., Herman, K., Sanford, A., McGraw, K. and Florence, K. (2004). 'Teaching transitions : Techniques for promoting success between Lessons'. *TEACHING Exceptional Children, 37*(1), 32-38.

14 Hattie, J.(1999).*Influences on student learning.* Inaugural lecture, University of Auckland, New Zealand.

15 Hattie, J.(2009). *Visible learning: A synthesis of over 800 meta-analyses relating to achievement.*
Abingdon, Oxon: Routledge.

16 Yair, G.(2000). 'Educational battlefields in America: The tug-of-war over students' engagement with instruction'. *Sociology of Education, 73*(4), 247-269.
Of relevance here is a finding in other US research that learning opportunities are unevenly distributed among low- and high-income students, with the former receiving less (a) time on instruction overall, (b) exposure to mathematics textbooks, (c) authentic instruction, and (d) engagement in meta-cognition and problem solving. (Camburn, E.M. and Han, S.W.(2011). 'Two decades of generalizable evidence on U.S. instruction from national surveys'. *Teachers College Record, 113*(3), 561-610.)

17 Steinberg, L.D., Brown, B.B. and Dornbusch, S.M.(1997). Beyond the classroom: *Why school reform has failed and what parents need to do.* New York: Simon and Schuster.

18 Nuthall, G.A. (2005). 'The cultural myths and realities of classroom teaching and learning: A personal journey'. *Teachers College Record, 107*(5), 895-934.

19 Hattie(2009), op. cit., p49.

20 Patall, E.AZ., Cooper, H. and Allen, A.B.(2010). 'Extending the school day or school year: A systematic review of research (1985-2009)'. *Review of Educational Research, 80*(3), 401-436.

21 Alton-Lee, A. and Nuthall, G.(1990). 'Pupil experiences and pupil learning in the elementary classroom : An illustration of

generative methodology'. *Teaching and Teacher Education : An International Journal of Research and Studies*, 6(1), 27-46.

22 O'Sullivan, P.J., Ysseldyke, J.E., Christensen, S.L. and Thurlow, M.L.(1990). 'Mildly handicapped elementary students' opportunity to learn during reading instruction in mainstream and special education settings'. *Reading Research Quarterly, 25*(2), 131-146.

23 Thurlow, M.L., Ysseldyke, J.E., Garden, J. and Algozzine, B.(1984). 'Opportunity to learn for LD students receiving different levels of special education services'. *Learning Disability Quarterly*, 7(1), 55-67.

24 Valcante, G., Roberson, W., Reid, W.R. and Wolking, W.D.(1989). 'Effects of wait-time and intertribal interval durations on learning by children with multiple handicaps'. *Journal of Applied Behavior Analysis, 22*(1), 43-55.

25 Tobin, K.(1987). 'The role of wait time in higher cognitive level learning'. *Review of Educational Research, 37*(1), 69-95.

26 Burns, E.(2006). 'Pause, prompt and praise : Peer tutored reading for pupils with learning Difficulties'.
British Journal of Special Education, 33(2). 62-67.

27 Scott, T.M. and Barrett, S.B.(2004). 'Using staff and student time engaged in disciplinary procedures to evaluate the impact of school-wide PBS'. *Journal of Positive Behavior Interventions, 61*(1), 21-27.

28 Telecsan, B.L., Slaton, D.B. and Stevens, K.B.(1999). 'Peer tutoring: Teaching students with learning disabilities to deliver time delay instruction'. *Journal of Behavioral Education, 9*(2), 133-154.

29 Green, J., Castanheira, M.L. and Yeager, B.(2011). 'Researching the opportunities for learning for students with learning difficulties in classrooms: An ethnographic perspective'. In C. Wyatt-Smith, J. Ekins and S. Gunn (eds) *Multiple perspectives on difficulties in learning literacy and numeracy* (Chapter 3). New York: Springer.

【監訳者プロフィール】

落合　俊郎（おちあい　としろう）

1950年生まれ。大和大学教育学部教授。広島大学大学院教育学研究科名誉教授。
1981年東北大学大学院教育学研究科教育心理学専攻博士課程後期課程単位修得　退学（教育学修士）。
その後、国立特殊教育総合研究所に勤務。その間、アバディーン大学在学研究員や、欧州大学間学生・教員交換プロジェクト巡回講師、ユネスコ巡回講師、日本政府派遣講師などを歴任。
2000年より広島大学学校教育学部障害児教育講座教授となり、2014年3月広島大学大学院教育学研究科を退職。

【翻訳者プロフィール】

秋元　雅仁（あきもと　まさひと）

1957年生まれ。兵庫県立こやの里特別支援学校教諭。NPO法人理事長。
1981年関西大学社会学部卒業後、金融機関に就職。1984年兵庫県公立学校（小学校）教員に転職。小学校や肢体不自由養護学校での勤務を経て現在に至る。
立命館大学大学院社会学研究科応用社会学専攻博士課程前期課程修了（社会学修士）
広島大学大学院教育学研究科学習開発専攻博士課程後期課程修了（教育学博士）

山口　清春（やまぐち　きよはる）

1952年生まれ。兵庫県合理的配慮協力員。
1976年北九州大学外国語学部を卒業後、兵庫県公立学校（中学校）教員に採用。西宮市の中学校や肢体不自由養護校で勤務した後、兵庫県立神戸養護学校に勤務。
2007年より兵庫県立氷上特別支援学校長、兵庫県立阪神特別支援学校長を歴任した後、阪神教育事務所指導員を経て現職。
兵庫教育大学大学院学校教育研究科障害児教育専攻修士課程修了（学校教育学修士）

インクルーシブ教育システムを構築するために知っておきたい27の教育法略

2016年7月27日発行

著　者　デビッド・ミッチェル
監訳者　落合俊郎
翻訳者　秋元雅仁、山口清春
発行所　ブックウェイ
〒670-0933　姫路市平野町62
TEL.079 (222) 5372　FAX.079 (223) 3523
http://bookway.jp
印刷所　小野高速印刷株式会社

ISBN978-4-86584-145-9